한국
주거의
미시사

한국 근현대 주거의 역사 2
한국 주거의 미시사

—

2009년 11월 25일   초판 1쇄 발행
2022년 4월 5일   초판 2쇄 발행

—

지은이   전남일·양세화·홍형옥

—

펴낸이   한철희
펴낸곳   돌베개
등록   1979년 8월 25일 제406-2003-000018호
주소   (10881) 경기도 파주시 회동길 77-20 (문발동)
전화   (031)955-5020
팩스   (031)955-5050
홈페이지   www.dolbegae.co.kr
전자우편   book@dolbegae.co.kr

—

책임편집   신귀영
편집   김형렬·이경아·김희진·조성웅·오경철
표지 디자인   민진기디자인
디자인   박정영·이은정
제작·관리   윤국중·이수민
마케팅   심찬식·고운성
인쇄·제본   영신사

—

ⓒ 전남일·양세화·홍형옥, 2009
ISBN 978-89-7199-366-8 94610
ISBN 978-89-7199-318-7 94610(세트)

—

이 도서의 국립중앙도서관 출판시도서목록(CIP)은
e-CIP 홈페이지(http://www.nl.go.kr/cip.php)에서
이용하실 수 있습니다. (CIP제어번호:CIP2009003653)

한국 근현대
주거의 역사
02

한국
주거의
미시사

전남일·양세화·홍형옥 지음

돌베
개

책 머 리 에

2003년에 한국 근현대 주거의 역사를 집필하기로 기획한 이후, 첫번째 책인 『한국 주거의 사회사』가 5년이 흐른 2008년에 결실을 맺었고, 그후 1년이 지나 두번째 책 『한국 주거의 미시사』를 내놓게 되었다. 첫번째 책이 출간된 후 집필 당시 알지 못했던 오류들을 발견하고 당황스러웠던 경험은 활자화되어 나오는 출판물에 대한 두려움과 책임감으로 고스란히 다가왔다. 수년간 많은 자료들을 모으고 그것을 나름대로의 시각을 갖고 체계적으로 서술하려고 노력했지만 역사적 사실을 서술하는 것은 그 이상의 무엇을 필요로 함을 뒤늦게 깨달은 것이다. 또한 있는 사실을 그대로 기술한다 해도 그것은 그 자체로 큰 책무가 된다는 것을 알게 되었다. 후속 작업인 『한국 주거의 미시사』를 준비하면서 우리는 정확히 서술했는지, 근거가 타당한지를 따져 더욱 신중하게 집필하고자 노력했다.

『한국 주거의 미시사』는 주거라는 대상을 사람들의 생활에 비추어 바라보고자 하는 3명의 연구자들이 모여 집필했다. 이미 출간된 『한국 주거의 사회사』 및 앞으로 출간될 『한국 주거의 공간사』와 내용 및 서술 방식, 서술의 시각을 차별화하기 위해 수년간 토론하고 내용을 조정하는 과정을 거쳤다. 그리고 전체의 맥락을 잡고 각 개별 주제를 체계적으로 엮는 것에 많은 노력을 기울였다. 이러한 과정은 우리 연구자들에게는 매우 지난하고 힘든 일이기도 했지만, 학문을 하는 사람으로서 그 무엇과도 바꿀 수 없는 소중한 경험이었다. 한국 주거의 역사를 공부하고 이것을 책으로 펴낼 수 있게 된 것은 우리에게 크나큰 행운일 것이다. 또한 평생의 학문적 자산이 될 것이고, 올바른 가치관을 갖고 학생들을 가르치는 바탕이 되리라 생각한다. 더 바란다면 우리 주거문화의 발전에 미약하게나마 기여하는 부분이 있기를 기대한다.

이 책의 제목에 '미시사'라는 용어를 사용한 것에 대해서는 많은 고민이 있었다. 사실 미시사라는 것은 인문학에서 역사를 서술하는 하나의 방식이며, 특정한 연구 방법을 필요로 한다. 이 연구가 정통적인 인문학의 한 갈래로서 미시사라는 역사 자체를 서술하기 위해 출발한 것은 아니지만, 주거라는 주제를 다루면서 '현미경으로 들여다보듯' 보통 사람들의 주거생활을 살펴본다는 의미에서 이 용어를 사용했다. 따라서 거시적 관점으로 바라본 것과 충분히 대비되는 시각으로 주거를 서술했으며, 어느 정도 미시사적 연구 방법을 적용했다고 판단하여 이러한 제목을 붙이는 데 합의했다.

'한국 근현대 주거의 역사' 시리즈는 내년에 출간될 『한국 주거의 공간사』를 마지막으로 완간될 예정이다. 그동안 수많은 자료를 찾아내고 정리하며 집필에 많은 시간을 보냈음에도 불구하고 우리나라 근현대 주거사를 서술하는 데 여전히 메우지 못한 틈이 있는 것은 연구자들의 한계라 생각한다. 그러나 더 정확히 말하면 그것을 모두 다룰 수 있다고 생각했던 것 자체가 과욕이었음을 깨닫는다. 연구와 집필을 하면서 가능한 한 2차 자료보다는 원자료에 접근하려고 노력했다. 그리고 거듭 확인하고 또 확인했다. 그럼에도 불구하고 미처 발견하지 못한 오류도 있을 것이다. 이에 대해서는 독자들의 날카로운 지적을 바란다.

이 책이 나오기까지 많은 분들의 도움이 있었다. 우선 이 시리즈를 출간하기로 결정하고, 『한국 주거의 사회사』를 시작으로 편집 작업에 많은 공을 들여 준 돌베개에 감사드린다. 또한 이 책의 집필에는 참여하지 않았지만 처음 이 시리즈를 함께 기획하고 전체 윤곽을 잡으면서 머리를 맞대고 같이 고민한 손세관 교수께 감사드린다. 연구 초기에 많은 자료를 수집, 정리하고 집필을 도와준 은난순 박사에게도 지면을 빌려 감사를 드린다. 이 책에 사용한 도판들은 모두 저작권자의 허락을 받고자 노력했다. 간혹 그 출처를 확인할 수 없었던 것은 추후에 밝혀지는 대로 적법한 절차를 밟을 것임을 밝혀 둔다.

2009년 11월
집필자 일동

차 례

세세하게 들여다본 한국 근현대 주거사

한국 주거의 미시사를 쓰는 이유

한국 사회는 지난 한 세기 동안 거의 모든 영역에서 '근대화'라는 역사의 변혁 과정을 겪어 왔다. 이는 우리 삶과 가장 밀접한 관계를 맺는 장소인 주거에서도 예외가 아니었다. 주거라는 대상이 단순히 물리적 환경만을 의미하는 것이 아니라 한 사회의 문화적 현상으로 나타나는 것임을 이해한다면, 주거문화가 근대화 과정에서 어떠한 변화를 보여 왔는가를 관찰하고 이해하는 것은 한 문화 집단의 삶의 정체성과 본질을 파악하는 중요한 틀이 된다고 할 수 있다. 이러한 맥락에서 우리는 주거문화의 변화 과정이 역사적 시각을 갖고 서술되어야 하며, 시기적으로 공백 없이 연속적으로 서술되어야 할 당위성이 있음을 인식하게 되었다.

　　주거란 사회구조의 산물이기 때문에, 물리적 실체 이면에 그것을 형성하는 여러 사회·문화적 요인들의 전체적인 결합 속에서 이해해야 한다. 우리는 첫번째 책인 『한국 주거의 사회사』에서 주거가 사회·문화적 배경 속에서 어떤 요인들의 상호작용으로 형성되고 변화했는지, 그렇게 형성된 주거환경의 사회적인 존재 의미는 무엇인지를 파악하고자 했다. 『한국 주거의 사회사』가 사회적 관계망 속의 주거문화를 커다란 전체 구조의 틀 속에서 기술한 것이라면, 두번째 책 『한국 주거의 미시사』는 이를 개별적으로 분화하고 각각의 부분을 보다 세밀하게 관찰하여 심층적으로 기술한 것이다.

주거에 대한 연구는 연구자들의 시각과 연구 분야에 따라 공시적이건, 통시적이건 매우 다양한 접근 경로를 가진다. 선사, 고대시대 주거의 연구는 고고학과 역사학에서, 각 지방의 민가 연구와 생활상 연구는 민속학과 문화인류학에서, 자연·인문 환경과 연계된 지역적 연구는 지리학에서, 물리적 환경과 구축적 실체에 관해서는 건축학에서도 각각 다루어 왔다. 이것이 시사하는 것은, 주거 연구의 특성은 부분적으로 각각 다른 연구 주제를 가질 수 있으며, 보는 관점에 따라 같은 대상일지라도 새로운 내용으로 파악될 수 있다는 점이다.

『한국 주거의 미시사』는 이제까지 주거사 연구에서 소홀히 다루어져 왔던 부분을 집약적으로 다룬 종단 연구로, 몇 가지 측면에서 지금까지의 관점과는 차별성을 갖는다. 첫째, 주거를 인간의 삶과 생활, 주변의 시시콜콜한 사건들, 그리고 그것들의 상호관계를 통해 바라보고자 했다. 우리는 이를 미시적 관점이라 부르고자 한다. 이것은 커다란 범주의 사회·문화적 변화와 사건을 다루는 거시적 관점과 대비되는 개념이기도 하면서, 동시에 거시적 맥락과 연동하여 그것을 구성하는 개개의 작은 범주를 일컫는 말이기도 하다. 둘째, 지난 100여 년 동안 몰라볼 정도로 급격한 변화를 거쳐 오늘날에 이르게 된 주거환경 및 그 안에서의 생활과 문화의 변화를 역사적 단절 없이 살펴보고자 했다. 이를 위해 생활상을 이루는 몇몇 주제를 추출하여 더욱 심층적으로 파악할 수 있도록 했다. 셋째, 주거사 연구의 대상은 지역별·계층별로 다양하게 설정할 수 있는데, 이 책에서는 주로 한 시대의 보편적인 삶을 대표할 수 있는 보통사람들의 주거생활을 들여다보는 데 눈높이를 맞추었다. 이들의 주거생활은 우리 사회가 근현대 사회로 진입하면서 일상에서 겪은 근대화 조류의 원동력이기 때문이다. 넷째, 개개인의 생활사가 역사 기술의 중요한 자료가 됨을 인식하고 생생하게 증언한 구술 자료를 수집하고 정리했다. 역동의 시대를 관통하며 경험해온 실증적 주거 경험들은 주거사의 축소판이기 때문에 이를 통해 주거 변화의 구체적 실체에 접근하기 위해서였다.

『한국 주거의 미시사』에서 던지는 화두는 우리나라 주거의 근대화 과정에서 어떤 세세한 사건들이 일어났으며, 그것은 전체적으로 어떠한 흐름을 이루었는가 하는 점이다. 근대 이후 한국 주거문화의 변화에 대한 이해는 주거의 근대성에 대한 담론을 바탕으로 해야 할 것이다. 따라서 한국 근현대 주거사 전체 연구에서 시기적 범주는 1876년 강화도조약을 체결한 시기를 시작으로 설정했다. 그러나 미시사 편에서는 근대 사회로 넘어가는 과도기를 이해하기 위해 전통적 주거생활을 함께 살펴보았고, 정치·사회적 사건을 기준으로 시대를 구분하지 않았다. 미시사적 관점에서 살펴보면 주거라는 것은 서서히 변화하는 문화적 맥락 속에서 존재하므로, 역사적 사건의 연대기라는 틀을 정하는 것은 큰 의미가 없을 것이기 때문이다.

한국인의 근대적 삶과 주거문화가 가진 특수성

주거는 시대와 함께 변화하며 사람들의 생활도 이와 함께 변한다. 한국은 근대화 과정을 거치면서 외래문화의 유입, 경제성장과 도시화, 건축기술의 비약적 진보, 가족 관계의 변화, 그리고 엄청난 가치관의 변화를 겪었고, 이는 그 어느 사회보다 급격히 주거문화를 변화하게 하는 원인이 되었다. 그동안 일어났던 역동적인 한국 주거의 사회적 변화는 미시적 범주에까지 영향을 미쳤으며, 우리는 생활 속에서 그것을 온몸으로 겪어 왔다. 미시적 관점에서 주거를 들여다보는 작업은 이러한 한국 사회의 독특한 사회·경제적 제약 속에서 인간 삶의 구체적인 모습이 주거환경을 통해 어떻게 조절되어 왔는지를 다시 한번 유기적으로 규명할 수 있게 해준다. 즉, 정치·경제·사회적 환경, 기술 발전과 주거환경 변화 사이의 관계를 좀더 밀접한 눈으로 살펴볼 수 있는 것이다. 각 개인 또는 가족의 다양한 주거 조절 행동들은 결국에는 사회의 집합적 행동으로 나타난다. 그리하여 대부분의 사람들이 이처럼 집합적으로 행동할 때 이것은 한 사회의 문화규범으로 정착하게 되는데, 우리는 그 과정을 살펴보고자 하는 것이다.

전통적 농경사회에서 산업사회로 넘어가는 과도기에 주거를 둘러싼 변화는 서구화와 식민화라는 외적 영향과 함께 근대화라는 내적 동력이 작용하여 생성된 산물이다. 그러나 한국 사회는 그동안 사회적 근대화와 맞물린 생활양식과 문화의 변화를 충분히 성찰하지 못했다. 19세기 말, 근대적 가치관이 형성되기 시작한 지 얼마 되지 않아 식민지화되었고, 일제는 민중의 가치관을 식민지적 질서에 부합되도록 개편하려고 했다. 곧바로 이어진 분단 체제하에서 가속화된 체제 경쟁과 1960년대 이후의 경제성장은 근대화 프로젝트를 발전으로 받아들이도록 강요했다. 근대화 과정이 물질적 풍요를 안겨주었지만 그 대가로 근대적 가치 체계에 대한 근본적인 성찰의 기회를 잃게 된 것이다. 한국인의 삶에는 가족과 사회, 남성과 여성, 개인과 집단, 계층과 계층 사이에, 그리고 일상과 비일상 사이에 늘 갈등과 모순이 존재해 왔다. 한국 주거의 근대사는 삶이 투영되는 주거공간이 이러한 모순과 갈등을 극복하고 새로운 공간으로 재편성되는 과정이었다고 할 수 있을 것이다.

그렇다면 미시사적으로 읽어낼 수 있는 한국 주거만의 독특한 근대성 담론은 무엇일까. 근대화 과정의 다양한 쟁점은 인문사회적 요소와 주거환경이라는 물리적 요소의 상호관계를 깊이 이해할 수 있게 해준다. 따라서 겉으로 드러나는 실체 이면에 존재하는 변화의 원인이자 결과이기도 한 다음과 같은 담론들을 다각적으로 이끌어내는 것은 매우 중요하다.

- 개화와 문명화: 전통적 농경사회에서부터 산업사회로의 변화 과정에서 한국 주거의 문명화는 어떠한 방향으로 진행되어 왔는가.
- 식민화: 외세에 의한 식민화 과정에서, 그리고 피지배 사회에서 주거가 변질되었던 경험은 현재의 우리에게 어떤 교훈을 주는가.
- 서구화: 서양문물이 유입되면서 전통 주거문화와 충돌하고 동화되는 과정에서 나타난 한국 주거문화의 정체성은 무엇인가. 그리고 전통 주거의 특성은 어떻게 유지되었는가.
- 모방화 및 동화: 상위계층 또는 앞서 발달한 시민사회의 주거를 모방하는 과정은 우리의 생활방식과 가치관의 변화에 어떠한 영향을 미쳤는가.
- 민주화: 사회의 민주화와 평등화 경향이 미시사회로 침투할 때 주거공간에서 민주성은 어떻게 나타나는가.
- 시민의식화: 시민의식이 향상되고 성숙된 시민사회로 발전하는 과정에서 주거는 사회적 단위로서 어떠한 역할을 하는가.
- 개인화와 사회화: 전통적 가족 관계의 변화 속에서 개인과 사회의 관계 변화는 주거공간에 어떻게 반영되었는가.

미시사적 관점으로 한국 근현대 주거사 쓰기

한 문화권의 주거사는 커다란 시각macro sight과 세세한 시각micro sight 사이를 왕래하면서 씨실과 날실이 촘촘히 엮인 튼튼한 틀로서 총체적으로 파악할 수 있다. 미시사적 기술은 역사 속에서 살아가는 인간의 생존 문제와 일상적 차원의 생활 문제, 현실과 이상 사이에서 일어나는 갈등과 동화까지 미세한 부분의 역사를 다룸으로써 인간이 삶의 기반인 주거를 조절하고 적응해 나가는 원동력이 무엇인지 그 과정을 좀더 세밀하게 들여다볼 수 있다. 따라서 주거공간 안에서 일어나는 개인사의 전개, 가족 형태의 변화에 따른 주거 조절 행동, 주거공간을 중심으로 한 일상, 그리고 주거와 관계를 맺는 모든 사물의 역사는 매우 중요한 주제들이다.

　　삶의 미세한 부분까지 추적하여 주거와 인간 사이의 본질적이고 직접적인 관계를 구체적으로 파악하는 접근 방법에는 여러 가지가 있는데, 사회사에서 거시적으로 다룬 근대 이후의 주거를 미시사를 통해 좀더 섬세하게 보완하기 위해서는 몇 가지 방법이 필요하다. 우선 미시사에서는 연구 대상의 규모를 축소함으로써 인간의 구체적인 삶의 경험에 실제적으로 접근할 수 있다. 이때 가장 기본이 되는 주거생활의 단위는 개인과 가족일 것이다. 평범한 개인을 수동적인 존재가 아니라 능동적으로 행동하는 존재로 인식하여 인간 사이의 관계와 행동 양식을 중심에 놓고 살펴보는 것이다. 그리고 단편적일 수 있는 개개인의 행위와 행위 사이, 사건과 사건 사이의 연결고리를 공간 구조의 변화 속에서 살펴보고 그것을 시간의 흐름에 따른 하나의 과정으로 이해해야 할 것이다. 모든 주거 현상은 사회·문화적 맥락 속에서 이해되어야 하므로 주거의 미시사는 그 시대적 상황과 상호 작용하는 인간의 행태가 공간을 통해 어떻게 드러나는가를 밝혀

내는 것이 올바른 기술 방법이라 할 수 있기 때문이다. 마지막으로 미시사 서술은 항상 거시사와의 유기적인 관계 속에서 그 의미를 찾을 수 있다. 거시사가 없는 미시사는 있을 수 없으며, 미시사 없이는 거시사 역시 불완전할 수밖에 없기 때문이다. 또한 주거공간 안에서의 세세한 삶의 경험과 기억, 반응, 행동은 그것들이 모일 때 사회를 움직이는 힘이 되는 것이다. 이 책에서는 이러한 큰 줄기를 갖고 다음과 같은 구체적인 세부 관점을 중심으로 고찰하였다.

첫째, 미시사회학적 관점이다. 가족은 거시사회적 맥락 내에 있는 미시사회적 집단이라고 할 수 있다. 이 관점에서는 개별 가구를 하나의 작은 사회로 보고, 사회와의 유기적 관계 속에서 개별 가구의 일상적 주거 현상을 파악하려는 입장을 취한다. 이때 주거의 사용에 대한 개인과 가족의 만족도, 주거에 대한 의식, 태도, 요구사항 등을 주요 주제로 다룬다. 이 접근 방법에서는 가족이라는 단위의 유기체적 특성을 상당히 강조할 뿐만 아니라 가족을 행위의 주체로 보기 때문에 사회규범, 즉 문화규범과 가족규범의 조절 과정에서 각 가족이 만족을 추구하고 변화에 적응하며 대처해 나가는 방법을 구조적으로 설명하는 데 유리하다. 이로써 가족 내의 관계 또는 공간에서 일어나는 갈등의 기제를 읽어낼 수 있고, 자원이 권력 구도에 따라 분배되고 권위가 공간에 의해 영향을 받는 경향을 이해할 수 있다.

둘째, 실천적 비판이론 관점이다. 한국만의 특수한 정치·경제·사회적 상황하에서 생활환경은 거대담론에 밀려 억압되어 왔다. 주거의 역사는 이러한 생활환경의 문제점이 무엇인지를 알고, 개인의 선택이 가능한 자유로운 사회를 만들며, 삶의 질을 위해 선택의 자유를 획득하는 과정이었다. 즉, 이 같은 관점은 그동안 정치와 경제 논리로 풀어 왔던 한국의 공간 환경의 문제점을 인식할 수 있도록 하며 그 공간 환경으로 인해 왜곡된 일상생활의 문제점을 알게 해준다. 그리하여 한 사회의 변혁은 개인과 집단이 비판적 사고를 개진하고 실천적으로 변화시켜 나가야만 가능하다는 것을 말해준다. 그리고 거시적 환경의 변화를 가져오는 사회 전체의 패러다임을 비판적으로 들여다봄으로써 새로운 패러다임이 개인과 가족의 생활에 어떤 영향을 미치는가를 미시적으로 읽어낼 수 있다.

셋째, 일상사적 관점이다. 일상은 주변에서 늘 일어나는 반복적이고 습관적인 것이며, 친숙한 생활을 말한다. 따라서 일상사적 접근은 일상적 공간에 존재하는 거주자들이 그들 스스로와 주변의 환경을 인식하고 상황에 반응하는 방식을 살펴봄으로써 역사가 발전하는 과정의 구체적 측면을 개인적 일상의 차원에서 파악할 수 있도록 해준다. 한 개인 또는 가족의 일상생활은 근본적으로 사회적 환경 및 자연환경과 같은 외적 환경 속에서 삶의 문제들을 풀어 나가는 과정이기 때문이다. 일상생활은 불가피하게 공간 속에서 이루어진다. 일상생활의 주체인 개인은 언제나 다른 사람 및 사물과 일정한 공간적 관계 속에 위치하므로 이 공간적 관계는 개인의 생각과 행위에 많은 영향을 미침과 동시에 사람들 사이의 사회적 관계와 상호작용한다. 따라서 일상과 주거공간의 역학적 관계 변화를 면밀하게 고찰하는 작업은 현재 우리의 생활환경이 형성된 배경을 규명하는 데 매우 중요한 일이다.

넷째, 기술화 담론 관점이다. 현대사회에서 기술과 사회는 떼어놓고 생각할 수 없으며, 우리의 주거생활 역시 주택의 여러 기술적 요소들과 동떨어져서 설명될 수 없다. 인간은 생활의 진보 과정에서 항상 환경을 통제하고 지배하면서 편리함과 안락함을 추구해 왔고, 이는 주거공간에서 가시적으로 실현되어 왔다. 주거공간의 설비와 시설의 변화는 그곳에 거주하는 사람들의 생활방식에도 영향을 미쳤으며, 주거생활의 기술적 측면은 근대적 생활을 설명하는 중요한 단서를 제공한다. 이 과정에서 등장한 가정생활과 가사 노동의 합리화, 과학화와 효율, 위생에 대한 담론 등은 가족생활 및 일상생활의 개혁과 연동되어 주거의 근현대 담론으로 유포되어 왔다. 그리고 이러한 것이 주거문화의 변화를 이끄는 데 일조했다는 것은 부인하기 어렵다.

마지막으로 생애 과정 관점이다. 즉 출생에서 성장을 거쳐 사망에 이르는 생활사적인 관점에서 인간의 주거 경험을 살펴보는 것이다. 이 관점은 가족 또는 개인의 생활에서 사람들 사이의 관계와 역할이 시간의 흐름에 따라 변화되는 것을 기술하고 설명할 수 있다. 또한 이러한 생애 과정 관점은 개인과 가족 구성원의 삶, 그리고 사회 단위로서의 가족이 시간과 역사의 흐름 속에서 변화하는 것과 그들의 주거공간을 맥락적·과정적·역동적으로 설명하며, 미시사회적 수준과 거시사회적 수준을 모두 분석한다. 생애 과정 관점에서 볼 때 가족은 계속 변화하는 사회적 맥락 내에서 역사를 공유하는 개인의 집합이다. 따라서 개인의 생애 발달과 가족의 발달, 그리고 이들이 경험하고 학습해온 다양한 생활의 장들에 대한 구술은 주거공간의 사회·역사적 발달을 연역적으로 살펴볼 수 있도록 해준다.

사회사 편에서는 사회적 흐름에 따라 어떠한 주거들이 생겨나고 사라졌는가를 통시적인 입장에서 보기 때문에 마땅히 그 내용을 시대적인 순으로 기술했다. 이와 달리 미시사 편은 기본적으로 시대적인 흐름 속에서 고찰하되 공시적으로 추출할 수 있는 몇 가지 주요한 내용을 주제별로 정리함으로써 사회사에서 통시적으로 다루었던 부분을 더욱 상세하게 보강하고자 했다. 이로써 한국 근현대 주거의 발전 과정에 대한 기술은 시대적 흐름에 맞춘 종적인 연구, 즉 사회사 연구와 함께 각 쟁점에 따른 실증적 자료를 활용한 횡적인 연구, 즉 미시사 연구를 수행함으로써 인문학적 내용은 어느 정도 빈틈없는 구성을 갖추었다고 생각한다. 또 하나의 남은 작업은 물리적 실체, 즉 공간에 대한 접근이다. 후속 작업이 될 공간사 편은 우리가 사회사와 미시사를 펼쳐온 장소로 제공된 공간에 대한 구체적인 분석이 될 것이다.

『한국 주거의 미시사』에서 다루는 내용

우리는 사회사·미시사·공간사라는 이름을 붙인 세 권의 책을 통해서 우리나라 근현대 주거환경의 변천사를 총체적으로 다루려고 하는데, 이 책은 우리가 기획한 '한국 근현대 주거의 역사' 시리즈 중 두번째 책이다. 각각의 책에서 다루는 세부 내용은 이미 출간된 『한국 주거의 사회사』의 서론에서 대략 설명했는데, 독자들의 이해를 돕기 위해 여기에 미시사의 내용을 다시 한번 구체적으로 정리하면 다음과 같다.

변화하는 가족의 생활공간

- 가족과 가구의 변화: 근대화 과정에서 대가족의 삶이 핵가족의 삶으로 변화하고 다양한 가족이 출현하는 과정을 살펴본다. 그리고 그 내면의 가족 패러다임의 변화를 고찰한다. 이와 함께 가족의 변화가 초래한 다양한 주거의 양상을 살펴본다.
- 여성과 주거공간: 일상생활에서 성별 분리의 이중성이 가져오는 주거공간의 권력 구도, 그리고 가부장제의 와해에 따른 공간의 평등화 과정을

고찰한다. 또한 페미니즘의 관점에서 가사 노동의 산업화와 부엌의 변화 과정을 고찰한다.

- 노인과 주거공간: 존경받던 어른에서 부양의 부담으로 전락한 노인의 지위와 이에 따른 주거 문제 및 노후의 주거 선택의 변화를 기술한다. 그리고 주거 내 노인 공간의 변화 과정을 고찰한다.
- 아동과 주거공간: 아동의 개념이 형성된 이래 아동을 위한 새로운 공간이 등장하고 가족 내 지위가 변화하면서 아동 위주의 주거문화로 정착하는 과정을 살펴본다.

변화하는 주거 욕구와 주거 조절

- 마음속의 이상 주거: 살고 싶은 집에 대한 관념의 변화를 고찰한다. 주거에 대한 이상과 현실 속에서 갈등하면서 상위 요구를 충족하기 위한 노력과 행동들을 살펴본다.
- 주거 이동: 주거 조절 행위로서의 주거 이동 성향을 파악하고, 증가하는 생활 개선 욕구와 지속적 상향 이동이 주거에 대한 대다수의 선호로 정착해 가는 과정을 살펴본다.
- 주거 개조: 주거 규범의 변화에 따라 달라지는 요구와 이에 대응하는 거주자의 개조 행위를 파악한다.

주거공간과 일상의 생활 변화

- 주거공간의 기능 변화: 생로병사의 장場이 주거 외부로 이양됨으로써 주거의 기능이 약화되고, 도시공간 및 주거 내부 공간에서 노동과 휴식의 장이 분리되는 현상을 살펴본다.
- 사적私的 공간으로서의 주거: 사회 속에서 공동체적 삶의 장소였던 주거

공간이 점차 개인만의 공간으로 변화해 가는 과정을 추적한다.

- 일상과 공간 사용 규범: 주거공간의 기능 분화에 따른 각 실의 명칭 변화와 함께 새로이 등장하고 소멸하는 공간들을 살펴본다.
- 주거공간의 내실화와 입식화: 내·외부 공간의 사용 방식 변화, 좌식에서 입식으로의 기거 양식 변화, 기거 양식에 따른 가구의 사용과 공간의 변화를 고찰한다. 아울러 전통적 생활방식이 오늘날의 주거생활에 남아 있는 부분을 알아본다.

가정 내 기기와 설비의 변화

- 난방의 변천사: 재래식 방식에서 현대적 난방 방식으로 변화하면서 바뀌게 된 공간 배치와 생활의 효율화 과정, 그리고 생활양식의 변화를 고찰한다.
- 취사와 저장의 변천사: 부엌을 중심으로 한 생활공간의 효율화가 가사노동에 미친 영향을 파악하고, 기술의 향상이 가져온 주거의 질적 향상 과정을 살펴본다.
- 배설과 위생의 변천사: 문명화의 척도가 되는 위생 관념의 형성이 근대화에 기여한 부분을 알아보고, 점차 달라지는 위생 공간에 대한 인식의 변화를 살펴본다.
- 가전기기의 변천사: 각종 가전기기의 발달이 가져온 생활혁명이 모방과 동경의 과정을 거쳐 확산되고, 이것이 설비의 첨단화를 지향하는 주거문화로 정착되는 과정을 고찰한다.

부록 – 주거생활에 대한 생생한 기억들, 생애구술사

개별 거주자들의 주거생활에 관련된 경험과 감정, 행동에 대한 구술을 소개했다. 어릴 때부터 현재까지 주택에 대한 기억과 현재와 과거의 장소에 대한 의미, 현재의 주거에 대해 느끼는 고유한 경험, 그리고 주택에 대한 감정적인 애착이 구술에 나타나 있다. 이를 통해 주거에 대한 새로운 의미를 구축하는 과정을 파악하는 것이다. 각각 상이한 사회적·경제적 성장 배경을 가진 구술자로부터 얻은 주거생활의 생생한 경험담은 원자료로서의 가치를 유지하기 위해 거의 가공하지 않은 상태로 이 책의 마지막에 부록으로 수록했다.

1
집, 변화하는 가족의 생활공간

1
가족과 가구의 변화

대가족의 삶터

주생활의 기본 단위를 이루는 가족의 형태와 규모는 시대에 따라 많은 변화를 겪어 왔다. 과거 한국 사회에서 이상적이고 보편적인 가족의 모습은 조선시대부터 이어져 내려온 가부장 중심의 대가족이자, 여러 세대와 친족들로 이루어진 확대가족이었다. 조선시대에는 여러 세대를 포함한 가족들이 한 마을에 친족 단위로 모여 살았다. 어느 한 가족의 집은 다른 친척들이 부분적으로 공유하는 생활공간이기도 했다.[1] 19세기 말 개항 당시에도 여전히 지속되고 있었던 대가족의 삶에 대해, 1882년 한국을 방문했던 미국인 그리피스W. E. Griffis는 자신의 책 『은자의 나라 한국』에서 다음과 같이 쓰고 있다.

전 동아시아에서는 가족의 유대가 오늘날의 백색 인종들보다 더 밀접하다. 사회적 지위나 빈부, 유식과 무식, 귀, 천에 관계없이 15촌이나 20촌이 될지라도 모든 혈족들은 같은 문벌, 즉 좀더 정확하게 말하면 단일 가족이

구한말의 대가족. 조부모, 부모, 형제, 그리고 그들의 자녀들로 구성된 확대가족의 모습이다. 옷차림으로 보아 상류계층으로 추측된다. 이들은 한집에 모여 살며 하나의 작은 사회를 이루었다.

며. 이 공동체의 모든 구성원들은 서로 지켜야 하는 상호 이해관계를 가진다. 이 사람의 집은 저 사람의 집도 된다. 각 가족은 돈을 벌거나 관직에 오르거나 이권을 얻기 위해 다른 가족을 최대한 도울 것이다. … 서양의 경우와 같이 가족은 하나의 단위 공동체 구실을 하지 않고 부족의 한 부분, 즉 혈족의 거대한 단체 내의 한 분절을 이룬다.[2]

부계 혈통의 직계 대가족에서는 혼인이나 재산 상속, 친족 관계 등이 모두 가부장을 중심으로 이루어졌는데, 하나의 경제 단위로서 노동생활과 가정생활을 함께해야 했던 농경사회에서 이 같은 관계는 필연적이었다. 한 집안을 통솔하는 가장은 집안의 위계에서 가장 높은 자리를 차지하고 있었고 그 권위는 거주 공간에서도 잘 드러났다. 사랑채와 사랑방의 크기 및 장식은 그 어떠한 공간보다 훌륭했다. 가족을 통해야만 경제활동이 가

공동체를 중심으로 형성된 마을. 조선시대에는 여러 세대를 포함한 가족들이 한 마을에 친족 단위로 모여 살았다. 어느 한 가족의 집은 다른 친척들이 부분적으로 공유하는 생활공간이기도 했다.

능했으며 자신의 정체성을 완성시킬 수 있었던[3] 이러한 이상적 가족 형태는 농경사회가 유지되던 조선 말기까지 지속되었다. 그리고 전통 주거공간은 여러 세대의 가족이 모여 살면서 많은 사람의 생활을 위한 살림이 가능하도록 너른 마당을 중심으로 여러 채를 이루었으며 채는 필요에 따라 증축이 가능했다. 이러한 특성에 대해 일제강점기의 한 학자는 다음과 같이 쓰고 있다.

조선식 가옥은 외관상 형체와 구조 양식이 대규모적이요, 확장적이다. 실로 외관과 내관이 장엄하며 방축防築의 윤곽이 확대된 그 규모는 타국 건축에서는 유례를 찾기가 어렵다. 이를 역사적으로 관찰하면 조선 가옥의 구조 양식은 봉건시대에 발달되었던 거성據城을 본뜬 점이 많아서 교린적交隣的보다도 영토적領土的이요 침략적侵略的이다. 조선 가옥이 이와 같은 특질

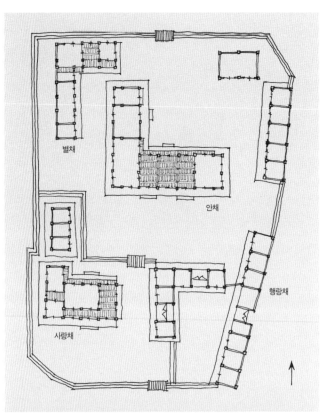

별채

안채

사랑채

행랑채

을 가진 것은 왕권제도를 배경으로 하여 나타난 대가족제도에 원인한 바이니, 우리 선조시대에 있어서는 일가족의 범위가 2대代, 3대, 4대의 다수 혈족을 포함하였으므로, 총 가족원 수는 실로 기 십수 명에 달한다. 따라서 일가족이라 하면 근친 혈족의 연합 집단을 형성하였으므로 그 주택을 확대할 필요가 있었으나….[4]

조선시대의 상류계층 가정과 평민 및 하류계층 가정의 가족 구성은 상당히 달랐다. 실제로 확대가족의 비율은 그다지 높지 않았는데, 대가족의 삶을 누릴 수 있었던 계층은 경제적 뒷받침이 가능한 양반계층뿐이었다. 예컨대 서울의 경우 개항 당시 양반계층의 48.3%가 확대가족이었지만 이와 달리 평민계층은 핵가족이 64.8%를 차지하여[5] 현실적인 상황이 이상을 뒷받침하지 못했던 것을 짐작할 수 있다. 상류계층은 보통 자녀들을 둘 이상 두지 않았다고 한다. 이는 상류계층의 경우 영아사망률이 매우 높았기 때문이며, 모든 어린아이들, 심지어 살아남은 건강한 아이들조차도 혈기왕성한 나이에 이르기까지 매우 약골이었기 때문이다.[6] 따라서 상류계층에서는 실제로 직계의 자녀보다는 다른 친척과 식솔들로 확대가족과 대가족을 이루어 한집에서 함께 살았던 경우가 많았다. 가장이 능력만 있다면 8촌 친척까지도 같은 울안에 들어와 사는 것이 보통이었다.[7] 그러나 이와 달리 평민 및 하류계층의 가정들은 주로 부모와 자녀로 이루어진 핵가족이면서 자녀가 많은 대식구를 이루었다. 하류계층은 상류계층보다 자녀를 많이 낳기 때문이다. 육체 노동을 하는 양친이 건강한 까닭에 건강

장교동 한규설 가옥의 평면(p.28, 위)과 전경(p.28, 아래). 19세기 말에 지어진 이 가옥은 여러 식솔들을 거느린 상류계층의 주택으로, 각 거주자들의 생활공간이 채로 분화되어 있다. 큰살림을 유지하기에 불편함이 없도록 채마다 너른 마당을 두었다. 아래 사진은 후면에서 바라본 전경이다.

한 자식들을 더 많이 낳았던 것이다.[8]

개항 이후 서구문물이 유입되고 계몽의 주체들이 사회 변화를 주도하면서 전통적 가족에 대한 인식은 바뀌기 시작했다. 갑오개혁으로 신분 계급이 폐지되고, 근대적 교육기관의 등장과 함께 서구의 합리적 사상이 보급되면서 '평등' 개념을 갖는 가족의 새로운 기능과 윤리가 생겨났다.[9] 또한 일제강점기에 이르면 산업화의 영향으로 농경사회와는 달리 직장 및 학교를 따라 가족들의 생활이 분산되기 시작했다. 그러나 확대가족의 전통은 쉽게 사라지지 않았고 공동체 중심적인 가족 형태 안에서 가족 및 친족 간의 유대는 여전히 중요한 가치였다. 이 시기에 새로이 등장한 '신가정'에서도 비록 생활방식은 봉건적 사회로부터 탈피하여 달라진 사회시스템에 적응해 가는 모습을 보이지만, 한 주거공간 내에서 시부모, 남편의 형제 등이 함께 사는 대가족이 많았다.

시아버님은 20여 년 전 옛날에 돌아가셨습니다. 홀로 아들들을 데리고 늙으신 시어머님과 인자하시고도 세밀하신 아주버님과 형님, 그리고 고등여학교에 다니는 조카와 우리 둘, 그리고 지금 한참 말 배우느라고 어른이 하는 말은 다 흉내 내는 아양꾸러기 두 돌을 맞이하려는 내 딸! 이 일곱 명이 우리 집안 식구입니다. … 새벽 동이 훤히 트면 어머님은 눈을 부비시며 손녀 찾으시기 분주하시고 조반을 지어 일동이 마주하고 나면 아주버님과 어린애 아버지는 회사로, 조카는 학교로 각기 서류가방과 책가방을 들고 떠나가신 뒤, 설겆이를 하고 집안 소제를 하고 나면 오전 여덟시 반입니다. 큰아버지와 아버지를 따라가겠다고 야단치는 어린애의 울음이 그치면 빨래하러 우물에도 가고 다림질과 바느질! 이것저것을 매만지노라면 어느새 저녁 준비할 궁리를 하게 됩니다. 저녁 여섯시쯤이면 회사에서 돌아오시고 학교에서 돌아와 나갔던 식구가 다 들어옵니다. 즐겁고 맛있는 저녁이 끝나면 마루에 모두 앉아 어린아기의 재롱을 보고 어머님의 옛이야기, 돌아가신 아버님의 훌륭하신 이야기를 자랑삼아 하시는 것을 듣다가 그날 하루의 피곤을 쉬이는 것이 우리 집안의 일과입니다.10)

1940년대 한 잡지에 실린 위의 글에서 볼 수 있듯이 당시에는 많은 동거인들이 공동체를 이루어 함께 사는 것이 드물지 않았고, 시골에서 올라온 일가친척을 도시의 가정에서 거두는 것도 당연한 일이었다. 일단 가족의 범주에 들면 의식주의 모든 생활이 공동으로 이루어졌다. 당시 경성에서 생활하던 어떤 유학생은 "경제적으로 책임이 없이 윗사람이 사는 집에 한데 뒤섞여 따로 방 한 개를 정하여 밥을 같이 지어 먹고 농 속에 들은 옷감, 혹은 윗사람이 끊어 오는 옷감으로 옷을 지어 입으면서 독립한 가정적 기능을 이루지 못하고 예속적으로 살아온 것"을 한탄하기도 했다.11)

이러한 대가족 제도 내에서도 차츰 부부 중심의 사생활 개념이 형성되기 시작하자 주택의 물리적 조건들과 갈등이 생기기 시작했다. 특히 일제강점기 신식 주택의 대명사였던 문화주택은 대가족 생활과는 맞지 않았다. 얄팍하게 형성된 벽체, 그리고 장지문이나 분합문은 공간과 공간을 시각적으로만 차단해 줄 뿐이었다. 부모를 모신 살림에 장지 하나를 사이에 두고 부모와 지내야 하니 복도를 지나 변소에 가기도 여간 거북한 것이 아니었다. 아이들과도 마찬가지였다. 그러니 대가족 제도를 없애 버리지 않는 이상 문화주택에서는 못살겠다는 푸념을 하기 일쑤였다.12)

대가족의 와해와 가구의 분화

유교적 관습하에서 혈연을 바탕으로 한 친족 중심의 가족 구조와 관계는 강력한 사회적 규범이었지만 가족 형태는 시간이 지날수록 확대가족보다는 부부와 자녀 중심의 소규모 핵가족으로 변모해 갔다. 일제강점기 신생활을 내세우면서 등장한 신가정은 전통적 확대가족에서의 세대간 위계질서보다 부부 관계와 아동을 중요시하는, 하나의 사생활 단위가 되는 근대적 가족의 탄생을 알렸다.[13] 특히 일제강점기는 농촌을 떠난 인구가 도시로 모여들기 시작하면서 가구가 분화하여 가족의 규모가 줄어들기 시작한 시기로, 1930년대에 이미 4인 이하의 핵가족 비율이 전체 가구의 3분의 1 정도에 이르렀다.[14] 자연히 과거 대가족 위주의 너른 주택은 새로운 가족 형태에는 맞지 않아서 다음과 같은 비판이 생기기도 했다.

금일 우리 시대의 가족원 수는 부부 자녀 합하여 4~5명에 불과케 되었는 즉, 병영兵營을 본뜬 듯한 광활한 대건물은 우리 소수 가족의 낙원의 이상을 달하기에 부적不適할 뿐만 아니라 보관 수리상에도 지대한 불이익이 있는 것을 실감하는 바이다.[15]

이때 마침 도시에 활발히 보급되었던 개량 한옥은 채와 채가 거의 맞붙어 있어 분산되지 않았고 규모도 자그마하여, 문화주택에서의 상류 생활을 하지 않는 이상 도시로 진출한 소가족에게 꼭 맞는 주택이었다.[16]

핵가족은 산업화·도시화 사회로 진입하기 시작한 1960년대 들어서 본격적으로 증가했다. 여기에는 여러 가지 원인이 있겠지만 우선 산업화와 근대화 과정 속에서 직장이나 학업 등의 이유로 주거지를 이동하여 분

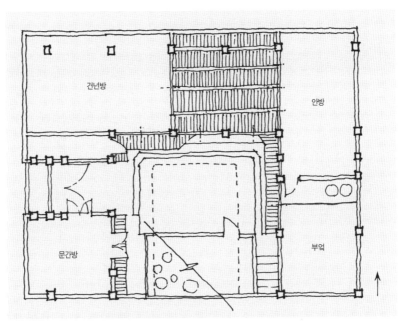

건넌방

안방

문간방

부엌

도시의 소가족에게 적합한 개량 한옥. 1920년대에 등장한 개량 한옥은 좁은 대지에 채를 붙여 지은 것이었다. 규모는 당시 4~5명으로 구성된 가족이 살기에 알맞았다.

가를 하는 등 사회적·지리적 이동이 증가한 데서도 그 원인을 찾을 수 있다. 또한 전통적 효에 대한 가치관의 변화로 부모 세대와의 동거를 꺼리는 경향도 크게 작용했다. 핵가족 구성의 증가와 더불어 가족의 규모도 축소되기 시작했는데,[17] 이는 초기 경제개발시기의 가족계획 정책으로 자녀 출산과 양육을 억제하여 출산율이 저하되었기 때문이었다. 급격한 인구 증가를 막기 위해 실행한 "아들딸 구별 말고 둘만 낳아 잘 기르자" 등의 소자녀 갖기 운동이 다자녀 출산을 꺼리는 사회 분위기를 이끌었다. 이에 따라 소규모 핵가족이 지배적인 가족 형태가 되었고 특히 도시의 젊은 사람들을 중심으로 급속히 퍼져나갔다. 이에 발맞추어 1950년대 말, 1960년대 초에 보급된 국민주택은 새로운 가족 형태를 겨냥한 주거였다. 42.9~49.5m²

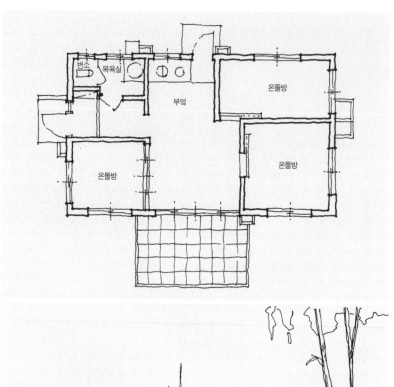

1963년도 국민주택의 이상적 시안(위). 1960년대 초에 보급된 국민주택은 중산층 핵가족을 겨냥하여 설계되었다. 42.9~49.5㎡ 정도의 규모에 마루를 중심으로 방 세 개와 부엌, 변소, 목욕실을 배치한 구조이다.
국민주택의 이상향(아래). 당시 중산층 가족이 꿈꾸는 이상적 주택의 모습은 아름다운 주변 경치가 어우러진, 핵가족이 단란하게 생활하는 데 불편함이 없는 규모의 단독주택이었다.

1950년대 말의 단란한 가정. 자녀 수는 오늘날보다 많지만 부부와 자녀로만 구성된 핵가족 형태를 띠고 있다. 일제강점기에 신생활을 내세운 신가정이 등장한 이후 유교적 전통을 중요시하던 확대가족의 가부장적 의식은 점점 약화되어 좀더 자유로운 가족 관계가 정립되기 시작했다.

(13~15평) 정도의 규모에 마루를 중심으로 세 개의 방을 배치한 구조는 당시 4~5명으로 구성된 중산층 핵가족이 단란하게 생활하는 데 불편함이 없었다.

핵가족 및 소규모 가족을 선호하는 경향은 1960년대 중반 한 여성잡지에서 전국 여성을 대상으로 실시한 생활관에 대한 조사 결과에서도 잘 나타난다.[18] 조사 대상자의 67%가 1남 1녀를 희망했으며, 76%는 자녀를 자유롭게 키우는 것이 더 좋다고 여기는 등 결혼과 가족에 대한 여성들의 의식이 많이 달라졌음을 보여준다. 유교적 전통의 효 사상에 의존하여 부모와 자녀 간의 종적 관계를 요구하던 확대가족의 가부장적 의식으로부터 탈피하여 좀더 자유로운 가족 관계가 정립되기 시작한 것이다.

핵가족의 단출한 삶

근대 사회의 대표적 가족 형태인 부부 중심의 핵가족에서는 가족 구성원의 수가 줄어들었다는 외견상의 변화 외에도 확대가족에서 볼 수 없었던 여러 새로운 모습들이 나타났다. 가족 구성원 각자의 개성과 창의성이 존중되고 여성의 향상된 지위가 보장되었으며, 이를 통해 이루어진 민주적이고 평등한 가족 관계는 가족의 새로운 이상이 되었다. 맞벌이 가정의 증가와 소득 증대, 생활수준의 향상, 시간적 여유의 증가, 소비 생활의 확산, 부부의 가사 및 자녀 양육 분담 등은 1970년대 이후 핵가족이 보여주기 시작한 새로운 생활양식이었다. 1980년대 중반 정착된 핵가족 시대의 생활상은 다음 기사에 잘 나타나 있다.

50년대 후반 이후의 가족제도 변천사는 여성 입장에서 보면 가히 혁명적이라고 할 수 있다. 장남마저도 결혼하면 분가하여 핵가족을 이루고 사는 것을 당연한 것처럼 받아들이고 있다. 이 같은 변화로 인해 가정의 주도권도 남편이 일반적으로 쥐고 있던 것은 옛말이 되었다. 가정경제 운영이 전적으로 주부에게 넘어가 여성의 위치가 격상되었고 핵가족화의 여파로 친가 쪽 친척보다는 친정 지향적 친척 교류가 보편화되었다. … 맞벌이 부부의 숫자가 증가 추세에 있고 … 남자가 집안일을 분담하는 비중이 커졌으며 남성들 스스로가 이를 자연스럽게 받아들이고 있다. 자녀 수가 2~3명 이내로 줄어들었고 ….[19]

확대가족에서 핵가족으로의 분화는 가구 수의 증가를 동반했고, 이는 주택에 대한 수요, 특히 아파트 수요의 확대를 가져왔다. 또한 부부와 자녀들만이 단출하게 사는 핵가족의 생활양식은 전통 한옥이나 단독주택보다는 아파트에 더욱 어울렸기 때문에 아파트는 이래저래 변화한 가족 형태를 적극적으로 수용하는 최적의 주거 형태가 되었다. 특히 1970년대 초부터 공급된 중산층 아파트는 간편하면서도 질 높은 생활을 요구하는 계층, 즉 젊고 지식 수준이 높고 비교적 소득이 많은 핵가족들의 생활양식에 상당히 부합하는 주거 형태로 받아들여졌다. 또한 여성들의 활동무대가 넓어지고 사회 참여가 많아지면서, 비교적 관리하기 쉽고 열쇠 하나로 문을 잠그면 안심하고 출퇴근을 할 수 있는 아파트는 더욱 매력적인 것이었다. 아파트 단지 내에서 '열쇠 목걸이를 한 어린이'의 모습은 핵가족과 아파트 주거문화가 만들어낸 합작품이었다. 이렇게 아파트는 가족 개개인의 분화된 생활과 활동을 보장해 주었다.

우선 가정부 안 두어도 된다는 점이 편리하고 외출할 때는 식구대로 열쇠 하나씩 가지고 있으면 언제라도 외출할 수 있다는 점이 편리하지요. … 추운 겨울에 여자들이 연탄 안 때고 훈훈하게 지내는 것이 제일 부러워요. … 아파트는 외국처럼 두 부부가 직장을 가졌다든가 하여 시간 때문에 아파트에 들어가는 그런 사람들에게 좋은 것이지요. … 아파트에 사는 주부들은 여가 시간이 많은데 그것을 건설적으로 생산적으로 활용하는 방법을 모른다는 거죠. … 핵가족화하는 데도 아파트가 상당히 역할을 하는 것 같아요.[20]

이러한 이유로 1970~1980년대까지 한국의 주거는 아파트를 중심으로 핵가족이라는 독립된 가족 단위를 수용할 수 있는 형태로 확산, 발전해 왔다. 하지만 핵가족은 가족 구성원의 사회화 측면에서는 단점도 있었다.

친족의 개념이 희박해진 것은 물론, 맞벌이 가정이 늘어나면서 어린 자녀가 부모나 다른 어른들과 함께 지내면서 자연스럽게 사회성을 익히는 것을 기대하기 어려웠다. 집에서 할아버지의 담뱃재 터는 소리나 마른기침 소리를 들을 수 없게 되었고, 질화로를 끼고 도란도란 옛이야기를 듣다가 할머니 무릎에서 잠드는 어린이도 볼 수 없게 되었다. 또 밤이 이슥한 시각에 일가친척들이 모여 제삿밥을 나누어 먹는 정겨운 모습도 사라져 갔다.[21]

1960년대 이후 산업화로 우리 사회의 핵가족화 현상은 가속화되었지만 전통 가족 위주의 가치관과 행동은 1970년대까지 완전히 사라지지 않았고 전근대적인 측면을 보이는 부분도 여전히 존재했다. 부부와 직계 자녀들로 가족이 구성되었지만 효 개념에 뿌리를 둔 위계질서가 남아 있었으며, 남녀평등 사상이 충분히 확립되지 않은 채 가장이 우대받는 것도 여전했다. 또한 아들을 더 좋아하는 경향이 있었고, 자녀의 개인적인 자유가 억압된 상태를 드러내고 있었다.[22]

다양한 가족, 다양한 집

한국 사회에서 가족은 한국전쟁 이후 급속한 구조적 변화를 겪어 왔는데, 1980년대 이후의 가장 주된 변화는 독신 가구를 비롯한 비전형적인 가구의 증가이다. 부부와 자녀로 이루어진 전형적인 가족의 안정성만을 추구하던 과거와 달리, 개인의 가치관이나 기호에 따라 개인의 만족과 행복을 위해 다양한 형태의 결혼과 가족, 가구가 선택되고 있는 것이다.[23] 이러한 변화는 과거의 대가족이나 핵가족이 더 이상 절대적 개념의 이상적인 가

독신자의 오피스텔 생활. 새로운 가족의 형태는 새로운 주거를 요구하고 있다. 특히 오늘날에는 급증한 독신자들을 위해 오피스텔의 공급이 눈에 띄게 늘어났다.

족 형태가 아님을 시사한다. 다양한 가족 형태는 가족이 지향하는 다양한 삶의 양식으로부터 생겨나는데, 이는 다음과 같은 몇 가지 형태로 구분할 수 있다.[24]

첫째, 혈연을 기본으로 한 가족이 많은 변화를 겪으면서 확대가족에서 분화한 핵가족이 또다시 분화한 형태가 등장했다. 이는 부부만으로 이루어진 가족[25]이거나 노인 단독 가구 및 청년층 단독 가구로 대표되는 1인 가구를 말한다. 이렇게 가족이 다양한 소규모 집단으로 분화함에 따라 가구의 규모는 더욱 축소되었고,[26] 특히 1인 가구의 증가는 가구 수의 폭발적인 증가를 가져왔다. 1990년의 인구주택 총조사에 의하면 가구 증가율이 인구 증가율보다 2배 이상 높아 이러한 경향이 뚜렷해졌음을 알 수 있다.[27] 이는 인구가 줄어듦에도 불구하고 새로운 주거 형태에 대한 수요

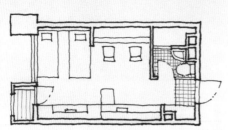

2명이 동거하기에 적합한 원룸 주택의 내부(위)와 평면(아래). 과거의 가족이 혈연을 중심으로 형성되었다면 현대의 가족은 이를 초월하는데, 이러한 원룸 주택은 기존의 가족제도에 들어가지 않는 현대의 독신 가구나 동거 가구를 위한 주거 형태로 볼 수 있다. 또한 재택근무가 가능하도록 계획된 내부 공간은 달라진 주생활의 모습을 반영한다.

를 지속적으로 창출하는 원인이 되었다. 둘째, 결혼에 대한 가치관의 변화가 가져온 새로운 가족 형태가 있다. 이혼과 재혼이 증가함으로써 과거 결손가족이라는 부정적인 의미로 불리던 한부모 가족, 재혼으로 재구성된 복합 가족 또는 재혼 가족 등 다양한 형태의 가족이 양산되었고, 이는 더 이상 부정적인 의미를 갖지 않게 되었다. 셋째, 여성의 사회 참여와 맞벌이의 증가, 또는 교육열이 가져온 분거 가족의 형태이다. 주말 부부, 월말 부부, 방학 부부 등 비정기적으로 만나는 부부 등이 여기에 속한다. 또한 부부 중에는 "직장은 남성, 가사는 여성"이라는 고정적 역할 분담이 바뀐 가족도 생겨났다.

과거의 가족이 혈연을 기본으로 했다면 현대의 가족은 이를 초월한

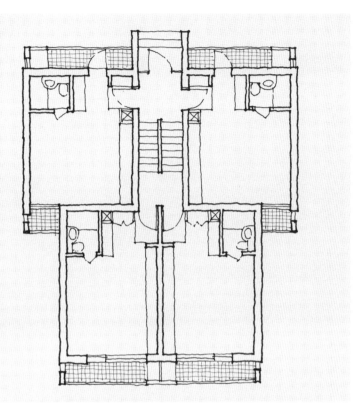

독신자용 원룸 주택의 평면. 1991년에 건설된 이 원룸 주택은 한 층에 4호가 배치된 구조로 설계되었다. 당시 가구가 점차 분화해 가는 사회적 현상에 맞추어 주거공간도 작은 규모로 분화된 원룸 주택이 생겨나기 시작했다.

다. 따라서 생활공동체로서 한 주택 내에서 사는 구성원은 가족이 아니라 가구의 개념으로 변화하는 경향을 보인다.[28] 즉 혈연관계로 형성된 가족이 아니라 이해관계로 구성되는 가구가 하나의 주거 단위가 되는 것으로, 이는 혈연 가족이 해체되어 가는 과정으로도 볼 수 있다.[29] 기존의 결혼이나 가족제도에 들어가지 않으려는 독신 가구나 동거 가구 등도 이 범주에서 이해할 수 있다. 입양아를 가족 구성원으로 받아들인 입양 가족, 공

도심의 단독주택 지역에 확산된 원룸 주택들. 1인 가구가 증가함에 따라 주택 시장에서 새로운 수요 계층을 창출했다. 젊은 1인 가구, 소위 독신자 계층이 가장 뚜렷한 수요층이었는데 이들은 주로 도시 지역에 거주하며 높은 주거 이동성을 보인다는 특징이 있다. 따라서 자가 점유율이 낮고 주로 임대 형식으로 거주하는 경향이 높다.

동의 이익을 위해 공동체적 생활을 영위해 나가는 공동체 가족, 시설을 통해 집단주의적 양육과 보호가 이루어지는 집단 가정 등도 이에 해당한다고 할 수 있다. 이러한 가족의 변화로 개인은 일생을 통해 혈연의 가족과 함께 같은 집에서 지내는 시간이 현저히 줄어들게 되었다. 또한 전체 생애 주기에서 다양한 가족 및 가구 유형들을 경험하게 되었다. 공동체 의식과 그 행위는 가족이 아니라 사회적 관계에 의해 형성된 사람들 사이에서 이루어지며, 그 장소도 주거가 아닌 그외의 사회적 공간이 되는 경우가 많다.

　가족의 형태나 생활양식은 주거에 대한 요구를 변화시키므로 이러한 다양한 가족의 출현은 1990년대에 접어들면서 주택시장에도 변화를 초래했다. 1970년대의 산업화가 핵가족화를 조장했고 아파트의 확산이 이를 부추겼다면, 더욱 다변화한 후기 산업사회는 다양한 형태의 가족을 양산했다. 그리고 이에 따라 다양한 주거 형태가 우리 사회에 나타나는 계기가 되었다. 전형적인 핵가족 위주로 이루어지던 주택 공급은 새로운 가족들의 생활양식과 그에 따른 주거 요구를 수용하기 위해 다양한 대안들을 제시하기 시작했다. 독신 가구를 위한 원룸 주택이 급격히 증가했고, 동호인 주택, 신세대 도시인이나 전문직 종사자들에게 호텔식의 주거 서비스를 제공하는 서비스 레지던스serviced residence, 노인들을 위한 노인 주거시설 등이 등장했다.

2
여성, 삶의 후면에서 전면으로

여성만의 닫힌 공간

가부장적 전통 가족의 개념에서 남성은 가장으로서 대내적으로 경제권을 행사하며 대가족을 통솔하고, 대외적으로는 가족을 대표하는 주체였다. 이와 대조적으로 여성은 사회의 공적 지위와 역할에서 분리되는 것은 물론, 가부장에 예속된 부수적인 존재로 가계 계승을 위한 자녀 출산의 도구이면서 가사 노동의 주체로 간주되었다.[30] 남성과 여성의 역할이 위계적으로 분리된 것과 더불어 남녀간에는 상징적인 공간 배분의 위계가 존재했다. 주택은 이중적 정신세계로 이루어져 있었다. 즉 사랑채를 중심으로 한 남성의 공간은 조선시대의 지도 이념이었던 유교적 정신세계를 의미했고, 안채를 중심으로 한 여성의 공간은 당시 공적으로 배척되었던 불교적 또는 무속적 정신세계의 영향권에 속해 있었다. 남존여비의 의식 구조가 남녀의 정신세계마저 달리하도록 하였고 그 생활공간 또한 달라지게 한 것이다.[31]

　　기거 양식에 의해서도 행위의 종류와 주체가 위아래로 구분되어 있

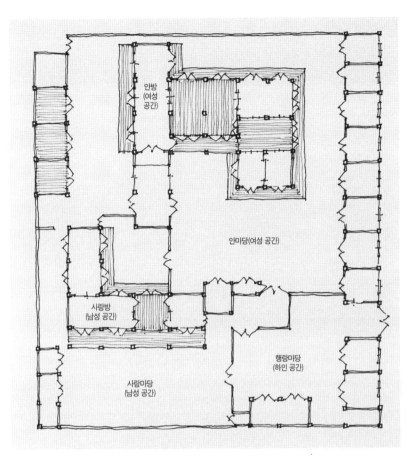

안방
(여성
공간)

안마당(여성 공간)

사랑방
(남성 공간)

행랑마당
(하인 공간)

사랑마당
(남성 공간)

전통 한옥에서의 남녀 영역 구분. 무교동 신씨 가옥의 평면으로, 가부장적 전통 가족의 위계질서에 따라 주거공간에서도 남녀의 공간이 철저히 분리되었음을 보여준다. 사랑채를 중심으로 한 남성의 공간은 마당을 바라볼 수 있도록 개방적으로 놓인 반면, 여성의 공간인 안채의 안방은 남성의 공간보다 깊숙한 곳에 자리 잡아 외부로 잘 노출되지 않았다.

었다. 예를 들어 부엌과 마당에서 서서 활동하는 작업 행위와 방이나 마루에서 앉아서 이루어지는 휴식과 담소 등의 행위는 상하 위계와 성별 역할에 따라 분리되었다. 특히 상류 주택의 경우 주로 나이 어린 여성은 '외부 공간에서 일어서서 노동하고 남성의 시중을 드는 자'로, 남성과 연장자는

'방에서 앉아 있으면서 시중을 받는 자'로 나뉘는 것이다. 한 공간 안에서도 밥상을 들고 드나드는 행위, 청소 등의 노동 행위는 여성의 몫이었다. 무엇보다도 여성을 괴롭힌 것은 이러한 역할 구분의 구도와 주택의 구조때문에 생기는 가사 노동의 강도였다. 채와 채를 오가는 구조의 주택은 여성에게 지극히 불편한 공간이었지만, 이에 초연한 남성에게 사랑채는 방에 앉아서 마당과 하늘과 선산을 바라볼 수 있는 공간이었다.[32]

남성의 공간과 대조적으로 여성의 공간인 안채와 안방은 매우 폐쇄적이었다. 안채는 대문간에서 최대한 깊숙이 자리 잡았고, 특히 안방은 해가 들지 않는 후미진 곳에 위치하여 외부에 노출되지 않았다. 안방이 길거리를 향해 있는 경우에는 문이나 들창이 없이 지어졌다.[33] 여성들이 사용하는 안방에 딸린 작은 마당도 담장이나 가마니 또는 덤불로 칸막이를 해놓아 철저히 외부로부터 차단시켰다.[34] 남자의 방은 여자의 방 쪽으로 창

주거공간에서의 **남녀 역할 구분**. 전통 주택에서는 공간을 사용하는 방식에서도 엄연한 남녀차별이 존재했다. 남성들이 대청에서 제례를 지내는 동안(오른쪽) 여성들은 툇마루에서 기다리며 시중들 준비를 하고 있다(왼쪽).

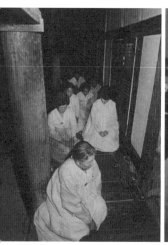

사랑채의 남성들(왼쪽)과 안채의 여성들(오른쪽). 한 집안을 통솔하는 가장(남성)은 집안에서 가장 높은 지위를 가졌는데, 가장이 거주하는 사랑채라는 공간 역시 집안에서의 위계를 잘 드러냈다. 위엄 있게 지어진 사랑채의 권위적인 모습에 비해 안채는 폐쇄적인 분위기였고, 가족이나 친척이 아닌 남자는 안방에 들어갈 수 없었다.

문을 내서는 안 되었고, 어떤 방문객도 그들에게 눈길을 줄 수 없었으며, 가족이나 친척이 아닌 남자는 안방에 들어갈 수 없었다.[35]

　　가부장제도하에 주거공간은 부부유별, 장유유서, 남녀칠세부동석이라는 사회적 이념을 그대로 담고 있었으며, 안방과 부엌을 여성의 공간으로 분류함으로써 자녀 양육과 가사 노동의 책임을 자연스럽게 여성의 몫으로 설정하고 있었다. 아이들은 유아기에는 안채에서 어머니와 같이 생활하지만 일정한 나이가 되면 내외법에 따라 남자와 여자가 격리되었다. 이때부터 아들은 항상 아버지의 동무가 되는 반면, 딸은 안채에 갇혀 어머니의 처연한 운명을 함께 나누게 되는 것이다.[36] 그러나 이러한 남녀의 서로 다른 교육 및 내외법은 양반층의 이야기일 뿐이었다. 서민의 경우에는 특별히 교육이랄 것도 없었고 내외법도 지켜지지 않았다.

　　한편 여성의 공간은 남성의 공간보다 하위에 있었다. 주거 영역에서 동쪽은 남성을 상징하고 서쪽은 여성을 상징하는 것이 전통적인 방위와 영역의 개념이다. 이미 고조선 때부터 부뚜막인 '조竈'를 서쪽에 둔다 하여 오래전부터 부엌의 위치를 서쪽에 두는 것이 관습이었는데, 그 이유는 일찍 해가 뜨는 동쪽은 상의 공간으로, 늦게 해가 지는 서쪽은 하의 공간으로 여겼기 때문이다.[37] 살림채 내에서 부엌이 있는 쪽을 '아래'라고 부르는 것 역시 바닥이 내려가 있기 때문이기도 하지만 남녀 신분의 상하 차별에서 기인한 것이기도 하다. 위치뿐만 아니라 관념적인 규제도 부엌을 여성만의 공간으로 제한하는 데 크게 작용하여, 흔히 "사내가 부엌에 들어가면 고추가 떨어진다"라는 표현에 나타나 있듯이 남자의 부엌 출입을 금기시했다. 주부의 안살림은 먹을 것을 저장하고, 가공하며, 조리하는 행위를 중심으로 이루어져 여성의 생활 반경은 안방과 부엌을 둘러싼 부속 공간을 중심으로 형성되었다. 여성들 사이에서는 부엌을 포함한 안살림을 누가 맡고 있느냐에 따라 가정에서의 입지가 결정되었다.

그러나 전통 사회에서 평민계층 이하의 여성들은 상류계층의 여성들에 비해 오히려 활동 반경이 넓었다. 일반적으로 여성들의 삶의 중심 공간은 부엌이었지만, 살림살이를 도맡아 하던 '아래' 여성들의 활동 반경은 사실상 사랑채를 제외한 집 안의 모든 공간이었다. 식사 준비를 하기 위해서 대문 밖 우물가나 개울에 가서 물을 길어 와야 했고, 곡식이나 야채를 다듬기 위해서는 마당이나 마루를 이용했으며, 수확한 곡식을 보관하고 관리하기 위해서는 광이나 곳간을 들락거렸다. 장독대, 찬광, 곳간, 창고 등 부엌과 관련된 부속 공간은 안채와 부엌 근처에 배치되기도 하지만 대문 근처나 사랑채 혹은 행랑채까지도 연결되어 있었다. 게다가 부엌은 여성들의 활동 공간이자 가사작업 공간으로 꽤 큰 규모였다. 이처럼 부엌을 중심으로 하루의 대부분을 보내는 여성들의 생활은, 특히 농촌에서는 1950∼60년대까지도 지속되었음을 다음 글을 통해 엿볼 수 있다.

전통 가옥에서의 여성들의 생활. 전통 주택에서 여성들의 생활 반경은 부엌을 중심으로 가사 노동을 하는 공간 위주로 형성되었다. 여성들은 부엌, 장독대, 곳간, 우물가 등을 오가며 식사 준비를 해야 했다.

운암댁(전남 나주 세지면, 1931년생)의 일과는 새벽에 일어나 부엌에서 불을 지피면서 시작되었다. 당시 부엌 안은 넓어서 장작을 한쪽 구석에 쌓아 두는 나무청도 있고, 우물에서 물을 길어다 놓는 물항아리도 있었다. 부뚜막 위에는 두 개의 커다란 무쇠 솥을 걸어두고 아궁이에 불을 지폈다. 절구통, 맷돌 등도 부엌 한 귀퉁이에 놓여 있었다. … 운암댁도 신혼기를 벗어나면서 농사일을 거들었다. 부엌일과 밭일을 동시에 해나갔다. 밭일을 마치면, 수확한 곡식이나 채소를 앞마당에서 정리한 후 상태에 따라서 곳간, 헛간 등에 보관해 두었다. 음식을 장만하는 일 가운데 집에서 기른 닭이나 오리 등을 도축하는 일도 부엌에서 이루어졌다.[38]

안방과 부엌의 개선

일제강점기는 전통적 여성상과 근대적 신여성의 새로운 규범이 갈등을 겪

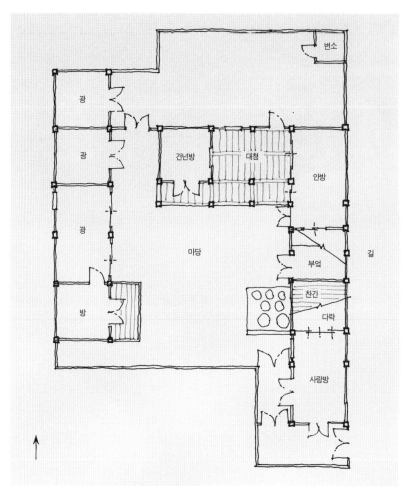

만리동 박씨 가옥의 평면. 이 가옥의 안방을 보면 동쪽은 길에 면해 있고 남쪽과 서쪽은 각각 부엌과 대청에 면해 있어 채광에 매우 불리하다. 또한 마당으로의 시야가 제한되어 있어 전반적으로 어둡고 폐쇄적인 공간임을 알 수 있다.

은 시기였다. 또한 일제는 식민지 국가를 수월하게 통치하기 위해 규율과 위생, 합리화 등 근대적 시스템을 도입하고자 했으며 가정을 계몽의 대상 으로 삼았다. 그러나 이때까지도 주택 내에서 여성의 공간은 그리 크게 주목받지 못했다. 이 시기 주택 공급업자들이 지은 개량 한옥에서도 주택이 '개량'되었다고는 하지만 여성의 공간에 대한 배려는 여전히 뒷전이어서 안방은 주로 안채의 꺾이는 부분에 위치했다. 마당 쪽으로는 마루와 부엌으로 막혀 있고, 외기에 접한 부분은 인접 건물과 마주하거나 처마 밑에 위치하기 때문에 창을 내기가 쉽지 않아 전반적으로 어두운 공간이었다.[39] 이에 "집을 설계할 때 사랑방은 중요시하고 주부가 있는 안방이라든지 아동실에 대해선 유의하지 않는 것은 아주 모순"이라는 의식이 생기기 시작했다.[40] 박길룡朴吉龍과 같은 근대 건축가는 이를 다음과 같이 비판했다. 실제로 박길룡은 그가 설계한 민익두閔翼斗 가옥에서 안방을 남쪽에 두는 혁신적인 안을 실현시켰다.

집안 식구가 늘 거처하는 안방이나 건넌방을 동쪽이나 서쪽에 두는 것은 고칠 필요가 있습니다. 손이라는 것은 늘 있는 것이 아니며 더구나 손보다도 집안의 한 가족을 주장 삼아서 볕 잘 드는 쪽을 가려야 하겠습니다. 조선 가옥은 아무리 하여도 광선이 부족합니다. 햇빛이 잘 들지 못하여 방이 늘 어두컴컴하외다. 안방 같은 데는 낮에도 무엇이 잘 보이지 않고 어두운 집이 많은 듯합니다.[41]

일제강점기에 등장한 신여성은 새로운 생활양식을 적극적으로 받아들이는 주체가 되었다. 다음 글에는 신여성의 보금자리인 1930년대 중산층 신가정의 모습이 잘 나타나 있다. 여기서 신가정이란 간소한 서양식 음식이 준비되고, 어머니는 가사 노동에 찌든 모습이 아닌 음악을 향유하는 여유를 갖고 있으며, 서양식 소파와 책장 그리고 여가생활을 할 수 있는 거실을 갖춘 유복한 생활의 장으로 묘사되고 있다.

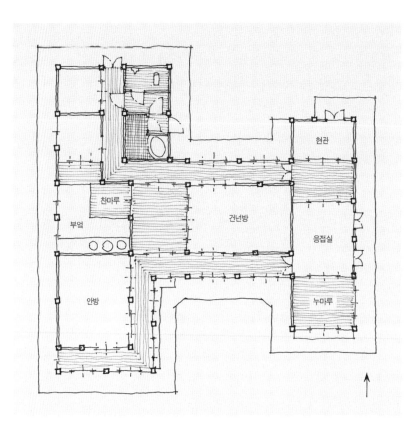

민익두 가옥의 평면. 1938년에 지은 근대 한옥으로, 안방이 남쪽 전면에 배치되어 달라진 여성의 위상을 엿볼 수 있다. 대신 사랑방은 안방에 비해 규모가 축소되어 응접실로 바뀌었다.

엄마가 부르는 소리, 등나무 아래서 서양식으로 접시에 밥을 담고 카레를 담아주던 엄마의 앞치마 두른 모습, 도넛을 튀겨 수북이 담아 놓았던 찬장, 달고 고소한 기름내가 안기던 행복… 엄마가 피아노 치던 멜로디가 있다. … 응접실에는 세계문학전집이 든 책장이 있었고 축음기와 피아노가 있었다. 소파에 둘러앉아 트럼프 놀이를 할 수 있는 책상이 있는 것만으로도 그때 왕십리에서는 보기 드문 신식 서양식 응접실이었다.[42]

1932년 『신동아』에 실린 「신가정 내용 공개」라는 기사 또한 새로이 대두된 신가정의 실체를 하나씩 보여주고 있다. 서구식 가구를 사용하면서 전통적 가재도구들을 거침없이 치워 버림으로써 이전과는 전혀 다른 새로운 생활을 추구하고 있는데, 이는 기성세대의 가치관과 갈등을 일으키기도 했다. 신여성은 근대 도시에서 소비의 주체로서, 그리고 서구적 신식 주거문화의 선도자로서 '모던 생활'을 주도해 나갔다. 또한 집을 꾸미는 데도 자기 주장을 적극적으로 펼치는 새로운 여성상을 보여주었다.

얼마 전까지는 시부모님을 모시고 살았는데 저희가 동소문동으로 이사 간후로 시부모님과는 분가를 했지요. 시어머님은 저희 집을 못마땅하게 여기세요. 요즘 한창 유행하는 '문화주택'을 거금 천 원을 들여 짓긴 했는데, 유리창과 부엌 환기에 특히 신경을 쓴 만큼 이전의 부엌에서 겨울철에 고생하던 것과는 비교가 안 되거든요. 저는 우리 집의 훤한 거실이 마음에 들어요. 미쓰코시 백화점에서 산 소파와 양탄자를 깔아 보니 훨씬 안락하고 집 안이 따뜻해졌습니다. 그런데 어머님은 이게 싫으신가 봐요. 하루는 장소가 좁아 3대째 물려받아 내려온 뒤주며 찬장을 대청에서 치워 버렸는데, 이걸 보시고 매우 역정을 내셨어요. 뒤주에 있던 쌀은 부엌 한켠에 정돈되어 있는데 어머님은 집안의 복을 함부로 내쳤다고 하시며 하루 종일 방에서 나오시질 않으셨습니다.[43]

또한 일제강점기에는 여성을 배려하는 차원에서 부엌을 개량해야 한다는 논의도 활발해졌다. 대가족 체제에서는 마당에서 부엌으로, 부엌에서 방으로 하루 종일 종종걸음을 치는 하인이 있었고, 딸이나 며느리처럼 일을 시킬 수 있는 서열이 낮은 여성들이 있었다. 그러나 근대적 삶에서 가족의 단란함이 최상의 미덕으로 부상하면서 하인이나 식모와 같은 사람은 이를 방해하는 불편한 존재가 되었다. 게다가 계층간의 상하 위계가 없어진 상황에서 가사 노동을 감당해야 하는 것은 오로지 주부로서의 여성이었다.[44) 따라서 가족의 중심이자 생활 행위의 주체가 된 여성에게는 편리한 가사 공간이 필요하여 부엌과 같이 여성이 힘들게 일하는 공간은 근대화 과정을 거치면서 빠르게 변화했다. 새로 개량하여 짓는 집 중에는 이러한 여러 가지 점을 고려하여 음식을 요리할 때 이리저리 다니지 않고 부엌 안에서만 모두 처리할 수 있도록 했고, 부엌을 제일 밝게 하고 공기가 항상 잘 통하도록 계획하는 경우도 많았다.[45) 하지만 부엌이 여성의 공간이라는 뿌리 깊은 의식은 바뀌지 않았다.

단연! 하인을 폐지합시다. 주부들이 좀더 능률 있게 일하자면 부엌을 개량하면 됩니다. 부엌은 주부가 몸담고 있는 제일 가까운 곳임에도 불구하고 부엌을 볼 때에는 살풍경이라는 느낌이 없지 아니한 것은, 대체로 주부는 하인에게만 미루어 두고 모든 것을 시키기만 하니까 책임 없는 하인들이 안타깝게도 그다지 깨끗이 할 것을 생각지 아니함에 있다고 봅니다. … 적어도 주부가 몸담고 있는 방과 똑같이 부엌을 좀더 사랑하도록 해보아야 할 것입니다. 부엌에 들어가는 것을 끔찍하게 생각하는 반대로 웬일인지 부엌에서 이것저것 재미있게 만들어 보려는 매력 있는 부엌을 만들어야 하겠습니다.[46)

개량된 부엌이 보편화된 것은 한참 후인 1950년대 중반부터였다. 국민주택에서는 부엌에서부터 식사 공간인 안방까지 짧은 쪽마루가 있어 밥상을 나르는 주부의 동선이 이전보다 훨씬 짧아졌다. 하지만 이때까지도

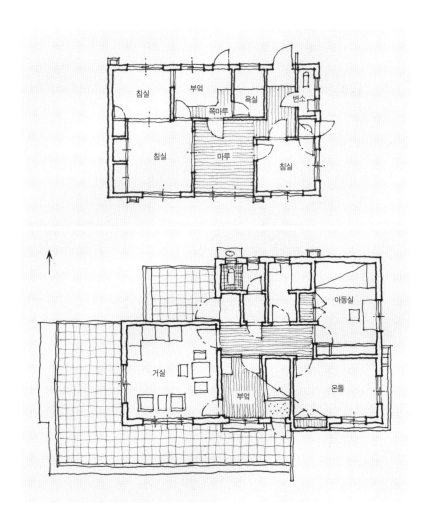

침실 | 부엌
쪽마루 | 욕실 | 변소
침실 | 마루 | 침실

아동실
거실 | 부엌 | 온돌

1958년 정릉에 건설된 국민주택의 평면(위). 부엌에서부터 식사 공간인 안방까지 짧은 쪽마루가 있어 밥상을 나르는 주부의 동선이 전통 주택에서보다 훨씬 짧아졌다. 그러나 부엌이 북쪽에 위치해 있고 바닥 높이의 차이가 있어 불편했으며, 여성이 '밥상을 들고' 식사를 나르는 생활방식은 여전히 유지되고 있었다.
이천승의 이상주택 시안(아래). 여성이 가사 노동을 하는 공간은 근대화 과정을 거치면서 빠르게 변화했다. 새로 개량하여 짓는 주택들은 부엌을 제일 밝게 하고 공기가 항상 잘 통하도록 계획했는데, 이 주택 시안에서와 같이 부엌을 남쪽에 배치하여 주부의 가사 노동을 '명랑한 분위기'에서 할 수 있도록 배려했다.

전통적 관습처럼 여성이 '밥상을 들고 식사를 나르는' 생활방식은 여전히 유지되고 있었다. 이 쪽마루는 부엌이 내실화內室化되는 과도기의 형태라 할 수 있는데, 쪽마루는 안방으로 연결되거나 또는 안방과 마루로 동시에 연결된 경우도 있었다.

1958년 이천승李天承은 '이상주택 시안'에서 주방을 남쪽에 둔 개량안을 선보였다. 이 안은 주부의 가사 노동을 명랑한 분위기에서 할 수 있게 하고 그들의 보건을 위한 것이라고 설명하고 있다.[47] 그러나 아무리 부엌을 개선했다 할지라도 여성에게는 여전히 불평등한 공간이었다. 주방은 여성의 독무대이며 일생의 태반을 그곳에서 지낸다는 설정은 변치 않는 것이었다. 따라서 주방의 개혁만이 여성을 주방에서 해방시키고 정신적·시간적 여유를 갖게 해줄 수 있다는 논의는 평등한 주거공간을 실현하기에는 한계가 있었다.[48]

기능적이고 평등한 생활공간으로

전통 주택에서는 식사 공간이 따로 없었기 때문에 남성들은 보통 사랑에서 식사를 했고 여성들은 안채로부터 일일이 음식을 운반해야 했다. 야간 혹은 눈이나 비가 올 때 내·외실간의 출입은 어지간한 이웃집 가는 것만큼 부담스러운 동선이었다.[49] 1960~70년대의 주택에서도 여성들은 식사 장소인 안방 또는 마루로 밥상을 날라야만 했다. 그러나 식탁이 배치된 식사 공간의 등장은 많은 변화를 가져왔다. 우선 가부장적 부권이나 연장자의 권위적 위상이 약화되었다. 식탁이 도입되면서 '식사 공간'이라는 장소는 남성을 포함한 가족 구성원 모두가 식사를 위해 이동해야만 하는 장소가 되었다. 과거 여성이 부엌에서부터 밥상을 들고 연장자 또는 남성이 있는 장소로 가서 서비스를 하던 불평등한 구조가 없어진 것이다. 식사는 여성을 포함한 가족이 모두 모이는 최상의 단란 행위가 되었고, 식탁 앞에서는 가족 구성원들 간의 차별이 없어졌다.

변화는 일제강점기 신가정의 모습에서 이미 찾아볼 수 있다. 아래 글에는 이전에 장유유서, 남존여비의 개념하에서 웃어른, 가장, 남성이 따로 밥상을 받던 권위적인 모습에서 탈피하여 어린아이까지 원탁에 둘러 앉아 단란하게 식사하는 모습이 잘 드러나 있다.

저녁이 다 되어서 진지그릇 뚜껑까지 열어 놓고 정향이가 아버지 진지 잡수세요, 심부름을 한 두세 차례 해야 그제서야 안방으로 들어온다. 할머님을 위시하여 어린애 아버지나 정향이, 정웅이, 또 지금 같이 와 있는 조카 순애가 둘러앉는 원탁이 차려진다. 정웅이는 죽을 먹여서 쫓아내려면 한 씨름해야 한다. 그 애까지도 인제는 식탁에 참여하여 이것저것 먹으려고 손가락으로 가리킨다. 정향이는 무엇을 지저귀고 종알거린다. 아버지한테 보고하는 세음이다.[50]

식사 공간의 평등화는 전통 주택의 불편함을 물리적으로 개선하고자 하는 노력과 함께 진행되었다. 1960년대의 생활을 기억하고 있는 한 여성의 구술에 의하면 시골의 노부부는 매일 매일의 일상생활을 편리하게 하기 위해 부엌을 입식으로 고쳤다. 이로 인해 설비나 공간은 물론 생활 습관의 변화도 일어나고 있음을 아래의 글에서 엿볼 수 있다. 할아버지는 방 안에서 밥상을 받던 습관을 버리고 거동이 불편한 할머니를 위해 부엌 근처 마루 끝에, 또는 부엌 바닥에 가져다 놓은 식탁으로 식사 장소를 옮기는 조

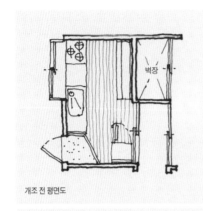

개조 전 평면도

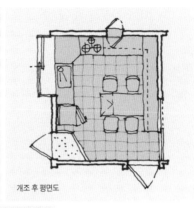

개조 후 평면도

개조 후 투시도

다이닝 키친dining kitchen으로 개조한 부엌. 1970년대 초, 식사공간이 본격적으로 등장하기 이전 주부의 동선을 절약하고 가족들이 평등하게 식사할 수 있도록 인접한 벽장을 터서 다이닝 키친으로 개조했다.

정 행위를 보여주고 있는 것이다. 이러한 행위들을 주거공간 평등화의 일면으로 볼 수 있을 것이다.

우리 오라버니가 단 내외분만 시골서 계시니까 마나님을 거들어 줘야잖어? 절대 안 해요. 갖은 일은 다 하셔두 저 부엌에 가 상은 안 갖다 잡숫는대. 우리 올케는 상을 못 들어서 빈 상 하나 갖다 마루 끝에 놓고는 반찬을 하나씩 갖다 쭉 늘어 놓으면 거기서 얹어 놓고 잡수시지 저기 가서 집어오 진 않으신대요. 접때 가 보니까 "내가 밥 얻어 먹기 힘들어서 못 살겠다" 고, 부엌을 입식으로 만들어 놓으셨어. 솥 걸린 거 떼 버리구 판판하게 해 놓은 담에 쭈욱 끄트머리에다가 네루(레일)식으로 구공탄을 해놓고, 부엌 을 빙 둘러서 선반을 매고 찬장을 해놨어요. 부엌 바닥엔 식탁을 갖다 놓고 의자도 놓고 거기서 잡숴요. 손님 오면 말래(마루)로 가져가구.[51]

소득이 높아지면서 주거공간에는 각종 시설·설비가 도입되었고 특 히 부엌은 다양한 가전기기를 갖춘 입식으로 변화했다. 그러나 시설·설비 가 발달하여 아무리 가사 노동이 편리해졌다 할지라도 성적 차별은 여전 히 존재했다. 가정 내 모든 기기들은 여성이 사용하는 것이어서, 주거공간

식탁에 모여 앉은 단란한 가족을 표현한 가전기기 광고. 식탁이 배치된 식사 공간의 등장은 가족 문화에 많은 변화를 가져왔다. 여성이 부엌에서부터 밥상을 들고 연장 자 또는 남성이 있는 장소로 가서 서비스를 하던 불평등한 구조가 없어지고, 식사는 가족이 모두 모이는 단란 행위가 되었다.

여성과 남성의 역할 구분. 주거공간에 각종 설비가 도입되고 다양한 기기가 갖추어져 가사 노동이 편리해졌지만 가정 내에는 여전히 성적 불평등이 존재했다. 대부분의 기기들은 여성이 가사 노동에 사용하는 것이었고, 여성이 가사를 책임져야 하는 존재로 인식되었기 때문에 주거공간에서 노동을 하는 자(여성)와 휴식을 하는 자(남성)의 구분은 쉽게 변하지 않았다.

에서 노동을 하는 자와 휴식을 하는 자의 구분은 뿌리 깊었다. 1960~70년대의 산업화 사회에서 남성은 밖에서 돈을 버는 존재로 존중받았던 반면, 여성은 여전히 가정에서 남성이 쉴 수 있도록 가사를 책임져야 하는 존재로 인식되었다. 또한 가전기기들이 가사 노동의 수준을 높이고 일의 내용을 변화시켰지만 일 자체를 감소시키지는 못했다. 즉, 가전기기를 설치하고 공간적인 개선을 이루는 변화가 사회적인 관계를 변화시키지는 못한 것이다.[52]

여성은 가정의 주역이 되었지만 활동 영역은 여전히 부엌을 중심으로 형성되어 여성이 주거공간 내에서 다른 가족 구성원으로부터 소외되는 현상은 여전했다. 예를 들어 여성에게 일방적으로 주어진 부엌이라는 공간에서 여성이 가사 노동에 열중할 때, 퇴근한 남성은 집에서 최신 문화기기인 텔레비전을 독차지하는 것이 일반적인 풍경이었다. 심지어 변소가 마당에 있는 경우 집 안에서 요강으로 생리 현상을 해결하기도 했는데 치우는 것은 여전히 여성의 몫이었다.

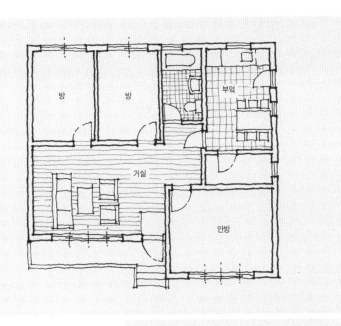

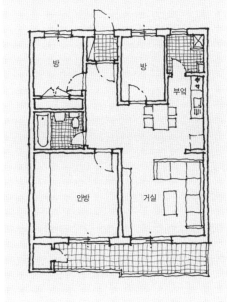

1970년대 단독주택의 평면(위)과 1980년대
아파트의 평면(아래). 둘 다 주거공간 내에 식
탁이 배치되어 식사하는 장소가 지정되어 있
다. 1970년대 이후 식탁이 등장하고 식사 공
간이 부엌에 근접하여 옮겨감에 따라 주부의
동선은 이전보다 훨씬 짧아졌다. 입식 부엌
과 식탁의 설치는 식사 행위에서 가족의 평
등화를 가져왔다고 할 수 있다.

1970년대 이후 식탁이 등장하고 식사 공간이 부엌에 근접하여 옮겨 가면서 주부의 동선은 훨씬 짧아졌다. 또한 공간의 명칭과 배치가 변화하면서 생활공간이 평등해지고 가족 내 주부의 역할과 지위도 조금씩 바뀌어 갔다. 이 시기 입식 부엌과 식탁은 완성된 '스위트 홈'의 상징이었다. 이러한 부엌 가구의 배치에 의해 가족원 모두가 식사 준비와 뒷마무리를 하는 데 자연스럽게 참여할 수 있게 되었고, 식사 행위 자체도 좀더 평등해졌다. 부엌의 바닥도 거실 바닥과 동일한 재료로 마감함으로써 더 이상 더러운 바닥으로 여겨지지 않았으며, 거실이나 방과 마찬가지로 '거주하는 곳'으로 인식되기 시작했다. 아파트에서는 이러한 변화를 가장 앞서 경험할 수 있었다.

아파트에서는 남자가 부엌일을 도와주게 되고 더군다나 맞벌이 주부의 경우에는 남자와 여자의 구별이 없이 서로 도와준다는 것이 아파트의 구조에도 맞게 되어 있습니다. 결국 아파트에서는 남자와 여자가 거의 평등에 가까운 생활이 되어서 여자들에게는 아파트가 제일 바람직한 것 같은 느낌이 들어요.[53]

여성의 성채가 된 주거공간

사회에서 여성과 남성의 활동 영역이 분리되기 시작한 것은 새로운 노동력을 요구하는 근대적 직업이 생겨나던 일제강점기부터였다. 산업화 초기에는 여성과 아동의 노동력이 필요했지만 차츰 남성이 그것을 대신하게 되었다. 즉 육체 노동에 관여하지 않았던 조선시대의 양반 남성과는 완전히 다른, 직장생활을 하는 산업사회의 일꾼으로서의 남성이자 가장이 등장한 것이다. 그리하여 결혼한 남성의 생활 무대는 직장이 있는 도시 공간으로, 여성의 생활 무대는 가정으로 이분화되기 시작했다. 이렇게 된 중요한 원인은 산업화로 인해 경제활동이 가족과 분리된 공적 영역에서 이루어졌기 때문이다.

중등학교 선생의 아내인 나는 어떠한 내조에 힘써야만 할지 아직도 여러 가지 생각 중에 있습니다. 집 속에 쿡 들어앉아서 아이나 키워 가면서 철이 돌아오면 양잠이나 해보고 뒤꼍 텃밭에 푸성귀 농사나 짓고 하는 것이 훌륭한 내조라고 할지… 역시 내가 집에서 하고 있는 살림살이가 어떠한 여자보다도 조촐하고 참된 것인 듯이 생각합니다. … 하루종일 집에서 그날 하려던 일을 부지런히 맞추어 놓고 종일 밖에서 사무에 시달리고 돌아오는 어른을 반가이 맞아들일 수 있을 때에는 참 형언할 수 없는 기쁨과 애틋한 소망이 가슴속에서 한꺼번에 뛰노는 것입니다.[54]

위의 글에서와 같이 여성은 생계를 위한 노동에서 해방되어 시간적 여유를 갖게 되었다. 현모양처로 그려지는 대부분의 주부들은 집에서 직접 맛있는 음식을 마련하여 상차림을 하거나 어린아이들을 돌보면서 많은 시간을 보내고, 짬이 나면 독서하는 시간을 갖는 것으로 하루의 일과를 보냈다.[55] 또는 이와 대조적으로 "남편이 공장 직공으로 피땀을 흘리며 햇빛을 못 보고 질식할 만한 공장에서 열 시간씩, 열두 시간씩 노동을 하고 집으로 돌아오면 아내는 몸을 꼬고 드러누워서 담배나 피우고 잡스런 책만 읽고 있는 경우"도 있었다.[56] 남성들 역시 직장이 끝난 후 선술집 등에서 그날 받은 일당으로 술을 마셔 버리고 귀가하는 경우도 많았

다. 다음 글은 남성과 여성의 일상이 직장과 가정으로 분리된 모습을 보여
주고 있다.

저녁이 되면 일없이 거리를 돌아다니고 늦게 집에 들어가는 남성들에게
왜 집에 빨리 들어갈 것이지 그렇게 일없이 돌아다니느냐고 하면 대부분
대답이 일찍 들어가서 할 일이 있어야지요, 또는 집에 들어가도 심심한데
무엇하러 일찍 들어가요, 하는 대답이 99%라고 해도 과언이 아닙니다. …
그러나 신혼가정 및 소수의 가정을 제외한 많은 아내들이 통행금지 사이

여성의 성채가 된 주거공간(왼쪽). 남성과 여성의 일상이 직장과 가정으로 분리됨으로써 여성은 가정 내에서 스위
트 홈을 만들어 나가는 주역이 되었다. 따라서 가구 구입, 실내장식 등 가정 내 의사 결정에 여성이 중요한 권한을
행사했고, 주거공간은 여성의 성채로 인식되었다.
여성을 내세운 가구 광고(오른쪽). 가정 내 의사 결정자로서 여성의 권한이 높아지자 가구와 가전제품 광고에서도
여성을 주인공으로 내세우는 사례가 많았다.

렌이 나기 전에는 남편의 얼굴을 구경할 수 없는 것이 보통 상식처럼 되어 있습니다. … 그 원인을 살피고 좀더 철저하게 연구해서 남편들로 하여금 가정에서 머무는 시간을 연장시키고 그들이 많은 휴식을 갖도록 해야겠습니다. … 즉 남편은 돈을 벌어다 집안 식구를 먹여 살리는 기계가 아니라 가정이라는 곳은 그로 하여금 좀더 가족에게 따뜻한 사랑을 베푸는 인간적 남편, 인간적 아버지를 기대하기 때문입니다. … 위에서도 말했지만 남성들은 하루의 휴식 외 대부분의 시간을 가정 밖에서 지내고 활동하니 자칫하여 명심 안 하면 그야말로 가정은 그들에게 숙소를 제공하는 역할밖에 안 하게 됩니다.[57]

1970년대 이후, 경제성장 시기에 남성은 바깥일에 대부분의 시간과 정력을 쏟았기 때문에 가정 일을 돌볼 여유가 없었고 가정의 의사 결정자로서의 권한 역시 이전보다 약해질 수밖에 없었다. 반면 여성은 자녀 교육과 가정경제를 비롯한 집안일 모두를 책임지면서 중산층 가정에서는 두 사람의 가장이 있다는 표현을 할 정도였다. 이는 전통 가부장 사회가 산업 사회와 만나면서 이른바 모권 가족으로 변하는 하나의 과정[58]으로도 해석하고 있다.

여성은 스위트 홈을 만들어 나가는 주역이 되었고 그 영향력은 가정 내 의사 결정에 있어 가구 구입, 실내장식, 공간 사용 방식에 이르는 데까지 미치게 되었다. 또한 이전보다 주거 이동이 빈번해진 1980년대 들어서는 주택을 선택하고 새집에 필요한 가전제품을 고르는 데 여성의 의사 결정력은 점차 증대되었다. 여성이 집 안의 장식은 물론 가전제품 등 물품의 구입 및 관리를 전담했을 뿐 아니라 재산 형성에 중요한 비중을 차지하는 주택의 구입을 통해 경제권을 갖게 됨으로써 자산 관리까지 도맡게 된 것이다. 특히 아파트는 다음 글에 나타나 있듯이 여러 주택 유형 중에서도 여성을 가사 노동에서 해방시킴과 동시에 여성만의 성채로서의 역할을 하기에 부족함이 없는 상품이었다.

중산층의 아파트만 되어도 더운 물과 찬 물과 도시가스가 언제나 나와, 안주인들의 일손을 덜어준다. 하루에도 열 번 넘게 연탄갈이에 시간과 노력을 소비해야 하던 여자들은 집중난방으로 연탄갈이 노이로제에서 해방되었다. 으레 냉장고가 있고 세탁기도 부쩍 늘어났다. 마당을 쓸 필요도 없어졌다. 쓰레기 상자를 들고 청소차를 향해 뛰던 고통스런 순간도 없어졌다. 문명의 이기와 바뀐 생활양식 때문에 여자들은 시간의 여유를 얻은 셈이다.[59]

생활의 혁명을 가져온 세탁기. 봇물과 같이 쏟아져 나온 가전기기들은 여성에게 여가를 가져다주었고, 여성의 꿈과 이상이 실현되는 곳은 가정이라는 인식이 널리 퍼졌다.

가정주의 페미니즘의 덫

1980년대 후반 들어 주택을 설계하고 가구를 디자인하는 데 여성 소비자가 참여함으로써 여성의 요구 사항이 주거공간에 더욱 적극적으로 반영되기 시작했다. 광고에는 여성이 디자인한 가구들을 소개하기 시작했으며, 이는 가구 선택의 주도권을 가진 여성들의 지지를 얻기에 충분했다. 아파트 내부 공간의 디자인도 점점 여성의 취향을 맞추는 방향으로 바뀌었다. 많은 시간을 집 안에서 보내는 여성들을 배려하여 공간을 배분하고, 설비를 갖추는 것에서도 이전과는 다른 시도를 거침없이 쏟아냈다. 주부를 위한 간이 서재를 주방 옆에 배치하는 등 다양한 아이디어가 이 시기에 선을 보였다. 그리하여 현대사회에서 주택은 여성의 성채이자 여성 상위의 공간으로 오히려 남성이 배제된 불평등한 공간으로 전락했다는 비판도 등장했으며, '남자에게 자기만의 공간을 주자'라는 주장까지 나오게 되었다.

거액의 자산에 해당하는 주택 구입에 있어서 여성의 영향력이 커진 것은 가정 내 여성의 지위와 역할이 변화한 데서도 그 원인을 찾을 수 있지만, 실질적으로는 경제력 향상에 여성이 많은 부분을 기여했기 때문이기도 하다. 이러한 현상에 발맞추어 여성은 주택 마케팅에서 비중 있는 대상으로 자리를 잡기 시작했다. 잡지, 텔레비전, 신문 등 대중매체는 여성들의 진정한 성취가 주거를 근거지로 하는 가정에 있다는 메시지를 끊임없이 전하는 데 주력했다. 예를 들어 주택 관련 광고에 출현하는 배우들은 대부분 여성이며 이러한 광고는 여성들의 꿈과 이상이 집에 있음을 전한다. 개성 있고 편안하고 여유 있는 주거공간을 가족들을 위해 마련하는 것이 여성의 중요한 책임으로 인식되었고 이를 깨끗하게 유지하고 가꾸는 것 역시 여성의 당연한 책무로 여기게 만들었다.

최신 설비로 무장한 주방(왼쪽)과 대면형 부엌(오른쪽). 대형 냉장고, 식기 세척기 등 최신 가전제품이 갖춰진 주방은 일견 여성의 지위가 향상된 것처럼 보이게 하지만, 여성은 여전히 가사 노동을 담당하는 주체로서의 역할이 강조된다. 대면형 부엌 또한 여성의 가정 내 소외 현상을 줄이려는 배려로 디자인되었지만 부엌이 여성의 활동 무대라는 전제에는 변함이 없다.

주거공간을 통해 여성의 욕구를 표출하는 현상은 정도의 차이는 있지만 경제력과 계층을 막론하고 공통적으로 나타났다. 1990년대 이후 아파트 주거환경에 대한 여성의 의식을 조사한 한 연구에 의하면,[60] 이 시기 20~30대 젊은 주부들은 가족을 위한 최상의 공간을 실현하는 동시에 자신을 표현하는 데 주거의 가치를 두고 있었다. 예를 들어 주방과 식당은 가족들의 휴식과 대화의 공간으로 하고, 취향대로 인테리어 시공을 할 수 있도록 주문 설계나 가변형 주택을 원하며, 안방을 줄여서라도 드레스 룸이나 화장 공간을 만들도록 요구했다. 잡지와 텔레비전 등의 미디어를 통해 소개되는 다양한 인테리어 정보는 여성의 욕구를 더욱 자극했으며, 대중매체는 여성들의 분수에 넘치는 허영과 사치심을 조장하기도 했다. 그 집에 들어차 있는 가구와 각종 실내 장식품, 인테리어 마감의 수준에 따라 안주인의 안목과 품위가 판가름되기도 했으며, 주부의 취향이 곧 가족의 취향이 되었다.

아파트 마케팅의 주된 공략 대상이 여성, 특히 주부가 됨으로써 제일 먼저 변신한 곳이 바로 주방인데, 이곳은 아파트 모델하우스에서 가장 많은 비용을 들여 꾸미는 곳이 되었다. 양쪽으로 문이 열리는 대형 냉장고와 김치냉장고, 식기 세척기 등의 최고급 가전제품이 잔뜩 들어찬 주방에서 주부가 미소 짓는 광고 장면은 여전히 가사활동의 주체로서의 여성을 그리고 있다. 일견 여성의 지위가 향상된 것처럼 보이지만 그 광고에는 가정주의 페미니즘과 상업주의가 가져온 매우 우아한 폭력이 숨어 있다. 백색가전은 취미와 휴식을 위한 텔레비전이나 오디오와는 달리 노동을 대신하는 기계들이다. 노동을 대신해 주는 기계를 보고 가장 행복해야 할 사람은 그 노동을 실제로 담당하는 사람인데, 그 사람이 바로 여성이자 주부라는 설정은 2000년대에도 변하지 않는 규범으로 작용하고 있는 것이다.[61]

3
노인, 존경받던 어른에서 부양의 부담으로

할아버지의 사랑, 할머니의 안방

유교의 도덕적 원칙이 지배했던 조선사회에서 '존경받는 노인'에 대한 인식은 일상을 지배하는 가치였다. 특히 상류계층일수록 유교적 관습은 세대간의 질서 유지와 훈육을 위한 강한 원칙으로 작용했다. 상류계층의 노인들은 손자들의 교육을 담당하여, 5~6세 이상의 남자아이들은 사랑채에서 아버지는 물론 할아버지의 훈도를 받았다. 여자아이들도 역시 어머니뿐 아니라 할머니로부터 생활 예절 및 규방 교육을 받았다.[62] 남성들의 공간인 사랑채는 세대에 따라서 큰사랑과 작은사랑으로 공간이 분리되었는데, 큰사랑은 집안의 가장 연장자인 남자 어른이 거처하는 곳이었다. 집안의 어른은 적절한 시기에 장남에게 가부장의 자리를 물려주었어도 여전히 품위 있고 적지 않은 규모의 큰사랑에서 기거했다.

안채를 중심으로 한 여성들 사이의 위계와 영향력도 누가 어떤 공간을 점유했느냐에 따라 달라졌다. 안방은 시어머니가 사용하고 건넌방은 딸이나 며느리가 사용했다. 부엌살림을 주관하는 여성은 취사 작업을 통

사랑채의 어른들. 전통 사회에서 노인은 의사결정자로서 한 가정을 이끄는 중심에 있었다. 사랑채는 남자 어른의 접객 공간이자 훈육의 공간으로 세대에 따라 큰사랑과 작은 사랑으로 나뉘었는데, 큰사랑은 집안의 가장 연장자 인 남자 어른이 거처하는 곳이었다.

해 생활 단위로서의 가족을 부양하게 된다. 따라서 안살림의 핵심에 해당 하는 곳간의 통제권이 매우 중요한 상징적인 의미를 가지고 있었기 때문 에, 시어머니는 여간해서는 안방과 곳간의 열쇠를 며느리에게 내주지 않 았다. 3세대 이상으로 이루어진 확대가족에서 주부권을 가진 시어머니와 장차 그것을 승계할 며느리는 부엌을 공유하면서 민감한 가정 내 세력 배 분 문제에 마주쳤던 것이다. '고부간의 갈등은 부엌에서부터'라는 표현이 흔히 사용되었던 것도 이와 같은 이유에서였다.

상류계층의 경우 어른들이 방을 점유하고 아랫사람에게 물려주는 방 식은 가계를 계승하는 시점과 그 방식에 따라 달랐다. 크게 종신형終身型과 은거형隱居型으로 구분할 수 있으며 지역별 관습에 따라서도 다르게 나타 났다.(63) 종신형에서 부모는 생전에 아들이나 며느리에게 거처하던 큰사랑

함양 일두 정여창 고택의 안사랑채. 안사랑채는 보통 맏아들에게 사랑채를 내준 노인이 기거하는 공간이었는데, 그 규모와 품위는 사랑채에 비해 떨어지지 않았다.

방과 안방을 넘겨주지 않았다. 아랫세대가 혼인을 하여 새로운 가계를 꾸려 3대를 이루게 되었을 때, 중년의 며느리는 자신이 쓰던 건넌방을 새 며느리에게 내어주고 거처를 옮겼다. 이때 노년의 시어머니는 거처하던 안방을 중년 며느리에게 넘겨주는 것이 아니라 안방에서 함께 지내는 경우가 많아 어른의 권위를 잃지 않으려는 일면을 볼 수 있다.

이와 달리 은거형에서의 가계와 공간의 계승 방식은 아들 부부에게 모든 것을 일시에 양도하는 것이다. 시어머니가 노쇠하면 며느리가 안방을 차지하고 시어머니는 보통 다른 채로 물러났는데 이를 '안방물림'(큰방물림)이라고 불렀다. 그러나 이 경우에도 거처하는 곳의 규모나 품격은 안채에 비해 떨어지지 않았다. 노쇠한 시아버지도 마찬가지로 아들에게 사랑방을 물려주고 안사랑채로 은거하게 되지만 안사랑채의 장식과 규모 역시 아들이 거주하는 사랑채와 비슷했다. 이는 노인의 기력이 쇠해지고 실질적 권한이 아들 내외에게 있다 할지라도 상징적 영향력이 여전히 존재함을 말해준다.[64] 종신형과 은거형 어떠한 경우에서든지 노인은 권위적 공간을 점유한다는 상징성으로 인해 집안 내 어른으로서의 위치를 생의 마지막까지 인정받게 되는 것이다.

연장자를 존중하는 유교적 가르침이 몸에 밴 자식 세대는 식솔들을 호령하며 집안의 주도권을 행사하던 바깥주인과 안주인이 힘없고 나약한 노인이 되어도 그들에 대한 예우를 소홀히 하지 않았다. 아침에 눈을 뜨면 조반을 들기에 앞서 집안 어른께 문안 인사를 먼저 드리는 것이 일상적인 생활 예절이었다. 바깥에서 돌아왔을 때에도 사랑채와 안채에 들러 외출을 마치고 왔음을 고하는 것을 당연한 일상으로 여겨 왔다.

한 방 안에서도 위계질서가 존재하여 윗목과 아랫목을 차지하는 사람이 각각 달랐다. 또한 부자간, 고부간에는 겸상을 하는 법 없이 노인은 항상 독상을 받아 그 권위를 유지했다. 밥상을 받는 위치 역시 달랐다. 어른과 아이들의 상을 따로 마련하여 식사하던 식생활 문화는 유교를 바탕에 둔 상하관계의 질서를 내포하고 있었다. 설사 같은 상에서 식사를 하더라도 할아버지, 할머니가 먼저 수저를 들어야 자식들이 비로소 식사를 시작할 수 있었다. 어른의 진짓상에는 아이들의 상에는 없는 반찬들이 놓여 있었고, 그것을 보고 아이들은 늘 그 상에 자리가 나기를 기다렸다. 어른이 상만 물리면 다투어 그 상의 맛난 반찬을 먹었던 경험[65]은 그 시대에는 자라면서 누구나 한 번쯤 겪었던 일이다.

어른을 공경하는 전통은 산업화가 진행되던 시기에도 변함없는 생활의 원칙으로 한동안 지속되었다. 세대간의 삶의 질서는 서양식 주택이 도입된 이후에도 그대로 전해 내려왔다. 주택의 외형과 공간의 배치 방식이 전통 주택과 상당히 달라졌음에도 불구하고 힌동인은 노인이 그 집의 가장 넓고 좋은 남향 방에서 거처하도록 배려하는 미풍양속이 주거공간에서 그대로 실현되었다. 노부모와 함께 살도록 계획된 단독주택에서는 노인방을 특별히 좋은 곳에 배치하고 규모도 적지 않게 배분했다.

권위도 잃고, 안방도 내주고

도시화가 진행되고 과밀화로 택지가 부족해진 상황으로 인해 도시에서는 전통 주택과 마을에서 볼 수 있었던 너른 마당과 담장 밖 채마밭, 집과 집을 연결해 주던 골목, 정자와 우물터 같은 공동체적 생활공간을 기대하기 어려웠다. 이러한 공간은 모든 세대의 모임 장소였고 마을 사람들의 화합과 교류의 장 역할을 했다. 그러나 친족 중심의 마을 공동체가 해체되고 산업화·도시화가 진행되면서 주거공간에 인접해 있던 공동체적 장소는 사라지고 대신 공적 장소가 그것을 대신하게 되었다. 학교와 직장이라는 공간은 젊은 남성과 여성, 그리고 어린이와 청소년을 흡수했지만 노인들은 도시에서 활동의 터전을 잃어버린 것이다. 폐쇄적이고 좁은 마당이 있는 집과 통로 기능만 남은 축소된 마을 길, 그리고 채소밭 하나 남지 않은 주변 환경은 노인의 활동 반경을 더욱 축소시키는 물리적 환경 요인으로 작용했다. 결국 노인은 집 앞 거리에 나와 동네사람들의 모습을 구경하거나 장터나 고궁을 거닐면서 하루를 보냈다.[66]

집 안에서도 노인의 공간이 축소되기는 마찬가지였다. 산업화·근대화 과정에서는 근대적 생산 활동을 할 수 있는 자식 세대가 가정에서 주도권을 더욱 강력하게 행사하게 되었다. 반면, 경제 활동에서 멀어진 노인들은 부양 대상으로 전락하게 되었고 그만큼 가족 내에서의 영향력도 줄어들기 시작했다. 또한 전통 사회에서 주목받지 못하던 아동에게 관심이 집중되면서 가족 내의 전통적 힘의 균형은 깨지기 시작했다. 이러한 가족간 권력의 역학관계 변화는 주거공간의 사용에서도 드러나기 시작했다. 부부와 아동을 중심으로 생활이 이루어지면서 노인들은 안방을 내주고 작은 방으로 밀려나기 일쑤였다. 특히 여성과 아동에 대한 관심이 커질수록 과거 대접받던 노인의 위상은 점차 평가절하되었으며, 그들의 공간도 관심 밖으로 밀려났다.

일제강점기 근대적 가족 개념이 형성되었을 때 주택의 공간 구성은

1940년대 장기인이 설계한 개량 주택안. 산업화·근대화가 진행되면서 부부와 아동을 중심으로 생활이 이루어지자 노인들은 안방을 내주고 작은 방으로 밀려나게 되었다. 이 주택에서도 부부가 사용하는 안방과 사랑방은 주택의 중심부에 크게 계획되었지만, 노인실은 한쪽 귀퉁이에 매우 작은 규모로 배치되어 있다. 이는 약해져 가는 노인의 권위를 대변한다고 볼 수 있다.

남녀 분리가 아닌 세대 분리 방향으로 진행되었고, 그 과정에서 노인실과 아동실이 등장했다. 장기인張起仁이 설계한 개량 주택의 평면에서는 부부 중심의 가족 개념이 반영되어 안주인의 안방과 바깥주인의 사랑방이 주택의 중심부에 상당히 크게 계획된 반면, 새로이 등장한 노인실은 주택의 한쪽 귀퉁이에 상대적으로 매우 작은 규모로 배치되어 있어 약해져 가는 노인의 권위를 대변해 준다.

농경 위주의 전근대적인 생산체계에서는 경험으로 터득하는 삶의 지혜가 필요했다. 누적된 생활 경험의 지혜는 그대로 삶의 밑천이며 배움의 기초가 되었기 때문에, 오랜 세월을 살아온 부모 세대는 자식들에게 누구보다도 중요한 스승이었다. 새로운 농업기술과 농기계에 숙달된 청장년층은 농업 생산에 있어서 가정 내 생계를 위한 노동력 제공자로 그 입지가 높아졌고 어른의 가르침이 더 이상 필요하지 않게 되었다. 특히 해방 후 신식 교육을 비롯한 근대 문물이 거세게 밀려들어 오고 삶의 기반이 농경에서 산업으로 옮겨 가면서 가족간의 질서와 위계는 더욱 도전을 받게 되었다. 결과적으로 농경사회를 기반으로 유지되었던 대가족 제도가 해체되고 자식들의 분가와 도시로의 이주가 빈번해지면서 노인 세대와 자식 세대의 유대는 더욱 약화되었다.[67] 자식들이 떠나버린 농촌에는 처음에는 노인 부부만이, 나중에는 홀로된 노인만이 남게 되는 경우가 많았다.

노인과 아파트

고향에 남은 부모가 연로해도 부모를 도시로 모시는 것은 여의치 않았다. 특히 이 시기에 등장한 아파트라는 공간은 도시에서 부모 세대와의 동거

농촌의 고령화. 농경사회를 기반으로 유지되었던 대가족 제도가 해체되면서 자식들은 점차 농촌을 떠나 도시로 이주했고, 농촌에는 노인들만이 남게 되었다.

를 원천적으로 불가능하게 만든 주역이었다. 예를 들어 1970년대 서민들이 주로 살았던 66m²(20평) 미만의 아파트는 공용면적을 제외한 작은 공간에 형식상의 거실을 중심으로 2~3개의 작은 방과 화장실이 설계되어 있어 핵가족 외의 다른 사람이 함께 살기에는 처음부터 적합하지 않은 구조였다.[68] 함께 사는 경우에도 핵가족의 새로운 생활양식을 추구하는 자식 세대와 노인 세대 사이에서 주거공간의 사용을 두고 점차 미묘한 갈등이 싹트기도 했는데, 이러한 내용은 다음 글에도 잘 드러나 있다.

고향이 시골인 사람은 누구나 시골에서 손님이 오기 마련이고, 특히 노인들이 오실 때는 방이 많으면 상관없지만 … 재래식 주택이면 남자끼리 모여 자면 되는데 아파트의 경우는 침대가 있는 방이 있고 침대가 없는 방이 있고, 침대가 있는 방이 분명 침실인데 그럴 때 부모나 조부모, 삼촌이 왔

을 경우 이분들을 어디에 모셔야 하는지 문제도 생기고…69)

　　서울에 사는 자식의 집을 방문한 부모는 다락도, 장독 묻을 곳도 없는 아파트를 보고 닭장이네 성냥갑이네 하면서 기막혀 했다. 하도 답답해서 하룻밤을 자기가 무섭게 시골로 돌아가 버렸다는 이야기는 전혀 생소한 것이 아니었다. 같이 살더라도 좁은 아파트에서는 젊은 사람뿐만 아니라 노인은 노인대로 스트레스를 겪을 수밖에 없었다. 아파트로 이사하면서 노인들은 주거 내 활동 반경이 좁아졌다. 단독주택에서는 함께 살아도 마당과 마을이라는 외부 공간이 있어서 노인 세대와 젊은 세대의 생활은 공간적·시간적으로 분리되어 절충이 가능했다. 또한 시골집 마당에서는 고추를 말리거나 농사일을 준비하면서 소일할 수 있었고, 마을의 골목에

도시 노인들의 생활. 시골을 떠나 도시에서 살게 된 노인들은 활동 반경이 좁아질 수밖에 없었다. 시골에서는 농사를 짓거나 소일을 하며 지낼 수 있었지만, 도시에서는 갈 곳이 없어진 노인들이 길가에서 시간을 보내기 일쑤였다.

서 이웃 노인들과 시간을 보냄으로써 집 안에서 부족한 공간을 외부 공간에서 일정 부분 확보할 수 있었다. 그러나 아파트에서는 이러한 생활이 불가능했다.

또한 세대 차이로 인한 소통의 부재, 생활 습관 및 가치관의 차이에서 오는 갈등으로 노인은 점차 소외된 존재가 되어 갔다. 무엇보다도 노인 세대와는 완전히 다른 젊은 자식과 손자손녀들의 생활 습관, 생활 주기는 노인들에게는 고통이었다. 노인들은 일찍 잠자리에 들어도 밖에서 떠드는 아이들 소리, 음악 소리, 전화벨 소리에 자정이 넘어서야 겨우 잠이 들기 마련인데, 새벽에 눈을 뜨면 자식들 깰까 봐 방 안에서 나오지도 못하는 형편이었다.[70] 뿐만 아니라 칠십 평생 재래식 변소에 익숙한 노인들이 좌식 양변기에 앉기만 하면 변의便意가 싹 달아나 변비가 생겼다는 등의 이야기

노인정에서의 공동 식사. 할 일이 없어진 노인들은 집 안에서의 무료한 시간을 피해 경로당이나 노인정과 같은 그들만의 공간으로 모이게 되었다. 아파트 단지 내의 노인정은 주거공간 밖에서 노인들이 커뮤니티를 형성하는 대표적인 공동생활 공간이다.

도 심심치 않게 있었다. 「아파트 병病」이라는 제목으로 잡지에 기고된 다음 글을 보면 당시 노인들에게 아파트가 어떤 공간이었는지를 알 수 있다.

노인들의 경우 그 정도가 더 심해 마치 일종의 감옥생활에도 비할 수 있는 것이 아파트다. 말 상대할 벗도 없고 할 일도 없이 그저 세끼 밥만 기다리는 인간으로 전락하게 되어 자신의 무능함과 소외감을 통감하게 된다. 한 예로 얼마 전에는 아파트에서 생활하던 한 노인의 자살 사건이 보도된 바 있고….71)

바깥 생활을 많이 하던 노인들에게는 집 안에만 틀어박혀 있는 것이 매우 고역이었다. 집집마다 할 일이 없어진 노인들은 집 안에서의 지루하고 눈치 보이는 시간을 피하기 위해 경로당과 같은 그들만의 공간에 따로 모이게 되었다. 자율적이고 공동체적 성격을 가진 이러한 공적 공간들은 사회적 필요에 의해 국가의 지원과 개입으로 형성된 것이 많았고, 마을 사

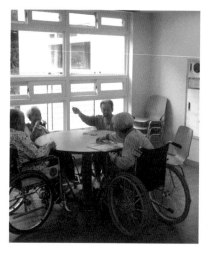

노인 전용 주거시설. 사회가 도시화·핵가족화되면서 노인이 의존적 대상으로 전락했음에도 불구하고 노인을 모시고 사는 가구의 비율은 오히려 지속적으로 줄어들었다. 이에 따라 복지시설이나 노인 전용 주거시설에서 거주하는 노인 인구는 꾸준히 늘어나고 있고, 노인층을 대상으로 한 이러한 시설도 다양한 형태로 개발되고 있다.

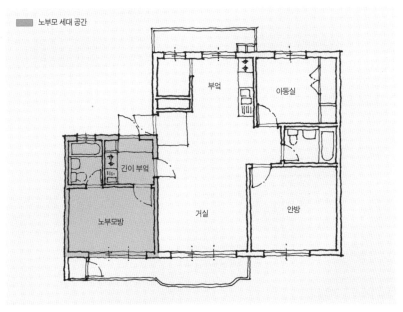

노부모 세대 공간

부엌

아동실

간이 부엌

노부모방

거실

안방

1980년대 3대 동거형 아파트의 평면. 노부모 세대가 사용하는 공간에 부엌과 출입구를 따로 둔 인거형 평면으로, 자녀 세대 공간 옆에 배치되어 있다. 출입구는 분리되어 있지만 자녀 세대 공간의 거실과는 연결되어 있다.

람들의 공유 공간이자 노인들의 활동 장소로 환영받았다. 주거공간 밖에서 노인의 커뮤니티를 형성하는 이러한 공간은 아파트 단지 내의 노인정과 같은 노인 공간, 또는 더욱 적극적으로는 실버타운과 같은 노인 전용 주거 형태로 발전했다.

한편에서는 여전히 노부모 세대를 부양해야 한다는 전통적 가치관을 고려하여 절충안을 제시하기도 했다. 1980년대 중반, 3대가 어울려 살 수 있는 아파트 평면의 등장은 한국적 정서를 감안한 과도기적 시도로 볼 수 있다. 그러나 3대 동거형 평면에서 노인의 공간은 자녀 세대 공간에 부수적인 작은 공간으로 계획되어 노인의 권위를 지키고자 하는 보수적 가치관을 가진 부모 세대에게는 탐탁지 않은 것이었다. 또한 자식 세대의 입장에시는 출입 현관만을 분리해서 사용할 뿐 함께 사는 것과 크게 다르지 않았다. 이러한 이유로 한때 시도되었던 3대 동거형 아파트는 부모와 자식세대 모두로부터 환영받지 못하여 더 이상 공급되지 않았다.

　　노인이 의존적 대상으로 전락했음에도 불구하고 노인을 모시고 사는 가구의 비율은 오히려 지속적으로 줄어들었다. 이에 따라 노인 가구의 증가율이 두드러져, 1990년 인구주택총조사에 의하면 가구주의 연령이 65세 이상으로 혼자 살거나 배우자 외 다른 동거 가족이 없는 노인 가구가 1980년대 이후 급증했고,[72] 노인 가구 중 홀로 사는 단독 가구의 비율 역시 1990년대 이후 크게 늘었다.[73] 특히 도시의 단독 노인 가구는 자녀로부터 부양받지 못하고 경제력을 상실한 경우도 많아 쪽방 등을 전전하며 생계를 걱정하는 새로운 빈곤계층을 형성했다. 그리고 농촌에서는 자녀들이 도시로 떠난 후 빈 집을 지키는 홀로된 노인들이 마을 인구의 대부분을 차지하는 경우가 많았다.

제3의 연령기, 노후의 주거

자발적 의지로 노인 세대만의 단출한 생활을 꾸리고자 하는 계층도 나타났는데, 이는 주로 경제력이 있는 노인들의 경우였다. 부모 세대들도 점차 자녀 세대와 분리해 사는 것이 편하다는 의식이 확대되어 노인의 공간이 자녀의 공간으로부터 독립하는 경향이 나타난 것이다. 이전에는 자녀들이 부모와의 동거를 기피하는 것으로 인식되어 왔으나, 1990년대 이후에는 오히려 부모가 "누구에게도 부담주고 싶지 않다. 우리 둘이 살련다"라는 의지로 자녀들과의 동거를 기피하는 현상이 두드러지게 나타났다. 이들은

독거노인의 삶. 1990년대 이후 노인 가구 중 홀로 사는 단독 가구의 비율이 크게 늘었다. 특히 도시의 단독 노인 가구는 자녀로부터 부양받지 못하고 경제력을 상실한 경우가 많아 새로운 빈곤 계층을 형성했다.

노후를 제3의 연령기로 인식하여 노후의 삶을 적극적으로 계획하는 새로운 주거 소비 계층으로 부상했다.[74]

　　1990년대 초반에 한국 노인이 원하는 주거의 평균 규모는 79m²(24평) 정도로, 53~66m²(16~20평) 사이를 가장 선호했으며, 희망하는 방의 개수는 2~3개인 것으로 나타났다. 또한 살고 싶은 주택의 유형으로는 5층 이하의 저층 아파트, 단독주택, 연립주택 순이며 고층 아파트는 선호하지 않는 것으로 나타났다.[75] 즉 젊은 사람들이 선호하는 아파트가 아닌 곳에서 자신들만의 가구를 꾸리고자 하는 노인들의 달라진 의식을 엿볼 수 있다. 노인 가구 및 노인을 포함한 가구가 거주하는 주거 유형은 1990년대 중반까지 단독주택이 가장 많은 것으로 조사되었지만 통계적으로 아파트에 사는 비율도 점점 높아졌다. 1980년대부터 2000년대까지 20년간 노인 1인 가구와 노인 부부 가구 모두 아파트에서 거주하는 비율의 증가 추세는

일반 가구나 1인 가구의 아파트 거주 비율이 상승하는 정도를 넘어서는 높은 수준이었다.[76)]

　　노인에게 주거는 생활의 중심이고, 또 주택 주변의 생활권이 삶의 질에 중요한 영향을 미친다. 노인은 젊은이처럼 사회적 활동이 왕성하지 않고 행동 반경이 좁아 주거지 주변에서 친분 관계를 형성하게 된다. 1990년대 후반의 한 연구는 노인들이 거주지로 도시 근교를 가장 선호하며 주택을 선택할 때 교통의 편리성과 생활 편리성, 의료 서비스, 주변 경치 등을 가장 고려하고 있음을 보여준다.[77)] 이를 증명하듯 수도권의 신도시 지역은 여유로운 노후를 즐기려는 사람들의 삶터로 새롭게 부상하고 있어 젊은 세대들의 주거지와 지역적으로 분리되는 경향을 보인다.[78)] 이처럼 새로운 커뮤니티를 찾아 자연스레 노후의 삶을 누리기 위해 모여든 사람들은 관리하기 쉬운 다소 작은 아파트에서 지역사회 활동을 하며 노후 생활을 보내고자 하는 것이다.

　　1990년대 이후 노인 인구의 증가는 선진국에 비해 급속도로 진행되고 있어 한국 사회는 2000년에 이미 65세 이상의 노령 인구 비중이 7.2%인 고령화 사회로 진입했다.[79)] 노인 가구가 증가하고 자식과의 동거에 대한 노인들의 의식이 변화하고 있음에도 불구하고 그들이 선택할 수 있는 주거의 종류는 우리나라의 경우 아직 다양하지 않다. 더욱이 획일화된 아파트는 작은 규모, 큰 규모를 막론하고 자녀를 둔 가족 위주로 계획되어 노인만의 가구는 배려하지 않은 것이었다. 다음 글의 사례에 잘 나타나 있듯이 아파트는 노인에게는 선택의 여지가 없는 경우가 많았다.

대기업 부사장을 끝으로 은퇴한 모씨는 서울 ○○동의 60평짜리 아파트를 팔고 부부만 편안하게 살 작은 집으로 옮기려 한다. 1남 2녀는 모두 결혼을 하거나 외국 유학을 떠나 부부만의 공간이 필요하다. 안방과 서재용으로 쓸 작은 방 2개에 적당한 거실을 갖추면 족했다. 우선 30평형 아파트를 알아봤으나 3개나 되는 좁은 방이 면적을 모두 차지해 지금까지의 생활 패턴을 유지할 수 없다는 생각이 들었다. 35~40평형대 아파트로 발길을 돌렸으나 결과는 마찬가지. 방이 4개 이상이나 돼 쓸데없는 공간이 많고 유지 관리도 번거로울 것 같아 역시 발길을 돌렸다.[80)]

노인을 위한 주거 대안

고령화 사회에서 노인을 위한 주거시설과 주변 환경은 노인 복지에 매우 중요하다.[81)] 노인들의 주거를 위한 여러 시도는 1990년대 후반 이후 비로소 조금씩 이루어지기 시작했다. 그때까지도 노인 주거시설은 그다지 선호되지 않았는데, 이는 자녀와 함께 살고 싶어하는 의식이 여전히 존재하기 때문이었다.[82)] 하지만 노인이 되어서 스스로의 선택권과 자율권을 인식하고 노후를 적극적으로 계획하고 대처하려는 사람들은 자녀로부터 독립하여 살면서 여가 생활을 적극적으로 즐기며 주거공간도 자신에게 유리한 유형을 선택하고자 하는 양상을 보였다.

실버타운 silver town 은 새로운 커뮤니티를 찾아 독자적인 생활을 영위해 나가고자 하는 제3의 연령기를 위한 새로운 주거 대안의 하나이다. 이러한 노인촌 또는 노인 주거단지는 노인 전용 복합시설 단지로서 유료 양로원이나 요양원보다 규모가 크다. 그리고 여기에는 노인들이 집단 또는 단독으로 거주하는 데 필요한 주거공간 및 레저·스포츠·휴양 시설과 노인병원, 커뮤니티 시설 등 각종 서비스 기능을 갖추고 있다. '시니어스 타워'

노인 전용 주거시설의 커뮤니티룸(왼쪽)과 취미실(오른쪽). 노인들이 생활하는 데 필요한 주거공간뿐만 아니라 휴식 시설과 커뮤니티 시설 등 각종 서비스 기능까지 갖춘 고급형 실버타운은 경제적 여유가 있는 계층만이 접근 가능한 시설이다.

나 '노블 카운티'와 같은 이름이 붙은 고급형 실버타운은 미국의 모델[83]을 참고한 것으로서 민간에 의해 임대 혹은 분양되는, 유료 노인 복지주택과 유료 노인 의료시설이 복합된 형태라 할 수 있다. 그러나 이는 경제적 여유가 있는 노인들만이 접근 가능한 시설이다. 몇몇 실버타운들은 그동안 양로 요양시설 등으로 대변되던 노인 주거시설에 대한 부정적 이미지를 불식시켜, 이를 통해 달라지게 될 노인 주거의 고급화 경향들을 짐작해 볼 수 있다.[84] 하지만 노후에 살고 싶은 주거의 유형에 대해 잠재 수요층의 태도와 선호도를 조사한 연구에 의하면[85] 중간 소득 이하 계층들도 노인 공동생활 주택의 필요성을 절감하고 있었다. 자식에게 부양을 기대할 수 없는 그들은 주거를 통해 식사와 여가를 해결하고, 건강한 노후생활을 위한 지원이 가능한 주거 모델을 필요로 했다. 이는 고소득층뿐만 아니라 중·저소득층을 위한 적절한 노인 주거시설의 개발이 필요함을 말해주고 있다.

초기에 도입된 실버타운의 단위 주거는 원룸형이 대부분이었으나, 최근에는 침실과 거실이 분리된 형태 혹은 통합된 형태, 가변형 형태 등으로 다양하게 변화하고 있다. 실버타운의 입주 동기에 관한 조사[86]에서 노인들은 시설에 들어오면 식사도 해결되고 청소도 다 해주므로 편리하고 조용하게 살 수 있기 때문에 선택했다는 응답이 가장 많았다. 이들은 시설과 환경, 직원 및 프로그램 담당자, 운영과 관리에 있어서는 대체적으로 만족하고 있으나 사회봉사나 단체활동 등에 거의 참여하고 있지 않은 것으로 나타나 사회적 관계는 낮은 것으로 조사되었다. 이러한 점은 우리나라의 실버타운에서의 생활이 아직 정착하지 못하여 노인의 사회활동 지원에 미숙한 점이 많기 때문인 것으로 보인다.

4
어린이, 독방의 주인으로

불완전한 어른, 어린이

전통 사회에서 아동기를 일컫는 '동몽기'童蒙期87)라는 말이 있는데, 이는 8세부터 14세까지의 연령대에 해당한다. 전통적인 아동기 개념에서 오랜 세월 동안 아동은 신체적 측면이 아닌 도덕적·인격적 측면에서 성인과 동일시하는 성인 축소적 존재로 보았지만 어른과 비교했을 때는 불완전한 자로 여겼다.88) 한편 『사소절』士小節을 쓴 이덕무李德懋는 어린이의 규범을 언급한 「동규」童規 부분의 집필 목적을 "타고난 성품에 간악함이 없고, 어버이로부터 받은 몸에 조금이라도 어긋남이 없도록 생각하고 행동하도록 하기 위함"이라고 밝히고 있다. 즉 아동의 불완전함은 일상생활의 배움을 통해 성인으로 완성될 수 있다고 본 것이다.89) 따라서 아동에게는 교육이 중요했고 그만큼 그 환경도 중요했다. 그러나 특별히 아동기의 특성을 배려하지 않았기 때문에 전통 주택에는 자녀들을 위한 방이 따로 없었다. 상류층의 주택에서도 마찬가지였다. 아동은 동성의 성인 근처에 머무르면서 성별에 따라 필요한 교육을 받았다. 아동의 개인생활이란 없었고 성인들과 함께하는 환경 속에서 종속적인 생활을 할 수밖에 없었다.

조선시대의 아동 공간을 이해하기 위해서는 아들과 딸이 성장 과정에 따라 거처를 옮겨 다니는 행적을 이해할 필요가 있다. 남녀유별의 원칙에 의해 안채와 사랑채로 분리된 어른들의 준별거 생활은 자녀들에게도 자연스럽게 적용되어[90) 그 반경 내에서 생활이 이루어졌다. 상류 주택에서 아들은 태어나서 젖을 먹는 유아기까지 안채에 있는 어머니 방인 건넌방에서 지냈다. 그러다가 동생이 태어나면 젖을 떼고 할머니 방인 안방으로 옮겼다. 또 동생이 태어나서 할머니 방에서 지내는 형제들이 늘어나면 아들은 사랑채에 있는 할아버지 방으로 옮겨서 생활했다. 아들은 성장하면 사랑방 건너편에 위치한 건넌방에 기거하도록 했으며, 혼례를 올리기 전까지 이곳에서 지냈다. 혼인을 하면 사랑채의 작은사랑방이 큰아들의 방이 되었다. 그러다가 큰아들은 아버지가 돌아가시면 가계를 계승하고

구한말의 아동들. 전통사회에서 아동은 신체적 측면이 아닌 도덕적·인격적 측면에서 성인과 동일시하는 성인 축소적 존재로 보았지만 어른과 비교했을 때는 불완전한 자로 여겼다. 전통 주택에는 자녀들의 방을 따로 마련하지 않았으며, 성인들과 함께하는 환경 속에서 종속적인 생활을 했다.

안채의 아동들. 7세 정도까지는 아들과 딸이 함께 안채에서 어머니와 생활했으며, 아들은 더 성장하면 사랑채로 옮겨 아버지와 지냈다.

큰사랑방으로 옮기게 되는 것이다.

딸도 마찬가지로 태어나서 유아기까지 안채에 있는 건넌방에서 어머니와 함께 지내다가 동생이 태어나면 할머니 방인 안방으로 옮겼다. 7~8세가 되면 안채에 있는 아랫방이나 별당으로 거처를 옮기는 경우도 있었지만 혼인하기 전까지 안방에서 할머니와 함께 지내는 경우가 많았다. 특히 양반계층의 딸들은 어려서부터 남녀의 내외 법도를 철저히 따르도록 가르침을 받았기 때문에 사랑채로는 출입을 금하여 활동 공간의 제한이 많았다. 안대문 안에 갇힌 딸들은 다듬이질, 바느질, 문안 편지 쓰기, 책 읽기 등을 하며 예비 어른으로 갖추어야 할 자질을 일찍부터 배워 나갔다. 일상의 놀이는 걸음마를 마친 후 불과 몇 년 동안만 가능했으며, 7세 정도만 되어도 이러한 가내 학습을 통해 사회화 과정을 밟기 시작했다.[91]

새로운 신분을 갖게 된 아동과 학생

조선시대 말까지 상류계층에게 아동은 통제의 대상이었으며 복종과 순종이 요구되었다. 서민 이하 계층의 아동들은 그대로 방치되거나 때로는 어른의 축소판으로 여겨져 노동력의 일부를 담당했다. 그러다가 일제강점기가 되어서야 비로소 보호받아야 할 대상으로서의 아동, 즉 어린이의 개념이 등장했다. 이 시기에 출간된 방정환方定煥의 번안 동화집『사랑의 선물』서문에는 그 당시 아동과 이미 어른이 되어 버린 과거의 아동을 "학대받고, 짓밟히고, 차고 어두운 속에서 우리처럼, 또, 자라난 불쌍한 어린 영靈"이라고 묘사했다. 즉, 조선 말기까지 대부분의 아동들은 보호받지 못하고 차별받는 불쌍한 존재였지만, 처음으로 '어린이'[92)]라는 용어를 만들어 사용한 방정환은 용어 하나로 많은 것이 달라질 수 있다고 믿었다. 어린이라

노동력의 일부를 담당한 아동들. 일제강점기까지 '어린이'에 대한 개념이 없어서 아동들은 보호받아야 할 대상으로 인식되지 않았다. 특히 서민 이하 계층의 아동들은 그대로 방치되거나 노동력의 일부를 담당했다.

새로운 신분으로 등장한 학생. 사회화된 교육 시스템이 등장하면서 아동들은 학생이라는 새로운 신분을 갖게 되었다. 이들은 이제 주거공간을 벗어나 학교라는 사회적 영역으로 활동 범위를 넓혀 갔다.

는 단어에는 비로소 어른과 분리된 새로운 연령 계층으로서의 의미가 내포되어 있었다.

전통 사회가 변화를 겪으면서 주거공간을 근거지로 한 단위 가족은 공동체보다 더욱 중요한 역할을 담당하기 시작했다.[93] 이전의 공동체나 지역사회와의 연결은 약해졌고 아동들은 주거를 중심으로 한 공간에서 규율적 생활방식을 습득했다. 이때 근대 가족에게는 학교와 같은 사회적 영역이 사회화 과정의 일부로 가정의 범주에 개입되기 시작했다. 따라서 근대 사회로 진입하기 시작한 초기에 가족에게 요구된 교육적 역할의 핵심 내용 중 하나는 무엇보다 '자녀를 학교에 보내는 것'이었다. 이는 아이들을 더 이상 가정의 틀 안에 묶어 두지 말라는 사회적 요구이자 당대 지식인들의 가장 중요한 과제였다.[94] 1885년 최초의 교육기관인 배재학당培材學堂이 생긴 이후 소학교를 비롯하여 유치원, 중학교, 사범학교가 설립되었

상류계층의 아동들이 다니던 유치원. 학교와 유치원 등 아동들의 사회화가 이루어지는 장소가 점차 늘어났고, 이러한 교육 시스템은 근대 문명을 쉽게 접할 수 있는 창구 역할을 했다. 그러나 이는 일부 계층의 아동들에게만 해당되었다.

다.[95] 19세기 말 서울의 기독교계 학교와 외국계 학교에는 900여 명의 학생이 공부하고 있었으며, 왕실 영어 학교에서도 100여 명의 학생이 다니고 있었다.[96] 상류층의 집안에서 유모의 손을 빌려 키워졌던 어린아이들도 유치원이 등장하면서부터는 사회화된 교육 시스템 안에 수용되었다.

'교육'이라는 이름으로 문명의 침투는 계속되었고, 1920년대 이후 집을 벗어난 학교 교육은 가장 중요한 사회화의 경로로 받아들여졌다. 특히 상류계층의 아이들에게 학교에 다니는 것은 점차 '당연한' 일이 되어 갔다. 변화된 사회에서 살아남기 위한 생존전략으로 학교 교육이 선택되었고 이러한 사회적 변화 속에서 아이들은 자율 반, 강제 반으로 주거 영역을 벗어나 학교와 집을 주기적으로 오가게 되었다. 학교라는 장소는 아동에게 주거 영역 다음으로 가장 큰 영향을 주는 생활공간인 동시에 사회로 진입하기 위한 예비 사회 영역이었다. 이로써 아동은 주거공간을 중심으로 한 가족의 울타리에서 벗어나 사회의 영역까지 활동 범위를 확장해 갔다. 학교는 근대 문명을 손쉽게 접할 수 있는 창구 역할을 했으며, 신식 교육을 받은 아동들이 부모와는 다른 사고방식을 갖게 되는 계기가 되었다.[97]

하지만 학교에서의 교육은 일부 계층의 아동에게만 해당되었다. 소작농이나 가난한 농가의 아이들은 제대로 된 학교 교육을 받을 기회가 적었으며, 어른들의 생활과 다르지 않았다. 식민지적 자본주의가 가져온 가정생활의 피폐로 인해 일제하 소작농가의 어린이들은 아동으로서의 놀이시간을 갖기는커녕 이전보다 오히려 노동의 부담이 더 많아졌다.[98] 토지조사사업 등으로 소작할 땅마저 빼앗긴 농가에서는 어린이들도 어른과 마찬가지로 생계의 일선에 뛰어들어야 하는 노동자일 뿐이었다.[99] 도시에 사는 빈곤계층 가정의 어린이들 역시 길거리의 생활전선으로 내몰리는 일이 흔했다.

아동실의 등장

가족제도의 중심이 핵가족으로 이전되고 개인주의가 확산됨에 따라 아동에 대한 개념도 가문을 잇기 위한 존재이기 이전에 아동 그 자체로서 귀엽고 사랑스러운 존재로 바뀌었다. 아동은 환경의 자극에 끊임없이 상호작용하기 때문에 주거라는 공간 환경은 성장에 많은 영향을 미치게 된다는 사실을 인식하기 시작했고, 가정 내에서도 아동을 위한 환경 개선과 공간 확보에 신경을 써야 한다는 의식이 생겨났다. 무엇보다도 아래 글과 같이 채광과 통풍에 유리하고 안전한 아동의 공간에 대한 계몽의식이 개화기에 등장한 것은 큰 의미를 갖는다.

어린아이가 거처하는 집은 남향이 제일이요 그 다음에는 동남향과 서남향이니 반드시 햇빛과 공기가 유통하는 곳을 택하여 어린아이로 하여금 새 기운을 마시게 하면 신체에 유익할 것이다. 어린아이가 걸음 배울 때에 제일 위태한 일이 많을지니, 땅의 높고 낮은 데와 문에 나가고 들어오는 곳, 언덕과 우물 근처가 다 위태한 곳이니 마땅히 난간으로 막을지니라.[100]

우리나라에서 아동실의 이상적인 모델이 처음으로 선보인 것은 1915년 9월에 열린 '가정박람회'家庭博覽會에서였다. 여기서는 아동들을 위한 '소아실'이 다섯 개의 전시관 중 1호관에 전시되었다. 이 공간은 열두 살 오빠와 아홉 살 누이의 남매를 위한 것으로 "규모 있게 놀고 공부하며 절제 있게 생활하는 법을 자연히 깨닫게 하기 위해서 조그마한 처소를 용도에 따라 세 칸으로 나눈 것"이었다. 이때 "첫째는 유희하는 처소, 둘째는 공부하는 처소, 셋째는 잠자는 처소이니, 처소를 구별하여 놀 때는 놀고 공부할 때는 공부하고 잠잘 때는 잠자고 또는 운동할 때는 운동하라는 뜻도 가르치기 위함"[101]이라고 하여, 아동을 위한 공간을 기능별로 유희실, 공부실, 침실로 나누었음을 알 수 있다. 이와 같이 아동실의 기능을 분리한 모델은 재래의 주택에서 어른과 아이의 구분 없이 성별에 따라 한 방에 모여 집단적으로 생활하던 실 사용 방식과는 획기적으로 다른 것이었다. 가족 구성원들의 독립뿐 아니라 생활 행위별로 공간을 분리하는 것을 중요하게 생각하는 서구적인 합리성이 아동의 공간을 통해 대중에게 선보인 것이다.

이러한 이상적인 제안은 건축가들이 계획한 주택에서 가시화되었다. 건축가 박길룡은 주택을 설계할 때 사랑방과 안방을 중요시하면서 아동실에 대해서 소홀히 하는 것은 매우 모순이라 하였다. 그는 1931년에 설계한 김명진 씨 주택을 비롯하여 다양한 사례에서 실제로 아동실을 계획했고, 여러 개량 주택의 시안에서도 아동실을 따로 배려했다. 박길룡은 아동실을 계획하면서 전면에 이중창을 설치했는데, 두 창 사이에 여유를 두어 하부는 수납으로, 상부는 온실과 같이 화분을 놓을 수 있는 공간으로 활용할 수 있도록 했다. 이는 아동의 정서적 측면을 강조하고 기능성을 살린 것이다. 일제강점기 문화주택에서는 아동실이 주로 속복도에 면해 있었는데, 채광을 고려해서 주로 주택의 전면에 배치했다. 다음 사례에서 알 수 있듯이 일제강점기 신가정의 문화주택에서는 아동의 영역이 더욱 많이 확보되어 어른의 공간 못지않게 공평하게 구성되는 경향을 보였다.

청진동에 살 때에는 조鮮·일日 절충식으로 지어 살아 왔고 또 이번에는 소위 양식으로 지었습니다. 이것은 양식이라기보다도 나의 이상에 맞게 지은 것이니 차라리 나의 식이라 하겠지요. 내가 거처하는 방이나 자녀들이 거처하는 방이나 일절 같게 장식을 하고 또 식당과 도서실은 가족의 공동으로 하였습니다. 집이 양제洋制이면 대개는 그리 할 수 있는 일이지요.[102]

결혼 직후 만 4년이 지난 이즈음은 장녀 장남이 출생하여 식구가 둘이나 늘었으니 집이 좁아서 아버지는 아이들한테 쫓겨날 지경이 되고 말았다. 그래서 생각하다 못해 조용하게 사랑방 같은 방을 하나 더 드리기로 하고 지난봄부터는 그 역사를 시작하였으니, 겨우 여덟 칸 덧붙이기에 몇 달이 걸렸는지….[103]

이 시기에 아동실이 등장했다는 것은 주거공간의 구성 방식이 성별 분리 방식에서 세대별 분리 방식으로 진행되어 가는 과정을 보여준다. 하

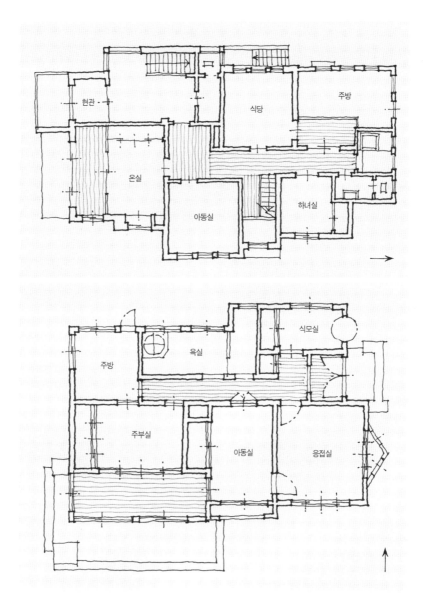

현관

식당

주방

온실

아동실

하녀실

주방

욕실

식모실

주부실

아동실

응접실

박길룡이 설계한, 아동실이 있는 주택의 평면도. 위의 평면은 김명진 씨 주택의 1층으로 1931년 박길룡이 설계한 것이다. 아래쪽 평면 역시 박길룡의 설계로 지은 주택인데, 두 주택 모두 아동실을 중요시하여 주택의 중앙에 배치했다. 그 규모도 다른 실에 못지않게 크며, 동쪽 또는 남쪽을 향하도록 배치하여 채광에 신경을 썼다.

지만 안방과 사랑방, 주부실과 응접실 등의 명칭이 존재하는 것으로 보아 세대 분리로 진행되면서도 성인 남녀의 생활공간을 분리하는 관습이 여전히 남아 있는 과도기적 특징을 보인다.

흥미로운 사실은 아동실이 있더라도 모든 주택에서 아동실은 하나만 계획되어 있다는 점이다. 당시 보통 가정의 자녀 수가 여러 명이었다는 사실을 감안하면 실제로야 어찌했든 남자아이와 여자아이의 구분이 없이 한 공간에서 기거하도록 계획했음을 알 수 있다. 이는 남녀칠세부동석이라는 전통적인 규범하에 남녀를 아동기부터 엄격하게 분리했던 관습에서 탈피한 것으로 가히 혁신적이라 할 수 있다. 어린 연령의 아동들에게는 남녀 분리 원칙이 다소 완화된 것이다. 실제로 가정박람회에 전시되었던 아동실에 대한 설명을 보면 이 사실은 분명해진다. 이처럼 아동실이 등장하기는 했지만 성별 분리 없이 공간을 사용하는 방식은 1970년대까지 지속되었다.

유희실에는 남매가 가지고 놀 여러 가지 운동기구와 유희기구를 벌여 놓았는데, 아동으로 하여금 가지고 놀다가 각기 제자리에 갖다 두도록 하는 규모로 꾸몄고 … 공부하는 처소에는 책괴(책상)를 가운데 놓고 남매가 마주앉아 공부를 하게 되었으니….[104]

아동은 가정의 중심

1950~60년대에 아동실을 계획하는 주요 목적에는 아동실을 마련함으로써 부부의 프라이버시를 확보하고자 한 측면도 있었다. 당시의 한 주부는

아동을 개인 생활권을 가진 독립된 존재로 묘사하면서 부부와 아동의 분리를 주장했는데, 새 주택을 계획하면서 아동실에 역점을 두었다. 이는 아동실의 등장이 가족 구성원의 사생활 확보라는 측면에서 중요한 계기를 마련해 주었음을 보여준다. 동시에 장차 주거공간 내에서 아동의 공간이 차지하게 될 비중이 커질 것임을 예고했다.

어느 집에 가보면 집안 식구 전부가 한 방에서 같이 기거하는 것을 볼 수 있습니다. 물론 경제적 여유가 없기 때문이겠지만 그 불편함과 그것으로 말미암은 개인권에의 악영향은 이루 상상하기조차 힘들 것 같습니다. 우선 다 큰 아이들과 같은 방에서 기거함으로써 부부지간의 곤란한 문제는 고사하고라도 보다 더 중요한 문제는 그 속에서 자라는 아이들의 개성일 것입니다. 그런 이유로 내가 주택을 지을 때는 그 집이 단 몇 평 위에 세워진다 하더라도 가장 중점을 둘 것은 부모의 침실과 어린이 침실의 분리이며 따라서 아동실에 중점을 둘 것은 물론입니다. … 아동실의 위치는 감독과 지도를 고려해서 어머니 또는 시중드는 사람의 눈에 띌 수 있을 만큼 접촉을 가져야 하는 까닭에 어머니가 항상 거처하는 곳, 예를 들어서 부엌이나 가사실 또는 거실 같은 곳에서 시각적으로나 청각적으로 가까운 곳에 있어야 할 것은 원칙인 줄 압니다. 그러나 지나친 간섭 없이 자립적 환경을 주기 위해서는 보호자들의 생활과 너무 뒤섞이지 않는 위치를 가져야 할 것입니다.[105]

이처럼 아동실을 계획할 때는 자립적인 환경을 보장하면서도 부모의 통제를 어느 정도 받을 수 있도록 했는데 주로 부부실과 아동실 사이에 거실 등 가족의 공동생활 공간이 배치된 구성을 하고 있다. 또한 비교적 넓은

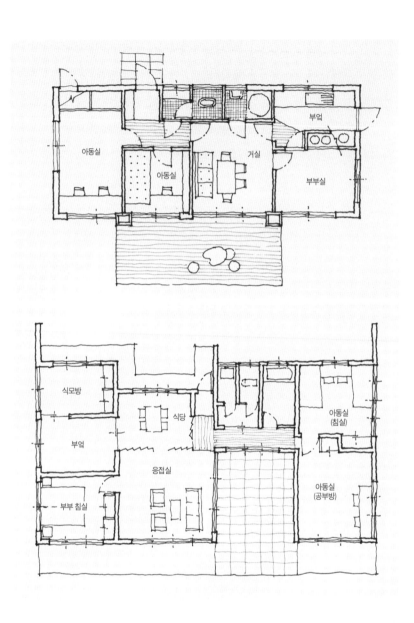

아동실

아동실

부엌

거실

부부실

식모방

식당

부엌

응접실

아동실
(침실)

부부 침실

아동실
(공부방)

1958년 전국주택현상설계에서 1등으로 당선된 이상주택 시안(위). 아동실은 주택 면적의 상당 부분을 차지한다.
1960년대 초반 여성지에 등장한 주택 설계안(아래). 이 주택 역시 아동실에 역점을 두어 설계했다. 그리고 침실과
공부방으로 분리하여 기능적으로 계획했으며 어른의 공간과 분리하여 독립적으로 배치했다.

생활문화관 표본주택

아동실이 있는 **표본주택**. 1960년대 주택의 계획에서 아동실은 좋은 주택의 조건으로 빠지지 않는 요소가 되었다.

공간을 독립된 공부방으로 할애하면서도 어른들의 공간에 인접하여 통제할 수 있도록 했다. 1962년 산업전람회의 생활문화관에 전시된 표본주택의 디자인에서도 거실을 사이에 두고 부부 침실과 아동실이 분리되어 계획된 사례를 찾아볼 수 있다. 이 주택에서도 아동실은 부부 침실과 직접 마주하고 있지는 않지만 거실에 접해 있어서 항상 어른들의 시선을 받을 수 있는 위치에 놓여 있다. 전시된 모델에서는 남녀 어린이 두 명이 침대를 아래위로 나누어 쓰도록 계획되어, 여기서도 전통적으로 내려오던 엄격했던 남녀칠세부동석의 개념이 사라졌음을 알 수 있다. 핵가족을 대상으로 한 이 표본주택에서는 아동실에 입식 가구들을 배치했다. 침대 밑에는 옷장을 만들었으며 책상을 크게 짜서 서로 마주보고 앉게 했는데, 가운데에 양방향 책꽂이를 두어 시선을 차단하고 서로 독립적으로 공부할 수 있게 했다.[106]

안방에 우선하는 아동 공간

핵가족화가 심화되어 자녀 수가 감소하고 아동에 대한 관심이 높아지자 1970년대부터는 아동과 물리적 환경의 관계에 대한 관심도 부쩍 커졌다.[107] 이러한 경향은 아동이 환경과 상호작용하는 개체이며 환경적 변화에 따라 스스로 적응해 가고, 주거환경은 성장 발달기에 있는 아동에게 많은 영향력을 미친다는 시각으로부터 출발했다. 그만큼 가정에서의 아동의 입지가 커졌다고 볼 수 있으며, 아동실을 꾸밀 때에도 그들에게 적합한 치수, 안전성, 친근성, 심리적 측면 등을 신중히 고려해야 한다는 주장이 제기되었다. 1970년대 이후에는 아동이 사용하는 실의 수와 면적이 늘어났을 뿐만 아니라 아동용 가구 및 설비도 점점 더 확충되었다. 아동실 계획에 빠지지 않고 들어가는 가구는 주로 책상과 책꽂이 등 학습에 관계된 물품들이었다.[108]

    그러나 모든 가정에 아동실이 있었던 것은 아니었다. 1978년의 한 연구에 의하면[109] 아파트에 계획된 아동실은 계층에 따라 차이를 보였다. 상류계층의 아파트에는 거의 모두 아동실이 있었는데, 혼자 아동실을 사용하는 비율이 거의 반에 가까웠다. 두 명 이상이 한 방에 기거할 경우에는 대부분 동성의 자녀가 함께 사용했다.[110] 그러나 중중류계층 및 중하류계층에서는 3분의 2 이상, 하류계층에서는 3분의 1 정도만이 아동실을 갖추었다. 또한 중류 이하 계층에서는 혼자 아동실을 사용하는 비율은 10% 이하밖에 안 되었다. 아동실이 있어도 한 방에서 3명 이상 기거하는 비율이 반이 넘어 여전히 아동들의 주거환경은 열악했다. 또한 하류계층의 경우에 초등학교 고학년이 될 때까지 부모의 방과 분리하지 않는 비율이 3분의 2 이상 된다는 사실은, 주거공간 내 과밀화와 프라이버시 문제가 아동실의 확보 문제와 직결되어 있음을 보여준다. 그러나 이 시기 아동들은 아동실이 있더라도 거실이나 마루에서 머무는 경우가 많아 아동실이 완전한 생활공간으로 사용되기보다는 침실의 역할을 더 많이 한 것으로 나타났다. 또한 책상과 의자와 같은 학습용 가구는 거의 모든 계층의 아동실에 구비되어 있었으나 침대는 상류계층의 경우에만 70% 정도 보급되었다.

1980년대부터는 안방과 아동실의 규모 차이가 줄어드는 경향을 보였다. 이전의 안방은 전통적으로 온 식구가 모이는 장소였고, 대부분 큰 장롱을 들여놓아 자연히 커질 수밖에 없었다. 게다가 안방은 손님 접대실 역할까지 했기에 보통 다른 방보다 1.5~2배 정도의 크기를 유지했다. 그러나 시간이 지나면서 아동이 소유하는 물품이 늘어나고 그 안에서의 활동도 더욱 다양해짐에 따라 아동실의 규모에 대한 요구는 점차 늘어났다. 예를 들어 목동 신시가지 115.5m²형(35평형) 아파트의 경우 방이 세 개인데, 각 방의 크기는 13.2~16.5m²(4~5평) 안팎으로 큰 차이가 나지 않도록 계획했다.[111] 이는 주택 내 가장 크고 중요한 공간이었던 안방이 그 의미를 상실해 가는 과정을 보여주기도 한다.

경제 수준이 향상되면서 아동은 물질적으로 더욱 풍요로워졌다. 아동들은 점점 더 많은 옷과 책, 장난감 등을 갖게 되었고 물품으로 꽉 찬 공간은 상대적으로 비좁아 보여 더욱 큰 규모의 공간을 필요로 하게 되었다. 1990년대 초의 조사[112]는 당시 유아기 아동실의 실제 규모가 평균 10.2m²(3.1평) 안팎이었으나, 부모가 이상적으로 생각하는 규모는 평균 15.5m²(4.7평)로 차이가 있음을 보여준다. 이처럼 아동실에 대한 의식은 주택 내에 가장 크고 좋은 위치의 방이 부부 침실이어야 한다는 통념을 깨고, 아동실을 가능한 한 넓게 확보해 주고자 하는 요구에 맞추어 지속적으로 상향 조정되고 있었다.

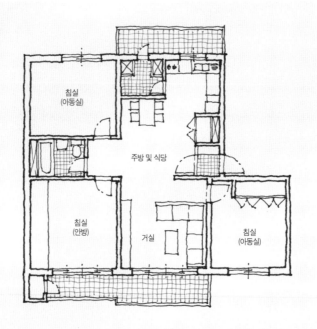

안방과 아동실이 비슷한 규모로 설계된 목동아파트. 115.5m²에 방이 세 개인 아파트인데, 아동실의 면적이 안방과 비슷하다. 아동이 소유하는 물품이 늘어나고 그 안에서의 활동이 다양해짐에 따라 아동실의 규모에 대한 요구는 점차 늘어났다.

아동실에 대한 요구가 커지면서 특히 국민주택 규모의 아파트에서는 아동실의 공간 환경과 크기에 대해 불만족하는 비율이 매우 높게 나타났다.[113] 이는 과거의 기준으로 계획된 국민주택 규모 아파트의 불가피한 한계에 기인한다. 즉 1980년대 후반부터 전용면적 85m²(25.7평)의 면적에서 가장 많이 보급된 평면형은 1970년대 후반을 기준으로 부부 및 각각 성별이 다른 자녀 2~3명이 사는 것을 가정하여 이에 필요한 거실 및 주방, 그리고 부부 침실과 두 개의 아동실로 계획된 것이었다. 한정된 면적 안에 필요한 여러 실을 모두 계획함으로써 상대적으로 아동실은 작게 계획될 수

오늘날의 아동실. 책상과 책꽂이, 침대 등으로 일체화되어 기능적으로 디자인되었지만, 한편으로는 다른 개성적 취미 생활을 연상하기 어려운, 주로 공부를 위한 독방이 되었다.

밖에 없었고 이는 시간이 지나면서 아동실 면적에 대한 불만으로 나타났다.

아동 위주의 사고방식은 1990년대 이후 낮은 출산율과 함께 더 이상 낯선 현상이 아니다. 2000년대 우리나라 어머니들은 아동에 대해, "자녀는 가정에 꼭 필요한 존재로서 보물처럼 귀중한 존재이며, 그들이 있어 고생스럽지만 한편으론 든든하고, 부모로 하여금 정신 차리고 살도록 감시하는 자이며, 부모 즉 어머니의 사는 보람이며 삶의 의미 그 자체"라는 생각을 갖고 있다.[114] 아동은 곧 보물이라는 부모의 인식은 아동실이라는 물리적인 공간을 통해서도 드러나고 있다. 1인 자녀 시대를 맞이하면서 아동실을 꾸미는 데도 점차 아동의 선택권이 확대되고 그 요구가 적극적으로 반영되고 있는 것이다.

일례로 1990년대 이후에 디자인된 아파트 중에는 전면에 자녀방 2개

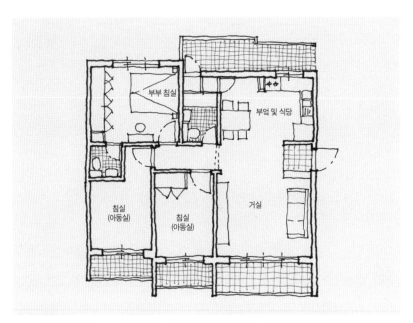

안방이 후면에 배치된 아파트. 1990년대 중반에 건설된 105.6㎡ 면적의 아파트로, 전면에 아동실 2개와 거실을 배치하고 후면에 부부 침실을 두었다. 주택 내 가장 좋은 위치의 방이 부부 침실이어야 한다는 통념을 깬 사례이다.

와 거실을 배치하고 후면에 부부 침실을 배치한 사례도 등장했다. 부부 침실은 거주 공간으로서의 기능이 약화되고 밤에만 침실로 사용되기 때문에 아동들에게 채광이 좋은 공간을 배분하는 것이 합리적이라는 의식이 반영된 것이다. 자녀방의 위치 변화는 가족 수와 생활 사이클의 변화에 따라 부부 공간의 독립성을 보장하면서도 자녀방의 중요성을 부각하기 위한 공간의 구조 조정 결과로 해석할 수 있다. 그러나 한편으로는 기능상의 필요성 때문이라 할지라도 이제까지 남향에 안방을 두던 관행을 통해 상징적으로 부모의 권위를 반영하던 세태가 사라졌다고도 볼 수 있다. 가장 큰 방은 안방 및 부부 침실이라는 기존의 위계적 관념을 깨고, 아동을 평등한 가족원으로 자리매김한 것이다.

아동실의 규모가 커지고, 그 위치 또한 주거공간 중 가장 선호되는 곳에 배치되며, 아동의 개성을 드러내는 인테리어가 각광받게 된 것은 가족의 중심축이 부부에서 아동으로 옮겨졌음을 말해준다. 이러한 자녀 중심적인 의식과 공간 사용 규범의 변화에 상업적 전략도 민감하게 반응하여 차별화한 아동실 평면과 공간 구성이 더욱 각광을 받는 현상이 나타나고 있다.

오늘날 아동의 일상생활은 학교와 학원 등을 오가는, 어른 못지않게 바쁜 일과로 짜여 있다.[115] '성적 지상주의'라는 말은 오늘날의 아동에게 부여된 책임이 '공부'가 전부임을 보여주는 극단적인 표현이라 할 수 있다. 아동들은 부족한 것 없는 생활을 하고, 그들의 방은 보기 좋은 책상과 책꽂이, 침대 등으로 일체화되어 기능적으로 디자인되고 있다. 그러나 커다란 공간에 편리한 가구가 빼곡히 들어선 아동의 방은 아무리 근사하게 장식하고 시스템화했다 하더라도 다른 개성적 취미 생활을 연상하기 어려운, 공부만을 위한 '독방'이 되고 말았다.

2

변화하는 **주거 욕구,**
이사와 개조

1
마음속의 집

전통 사회의 이상 주거

이상 주거ideal housing란 가장 완전한 또는 완벽한 주거 상태를 말하며 그 기준은 문화적 배경이나 시대 상황에 따라 달라진다.[1] 조선시대 사람들이 생각하는 이상 주거의 모습은 어떠했을까. 조선 중기 문신이자 학자인 이유태李惟泰는 귀양살이를 하는 동안에 쓴 『초려집』草廬集에서 '꿈속의 집의 형상'에 대해 다음과 같이 서술하고 있다.

먼저 기와집 5칸을 짓는다. … 나는 이들 건물 말고도 중옥中屋 3칸이 달리 있어야겠다고 생각한다. 침실에서 멀지 않은 곳에 세우되 초가이면 족하다. … 나는 또 생각한다. 사랑채는 기와집 3칸이면 족하다고 본다. 2칸은 방을 꾸미고 1칸은 당堂으로 한다. … 나는 또 마구 3칸이 필요하다고 생각한다. 이것은 사랑채의 이웃에 있어야 한다. … 사랑채와 마구간 사이에는 좀 널찍한 터전이 있어 가을걷이를 하면 좋으리라. … 사랑채 옆으로는 서실 2칸이 있으면 좋겠다. 초가집으로, 아이들이 글 읽는 장소로 쓴다. …

남자들은 바깥채에 머물고 여자들은 안채에 산다. … 이런 집을 짓고 이런 법도로 나는 내 집을 다스리고 싶다.[2]

집의 규모는 물론 기능에 따른 각 실의 구분, 재료와 집기, 공간 사용 등을 중심으로 희망 사항을 구체적으로 묘사하고 있다. 귀양살이 중에 쓴 글임을 감안하면 양반의 살림집으로는 다소 소박하게 이야기했을 것이다. 그렇지만 이는 일반 백성들의 집에 비하면 상당히 호화로운 수준이다.

조선 후기에 발표된 일부 실학서의 내용은 당시 이상 주거의 일면을 짐작하게 한다. 홍만선洪萬選의 『산림경제』山林經濟「복거」卜居 편은 그 한 예이다. 그는 오래전 중국 문헌에 소개되었던 오실오허五實五虛[3] 이야기를 근거로 하여 좋은 집의 조건을 제시했는데, 식구 수에 비해 집이 너무 커도, 대문이 커도, 담장이 부실해도, 우물과 부엌이 제자리에 있지 못해도, 또 대지에 비해 집이 작아도 좋지 않다고 했다. 따라서 사람당 거주 면적이 16.5m²(5평) 내외이고 집에 비해 대문이 작고 담장이 튼튼하며 가축을 많이 키우는 남동향의 집을 좋은 집으로 꼽았다.

또 다른 실학자 서유구徐有榘는 『임원경제지』林園經濟志에서 집에 대한 폭넓은 논의를 전개했다.[4] 아름다운 산수를 배경으로 하는 자연친화적인 집, 농사를 짓고 가축을 길러 생업을 잘 꾸려갈 수 있는 집, 지나치게 넓지 않은 집, 문화적 공간의 역할을 할 수 있는 집, 풍수와 음양 이론이 합리적이고 과학적으로 적용된 집 등은 그가 추구한 이상적인 주거였다.[5] 자연을 누릴 수 있는 풍치가 뛰어난 곳에서 인생을 즐기며 우아하게 살 수 있는 집은 먹고살 만한 조선시대 사람들에게는 공통된 소망이었던 것이다. 비슷한 시기에 활약했던 단원檀園 김홍도金弘道가 그린 〈삼공불환도〉三公不換圖나 작자 미상의 〈옥호정도〉玉壺亭圖는 이 같은 경향을 직접 눈으로 확인할

〈삼공불환도〉(부분). 김홍도, 1801년, 호암미술관 소장. 벼슬을 하지 않고 재야에서 여유롭게 사는 것을 삼공三公의 벼슬과도 바꾸지 않겠다는 뜻을 담은 그림이다. 인생을 즐기며 여유롭게 살고 싶어하는 조선시대 양반들에게 자연 풍광이 뛰어난 곳에 지어진 집은 그들의 이상적 주거였다.

수 있게 해준다.[6]

　　잘 알려져 있듯이 조선시대의 주거는 유교적인 윤리나 신분제도, 그리고 풍수사상 같은 사회적인 제약에 영향을 많이 받았다. 상류계층에게 집은 유교의 가르침을 실천하는 장소이자 가문과 가족을 대표하는 상징물이었다. 신선도 부러워하는 집에서 품위 있는 생활을 영위하는 일은 그들의 꿈이었다. 그들은 이에 부합하기 위해 많은 노력을 기울였으며 경우에

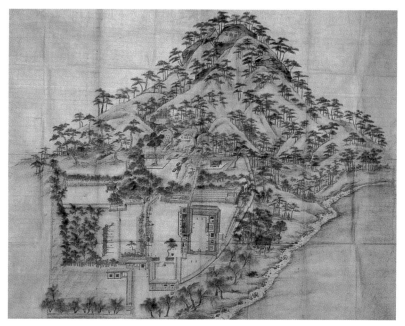

〈옥호정도〉. 작자 미상, 19세기, 개인 소장. 순조 비 순원왕후의 아버지 김조순의 별서別墅를 그린 이 그림은 당시 상류층이 추구했던 이상 주거를 잘 보여준다. 서울 삼청동 일대에 위치한 이곳은 소나무 숲과 바위를 등지고 앞으로는 맑은 물이 흐르는 곳에 터를 잡았으며, 연못, 정자, 화단, 포도밭 등을 곳곳에 배치하여 아름다운 조경을 자랑한다.

따라서는 규제를 뛰어넘는 사치를 부리기도 했다. 하지만 이러한 행위는 일반 백성들과는 거의 무관한 일이었다. 서민 이하의 계층은 상류계층들이 중요하게 여기던 음양과 풍수를 고려하여 집을 짓기가 어려웠으며[7] 심지어 법이 허락하는 정도의 가대家垈나 가사家舍도 누릴 수 없는 경우가 많았다. 서민 대다수는 양반의 토지를 빌려 농사를 짓던 농민들이었고 경제적으로 궁핍한 생활을 할 수밖에 없었다. 따라서 격식을 갖춘 생활보다는 생산 활동에 편리한 실용적인 주택, 그리고 쉽게 지을 수 있는 주택이야말로 이들이 진정 필요로 하는 것이었다.[8] 실학자 박제가朴齊家는 『북학의』北

^{學議}에서 "우리나라에는 천 호^戶나 되는 고을에서도 반듯하고 살 만한 집이 없다"며 당시의 주택 상황이 얼마나 열악한지를 언급했다.[9] 일부 계층 외에는 이상 주거는 고사하고 주거환경에 대한 관심이나 인식을 거론하기에도 매우 어려운 상황이었음을 짐작할 수 있다.

서구식 주거에 대한 환상, 그들만의 이상 주거

1876년 강화도조약이 체결되고 일본과 서구 열강에게 문호를 개방하게 되면서 많은 외국인들이 조선으로 들어왔다. 이들은 자신들만의 방법과 양식으로 공관과 사택을 지었으며, 자국의 주생활 양식을 그대로 들여와 생활했다. 새로운 자재, 새로운 양식으로 지은 생소한 외국인 주택들은 보통 사람들에게는 관심 밖의 일이었다. 그러나 왕실이나 외국을 드나들던 사절단, 또는 재력가들은 외국을 드나들며 체득한 경험이나 조선에 들어온 외교관과 선교사들과의 교류를 통해 접한 서구식 주생활 양식을 직접 받아들였다. 극소수이긴 했지만 서양 문물을 접한 이들에게 서구화한 주생활 양식은 선망과 환상의 이상 주거로 다가왔다. 이를 실현하기 위해 그들은 서양식의 주택을 짓고 입식 가구와 집기들을 사들였다. 가장 먼저 앞장을 선 것은 왕실이었다. 당시 왕실을 방문했거나 체류한 적이 있는 외국인들의 기록[10]에 의하면 왕이 주재하는 연회장에는 서구풍의 식탁과 주방설비가 갖추어져 있었고, 외국 사절단을 접견하는 파티는 솜씨 좋은 프랑스 요리사가 준비했다고 한다.[11] 그리고 침실에는 침대를 비롯한 값비싼 서구풍의 가구들이 놓여 있었는데 이들은 대부분 유럽과 미국에서 들여온 것들이었다고 한다.

운현궁 양관의 외관(왼쪽)과 실내(오른쪽). 흥선대원군의 손자 이준용의 저택으로 사용되었던 건물이다. 1910년 한일병합조약을 전후하여 세도가들의 저택은 서구식으로 짓는 경우가 많았다. 이 저택은 일본인이 설계 시공한 것으로 프랑스 르네상스 양식으로 지었다.

1910년 한일병합을 전후하여 세도가의 저택들은 서구식으로 짓는 경우가 많았다. 흥선대원군의 장손 이준용李埈鎔의 저택으로 사용된 운현궁 양관은 화려함으로 유명했는데 2층 벽돌조의 프랑스 르네상스 양식이었다. 한편 '한양 아방궁'으로 불리며 호화의 극치로 유명했던 친일파 윤덕영尹德榮의 저택은 프랑스 귀족의 별장을 본뜬 것으로 면적이 1,980m²(건평 600평)에 방이 40개나 되었다. 송석원松石園이라고도 불리던 윤덕영 저택은 원래 프랑스 공사를 지냈던 민영찬閔泳瓚이 프랑스 어느 귀족의 별장 설계를 복사해 와 보관해 둔 것으로 지은 것이다. 민영찬은 프랑스 주재 당시 그곳 저택의 화려하고 장엄한 모습에 감동하여 귀국하면 그와 같은 설계로 집을 짓고 살아 보겠다는 꿈을 가졌는데, 재력이 달려서 그 꿈을 실현하지 못하고 안타까워하던 중 그 설계도를 결국 윤덕영에게 넘긴 것이라 한다.[12] 이러한 이야기는 서구식 주택에 대한 그들의 열망을 엿보게 한다.

일부 유학파 지식인이나 진보적인 생각을 가진 인사들 사이에서도 서구식 주생활은 동경의 대상이었다. 서구식으로 살기 위해 양옥을 짓기

송석원이라 불리던 윤덕영의 저택.
프랑스 귀족의 별장을 본뜬 저택이
다. 프랑스 공사를 지냈던 민영찬이
어느 귀족의 별장 설계를 복사해 왔
는데, 결국 윤덕영이 설계도를 넘겨
받아 완공했다고 한다. 개화기 세도
가들의 서구식 주택에 대한 열망을
엿볼 수 있다.

도 하고 한옥을 개조하여 서양식 가구와 집기를 들여놓고 살기도 했다.
1917년 『매일신보』에 연재되었던 이광수李光洙의 소설 『무정』에는 당시 새
로운 서양 문화에 심취한 지식인의 집이 잘 묘사되어 있다. 대청마루에는
양탄자가 깔려 있었고 서양식 테이블과 의자(교의交椅)가 놓여 있었으며
높이가 한 길, 즉 2m가 넘는 서양식 책꽂이에는 일본과 미국 등지에서 사
온 서적이 가득 꽂혀 있었다.[3]

서구식 주생활에 대한 선망과 맹목적 추종은 당시 개화파 지식인들
이 전통 주택과 주생활의 문제점을 지적한 글에서도 은연중에 드러난다.
이들은 경제적인 이유를 내세워 다층 주택의 필요성을 제기했으며, 현관
을 만들고 손님을 위해 응접실을 설치할 것을 제안했다. 그리고 재래식 주
택에서의 과밀한 잠자리와 온돌의 폐단을 지적했다. 여기에는 서구적 근
대 주거의 우수성을 역설하고 널리 보급하려는 계몽적 의도가 다분히 깔
려 있었다. 그러나 이들도 실질적인 살림은 한옥에서 하고 양옥은 오직 접
대나 과시를 위한 용도로 사용하는 경우가 많았다. 또한 서구식 난방은 비

용이 많이 든다는 문제가 있었기 때문에 양옥에서 다시 한옥으로 이사하기도 했다.[14] 일상생활의 변화가 수반되지 않는 상황에서 서구식 주생활은 실패로 끝나는 경우가 허다했다. 개화를 주장하던 선구자들조차 서구식 주택에 적응하지 못했는데, 일반인들에게 서구식 주택은 호기심의 대상에 불과한 것이었다. 서구식 주택은 그들만의 헛된 이상 주거였던 것이다.

신문화운동과 문화주택

1920년대에 초반에는 문화생활이 강조되고 생활 전반에 걸쳐 서구식 문화가 더욱 확산되기 시작했다. 또한 신문화운동의 일환으로 일간 신문과 잡지 발간이 활발해지면서 이를 통해 소위 '문화주택'에 관한 기사가 지속적으로 소개되었다. 그리하여 당시 일본의 도시 중산층들에게 문화주택으로 받아들여졌던 교외주택이 식민지 조선에서도 비슷한 의미로 도입되었다. 1923년 김유방金惟邦은 문화생활을 위한 이상적인 주거를 제시했다. 홀을 중심으로 거실과 침실이 있는 방갈로식 양식 주택이었는데 이것이 바로 서구화의 분위기 속에서 유행했던 문화주택의 시작이었다.[15] 문화주택은 주생활의 양식화를 지향하며 외관도 서양식으로 지었다. 지붕·외벽·창 등의 개구부를 양식으로 하고 테라스를 적극적으로 도입했으며, 서재·응접실·거실·식당 등은 입식으로 했는데 반응이 좋아 중류계층 가정에게는 이상적으로 보였다. 다음은 1925년 9월 28일자 『동아일보』에 실린 「이상적 주택」이라는 제목의 글이다. 이 글에서 이상적인 주거란 '도심에서 떨어진 과밀하지 않은 곳에 지은 정원 딸린 단독주택'으로 요약되는데 이는 곧 서구식 문화주택을 의미한다고 볼 수 있다.

물질상으로 생존 경쟁이 심한 오늘날 꼭 마음에 맞는 땅을 골라 집을 짓고 살 수는 없는 것입니다. 그러나 환경과 처지가 허락하는 한도 안에서는 우리는 사람이 많이 모여서 사는 곳으로부터 훨씬 떨어져 있는 곳에 주택지를 선택하는 것이 좋습니다. 그러한 곳은 다소 교통이 불편한 점도 없는 것은 아니겠지만 그 반면으로 그만큼 전차나 기차를 타야할 때에 두 발로 걸어다니게 되니까 운동도 되겠고, 제일 공기가 맑을 것이요, 소채 같은 것도 신선한 것을 얻을 수가 있을 것입니다. 또 그러한 곳은 토지가 비교적 넓으니까 정원이나 운동장 같은 것도 설비할 수가 있겠습니다. 만일 사정이 허락지 않아서 인구가 조밀한 도회에 살게 된다 하면 특별히 많이 생각하여 광선이나 공기 같은 것에 주의해야 됩니다.[16]

1930년대 들어서 문화주택은 서양식과 일본식, 한식이 절충된 모습으로 변모했다. 대개의 문화주택은 실내가 밝고 공기가 잘 통했으며 응접실은 전면 중앙에, 부엌은 내부 공간의 뒤쪽에 배치되었고 내부에 목욕탕을 두었다. 문화주택은 조선인 상류층과 일본인들에게 인기가 있었으며 보통 사람들에게도 선망의 대상이어서[17] 집을 새로 짓거나 개조할 때면 이를 모델로 하는 것이 유행이었다. 당시의 문화주택촌을 묘사한 아래의 글에는 형형색색으로 화려하게 빛나는 이층 양옥과 현대식으로 개조된 한옥이야말로 현대 문화를 향유할 수 있게 해주는 이상 주거임을 표현하고 있다.

빨간 벽돌집, 파란 세멘집, 노란 석회집, 가지각색의 이층 양관이 하늘에다 떠올릴 듯이 늘어서 있다. 그리고 한 옆으로는 네 귀를 잠자리 날개같이 바짝 치켜 올리고 '와네쓰'(바니시) 기름을 반들반들 먹인 호화의 조선 와가

박노수 가옥. 1938년경 일제강점기에 지은 문화주택으로 한식과 양식을 절충하여 설계했다. 1층은 온돌과 마루를 설치했고 2층은 마루방 구조이며, 내부에는 3개의 벽난로를 두었다.

가 줄을 지어 늘어서 있다. 지상낙원, 소위 현대문화를 향락할 수 있다는 이상의 주택들이다. 클래식하게 지은 파란 이층 양관에 유리창이 반쯤 열리고 보랏빛 커튼이 걸려 있는 곳에서 '발비' 청춘 소곡(피아노)을 어느 아씨가 솜씨 좋게 치는 것이다.[18]

'그림 같은 문화주택'은 당시 소설에도 종종 등장했다. 1930년대에 발표된 소설 중에서 유진오兪鎭午의 『김강사와 T교수』와 『화상보』, 이효석李孝石의 『화분』 등에 등장하는 주인공들은 대부분 재력과 교양을 갖추고 세련된 문화생활을 즐길 줄 아는 '인텔리'들이었는데, 이들이 바로 문화주택의 주인이었다. "모르타르를 바른 벽과 하얀 화강석 기둥을 가진 문화주택, 피아노와 장식으로 만든 맨틀피스를 갖춘 문화주택"[19]은 종종 일제하 지식인들의 갈등과 애욕을 보여주는 공간적 배경으로 등장했다.

문화주택은 특히 신여성들에게는 욕망의 대상이었다. 당시 신여성들은 서구적으로 외모를 치장하고 여성의 삶에 대해 근대적인 의식으로 무장했다. 그들의 의식과 삶은 너무나 진보적이었고 개방적인 사고와 행동으로 많은 비난을 받기도 했으나, 동시에 그들의 삶은 동경의 대상이기도 했다. 1920년대 초 신문과 잡지에는 일본 또는 서구로 유학을 다녀온 여성들의 생활을 다룬 기사가 넘쳐났다.[20] 신여성에게 걸맞은 주택은 당시 유행하던 문화주택이었으며, 그 안에서는 대부분 조선의 봉건적인 습속에서 탈피한 서구적인 생활 방식이 지배적이었다. 예를 들어 외교관의 아내이자 한국 최초의 여성 서양화가로서 예술 활동을 활발히 했던 나혜석羅蕙錫은 대표적 신여성상으로 세간의 주목을 받았다.[21] 나혜석이 살고 있는 양옥에는 이층에 그녀만의 공간인 화실이 있었고, 그 내부는 침실·식당·응접실·목욕탕 등이 갖추어진 서양식으로 되어 있었다. 이러한 주거공간은 여성의 사회활동을 배려하는 공간으로 비춰졌으며, 서구적 합리성과 양성평등을 실현한 공간으로서 부러움을 받았다. 나혜석의 집을 방문했던 기자는 신여성의 고급 주거문화를 누리던 그녀의 생활과 주거공간을 다음과 같이 묘사했다.

대체 그의 가정생활은 얼마나 취미가 진진하고 얼마나 예술화하였을까? 여사를 아는 사람마다 한번 그의 살림살이를 보고 싶어 하는 마음이 가슴에 사무쳤을 터이다. … 안동공원을 옆에 끼고 즐비하게 늘어선 영사 사택 중에 하나인 이층 양옥 … 응접실 좌우 벽에는 산수화, 인물화가 가지런히 걸렸고 내년 미술전람회에 출품할 〈일본영사관〉과 〈단풍〉도 벌써 맞추어 놓았으며 이층 화실에는 몇 백 종이라 헤일 수 없는 가지각색 그림이 빈틈없이 쌓였다. … 침실에도 그림, 식당에도 그림, 응접실 문, 부엌 문, 목욕

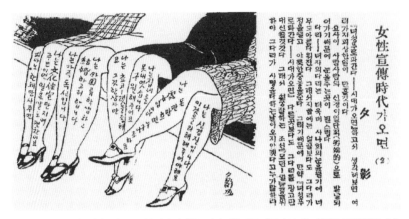

신여성을 풍자한 만문만화. "나는 문화주택만 지어주는 이면 일흔 살도 괜찮아요"라는 문구로 문화주택을 선호하는 신여성들의 세태를 꼬집고 있다.

탕 문, 변소 문 할 것 없이 유리문마다 모두 거기 거기 따라서 각각 적합한 그림이 걸려 있었고, 아이들 방에는 자유화가 걸렸다.[22]

　　나혜석과 같은 극소수의 신여성들을 제외한 대부분의 여성들은 전통적 생활에서 크게 벗어나지 못했다. 가정이 여전히 남성의 경제력에 기초하고 있는 이상 가문 좋고 능력 있는 남자를 만나 신식 생활을 하는 것이 평범한 신여성의 꿈이었던 것이다.[23]

후생주택에서 양옥으로

이상 주거에 대한 기준과 담론은 거시적·미시적 사회 변화의 맥락 속에서 형성된다. 한국전쟁 이후 극심한 사회 혼란과 경제적 어려움으로 국민 대다수가 매우 힘겹게 살아가던 당시에도 이상 주거는 또 다른 모습으로 존재했다. 전후 복구와 맞물려 경제 상황은 최악의 수준이었으며 서울을 비롯한 도시로 유입된 인구는 극심한 주택난과 불량 주거지의 양산을 초래했다. 이를 타개하기 위한 정부의 주택사업은 양적 공급에만 치중했다. 주택을 바라보는 시각도 자연스럽게 기본적이고 실리적인 차원에 초점이 맞춰졌다. 그리하여 부흥주택·재건주택·희망주택·외인주택 등의 이름을 가진 공영주택 수천 호가 여러 해에 걸쳐 지속적으로 지어졌다.[24]

1957년 대전 문창동 후생주택에서 신혼살림을 시작했다는 정모 씨(1933년생)는 당시 후생주택에 대해 "방 1칸에 부엌, 쬐끄만 마루가 있는 일자집에 물은 공동 우물에서 길어 먹고 변소는 공동으로 쓰며, 옆방에서 코고는 소리까지 들리는"[25] 불량 판잣집과 별반 다를 게 없는 수준이었다고 기억한다. 그래도 생존이 우선 과제였던 당시 상황에서 사람들은 '그것만 해도 감지덕지'로 여겼다. 부실한 집이었지만 경제 사정이 웬만큼 되는 직장인이어야 그나마 살 수 있는 것이 공영주택이었다.

모두가 가난했던 시절, 인간의 기본적인 삶을 영위할 수 있게 해주는 수준의 공영주택은 서민들에게는 선망의 대상이었다. 그러나 일부에서는 임시방편으로 지어지는 공영주택에 대한 우려의 목소리도 있었다. 다음 글에서는 일정한 수명을 유지해야 하는 주택의 특성을 감안할 때 아무리 어려운 상황일지라도 좋은 집, 이상적인 주거를 위해서는 장기적인 안목과 생활양식에 대한 올바른 인식이 필요함을 강조하고 있다.

주택이란 것은 한번 지어 놓으면 종래의 것도 하다못해 오십 년 백 년 이상 쓰는 것이었으니 앞으로 국가의 설계로 새로 짓는 주택이라면 적어도 수백 년 안심하고 또 편리하게 쓰고 살 수 있는 것을 만들도록 신중한 연구와 검토가 없어서는 안 될 것이다. 전쟁 후 많은 주택이 불타고 파괴되었기 때

농촌 지역의 후생주택(위). 한국전쟁 이후 극심한 사회적 혼란과 경제적 어려움 속에서 전쟁으로 소실된 주택을 복구하고 주택난을 해결하기 위해 공영주택이 지어졌다. 후생주택도 그 일환으로 건설된 공영주택 중 하나이며, 임시방편으로 지어 조잡하고 열악한 환경이었다.
서울 홍제동 일대에 건설된 후생주택(아래). 1950년대 후반 정부의 주택개량사업으로 서울 변두리 지역 일대에 집단주택지가 개발되었는데, 이마저도 경제력이 어느 정도 있는 사람들만이 살 수 있는 집이었다.

문에 주택을 많이 지어서 국민이 사람 사는 것 같이 집을 쓰고 살게 하는 것이 첫째의 요건이라 하겠지만, 앞으로 대량으로 지어야 할 주택은 우리의 새로운 생활양식이 어떻게 변천되어 왔느냐 하는 점을 생각지 않아서는 안 될 것이다.[26]

1959년 보건사회부(현 보건복지가족부)가 주최한 논문현상에서 당선된 「좋은 집에 대한 나의 의견」이라는 글은 당시의 이상적 주거에 대한 생각을 엿볼 수 있게 한다. 이 글에서는 개량 주택을 전제로 입식 생활을 지향하고 합리적이고 경제적인 난방 방식을 선택하는 것이 좋은 집을 위한 우선적인 과제라고 하였다. 뿐만 아니라 리빙룸을 중심으로 하는 서구식 공간 구성을 우리의 생활에 맞게 수정하고 수세식 또는 저렴한 위생 변소로 개량하는 것이 좋은 집을 위해 필요하다고 주장했다.[27] 즉 겉모습보다는 실용적이고 기능적인 측면을 강조하고 있는데, 이 같은 경향은 다음 글에서도 은연중에 나타나고 있다.

우리가 좋아하는 집을 나의 생각대로 두 가지로 구분하여 본다면, 첫째 귀하고 값비싼 자재를 사용하여 호화롭게 장식하고 냉난방 설비를 잘 했다든가 혹은 순전히 서양식 집이라는 이유로서 좋아하는 집이 있고, 둘째 값싼 자재를 선택하여 사용하고도 튼튼하고 현대식 생활을 하기에 편리하게 되어 있는 집을 예로 들 수 있겠습니다. 현 사정에 비추어서 우리 국민이 원하고 기대하고 있는 집이 바로 두번째 것이라고 말할 수 있겠습니다.[28]

한편 1959년 한 잡지에 소개된 글은 주부를 위한 이상적인 주거가 어떠해야 하는지를 묘사하고 있다. 현대적인 감각과 미적 조화, 넓은 대지의 확보, 오락시실과 목욕실의 확보 등에 대해 언급하고 있는 것을 보면 점차 안정을 되찾아 가는 사회 분위기 속에서 이상 주거의 질적 수준도 차츰 높아지고 있음을 보여준다.

주부들이 희망하는 집의 구조는 위에서도 몇 가지 조건을 열거했지만 바람이 잘 통해서 환기가 잘될 수 있는 통풍 문제를 비롯해서 채광이라든가 난방장치, 위생시설, 오락시설, 아동실, 목욕실, 기타 필요한 모든 조건을 잘 갖출 수 있는 집을 바라는 것은 물론, 전체의 모양도 현대인의 감각에 알맞은 시각적 부분을 잘 살려서 미적 가치가 있는 것을 원하는 것이다. 그리고 색이나 선, 그외의 모든 것의 조화, 이런 것도 중요하다고 생각한다. ⋯ 그러므로 이때까지의 집 짓는 것을 보면 너무 자리를 좁게 잡았다고 느껴져서 앞으로는 좀더 대지를 넓게 가질 수 있으면 좋겠다.29)

　　1950년대 중반 이후 서울을 비롯한 도시의 주거 지역에서 짓기 시작한 단독주택, 특히 양옥으로 지어지던 일부 중·상류층 주택은 보통 사람들에게는 살아보고 싶은 주택으로 다가왔다. 「화목이 깃든 이층 양옥」이니 「집 구경 산책」이니 하는 제목으로 잡지에 실린 상류 인사들의 집에는 '리빙룸', '베드룸'과 같은 방들은 기본이고, '카운터식 홈바'나 '선룸'에 넓은 정원 한쪽에는 야외용 테이블과 의자가 놓인 테라스가 위치하기도 했다. '순양식純洋式 집에 살고 있는 분들의 주생활'을 소개한 어느 글에서 그들은 "거실·식사실·침실에다 아동실·노인실·사용인실·서재·응접실·욕실·배선실·주방 등을 구비한 주택에 살면서, 양실에 침대를 두고, 조반은 빵에 커피를 마시고 양복을 입고 생활하며, 연료는 연탄·석유·중유를 사용하고 전열도 사용"30) 하는 것으로 묘사되어 있다.

헐벗고 굶주리던 시절에는 게딱지 같은 집들이 덕지덕지 붙어 있는 판자촌에서 사는 사람이 대다수였는데, 여기서 벗어나 근사한 양옥에서 사는 것은 보통 사람들의 공통된 꿈이었다. 이범선李範宣의 작품『오발탄』(1961)의 주인공 철호는 해방 때 귀국한 해외 동포다. 그는 서울로 몰려든 실향민들을 위해 임시 거처로 만들어진 서울 용산 남산 기슭의 해방촌에서 살았다. 서울 한복판에서 좌절을 겪으며 동굴 같은 집에서 지친 몸을 누이는 그에게도 이층 양옥 한 채는 꿈의 주택이었다.

이제 우리도 한번 살아 봅시다. 제길, 남 다 사는데 우리라구 밤낮 이렇게만 살겠수. 근사한 양옥도 한 채 사구, 장기판만 한 문패에다 형님의 이름 석 자를, 제길 장님도 보게 써서 대못으로 땅땅 때려 박구 한번 살아 봅시다.31)

행복을 얻을 수 있는 곳, 바로 내 집

1960년대를 기점으로 시작된 개발과 성장 위주의 정책은 우리 사회 전반에 변화를 가져오기 시작했다. 이에 따라 주거에 대한 사람들의 생각도 달라지기 시작했다. 단지 생존을 위해 최소한의 것만 있는 주택에 만족하는 것에서 벗어나, 막연한 선망의 대상으로만 바라보던 주거가 이제 좀더 현실적이고 구체화된 모습으로 다가왔다. 당시 잡지나 신문 지면에는 바람직한 주거에 대한 건축가나 지식인 들의 글이 계속 발표되었다. 양지 바른 넓은 대지에 상하수도와 전기, 견고한 구조는 기본이고, 여기에 가족의 평화와 행복을 보장해 줄 수 있는 그 무엇인가가 추가로 수반되어야 살기 좋은 주택, 이상적인 주거였다.

일제강점기 일부 신여성들을 중심으로 유행하던 행복한 가정 만들기
는 1960년대 이후 산업화 사회에 들어서면서 중산층에게까지 더욱 확산되
었다. 부부와 자녀를 중심으로 하는 핵가족에게 가족의 화목과 안녕은 매
우 중요한 가치로 부각되었다. 이와 같은 가족 가치관의 변화는 주거에 대
한 가치관에도 영향을 미쳤다. 스위트 홈을 꿈꾸는 어느 주부는 '시외에서
가능한 한 도로를 피해 오솔길로 접어드는' 곳에 자리 잡은, '한식과 양식
을 반반씩 절충한 활동하기에 불편이 없는' 집에서 '가족들의 온화한 생활
의 보금자리'를 꾸미기를 갈망했다. 가끔씩 '등나무가 시원한 테라스'에
'귀한 나의 손님'들을 모아들여 마음의 여유를 가지고 살고 싶은[32] 것은 이
시절 보통 주부들이 가진, 크게 특별하지 않은 희망으로 자리 잡아 갔다.

1960년대 초반의 중산층 부부. 전축으로 음악을 들으며 여유롭게 차를 마시고 있는 부부의 모습에서 당시 중산
층 가족이 꿈꾸던 스위트 홈을 엿볼 수 있다.

1970년대에 지어진 이층 양옥. 마당과 테라스를 갖춘 이층 양옥은 보통 사람들에게는 근사한 집의 대명사였다.

　　당시 한 여성잡지에는 신혼부부를 위한 집에 대한 단상들이 소개되었는데 '평화와 안락을 위한 주택'에 대한 소박한 바람이 곳곳에 드러나 있다. 주거는 생활의 근거지이고 삶의 근원지이기 때문에 평화롭고 안락해야 하며, 휴식처이자 안식처의 역할을 해내야 했다. 또한 이를 위해서는 거주자의 취향에 따라 건축해야 한다는 아주 원론적인 이야기가 주류를 이루었다.[33] 그러나 일각에서는 주거의 기능을 사회적 차원으로 확대시켜 생각해야 한다는 견해도 있었다. 주거라는 것이 가족 구성원들 사이의 원활한 의사소통을 토대로 하는 평화로운 보금자리여야 함은 물론이고, 여기서 한 걸음 더 나아가 이웃간에도 마음과 마음을 연결시켜 인정의 꽃을 피우게 할 수 있는 단절되지 않은 공간이어야 한다는 것이다. 어느 평론가가 「마음의 집」이라는 생활 칼럼에서 "우리 사회를 불신과 적대의 사회에서 믿음의 사회로 이끄는 가장 기본 조건이 바로 주거"[34]라고 쓴 문구는 이러한 생각을 잘 나타낸다고 볼 수 있다.

　　1970년대의 이층 양옥은 아이들 눈에도 부자들이 사는 근사한 집의 대명사였다. 서울 왕십리에서 어린 시절을 보냈던 김모 씨(1970년생)는

동네에 생겨나던 이층 양옥에 대해 부러워했던 기억과 자신이 살던 기와
집에 대해 부끄럽고 초라하게 느꼈던 기억을 다음과 같이 이야기했다.

난 그때 그런 이층 양옥에서 사는 사람이 최고의 부자인 줄 알았다. 우리가
살던 그 집은 친할아버지가 직접 지으신 것으로 알고 있었다. … 난 그 집
이 너무나 창피하고 싫었을 뿐이다. 우리 집 뒤로는 이층 양옥이 지어져서
이층 옥상에서 우리집이 내려다보이는 게 싫었고 지붕과 거의 같은 높이
의 장독대에 올라가서 고추장을 뜨는 것도 이층 사람들이 보는 게 싫었다.
마당에 돗자리 깔고 숙제를 하는 걸 이층 사람들이 보는 게 싫었다.[35]

양옥에 사는 사람들 눈에 비칠 자신들의 일상조차 창피하게 여겼던
까닭은, 그런 집에 사는 사람들은 자신들과는 뭔가 다르게 살 것이란 생각
때문이었을 것이다. 양옥에 사니까 된장, 고추장은 먹지 않고 빵이나 먹으
며 우아하게 살 것 같은 그런 생각 말이다. 최모 씨(1960년생)는 초등학교
3학년이던 1968년 가을, 새로 지은 하얀 이층 양옥으로 이사했다. 잡지에
서나 보던 양옥으로의 이사는 꿈의 실현 그 자체였다.

한 8개월 동안 공사를 했던 것 같아요. 저희 식구가 오매불망 기대하던 하
얀 이층 양옥이었어요. 당시 동네 사람들이 저희 집을 하얀 집이라 불렀는
데 이후 저희 집을 흉내 낸 하얀 양옥이 동네에 여럿 지어졌어요. 돌아가신
아버지가 매일 저희를 앉혀 놓고 도면을 보여주면서 여기가 누구 방, 여기
가 거실, 여기가 부엌 하시면서 설명해 주셨던 기억이 나요. 학교 끝나고
오는 길에 친구들이랑 일부러 공사하는 그 앞을 지나치곤 했는데 친구들
이 얼마나 부러워했는데요. 현관 옆에 등나무를 심고 이층 베란다로 타고

올라가게 했어요. 몇 년 지나니까 이층 베란다는 등나무 그늘이 생겨서 거기다가 야외용 의자를 두 개 놓았죠. 아직도 그 집이 그 자리에 있는데, 지금 보면 참 작고 초라해요. 그래도 그때는 모두가 부러워했죠. 이층 양옥에 수세식 변소, 기름보일러, 거실, 입식 부엌, 뭐 이런 것이 있는 집이었으니까….36)

변하지 않는 꿈, 내 집 갖기

보편적으로 '내 집'이란 경제적 소유를 주장할 수 있는 내 명의의 집을 의미하는 것으로 받아들여진다. 문화에 따른 차이가 있을 수 있겠지만 한국 사회에서 내 집을 가지는 것에 대한 사람들의 생각은 선호의 수준을 넘어 규범으로서 사회 구성원 대다수가 이에 합의하는 수준이다. 내 집을 갖는 것이 당연하다고 여기는 데는 여러 가지 이유가 있다. 우선 내 집에 살게 됨으로써 거주의 자유와 생활의 안정을 누리는 것은 물론 사회 구성원들로부터 경제력을 인정받고 나아가 사회적 지위에서도 긍정적인 효과를 얻을 수 있다. 뿐만 아니라 주택시장의 변화 속에서 여유롭게 대처할 수 있으며 운이 좋으면 많은 경제적 이익을 누릴 수도 있다. 여기다가 집 한 채는 자식에게 물려주어야 한다는 생각도 아직까지는 유효하다.

내 집 갖기는 보통 사람들에게는 여전히 이루어야 하는 꿈이다. 내 집을 소유하는 것은 동서양을 막론하고 일정한 곳에 자리 잡고 안정적으로 살기를 바라는 인간의 본능이며 오랫동안 꿈의 실현과 자립의 기반으로 간주되어 왔다. 투기가 과열되고 주택 가격이 폭등할 때면 으레 주택은 소유가 아닌 거주의 대상이며 이제 우리도 주택을 소유하려는 집착을 버녀야 한다고 여기저기서 이야기한다. 하지만 주택 소유에 대한 사람들의 생각은 아직까지 크게 달라진 것 같지 않다. 이는 지난 반세기 동안 혼란과 격동의 세월로부터 얻은 경험이 내 집 갖기에 부여하는 의미에 영향을 미쳤기 때문이다.[37] 특히 집이 가장 중요한 재산 목록이자 집을 이용한 재산 불리기가 여전히 가능한 한국 사회에서 앞으로도 내 집 갖기는 이상 주거를 실현하는 데 가장 중요한 자리를 차지할 것임은 자명하다.

1960년대 이후 경제개발과 함께 가속화된 도시화는 주택 부족을 더욱 심화시켰다. 1966년 말 전국 가구의 4분의 1, 서울 가구의 절반이 집 없는 설움 속에서 살았다.[38] 이때도 내 집 마련은 변하지 않는 꿈이었다. 여성잡지에는 '마이 홈'의 꿈을 이루도록 도와주는 기사들이 앞 다투어 실렸다. 이들 기사에는 주택은행과 주택공사를 이용해 자금을 빌리는 방법부터 집을 짓는 절차와 설계안에 이르기까지 다양한 내용이 총망라되어 있었다. 맞벌이로 간신히 내 집을 마련했다는 어느 주부는 '인내와 총명으로 이룬 스위트 홈'이라는 찬사와 함께 많은 사람들의 부러움을 한 몸에 받았다.

작년 가을 우리는 소원이던 내 집을 갖게 되었다. … 세상의 온갖 설움 중에서도 집 없는 설움이 제일이라는 말을 실감하게 되었다. 그러나 나의 귀여운 첫아들을 위해서도 마음껏 뛰놀 수 있는 우리의 집을 마련하려는 내 마음은 월급쟁이 남편의 수입만으로는 도저히 불가능하다는 현실에 부딪쳤을 때 나는 적잖이 당황했다. … 더구나 집주인의 사정으로 인해서 집을 내달라고 하여 다시금 전셋집을 보러 다녀야 하는 고통은 이만저만이 아니다. … 내 집을 장만하여 집 없는 설움에서 벗어나고 싶다는 소망에 나는 그이와 더불어 맞벌이할 것을 결심했다.[39]

도시 소시민으로서 내 집 마련의 꿈을 이루는 것은 피나는 절약과 무수한 속앓이를 겪지 않고서는 불가능했다. 그들이 염원하는 것은 호화스러운 거대한 저택이 아니라 주인집 눈치 안 보고 빨래도 맘대로 널고 큰소리로 아이들을 야단칠 수 있는 그런 집, '그저 내 집'이면 되었다. 아래의 글에는 처음 집을 마련하면서 사람들이 느꼈던, 손이 떨릴 정도로 감격스러운 생애 최고의 순간이 잘 드러나 있다.

계약 날 하루를 어떻게 보냈는지 모른다. 오늘날까지 살아오는 동안 내 생애에 있어 가장 감격적인 순간이 있었다면 손바닥만 한 내 집의 매매계약을 끝냈을 때이다. 막상 펜을 들고 계약서를 쓰려 하니 손이 떨린다. 그 수많은 쓰라림과 집 없었던 서러움이 한꺼번에 복받쳐 펜을 쥔 손이 떨렸는지도 모른다. 그 떨리는 손을 보다 못해 아내가 계약서를 대필했으니 이 사실은 우리 부부에게 잊지 못할 추억이 돼 버렸다. 계약을 마친 그후도 우리는 얼마나 감격스런 나날을 보냈는지 모른다. 앞으로 그 집을 가꿀 행복스런 꿈에 젖어 있었다. 이사 첫날 애들이 둥우리에서 풀려나온 새처럼 좋아하던 모습은 영영 잊을 수가 없다.[40]

주택시장이 요동칠 때면 서민들의 내 집 마련의 꿈은 더욱 멀어져 갔다. 천정부지로 치솟는 집값은 집 없는 서민들에게는 평생 집 한 칸 마련하지 못할 것 같은 불안감과 초조함을 가져다주었다. 집 없는 설움의 세월이 길어지면 길어질수록 그 꿈은 더욱 뼛속에 사무치도록 절실해졌다. 그들은 집값이 더 이상 뛰기 전에 어떻게든 집 한 칸이라도 잡아야겠다는 긴박감에 대부분 가능한 모든 방법을 동원했다. 이렇게 마련한 내 집으로 이사하는 날에는 감격의 기쁨을 가눌 수가 없었다. 용달차에 보따리 몇 개 싣고

아파트 분양 추첨장. 1970년대 후반 서울의 한 아파트 분양 현장으로, 집 없는 설움에서 벗어나고자 하는 무수한 인파로 넘쳐났다. 프리미엄을 노린 부유층 주부들과 복덕방 업자들도 몰려들어 아파트 투기 바람을 부추겼다.

셋집을 전전하던 때가 생각나고, '내 집'이라는 기쁨에 온 가족은 눈시울을 적셨다.[41]

　　그러나 어렵사리 구한 집이 마냥 기쁨을 주는 것도 아니었다. 내 집 갖기를 열망하는 서민들은 대체로 가진 돈이 넉넉하지 못하기 마련이어서 여기저기서 융통한 자금은 큰 부담거리였다. 융자금 상환 압력에다 재산세를 비롯한 각종 세금, 게다가 유지 관리에 들어가는 비용까지 눈덩이처럼 불어나는 부담은 서민으로서는 지탱하기 힘든 경우가 많았다. 1978년 한 월간지에 실린 글에서 기고자는, 내 집을 갖는 것은 더할 나위 없이 좋은 일이지만 이로 인한 재정적 부담 때문에 가정이 파탄 난다면 아예 집이 없는 것이 더 낫다고 이야기한다. 그렇지만 결국 내 집 갖기에 대한 꿈은 포기할 수 없는 것이었다.

누가 뭐래도 집 없는 설움은 물론 크다. 집값이 뛸 때마다 무주택자는 마치 몇 살씩 한꺼번에 나이를 먹는 기분이다. 더욱이 개구쟁이 아들을 가진 셋방살이 부모들은 노상 주인집 식구들의 눈치를 살펴야만 했다. 그러나 집 없는 설움이 아무리 과장된다 해도 가정 없는 설움에야 비길 수 있겠는가. 하지만 요즘 세상 같으면 집이 없는 게 더 속 편하다. 집 없는 상팔자(?)가 요즘 풍미하는 세태인 것 같다.[42]

　1980년대 중반까지도 내 집을 마련하는 것은 인간 승리의 한 단면으로 인식되었다. 신문이나 잡지 등에 실린 수기들은 천정부지로 뛰는 집값에도 불구하고 가까스로 집을 샀다는 자랑에서부터 집을 마련하기 위해 뼈아프게 절약해야만 했던 눈물겨운 사연들, 그리고 셋방살이의 설움으로부터 탈출하기까지의 절절한 경험들로 넘쳐났다. 이를 통해 내 집을 갖기 위해 쏟아 부었던 사연들이 얼마나 처절했는지를 짐작할 수 있다.

2
새로운 보금자리로의 이사

전통 가족의 이사

우리 민족이 정착생활을 시작한 것은 청동기시대 들어 농경생활이 본격화되면서부터이다. 농사일은 씨를 뿌리고 수확하기까지 일정 시간을 필요로 한다. 또한 전적으로 가족의 노동력에 의존했기 때문에 가부장을 중심으로 대가족을 이루고 한 곳에 정착하여 살아야 했다. 그러나 이처럼 정착생활이 대세인 시대에도 이사는 늘 있어 왔다. 이사, 즉 주거 이동의 이유는 집의 불만족스러운 부분을 해결하기 위해서이다. 가족 구성원의 변화가 생기거나 가족의 사회경제적 상황이 달라지면 현재 살고 있는 주거는 가족의 요구를 충족시키지 못하게 된다. 이 같은 결함을 해결하기 위해 여러 가지 방안을 모색하게 되는데 그중 한 방법이 이사인 것이다. 기록에 의하면 화재나 질병, 부족간의 영토 분쟁 등은 옛날 사람들이 이사를 하는 주된 원인이었다.[43] 특히 가족 중에 누군가가 병에 걸려 죽으면 위생 상태가 나빠진 집을 폐기하고 새 집을 지어 이사하는 일이 흔했으며 이러한 습속은 고려시대에도 이어졌다. 이사가 여의치 못할 경우에는 고쳐서 살기도 했다.

조선시대 들어서는 이사의 동기가 더욱 다양해졌다. 집터에 매기는 세금을 물지 않기 위해 가건물을 짓고 이사하는 사람이 있는가 하면,[44] 국가의 필요에 의해 집을 철거당하고 다른 곳으로 이사하거나, 유배당하여 집을 떠나는 등 다양한 이유로 이사가 이루어졌다. 또한 사회계층에 의한 거주 지역의 분화가 뚜렷하여 노론과 소론, 동인과 서인, 남인과 북인 등 끼리끼리 모여 살기 위한 목적으로 하는 이사도 성 안에서는 빈번했다. 이사가 잦아지면서 이사 풍속도 다양해졌는데 여기에는 민간신앙이 큰 영향을 미쳤다. 집은 부귀영화의 근원이며[45] 이사는 반드시 길한 날을 택하여 했고 나이와 운수, 일진, 방위도 이사를 하는 데 빼놓을 수 없는 고려사항이었다. 불씨 꺼트리지 않고 살려서 가져가기, 대문 앞에 소금을 뿌리거나 소금자루를 맨 먼저 가지고 들어가기, 솥 안에 요강 넣어 가기, 큰 방에 밥솥 먼저 들여놓기, 떡을 해서 장롱 안에 넣어 가기, 이사할 때 맨 처음 어른이 들어가기, 이사한 후 팥죽을 끓여 집 안 여러 곳에 뿌리기, 떡을 해서 이

대청 한구석에 모신 성주신. 성주신은 집안의 평안과 부귀를 관장하는 우두머리 가택신으로, 대청 한쪽 구석에 성주단지를 놓고 쌀을 가득 담아 두었다. 집을 짓거나 이사를 할 때면 반드시 예의를 갖추어 성주신을 모셔야 했다.

하회마을 전경. 좋은 집터는 이사 장소를 결정짓는 가장 중요한 조건이었다. 하회마을의 지형은 연꽃이 물 위에 떠 있는 형국이라 하여 연화부수형蓮花浮水形이라 하는데, 이는 좋은 집터 자리로 유명했다.

웃과 나눠 먹기 등의 이사 풍속은 모두 가택신家宅神에 대한 예의를 갖추고 액운을 막고 길운을 부르기를 바라는 마음으로 하는 행위였다.[46)

　새 집을 지어 이사하는 경우에는 그 전 과정에 걸쳐 풍수지리와 민간 신앙의 영향을 많이 받았다. 특히 조선시대에 들어 좋은 집터를 고르기 위한 양택론陽宅論이 더욱 보편적인 입지 선정의 기준으로 사용되면서 이에 따라 이사 장소가 결정되었다. "온화하고 부드러우며 마음을 안정시켜 주는 주위 환경과 산의 흐름, 안정된 물길이 있으면서도 결코 단조롭지 않은 변화를 갖는 산수", 그리고 "땅속으로 흘러 다니는 생기가 모여 있어 인간에게 감응을 불러일으키는 장소"는 좋은 집터의 첫째가는 조건이었다.[47) 양반이나 경제력이 있는 계층은 양택을 매우 중요하게 여겨 보통 풍수 전문가에게 이 일을 일임했다.

조선 중기에는 극심한 당쟁으로 관료 등용에서 소외된 사대부들이 다시 고향 마을로 돌아와 은거하는 경우가 자주 있었다. 그리고 18세기 들어 진행되었던 도시화는 지방에서 한양으로 이사하는 가족이 늘어나는 주요 원인이 되기도 했다.[48] 한편 임진왜란 이후 조선 후기에 들어서는 사회적 혼란을 틈타 집을 떠나는 사람들이 나타났다. 즉 엄격했던 신분 구조가 와해되고 이 와중에 신분 상승을 꾀하는 노비들이 늘어나기 시작했다. 이들은 공식적[49]인 방법을 통해 양인이 되기도 했지만 살던 곳을 버리고 새로운 곳으로 도망치는 경우도 많았다. 특히 상전의 지배력이 약한 외거 노비이거나 교통이 편리한 강변 마을에 사는 노비일 경우 이러한 일이 자주 발생했다. 이들은 대부분 새로 정착한 곳에서 거짓으로 신분을 꾸며 호적에 새로 등재한 후 노동이나 상업에 종사하며 생계를 유지해 나갔다.[50]

하지만 이 같은 특별한 경우가 아니면 한곳에서 오래 살면서 그저 자신의 집에 만족하거나 또는 만족하도록 노력하며 살았다. 전통적으로 상류층의 주택에서는 가족 구성원들이 공간 사용을 조절하며 생활하는 것이 일반적이었다. 이는 대가족 제도에서 나타났던 유교적 가족 특성과 밀접한 관련이 있다. 가계 계승과 관련하여 주거 내에서 일어났던 세대간의 공간 이동은 그 대표적인 예이다. 즉 부모가 아들 부부에게 살림을 넘기는 시기가 되면 맏아들은 사랑채의 큰방과 침방을 사용하게 되고 맏며느리는 새로운 안주인으로서 안채의 안방을 차지하게 된다. 자식 부부에게 방을 내주고 물러난 노부모는 다른 방이나 따로 마련된 별채로 거처를 옮겨서 여생을 보내는 것이다.

문화주택으로의 이사, 벅치오르는 감동과 그 불편함

1920년대 등장한 문화주택은 흔히 서구식과 일본식이 절충된 모습이었다. 문화주택을 짓고 이사 온 사람들의 신식 생활에 대한 자부심은 대단했다. 다음에 소개하는 글은 대중잡지 『별건곤』 1928년 12월호에 소개된 문화주택 경험자들의 좌담회 이야기다. 평소에 이상 주거로 꿈꿔 오던 서구식 문화주택을 실현해냈다는 데서 오는 벅차오르는 감동과 쑥스럽지만 자랑하고 싶은 마음이 잘 묻어나 있다.

그러나 어쩐 까닭인지 나는 어려서부터 가옥은 잘 짓고 싶은 생각이 특별이 많았습니다. … 이번에는 소위 양식으로 지었습니다. 이것은 양식이라는 것보다도 나의 이상에 맞게 지은 것이니까 차라리 나의 식이라 하겠지요.(박승빈) … 사실 우리 집 꾸며 놓고 사는 이야기를 하려면 마치 어린아이들이 동무끼리 서로 제 것을 자랑하는 격이 되고 말 것 같습니다. 원체 다른 집과 좀 다르게 하고 사니까요. 집터를 그리고 있는 붉은 벽돌이라든지 큰 정원 문에 완만하게 끼인 그럴듯한 빗장이라든지 광석에 폭 들어박힌 보석처럼 붉은 벽돌 위에 높이 들어앉은 문패의 깨끗한 품이라든지 소위 문화적 주택에 신식 생활이라고 하겠습니다. … 마당에는 이 구석 저 구석에 정돈되어 놓인 벤치들과 아이들의 작은 마차와 수레 등 장난감들이 … 남들은 버터 냄새가 돈다고 하지만 좀 아름답게 꾸며 놓으려면 남의 나라의 것도 좋게 보이는 점은 이용하고, 시험해 볼 필요가 있겠다는 느낌이 늘 늘어납니다.(진숙봉)[51]

하지만 문화주택으로 이사는 했지만 이상과 현실은 차이가 있었다.

정면도

측면도

1920년대의 **문화주택**. 서구식과 일본식이 절충된 주택으로, 지붕과 외벽, 창 등의 개구부를 양식으로 하고 이층으로 지었다. 처음에는 멋진 외관으로 사람들의 관심을 끌었지만, 실제 생활하는 데에는 기존의 생활방식과 맞지 않아 불편한 점이 많았다.

문화주택은 겉으로는 더할 나위 없이 멋진 집으로 보였지만 실제 생활하는 데에는 기존의 생활방식과 맞지 않아 불편한 점이 한두 가지가 아니었다. 온돌 없이 난로를 피워 난방을 하는 것은 가장 견디기 힘든 부분이었으며 밥상을 들어다 방에서 식사를 하던 전통적인 식사 습관과도 맞지 않았다. 이 같은 문제들로 인해 멋진 문화주택을 비워 놓고 그 옆에다 집을 새로 지어 그곳으로 옮겨 가서 사는 경우도 더러 있었다. 당시 신문과 잡지에서 그러한 사례들을 언급한 글들을 발견할 수 있다. "어찌한 셈인지 양관이 불편하다고 그 양관 옆에 순 조선식으로 집 한 채를 지어 놓고 지금 그 집 가족들은 조선식 집에 거처하면서 양관은 별로 쓰지 않고 혹 손님이 있으면 응접실로 쓴다"거나 "2년 정도 지나서 Y씨는 애써 지은 양관은 빈집으로 두고 그 옆에 조선 재래식의 집을 지어서 그 집에서 살고 있었다"[52]는 이야기는 실제 외국 생활을 경험하고 서양의 주생활 양식을 추구하려는 의지가 매우 강한 사람들조차도 문화주택에서의 적응이 만만치 않았음을 보여준다. 이 때문에 문화주택은 우리의 생활양식을 수용할 수 있도록 서구식과 일본식에 한식이 절충되는 방향으로 바뀌게 되었다.

　　문화주택으로 이사한 사람들이 겪는 또 다른 어려움은 경제적 부담이었다. 이즈음 자본주의적 가치관이 퍼지기 시작하고 백화점과 대중매체가 소비 욕구를 부추기면서 문화주택은 지불 능력이 부족한 사람들에게도 욕망의 대상이 되었다. 하지만 젊은 부부들 대다수는 은행 대부 없이는 문화주택을 실현하기가 어려웠다. 갚을 능력도 없으면서 은행이 부추기는 과잉 소비에 넘어간 대가는 결국 이사한 지 몇 달도 못돼 은행 수중으로 문화주택을 다시 넘기는 일이었다. 『조선일보』1930년 4월 14일자에 실린 만문만화漫文漫畵는 문화주택을 지어 이사한 신혼부부가 은행이 쳐 놓은 거미줄에 걸려 있는 모습을 그려 풍자하고 있다.

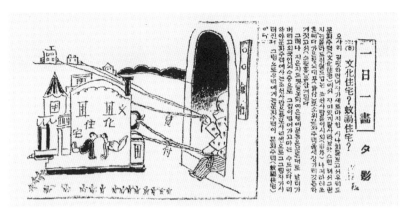

문화주택을 풍자한 만문만화. 당시 젊은 부부들 대다수는 은행 대부 없이는 문화주택에서 살 수 없었다. 갚을 능력이 없는 사람들에게도 문화주택은 욕망의 대상이었다. 이 만화는 은행 빚으로 문화주택을 지어 이사한 신혼부부가 은행이 쳐 놓은 거미줄에 걸려 고통받는 세태를 풍자하고 있다.

피난 중의 삶, 마당 깊은 집

일반적으로 이사란 주거 자체의 문제를 해결하기 위해 집안 식구들의 자발적인 의사 결정에 따라 행하는 것이다. 그러나 모든 이사가 여기에 해당되는 것은 아니다. 천재지변이나 재개발, 임대 기간의 만료처럼 식구들 스스로 조절이 어려운 외부적인 요소에 의해 비자발적으로 집을 옮겨야 하는 경우도 있다. 전쟁 상황에서 불가피하게 이루어진 피난 또한 여기에 속한다. 한국전쟁 당시 집을 떠나 전국 곳곳에 흩어진 피난민의 수는 어림잡아 240만여 명이었다.[53] 밀고 밀리는 전선의 움직임을 따라 대전에서 대구를 거쳐, 다시 부산으로 짐을 꾸리며 옮겨 다니던 피난살이는 짧게는 수개월, 길게는 해를 넘기며 지속되었다. 휴전이 되고서야 피난살이는 비로소 끝이 났다. 다시 짐을 꾸려 돌아온 집은 잿더미 속 폐허가 되어 기다리고 있었다.

전쟁의 포화를 피해 안전한 곳을 찾아가지만 피난지에서의 생활은 생존을 위협받을 정도로 열악하고 불안정했다. 최우선 과제는 이러한 삶의 위협 속에서 살아남는 것이었다. 조금 여유가 있는 이들은 판자 조각을 주워 모으거나 나무토막을 싼값에 사다가 간단한 판잣집을 짓고 살림을 차리곤 했는데, 여기에 전기까지 끌어 오면 제대로 지은 당당한 가옥으로 인정되었다. 김원일金源一의 『마당 깊은 집』(1988)은 당시의 피난민 생활을 잘 보여주는 소설이다. 이 작품에는 아래채, 위채 모두 합쳐 스물두 명이 사는 집이 등장한다. 방 앞 쪽마루 한쪽에 판자로 한 평 정도의 가건물을 키 높이로 짓고, 종이에 기름을 입힌 간이 방수재료인 루핑roofing을 덮어 부엌을 만들고, 방에는 선반을 달아 잡동사니 물건을 얹어 두었다. 사과 궤짝을 찬장 삼아 포개어 놓고 쓰는 소꿉질 같은 부엌세간들은 어느 누구도 어색해하지 않는 피난생활의 모습들이었다. 피난민들은 이미 사람이 살고 있는 집에 들이닥치기도 했다. 문간방이나 곁채, 아래채에 있는 방들에 피난민을 들였는데 보통 방 가운데 판자벽을 쳐 한 방을 여러 가구에게 세를 주는 일이 다반사였다. 방 안에서는 식구들이 함께 누우면 움직이기도 힘들었으며 귀 기울이지 않아도 옆방 식구들의 말소리가 들리기 마련이었다.[54]

그러나 이 정도의 주거 수준은 양호한 것이었다. 변두리 야산에 마구잡이로 지은 판잣집이나 도로변 축대 옆에 급한 대로 땅을 파고 그 위에 천막으로 지붕을 올린 움막집은 훨씬 처참한 모습이었다. 움막조차도 구하지 못한 사람들은 심지어 노천에서 잠자리를 해결하는 경우도 많았다.

궁핍한 생활이나 주거공간의 처참함 외에도 일상적인 생활에서 겪는 이웃과 토착민들과의 갈등, 가족의 파괴, 뒤틀린 가치관 등의 문제는 그러잖아도 고달픈 피난생활을 더욱 힘들게 했다. 특히 피난민에 대한 이해나

1960년대 부산 아미동 산자락의 판자촌. 전쟁이 끝난 뒤에도 오갈 데 없는 난민들은 이처럼 변두리 야산에 마구 잡이로 지은 판잣집에서 생활하며 힘든 세월을 견뎠다.

동정은 고사하고 오만하고 비인간적으로 대하는 집주인의 횡포는 피난지에서의 이러한 거처마저도 여러 번 옮겨 다니게 하는 이유 중의 하나였다. 저녁 이후에는 안뜰에 와서 물을 긷지 못하게 하고 빨래도 못하게 하는 집주인, 안뜰에 있는 화장실을 못 쓰게 하는 집주인, 전기도 끊어 버리고 아이들이 시끄럽다고 노상 꾸중하고 문조차 잠가 버리면서 구박하는 집주인 등의 이야기는 피난민들이 흔히 겪는 또 다른 서러움이었다.[55]

아파트로 이사하는 중산층

한국 최초의 단지식 아파트인 마포아파트의 건설(1962) 이후 아파트 공급은 대폭 늘어났다. 그러나 익숙지 않은 외관에 기존의 생활양식과는 상당한 괴리가 있넌 아파트는 사람들에게 좋은 이미지를 주지 못했으며 대중의 호응을 얻는 데 꽤 시간이 필요했다. 한편 처음부터 아파트 생활에 만족하던 사람들도 있었다. 이들은 어느 정도 생활에 여력이 있고 서구식 생활양식을 선호하던 사람들로 영화감독·교수·문인·연예인 같은 특정 계층의 사람들이었다. 이들은 잡지에 아파트 체험 수기를 발표함으로써 아파트 생활의 편리함을 알리는 데 앞장섰다. 입식 생활은 사람을 부지런하게 해 준다느니, 더운 물이 나오는 욕실이 방에 붙어 있어서 편리하다느니 하는 경험담은 단골 이야깃거리였다. 당시 아파트 거주 동기로는 어린아이가 없어서, 매일 샤워를 하려고, 또는 새로운 생활양식으로 살아보고 싶은 마음에 아파트를 선택했다는 등의 의견이 있었는데, 이는 보통 사람들은 생각하기 어려운 다소 파격적인 것이었다.

아파트가 부정적인 이미지를 깨고 새로운 욕구의 대상, 도시 생활의 총아로 각광받기 시작한 것은 1970년대 들어서부터이다. 아파트 생활의 편리함과 간소함은 단연 중산층 핵가족들에게 가장 매력적인 특징으로 다가왔다. 대규모 아파트 단지가 지속적으로 늘어나면서 중산층 가구의 아파트 선호는 점점 확산되었다. 서울에서는 강북의 단독주택에서 강남의 아파트로 이사하는 가구도 대폭 늘어났다.

이즈음 민간 건설업체들은 아파트 분양을 촉진하기 위해 신문 광고를 시작하고 모델하우스를 선보였다.[56] 모델하우스는 아파트가 중산층 주거임을 부각시키고 나아가 그들의 선호를 유도하는 데 어느 정도 공헌을 했다. 고급 재료와 시설·설비로 호화롭게 꾸며진 모델하우스는 서구식 생활을 갈망하고 주거를 통해 사회경제적 지위를 과시하고 싶은 중산층의 욕구를 잘 반영했다. 1972년 여의도 H아파트 모델하우스에 서구식 벽난로가 설치되었는데 개관하자마자 순식간에 분양이 되었다는 이야기나, 1970

1970년대 **아파트 분양** 광고. 신문에 등장한 초기의 아파트 분양 광고는 모델하우스와 함께 아파트가 중산층 주거임을 부각시키고 아파트로의 이사를 부추기는 데 일조했다.

년대 후반 부산 대신동 S아파트 모델하우스 오픈 행사에 당시 최고의 남녀 탤런트들이 참석하여 눈길을 모았다는 이야기는 아파트가 중산층들 사이에서 어떻게 인식되기 시작했는지를 짐작하게 한다. 또한 1970년대 전반만 해도 시설·설비 부분을 부각시키면서 생활 개선을 강조하던 아파트 분양 광고가 후반으로 갈수록 '고급'이라는 단어를 많이 쓰는 경향을 보였는데, 이 역시 중산층 주거의 이미지를 각인시키기 위한 마케팅의 일환이었다. 단독주택을 고집하는 남편 때문에 아파트는 꿈도 못 꾸던 오모 씨(1937년생)는 주변의 잘 사는 친구들이 유행처럼 아파트로 옮겨 가던 당시를 다음과 같이 회상했다.

75년인가, 76년인가에 분양한 부산 동대신동 삼익아파트는 제일 작은 게 27~28평인가 했었고 50평짜리, 70평짜리까지 있었으니까 그때 수준에서는 대단한 거였지. 그때만 해도 동대신동은 부산에서 내로라하는 부자들이 사는 최고 부자동네였거든. 부산여고, 경남고 같은 명문 고등학교에다가 동아내학교, 공실운동장, 좋다는 중학교, 초등학교도 다 여기에 있었고 온갖 버스가 다 지나갔지. 그런 곳에 5층짜리 아파트 12개 동이 들어서는데 아마 부산에서는 그렇게 큰 단지가 처음이었을걸? 주위에 부자 친구들이 마구 그리로 이사를 가더라고. 친구들 중 남편이 의사네 변호사네 또 사장이네 하던 애들은 다 갔어. 나도 얼마나 가고 싶었는지 몰라. 근데 남편이 닭장 같은 아파트에서 못 산다고 극구 반대를 해서, 우리는 10년도 더 있다가 겨우 아파트로 이사한 거 있지….[57]

　　아파트에 대한 선호를 더욱 부채질한 것은 아파트 사재기로 돈을 벌었다는 부유층 복부인들의 이야기가 연일 대중매체를 장식하면서부터다. 1970년대 초 반포아파트 분양에서 시작된 투기 바람과 집값 폭등은 보통사람들까지도 '아파트는 사두면 이익'이라는 생각을 갖게 했다.[58] 눈 깜짝할 사이에 갑절로 불어나는 아파트 가격은 아직 막대기 하나 꽂지 않은 황량한 벌판으로 사람들을 유혹했고 복덕방에는 웃돈을 주고 청약 통장을 사려는 사람들로 붐볐다. 이들에게 아파트는 일확천금을 가져다주는 도깨비 방망이였다.

　　신혼부부로 뵈는 남녀가 복덕방 문을 들어선다. 조심스럽게 소파에 앉기가 바쁘게 복덕방 주인은 장사(?)를 시작한다. "통장 사시게요. 지금 사두세요. 당국에서 전매나 투기 등을 단속한다고 호언합니다만 다 빠지는 수가 있어요. 아파트는 지었다 하면 불티나게 팔리고 또 빨리 사두면 그만큼 이익 아닙니까." 좀 깎을 수 없냐고 남녀가 묻자, 이에 촌사람 취급이다. 없어서 못 파는 물건인데 에누리는 아예 할 생각을 말라는 식이다.[59]

1970년대 호화 아파트의 내부. 근사해 보이는 아파트에서의 생활이 대중매체를 통해 소개되면서 아파트에 대한 선호는 더욱 확산되었고, 아파트로 이사하려는 사람들은 계속 늘어났다.

아파트로 이사하느냐 아니면 단독주택으로 이사하느냐 하는 문제는 갈등을 일으켰다. 아파트를 선호하는 와중에서도 사람들은 아파트에 대해 계속 저울질했다. 통계청 자료에 따르면 1979년 한국인의 92.5%는 여전히 단독주택을 선호했으며 아파트를 선호하는 사람은 겨우 6.5%에 불과했다. 편리한 아파트 생활에 대한 예찬 속에서도 일각에서는 아파트의 단점을 계속 지적했다. "콘크리트의 삭막한 환경, 그 안에서의 개인주의적 생활, 과시 욕구를 표출하는 대상, 정주성定住性이 결여된 주거" 같은 내용은 공인되다시피 한 아파트의 단점들이었다. 하지만 이는 아파트 문화가 정착해 가는 과정에서 나타난 과도기적 현상이었으며 아파트에 대한 선호는 중산층과 젊은 핵가족을 넘어 전국으로 퍼져 나갔다.

아파트를 사기 위해 애쓰는 사람들, 더 크고 새로운 아파트를 찾아 떠도는 사람들의 모습은 아파트가 꿈꾸던 주택이기 때문이 아니라 일종의

유행처럼, 벗어나기 힘든 돌림병처럼 우리 사회가 함께 좇는 욕망의 분출
구 같은 것이었기 때문에 나타난 현상이다. 이런 분위기는 다음 글에서도
잘 나타나 있다.

아파트에서는 모든 것이 부피를 잃고 평면 위에 선으로 존재하는 그림처
럼 되어 버린다. 따라서 아파트에서의 삶은 두께나 깊이를 가질 수 없다.
… 아파트는 이제 거주 공간이 아니라 자기의 뛰어남을 확인하는 전시 공
간이 되었다. … 더 새롭고 더 넓은 아파트로 가려는 아파트 주민들의 병은
아주 고치기 힘든 것이다. 나도 내 아내도 그 병에서 벗어나지 못했다. …
나는 아파트에 살면서 내 아이들에게 가장 부끄러움을 느낀다. 그들이 보
고 느낄 수 있는 것은 회색 시멘트와 잘 정돈된 가로수뿐이니까.[60]

더 큰 집, 더 좋은 집으로

1960~70년대에는 내 집을 갖기까지 남의집살이를 전전하던 이사가 많았
다. 1980년대 후반에 들어서면 주택시장이 확대되고 주거의 유형이 다양
해지면서 주거 선택의 폭이 넓어졌다. 더불어 소득 증가에 따른 생활수준
의 향상으로 주거에 대한 사람들의 요구가 변화하면서 이사 동기도 점점
다양해졌다. 단순한 내 집 마련이 아니라 학군 좋은 동네, 더 큰 집, 더 좋
은 시설과 설비를 갖춘 새 집, 투자 가치가 좋은 집, 부와 지위를 자랑할 수
있는 집 등은 생활이 안정되고 여유가 생기면서 나타난 새로운 이사 동기
였다. 아래 소개된 어느 주부(1962년생)의 이사 경험과 앞으로의 계획에
도 이러한 경향이 드러난다. 적절한 크기의 내 집을 가졌음에도 불구하고

자식 결혼에 앞서 번듯한 더 멋진 집으로 이사할 계획을 가지고 있다.

1985년에 결혼했어요. 시댁에 들어가서 살다가 분가를 했어요. 몇 번 전세를 옮겨 다니다가 애가 학교 들어가면서 내 집을 가져야겠다는 생각이 들었어요. 전세금에 적금 탄 거랑, 운이 좋아 양가 부모님이 좀 도와주셔서 35평 아파트를 샀어요. 한 4년 정도 살다보니까 살림도 늘어나고 애도 자라고 크고 해서 큰 집으로 이사를 가야겠다는 생각이 들기 시작했어요. 남편은 우리 식구 살기에 충분한데 무슨 이사냐면서 더 이상 이사를 안 가겠다고 버텼지만 제 생각은 달랐어요. 집이 좁은 것은 아니었지만 제가 30평대 아파트에서 멈춘다는 것이 용납이 안 됐어요. 마침 아파트 값도 많이 올랐고, 지금 45평에 살고 있는데 처음에 반대하던 남편도 이제는 좋아해요. 여기서 한 5년 더 살다가 한 번 정도 더 이사를 할 거예요. 이번에 이사 가면 거기서 아이들 결혼도 시키고 해야 하니까 좀 괜찮은 동네로, 지금보다 조금 넓은 집으로 가고 싶어요.[61]

아이가 중학교에 다니거나, 빠르면 초등학교에 들어갈 때 즈음에 학군이 좋은 동네로 이사하는 것은 전국의 많은 도시에서 흔히 볼 수 있는 모습이다. 좋은 대학에 들어가려면 일찌감치 교육환경이 좋은 곳으로 이사하여 자리를 잡아야 한다고 생각하기 때문이다. 즉 초등학교에 들어가면서부터 과외며 학원이며 보내야 하는데 이에 관한 정보는 또래 학부형들과의 교류가 없이는 얻기가 어렵기 때문에 입학 전에 이사를 하여 자리를 잡고 그룹에 들어가야 한다는 것이다. 이 덕에 명문 학군의 집값은 내릴 줄을 모른다.

투자 가치를 고려한 이사는 아파트에 사는 사람들에게서 더 빈번하게 나타난다. 단독주택보다 아파트를 더욱 확실한 투자 수단으로 여기는 사회 분위기가 한몫을 한 것이다. 새 아파트와 기존 아파트의 가격 차이를 이용하여 제때 유망 지역의 아파트로 규모를 늘리며 두세 번 옮기는 '아파트 갈아타기'는 재산 증식의 중요한 방편이었다. 1970년대 후반에 대학생이던 주모 씨(1961년생)는 어머니 덕에 여러 번의 아파트 갈아타기를 경험한 기억이 있다.

당시 여의도 시범아파트 24평에 살다가 80년인가에 신반포 35평 새 아파트로 이사 갔어요. 한 4년 살다가 개포동 우성아파트로 이사했고요. 47평인가? 저는 거기 살 때 결혼해서 분가해서 살았어요. 어머니는 그곳에서 한 7~8년 살다가 분당 신도시에 입주할 때쯤 개포동 아파트 팔고 60평 아파트를 사셨죠. 지금은 한 3년 전에 수지 80평 아파트를 사서 저희 식구랑 함께 살고 계셔요. 돌이켜 보면 바로 아파트 갈아타기였던 것 같아요. 그 덕에 재산도 많이 불리셨을걸요?[62]

　　그러나 모든 사람이 더 나은 주거환경을 위해 이사하는 것은 아니었다. 재개발 사업이나 1990년대 이후 불기 시작한 아파트 재건축 광풍은 많은 가구들의 자발적인 이사를 방해하는 주된 요인으로 작용했다. 재개발 추진위원회의 구성에서부터 조합 결성을 거쳐 입주에 이르기까지 그 과정은 결코 쉽지 않아 입주까지 십 년 가까이 걸리는 경우도 비일비재했다. 명 짧은 사람은 재건축 아파트에 들어가기를 기다리면 안 된다는 말도 심심찮게 나돌 정도였다. 순조롭게 진행되는 경우도 있었지만 주민들간의 분쟁이나 관련 정책의 변화는 종종 그 진행을 더디게 했다. 재건축을 바라보며 집수리도 못하고 낡고 낡은 아파트에서 한 해 두 해 지내다 보니 어느새

재건축 현장. 재건축 사업이 확정되면 기존의 건물이 철거되기 때문에 어디론가 이사를 가야 하는 임시 거주 상황이 발생했다. 재건축이 진행되면 하루하루 올라가는 아파트를 바라보면서 이사를 반복하는 불안정한 주거 상황을 위로받을 수 있었다.

아이들은 결혼해서 집을 떠나게 되어 속상하다는 이야기는, 재건축 예정 아파트에 사는 사람들에게서 흔히 들을 수 있는 사연이다. 이 때문에 재건축이 되면 이사할 계획으로 그때까지 인근의 새 아파트에서 전세를 살면서 기다리는 사람들도 흔히 볼 수 있었다. 뿐만 아니라 재개발과 재건축 과정은 관리처분 인가가 나면 철거를 위해 모두 어디론가로 이사해야 하는 임시 거주 상황까지 초래했다. 많은 사람이 동시에 집을 구해야 하는 상황에서 발생하는 주변 지역 전세 가격의 상승이나, 학교와 직장 때문에 마음먹은 대로 이사할 수도 없는 불안정한 주거 상황은 새 집으로 입주할 때까지 견뎌내야 하는 행복한(?) 스트레스였다.

전원주택으로의 이사

1990년대 들어 전원주택은 아파트로 뒤덮인 도시로부터의 탈출을 꿈꾸는 사람들에게 하나의 대안으로 제시되었다. 아파트 생활의 권태로움, 도시 외곽으로의 주거지 확산과 자가용의 보급, 환경과 건강에 대한 관심 등은 전원주택에 대한 관심을 높이는 계기가 되었다. 이제 전원주택은 특별한 사람들을 위한 별장이 아니라 보통 사람들을 위한 도시주거의 한 대안으로 인식되고 있으며 그 종류도 매우 다양해졌다.

경기도 이천에 전원주택을 짓고 4년 정도 살다가 다시 새로운 전원주택을 지어 용인으로 이사한 김모 씨(1959년생)는 전원주택 예찬론자이다. 직장이 용인이고 학교에 다니는 아이들이 없는 탓도 있지만 이제는 서울에 일이 있어 다녀가면 목이 붓고 코 안이 매캐하다며 서울에 사는 사람들을 불쌍하게 여긴다. 서울 살 때에 비하면 교통이며 편의시설 등 불편한 점도 없진 않지만 맑은 공기, 밤이면 쏟아지는 별들, '나무 곁에 서면 나무가 되고 풀 위에 누우면 풀이 되는' 전원생활은 그야말로 '알프스의 소녀'가 된 듯하다고 한다.

이제 서울서는 못 살 것 같아요. 우리 애도 친구들 만나러 서울 다녀오면 목이 아프다고 난리예요. 물론 불편한 것도 많아요. 아파트에서는 속옷 바람에 현관문 살짝 열고 손만 뻗으면 신문을 들여놓을 수 있잖아요. 여기서는 신문 가지러 가려면 옷 차려입고 대문까지 나가야 돼요. 겨울에는 난방비 때문에 마음대로 땔 수가 없어서 우리 동네 사람 전부 내복 입고 살고요. 인터넷도 잘 안 되고 핸드폰도 잘 안 터져요. 근데 남편이 부지런해진 것이 참 좋아요. 정원 가꾸기며 집안 청소며 남편이 손도 까딱 하지 않으면

일산 신도시의 단독주택지. 수도권 택지지구 내 단독주택지는 전원생활을 꿈꾸는 사람들에게 인기를 끌었다. 일산의 단독주택지는 신도시 택지를 조성할 때부터 단독주택 지역을 따로 지정하여 공급했고, 취향대로 주택을 지을 수 있도록 개인에게 분양되었다.

사실 생활하기 어렵죠. 저희 정원에 화초 심고 가꾸는 거 다 남편이 했어요. 친구들 초대해서 바비큐 파티 하는 것도 남편 몫이죠.[63]

그러나 이와는 반대로 전원주택으로 이사를 했다가 도저히 적응하지 못해 다시 서울로 돌아오는 경우도 심심치 않게 발견할 수 있다. 건축업에 종사하는 홍모 씨(1964년생)도 그런 경우이다. 친구들과 함께 양평에 땅을 사서 돈 들여 지었는데 그곳에서 계속 살려니 너무 불편하고 팔려고 내놓아도 팔리지도 않는 '애물단지'라면서 자신은 전원주택을 짓겠다는 사람 있으면 극구 말리겠다고 한다.[64] 실제로 최근 한 잡지에는 공기 좋은 곳에서 살자며 서울을 탈출했다가 도심 한가운데에 있는 초고층 주상복합 아파트로 다시 이사한 후 더욱 활기찬 일상을 즐기면서 생활한다는 60대 후반 부부의 이야기가 소개되었다. 그들이 이야기하는 전원생활의 어려움은 역시 불편한 교통 문제와 친구 및 친지들과 함께하기가 너무 어렵더라는 점이었다. 저녁 시간에 음악회에 가거나 동창모임이라도 있는 날이면 집으로 돌아오는 길이 너무 힘들고 끔찍했다고 한다.[65]

전원주택의 이 같은 문제점 때문에 수도권 택지지구 내 단독주택지는 전원주택의 대안으로 각광을 받게 되었다. 전원생활의 쾌적함과 도심 생활의 편리성을 동시에 갖추었기 때문이다. 특히 전원주택으로 이사를 가려 해도 아이들 교육 문제와 출퇴근 문제 때문에 선뜻 나설 수가 없던 젊은 가족들에게 수도권 택지지구 내 단독주택지는 안성맞춤이었다. 그중에서도 일산 신도시의 단독주택 단지는 성공한 사례이다. 일산 신도시의 편리한 교통망과 생활 편익시설을 이용할 수 있을 뿐만 아니라 단지가 형성되어 있어 여러모로 편리했다. 단독주택의 빨간 벽돌과 싱싱한 담쟁이덩굴, 녹색 잔디가 깔린 정원과 꽃밭, 뛰노는 애완견의 모습은 전원주택을 꿈꾸던 사람들을 유혹하기에 충분했다. 이곳에는 예쁜 집과 유럽풍의 마을, 유명 건축가들이 설계한 '작품 주택'도 많아 일산의 '베벌리힐스'라는 별명을 얻으며 드라마 촬영 장소로도 인기를 끌었다.

달라진 이사 풍경

1960년대 말까지만 해도 이삿짐센터가 많지 않았기 때문에 이사 때는 대부분 리어카나 일명 '딸딸이 차'로 불리는 삼륜차를 주로 애용했다. 이는 보통 사람들이 이사할 때 없어서는 안 되는 소중한 운송 수단이었다. 웬만한 거리는 모두 리어카에 실어서 직접 날랐고 좀 멀다 싶으면 삼륜차를 불

소량의 화물이나 이삿짐을 나르는 데 쓰이던 삼륜차. 이삿짐센터가 드물던 시기에 삼륜차는 리어카와 함께 보통 사람들의 이사에서 없어서는 안 되는 유용한 운송 수단이었다.

렀다. 어른들이 가재도구를 실어 나르는 동안 아이들은 짐칸에 올라가 친구들을 향해 마치 아주 좋은 곳으로 가는 것처럼 으스대곤 했는데, 이러한 모습은 당시 흔히 볼 수 있는 광경이었다. 1970년대 초 타이탄 트럭이 나오면서 이사 때 이삿짐센터를 찾는 일이 일반화되기 시작했다.[67] 이사할 때면 식구는 물론 가까운 친척들이나 심지어 이웃 주민들까지 한 짐씩 날라주고 떡을 돌리며 정을 나누던 훈훈했던 이사 풍속도는 사라져 갔고 이삿짐센터가 모든 것을 해결해 주었다. 귀중한 물건을 품에 안은 젊은 안주인이 트럭 운전석 옆 자리에 도사리고 앉아서 당당히 떠나는 모습은 낯설지 않게 되었다.[66]

곤돌라나 사다리차를 이용한 이사는 고층 아파트에서 가장 널리 사용되는 방법이다. 과거에는 주로 곤돌라를 이용했지만 사고가 많이 일어났고, 엘리베이터로 직접 옮기는 경우에는 인건비가 비쌌다. 게다가 같은

1980년대 이사 풍경(왼쪽)과 오늘날의 포장이사(오른쪽). 온 가족이 이삿짐을 실은 트럭 짐칸에 타고 새로 이사 가
는 집으로 향하던 모습은 오늘날에는 거의 사라졌다. 대신 포장부터 운반, 정리 등 이사와 관련된 모든 과정을 업
체가 처리해 주는 포장이사가 도입되어 도시인들의 이사 방법으로 자리 잡았다.

엘리베이터를 쓰는 주민들의 불평이 이만저만이 아니어서 점차 사다리차
로 옮기는 것이 보편화되었다. 사다리차 선반에 이삿짐을 실어서 내려 보
내면 밑에서 기다리던 인부들이 이를 일사불란하게 이삿짐 트럭으로 옮겨
실었다.

　"이사하는 날 당신에게는 휴일입니다"라는 문구와 함께 시작하는 모
이사 전문 업체의 텔레비전 광고는 오늘날 달라진 이사 풍경을 잘 보여준
다. 소파에서 잠이 든 채로 옮겨지는 엄마와 아이, 아빠는 강아지를 안고
행복한 웃음을 지으며 그 뒤를 따라간다. 잠에서 깨어 보니 집 안은 어느새
청소와 정리정돈이 말끔하게 되어 있고 가족의 일상은 그대로 이어진다.
이는 1986년 국내 처음으로 도입된 포장이사 서비스가 바꾸어 놓은 이사
모습이다. 포장이사 업체에 맡기면 주인은 귀중품과 이불, 그릇 등의 자질
구레한 물건만 챙겨 두면 되었다. 포장부터 운반, 정리 등 이사에 관련된
모든 과정을 업체가 일괄적으로 처리해 주었기 때문에 이사하는 사람은
전혀 손을 대지 않아도 되었다. 처음 포장이사가 도입될 당시에는 맞벌이

부부에게 가장 인기가 있었으며 점차 바쁜 도시인들의 일반적인 이사 방법으로 자리를 잡았다. 특히 이사 경험이 없는 젊은 가족들에게는 인기였다.[67] 이제 이사는 이웃을 동원해야 하는 부담스러운 일이 아니라 전화 한 통화면 해결할 수 있는 서비스 산업이 된 것이다.

1990년대 들어서는 이삿짐 보관업이라는 새로운 이사 문화가 국내에 첫선을 보였다. 이는 이사 일정에 차질이 생겼을 때나 해외 근무로 단기간 가족이 외국에 나가 살게 되는 경우 처분이 마땅치 않은 살림살이를 일정 기간 보관해 주는 서비스이다. 업체는 고객이 의뢰한 물품을 포장, 운송하여 컨테이너째, 또는 전용 창고에 밀봉 상태로 보관하며 전문 회사는 물론 이삿짐센터 등에서도 이를 대행한다. 보관하는 모든 물건은 화재 또는 파손에 대비하여 배상보험에 가입된다.[68]

이삿짐센터의 도움이 필요 없는 이사도 오늘날의 새로운 이사 풍경이다. 조금 과장하여 트렁크 몇 개만 들고 이사하는 사람들도 과거에는 볼 수 없던 모습이다. 가지고 있던 기존의 가구며 살림살이가 새 집이 제공하는 실내 마감재나 빌트인built-in 가전제품, 가구의 색상과 스타일에 맞지 않을 경우 과감히 내버리고 새로 장만하는 것이다. 특히 신규 입주가 한꺼번에 시작되는 아파트 단지에서는 이러한 모습이 그리 낯설지 않으며, 이로 인한 입주 쓰레기는 심각한 문제가 되고 있다.

오늘날의 이사 패턴과 관련하여 현대인을 '유목민'에 비유하는 것도 의미심장하다. 이는 여러 이유로 한곳에 오래 살지 못하고 이곳저곳으로 자주 이사를 하며 떠도는 방랑자를 의미하기도 한다. 안식처와 피난처가 없는 집 없는 자의 매우 불안정한 상황을 낭만적으로 표현했다고나 할까. 하지만 최근 들어서는 집을 '살' buy 수 없는 사람이라는 의미보다는 집에 '살' live 수 없는 사람의 의미로 쓰이기도 한다. 현대 사회에서 달라진 직업과 여가 생활로 인해 집에 머물 시간이 없는 사람들을 지칭하는 것이다. 한편 1990년대 말에 선보인 신개념 주거인 호텔형의 서비스 제공 주택으로의 이사도 간편하기는 마찬가지다. 가정집 같은 분위기에 호텔 수준의 서비스와 시설이 제공되는 이곳은 국내외 출장이 잦은 사람들이나 사정상 몇 개월 정도 묵어야 할 필요가 있는 사람들을 위한 주택이다. 이런 곳으로의 이사는 일상적인 모습과는 전혀 달라, 상황에 따라 주거 이동이 잦은 현대 유목민의 단면을 보여준다.

3
살던 집 고쳐 쓰기

새로운 개조 모습

전통 사회에서는 농경생활의 특성상 정착생활이 단연 우세했다. 이사는 드문 일이었으며 대부분 한곳에서 오랫동안 살았다. 특히 서민들은 집에 대한 불만 없이 그대로 만족하며 사는 것이 일반적이었다.[69] 이러한 상황임을 감안할 때 주택을 개조하는 행위 역시 크게 다양하지 않았을 것으로 짐작된다. 주택 개조는 가족이 처한 여러 가지 상황으로 이사를 하는 것이 어려울 경우 택하는 문제 해결 방법 중의 하나이다. 흔히 주택의 일상적인 유지 관리와 질적 개선을 위해, 또는 가족 특성의 변화에 따라 발생하는 공간의 물리적 결함을 해소하기 위해 개조하기도 한다. 예를 들면 새로운 식구가 늘어나는 경우 방을 새로 드리거나 또는 이웃 공간으로 확장하기도 하며, 방의 용도를 바꾸기도 한다. 이처럼 주택 개조의 개념과 범위는 매우 광범위하나 실제 그 차이가 모호하여 명확한 구분이 어려운 것이 사실이다.[70] 고구려 때의 부경桴京처럼 곡식을 저장하기 위해 창고를 새로 짓거나 딸을 시집보내면서 집 안에 사위의 거처를 마련해 주는[71] 경우는 증개

이엉 교체(왼쪽)와 창호지 바르기(오른쪽). 전통 주택에서는 매년 추수가 끝나면 초가지붕의 이엉을 새로 엮거나 창호지를 다시 발라 주택을 개선했다.

축 수준의 주택 개조 행위로 볼 수 있을 것이다. 또한 정기적으로 기와를 새로 얹거나 초가지붕의 이엉을 새로 엮는 일, 도배를 하거나 창호지를 다시 바르는 일, 아궁이를 손보는 일 등은 주택의 질을 개선하기 위한 것이었다.

조선 말 중인 계급에 속하는 사람들 사이에서 나타났던 주택 개조는 과거 전통 사회에서의 양상과 달랐다. 18세기 중엽을 전후하여 변화하기 시작한 신분제는 1894년 갑오개혁을 계기로 철폐되었다. 누구든 부지런히 노력하면 부자가 될 수 있었고 재력을 이용한 신분 상승이 가능했다. 신분제의 와해와 개화의 물결은 중인계층들이 선망했던 상류 주택의 소유를 실현할 수 있는 좋은 기회였다. 신분제에 따른 주택 규제가 없어진 것이다. 뿐만 아니라 그들은 산업과 생산의 새로운 주체로서 축적된 부를 바탕으로 나름의 재력과 사회적 영향력을 행사하기 시작했으며 높은 생활수준과 기호를 갖추게 되었다.

중인들은 과감히 주택을 개조하기 시작했다. 그들은 더 크게 주택을 짓고 평대문 대신에 솟을대문을 달았으며, 사당은 목욕간으로 개축하기도 했다. 돈만 있으면 원하는 만큼 집을 넓힐 수 있다는 것은 예전에는 생각도 할 수 없는 일이었다. 과거에 솟을대문은 종이품 이상의 양반에게만 허용되었지만 중인들도 이제는 평대문이 아닌 솟을대문을 달고 그곳을 드나들며 자부심을 느꼈다. 당시 계층별 주거 특성에 관한 통계 자료는 중인들의 주거 수준이 향상되었음을 짐작하게 해준다. 양반과 관직자를 제외하고는 중인이 기와집을 보유한 비율이 가장 높았고 평균 사용 칸수도 가장 많았다.[72] 이밖에도 중인 계급은 새로운 재료, 과거에는 사용할 수 없었던 형태와 장식적 요소를 자유롭게 사용했다.

중인 계급이 보여주었던 이 같은 개조 특성에서 주거에 대한 의식의 변화가 가져온 두 가지 의미를 찾을 수 있다. 하나는 상류계층의 전유물로 여겨지던 주거의 사회적 기능을 인식하고 이를 현실 속에서 실현하고자 했다는 사실이다. 신분적으로 우위에 있었던 양반의 주택을 옛날처럼 선망만 하는 것이 아니라 실제로 모방함으로써 주택을 통해 신분적 우위를 과시하고 나아가 상류 지향적 욕구를 충족시키고자 했다. 또 다른 의미는 시설·설비의 확보를 통해 주거를 질적으로 개선하는 데 관심을 보였다는 점이다. 그 예는 조상의 위패를 모셨던 사당을 목욕간으로 개조한 데서 찾을 수 있다. 이러한 파격적인 개조 이면에는 유교적 이념에 집착하는 기성 도덕에 대한 과감한 도전과 개화사상을 적극적으로 받아들이겠다는 진취적 사고가 깔려 있다.[73] 즉 주거란 단순히 기본적인 생리적 욕구를 만족시키는 수단이 아니라 삶의 질을 높일 수 있는 수단, 자기표현이나 사회적 지위를 상징하는 수단이 될 수 있음을 인식하기 시작한 것이다.

불편 속의 개선 의지와 개조

1920년대는 가정생활의 개선이 사회계몽의 차원에서 큰 이슈였다. 당시 생활 개선에 관한 신문 기사들 대부분은 의식주, 자녀 양육, 소비생활 등을 중심으로 하는 가정생활 전반에서 혁신적 개선의 필요성을 강조하고, 이를 위해 의식 개혁과 실제 생활에서의 적용에 필요한 구체적인 방법을 제안하고 있다.[74] 주택과 주생활에 관련된 내용으로는 위생에 초점을 맞춘 주택 개량과 주생활 개선에 관한 논의를 들 수 있다. 위생을 중심으로 하는 본격적인 주택 개량에 관한 논의가 이루어진 것은 1920년대에 들어서부터이다. 주택은 시급히 개량해야 할 대상이었으며 변소와 부엌의 위생과 채광 및 환기 문제, 그리고 온돌과 전통적인 좌식 생활에 대한 비판도 제기되었다. 이러한 논의에서 가장 불편한 공간으로 지목된 것은 부엌이었다. 상하수도 설비는 물론 갖추지 못했고, 외기에 노출되어 겨울에는 여간 고역이 아니었다. 재래식 부엌의 높은 문지방도 여성을 매우 괴롭히는 것이었다. 부엌에서 불 때고 밥 지으랴, 솥에서 익힌 음식을 가지고 마루 끝으로 요리하러 드나들랴 주부가 하루에 몇 차례나 그 문지방을 넘어 다니는지 헤아릴 수 없을 지경이었다. 재래식 부엌의 불편함은 다음 글에도 잘 나타나 있다.

조선집은 여름에는 좋으나 겨울에는 심히 적당치 못한 듯합니다. 남자들에게는 겨울에도 그다지 불편이 없는지 모르나 부인네들에게는 겨울이 가장 고생스러운 철입니다. … 부인네들의 겨울 고생의 원인은 의식주 생활의 모든 것이 아직도 과학적으로 발달되지 못한 데 있거니와 … 특히 불완전한 우리 가옥에도 있다고 생각합니다. … 첫째 우리나라 부엌은 함경

재래식 부엌. 주택 개량과 주생활 개선에 관한 논의에서 부엌은 가장 불편하고 비위생적인 공간으로 지목되었다. 상하수도 설비를 갖추지 못한 점, 외기에 노출되어 있는 점, 높은 문지방과 비효율적인 동선 등은 재래식 부엌이 개선해야 할 사항이었다.

도·경상도 등 산간을 제하고는 거진 한데입니다. 아궁이가 불완전하여 부엌문조차 달아 놓을 수가 없고 동짓달 설한풍이 밥 짓고 반찬하는 연약한 부인네의 손발을 얼음같이 차게 합니다. … 게다가 물도 데워 쓸 힘이 없는 집에서는 새벽, 저녁 하루에도 가장 추운 때를 얼음 바람 얼음물 속에서 지내게 됩니다. 어디 그뿐인가 부엌에 수통을 놓은 집이 드물고 시골서는 일일이 우물에서 물을 길어오게 되니 물동이 잡은 손가락에 얼음이 달리는 형편이요 … 조선 온돌이 비록 따뜻하다 하여도 겨울에 부인은 잘 때에만 온돌에 몸을 녹일 수밖에 없습니다. 뿐만 아니라 함실아궁이에 불 지피는 겨울 추운 날이나 눈비 오는 날은 큰 고역입니다. 바람이 불어 연기에 눈이 쓰려서도 눈물이 나거니와 "아이고! 불완전한 집!" 하고 저주하는 눈물이 나옵니다.[75]

주택개량운동은 지배계층이나 경제력을 가졌던 집단, 새로운 변화의 물결을 좀더 가까운 곳에서 적극적으로 받아들일 수 있는 지역과 계층에게는 큰 반향을 불러일으켰지만[76] 보통 사람들의 주거공간에는 즉각적으로 반영되지 못했으며 실제 주택 개조도 활발하게 이루어지지는 못했다. 신문화를 수용하려는 집단과 전통적인 주생활 양식을 답습하고자 하는 집단 사이의 대립,[77] 그리고 우리의 전통 주거를 부정하고 비문명적인 것으로 폄하하고자 하는 흐름[78]에 대한 반발이 한몫을 한 것이다. 개량론이 현실화되기까지는 다소 시간이 걸렸으며 1930년대 들어서야 비로소 주택에 변화가 나타나기 시작했다.

주택개량운동과 더불어 개량 한옥과 문화주택의 보급도 주택 개조에 영향을 미쳤다. 상류계층 주택의 외관과 장식 요소를 부분적으로 도입, 변형하여 지은 개량 한옥은 기존의 한옥을 개조할 때 참고가 되기도 했다. 또한 벽돌로 마루 밑을 막거나 굴뚝을 쌓고 외벽을 치장한 모습, 지붕 끝에 함석으로 차양과 홈통을 만들어 단 모습 등으로 집장수들이 지은 개량 한옥도 상류계층의 주택을 선망하던 보통 사람들에게 인기였다. 한편 문화주택은 점차 한·양·일식 주택의 특성을 절충하여 우리의 생활양식을 수용하는 방향으로 정착해 가면서 문화주택이 밀집한 문화촌이라는 동네가 생겨날 정도로 인기가 있었다.[79]

문화주택을 선망하면서도 사정상 문화주택으로 이사하지 못하는 사람들은 대청마루나 툇마루에 유리창이 달린 미세기 분합문을 다는 등 한옥을 문화주택식으로 개조하여 사용했다. 초기에는 단순히 대청을 내부 공간으로 개조해 쓰는 것으로 시작되었다.[80] 예를 들어 한글학자 이극노李克魯 씨의 집은 비록 초가이지만 '문화식 개조'를 하여 유리창도 달고 마루에는 문을 설치해 응접실을 만들었다고 한다.[81] 또한 음악가 계정식桂貞植

처마 선을 개조한 한옥(왼쪽). 집장수들의 개량 한옥은 지붕에 함석으로 차양을 달아 처마선을 더욱 날렵하게 만들었다. 상류층의 주택을 모방한 개량 한옥은 보통 사람들의 주택 개조에도 영향을 미쳤다.
대청마루에 유리창을 단 한옥(오른쪽). 문화주택으로 이사하지 못한 사람들은 한옥을 문화식으로 개조했는데, 대청마루에 유리창이 달린 미세기문을 설치하여 내부 공간으로 사용했다.

씨의 주택은 "네 귀를 잠자리 날개같이 바짝 들고 남향한 문화주택 전면에 모두 분합을 설치하고 유리창을 달아 창만 열어젖히면 바람과 일광이 맘대로 들어오게" 개조했다고 한다.[82]

잘살기 운동과 주생활 개선

1960년대 정부의 근대화 이데올로기의 하나로 등장한 잘살기 운동은 주생활에서도 변화를 가져왔다. 도시화와 핵가족화라는 사회 변화 속에서 생활 개선의 궁극적인 목표는 가족이 건강하고 명랑한 생활, 능률적이고 과학적인 생활, 행복한 생활을 영위할 수 있게 하는 것이었다. 그 일환으로 주택의 질적 개선에 대한 필요성이 강조되고 실생활에 적용할 수 있는 좀 더 구체적인 개선 방안들이 신문이나 잡지를 통해 소개되었는데, 여기에

솥에 열이 끓도록 지날 때 까지
뚜을 닳 는다.

젼돈 된 부엌

1950년대 여성지에 실린 **부엌 개량안**. 신문이나 잡지 등을 통해 주택의 질적 개선에 대한 구체적인 방안들이 소개되었다. 여기에는 부엌 개량과 가사 공간의 능률화에 대한 논의가 주를 이루었다.

는 부엌과 난방, 그리고 화장실 개선에 대한 내용들이 주를 이루었다. 장마철 주택 관리, 침대와 침구, 조명, 창문 장식, 소품 가구 만들기, 페인트 칠 등과 같이 주택 개조에 직접 활용할 수 있는 유익한 정보들도 많았다. 특히 아래의 글처럼 부엌 개량과 가사 공간의 능률화에 대한 논의는 1950~60년대 내내 끊이지 않았다.

주방 옆에 식당이 붙으면 더 말할 수 없이 좋은 일이지만 그렇지 못한 경우 안방과 부엌 사이를 터서 부엌에서 직접 운반할 수 있도록 만들어 놓는다면 한국 여성은 하루 중 반의 노동 시간을 얻을 수 있을 것이다.[83]
부엌이 방보다도 대청보다도 뜰보다도 낮고, 더욱이 아궁이의 위치는 그렇게도 낮은 부엌보다도 더 낮은데 거기서 불을 지펴야 하는 주부들의 고충을 생각해 보십시오. 한 끼니 밥을 짓는 데도 몇 번이나 허리를 구부렸다

폈다 하는가를. 그러나 그뿐입니까? 방 안에 상을 들고 들어가자면 허리를 굽혔다가 펴서 높은 문지방을 올라서고 뜰을 올라서고 대청을 올라서야 음식을 운반할 수 있습니다. 하루 세 끼니에 열 번만 굽혔다 폈다 해도 하루에 30번, 열흘이면 300번….[84]

1964년 3월 16일부터 일 주일 동안 신문회관에서 열렸던 '주택전'은 집을 새로 짓거나 보수하는 사람들에게 필요한 정보를 제공하는 행사였다. "인간생활의 안정은 곧 따뜻한 주거생활에서 비롯된다"는 기치를 걸고 대한주택공사가 개최한 행사였는데 당시 만 명이 넘는 사람들이 다녀갔다.[85] 이 전시회에서는 현대식 주택에 필요한 주변 환경의 조건, 집과 부엌의 구조, 건축 자재 등을 그림으로 설명하거나 실물을 전시하여 주택 문제의 해결 방안을 구체적으로 제시했다. 편리한 부엌은 여전히 이상적인 주택을 위한 으뜸 조건이었으며 변소와 난방시설의 개조도 이에 못지 않게 강조되었다. 부엌은 주부가 일하기 편하게 마루방과 같은 높이로 올리고 변소는 수세식으로 개조한 계획안이 전시되었다. 그리고 보일러에서 나오는 더운물이 철파이프를 통해서 방바닥 밑으로 도는 난방장치도 주택의 미래상으로 주목을 받았다.[86] 주생활 개선을 강조한 이 같은 움직임은 주택에 대한 사람들의 관심을 끌기에 충분했으며 크고 작은 개조를 몸소 실천하는 가정도 늘어났다. 1965년 한 여성잡지는 주택 개조를 잘한 어느 주부를 '살림 잘하는 주부'로 소개하고 있다. 99m²(30평) 남짓한 상도동 이층 부흥주택에 사는 이 부부는 집 안의 구석구석을 자신들의 생활에 맞게 개조하여 살고 있었다. 그 내용을 보면 부엌 개조에서부터 가구 재활용에 이르기까지 꽤 광범위함을 알 수 있다.

이사 온 지 서너 해 만에 이제는 집 안의 구조가 방에 붙은 벽장 하나까지 완전히 바뀌었지만 "아직도 더 손질해야 할 것이 너무 많은 걸요"라고 한다. … 식당과 통한 이 부엌은 식당에 앉아서 식사를 하다가도 남편이건 어린이건 아무라도 필요한 대로 문만 밀고 들어가면 되는 구조. 원래의 부엌과 반대쪽의 갸름한 방 가운데를 기준으로 식당과 부엌으로 나뉘었다. 이 칸막이는 한쪽은 통로가 되는 문이고, 나머지 쪽의 허리만큼은 카운터로 된 찬장, 허리 높이 위로는 천장까지 유리 찬장으로 되어 식기며 유리그릇이 깨끗하게 넣어져 오히려 데코레이션 구실까지 한다. … 이층의 아기들 방을 구경한다. 둘째의 침상이 아래쪽, 맏아들의 것이 위로 계단식 나무침대. 이것도 엄마 아빠가 손수 책을 뒤져서 짜준 것이다. … 아래층 동쪽은 부부가 쓰는 방으로, 붙박이장을 짜 넣은 한구석이 비어 있다. 거기엔 경대를 만들 예정이라는 것. … 그리고 현관에 높은 신발장도 신혼살림 때 쓰던 찬장을 개조 이용한 것이다.[87]

우리나라 최초의 안과 의사인 공병우公炳禹 선생의 주택 개조 이야기는 흥미롭다. 그는 1950년대 중반 미국을 잠시 다녀온 후 서구식 생활의 신봉자가 되었다. 그는 "따스하고 깨끗한 온돌방에서 하루 세 끼의 흰 쌀밥을 상에 받쳐다 주는 식사에, 한국 옷을 입었다 벗었다 하면서 사치스럽게 잘살던" 자신의 과거 생활을 죄악으로 느끼고 일상생활을 모두 서구식으로 해결하기로 하였다. 그리고 온돌방을 없애고 방 안에서 신발을 신고 살았으며 "오리목(각목)들을 모아 툭탁툭탁 내 손으로 만든" 침대며 의자며 식탁을 놓고 생활했다.[88]

부엌 개선에 대한 관심은 1970년대 들어서도 계속되었다. 주택공사는 주택센터를 설치하고 주생활에 관한 상담을 했는데, 그중에는 부엌 개조에 관해 상담하는 사람이 가장 많았다. 재래식 부엌을 완전 서양식 부엌으로 개조하기를 희망하는 사람은 과반수가 넘었다.[89] 또한 도시를 중심으로 중산층의 아파트 거주가 확산되면서 생활 개선의 차원을 넘어 실용적이고 서구적인 생활을 위해 내부 구조와 설비를 개조하는 경향이 나타났다. 당시 한 일간신문에 실린 「가정생활 변신」이라는 다음 기사를 보면 이러한 움직임이 일반 대중들 사이에서 호응을 얻고 있었음을 알 수 있다.

생활용구의 가스 전열화, 붙박이 가구와 소가구의 다목적 쓰임새가 창안되고, 원룸 시스템으로 넓은 홀을 쓰임새에 따라 나누고 침실을 제외한 여분의 공간을 리빙룸으로 만든다든가, 일상생활을 편하고 쉽고 아늑하게 개조한 구조가 대중들에게 널리 받아들여지고 있다.[90]

한편 생활 개선, 환경 개선의 움직임은 새마을운동과 함께 농촌 주택에도 적용되었다. 농촌 주택에는 대대적인 개조의 바람이 불었다. 초기에는 외형적인 개량에 치중하는 경향이 강했다. 초가지붕과 재래식 부엌, 그리고 아궁이는 일차적인 개량 대상이었다. 외형적인 개량에 우선 역점을 두는 상황에서 낡은 초가지붕은 제일 먼저 제거되었다. 초가지붕은 원색 슬레이트 지붕으로 빠르게 바뀌었는데, 슬레이트 지붕은 보수가 간편하고 외관이 깔끔하여 환영을 받았지만 단열과 통풍이 잘 안 되어 여름에는 덥고 겨울에는 추위에 떨 수밖에 없었다.

부엌을 개량할 때는 움푹 꺼진 부엌 바닥을 지면 높이로 돋우고 재래식 아궁이는 연탄아궁이나 연탄보일러로 교체했으며 천장에는 환기구를 뚫어 음식 냄새와 가스가 지붕으로 빠지게 했다. 사방 벽에는 선반을 층층으로 달아 그릇을 정리하고 찬장을 갖추기도 했다. 입식 부엌의 바람은 농

부엌 개량을 하기 전의 농촌 주택(왼쪽)과 개량 후의 모습(오른쪽). 재래식 부엌의 움푹 꺼진 바닥과 마당의 펌프는 개량의 우선 순위였다. 개량 후에는 바닥을 지면 높이로 돋우고 부뚜막과 주변 벽은 타일로 마감했다. 수도 시설과 석유곤로도 갖추었다.

촌에도 불었다. 부엌일을 능률적으로 하기 위해 조리대, 개수대, 찬장을 차례로 배열하고 동선을 단축하기 위해 부엌에서 안방으로 통하는 문을 내기도 했다. 흙으로 마감한 한옥일 경우 부뚜막과 작업대 주변에 시멘트를 바르거나 산뜻한 타일을 붙이는 사례도 많았다. 한편 부엌 바닥을 높이지 않은 채 그대로 싱크대를 설치한 집들도 있었는데 이러한 부엌은 말만 입식이지 그 불편함은 옛날과 다를 바 없었다. "정부가 시행하는 농어촌 개축 사업인지 뭔지가 시골집들을 죄 버려 났다. ㄱ자 기와집에 입식 부엌이 말이나 되는가. 이건 색깔만 붉으면 된다고 김치에 고춧가루를 걷어내고 토마토케첩을 뿌린 격이다"[91]라는 비난은 농촌 부엌의 겉치레식 개선에 대한 불만이었다. 음식 장만이나 농사일 등의 생활 패턴은 이전과 크게 달라지지 않았는데 부엌 가구는 이를 반영하지 못하여 작업대를 두고 바닥에 쭈그리고 앉아 작업하는 일도 흔히 목격되었다. 아래에 소개하는 농촌 주부의 이야기는 당시의 상황을 엿볼 수 있게 한다.

그러니까 박정희 대통령 시절이었지. 나라에서 부엌을 개량하라고 지시가 내려왔는데, 그때 고치라고 한 것이 연탄아궁이 놓는 것과 부엌 벽에 타일을 붙이라는 거였지. 보다시피 찬장 아래 저 부뚜막(개량 부뚜막)과 그 주변 벽의 타일은 전부 그때 해놓은 거지. 우리 집 말고 동네 사람 모두 부엌을 그렇게 했는걸. 그러니까 읍에서, 지금의 공무원이라고 하는 사람들이 와서 검사를 하고 갔어. 나라에서 돈을 대준 것도 아니고 그냥 각 집에서 돈을 들여 하라고 하더군. 검사를 한다는데 안 할 수 있나. 그리 발라놔 봐야 일하는 건 똑같지 뭐….92)

　　당시 이러한 개량 사업에는 계몽이나 전시를 위한 외적 변화에 불과하다는 비난이 계속 따라다녔으며, 농촌 주민들은 경제적 부담이 가중되어 불만이 많았다. 하지만 이런 와중에도 목욕탕과 따뜻한 부엌이 갖춰진 새 집은 주부들 마음 한구석에 기쁨으로 자리했다.

셋방 드리기

1960년대 농촌을 떠나 도시로 이주해온 많은 사람들은 남의 집에 세 들어 사는 것이 다반사였다. 단칸 셋방을 전전하며 열악한 주생활을 영위해야 하는 도시 서민의 주거 문제는 정부에서 쏟아내는 여러 가지 정책에도 불구하고 쉽게 해결되지 않았다. 당시 단독주택을 소유한 사람들 사이에서는 이들을 대상으로 한 주택 임대가 유행이었다. 부유한 가정을 제외하고는 집 전체를 다 쓰지 않고 문간방 하나라도 세를 놓아 수입을 얻는 경우가 많았다. 세를 놓기 위해 다양한 방법이 강구되었는데 방 하나만 세를 놓기도 하고 아예 2층 전체를 셋집으로 만들기도 했다. 지하실을 개조하거나 옥상을 증축하여 방을 드리는 것은 흔히 볼 수 있는 일이었다. 1960년대 말 당시 초등학생이었던 최모 씨(1959년생)도 이런 기억을 가지고 있다.

이사하고 얼마 지나지 않아 마당 한쪽에 이층으로 올라가는 외부 계단 공사를 했어요. 처음부터 이층 일부를 세를 주려고 했는데, 외부 계단은 생각하지 않고 그냥 실내 계단을 같이 쓸 생각이셨나 봐요. 그런데 나중에는 불편하셨나 봐요. 이층에 방이 두 개, 마루, 부엌, 외부 창고가 있었는데 방 하나는 저와 동생이 함께 쓰는 공부방이었고 나머지 방 하나와 부엌을 세든 사람들이 썼어요. 마루는 주로 우리가 썼지만 필요에 따라 그냥 같이 썼던 것 같아요. 일층 거실에서 이층으로 올라가는 계단도 함께 썼죠. 왜냐하면 화장실은 일층에 있는 것을 함께 썼거든요. 남편이 대위인 신혼 부부였는데 막상 우리는 크게 불편했던 기억은 없어요. 그리고 그때는 다 그렇게 살았거든요.[93]

단독주택 소유자들은 반지하층에 방을 드리면 세를 놓기에 안성맞춤이라고 여겼다. 습기는 차더라도 마당에서 직접 진입이 가능하고, 작지만 창문도 있어 햇볕도 들고 환기와 통풍도 그리 걱정할 수준이 아니라고 생각했기 때문이다. 텅 비어 있는 지하실은 임대 수입을 위한 개조 대상 1순위였다. "놀리느니 다만 얼마라도 벌어야겠다"는 집주인들은 큰돈을 들이지 않고 영세 집수리 업자들에게 개조를 맡김으로써 불량 시공으로 인한 거주상의 많은 문제를 초래했다. 1980년대 초반 단독주택 반지하에서 대학 다니던 동생과 함께 자취를 하며 회사를 다녔던 김모 씨(1956년생)에게 그곳에서 생활했던 2년 동안의 삶은 암울한 기억으로 남아 있었다.

개조 공사가 얼마나 엉터리였는지 벽이고 천장이고 다 울퉁불퉁했어요. 천장은 무지 낮았고, 무더운 여름 장마철에는 곰팡이가 슬어 얼마나 눅눅했는데요. 책에는 다 곰팡이가 피고 철제 물건은 모두 녹이 슬었어요. 비가 많이 쏟아지는 날에는 하수구로 물이 역류해서 난리도 아니었구요. 자다가 물 퍼내던 거 생각하면 지금도 끔찍해요. 그냥 움집, 움막 같았다고나 할까. 그때니까 그러고들 살았지 지금 같아서는 사람이 살 수 있는 곳이었다고 생각되지 않아요.[94]

　　셋방을 만들기 위한 단독주택의 이 같은 개조 행위는 오랜 기간 동안 '한 지붕 여러 가족'의 생활을 위한 방편으로 자리 잡았다. 결국 단독주택의 성격은 다가구 또는 다세대 주택의 형태로 변질되어 갔으며, 1980년대 들어 정부가 이를 단계적으로 활성화함으로써 건축 붐이 일어나게 되었다.

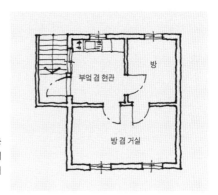

반지하 주택의 평면. 단독주택 소유자들은 반지하층을 개조하여 세를 놓는 경우가 많았다. 마당 한쪽에 붙은 계단으로 출입할 수 있게 했고, 현관으로 들어가면 바로 부엌이 위치했다.

내 식대로 고치고 꾸미기

아파트의 획일성에 대한 비난은 아파트 공급이 본격화하면서부터 이미 존재했다. 대한주택공사가 간행한 잡지 『주택』에는 「내가 설계사라면」이라는 제목으로 당시 아파트에 사는 주부들이 쓴 글이 소개되었다. 거주 경험을 토대로 나름대로 고치고 싶은 부분에 대해 상세하게 쓰고 있는데 공간 배치, 붙박이 가구 설치, 면적 확보 등 기능성이나 편리성을 우선적으로 고려하고 있다. 이와 더불어 프라이버시나 미적 측면에 대한 언급도 눈에 띄는데 획일적인 아파트가 아닌 '우리 식구만의 집'에 대한 요구를 읽을 수 있다.[95] 박완서의 소설 「닮은 방들」은 아파트에서의 '닮은' 삶을 조명하고 있다. 편리함과 독립성을 위해 아파트로 이사한 주인공은 점차 평균적인 아파트 문화에 동화되어 간다. 동일한 아파트 공간 내에서 동일한 삶의 패턴을 이루며 살아가면서 형성되는 흉내 내기와 획일화된 삶은 벗어나야 하는 일종의 압박이었다.

과거 일부 상류층이나 부유층의 전유물이던 집안 꾸미기는 획일화된 삶에 싫증을 느낀 중산층 아파트 거주자들 사이에서도 관심을 끌기 시작했다. 이들은 어느 정도 경제적 여유가 있으면 자기 가족만의 독특한 생활 양식이나 선호를 반영한 개성 있는 공간을 만들고 싶어 했다. 마감재나 조명, 설비를 교체하고 종종 내부 구조를 바꾸기도 했다. 특히 주부에게 주거 공간은 매우 중요한 과시의 대상이었고, 이는 1970~80년대를 거치면서 인테리어 붐을 통해 실내 공간에 투사되기 시작했다.

집 꾸미기에 대한 사회적 열풍과 관심은 중산층을 중심으로 더욱 확산되었다. 소득의 증대로 생활 전반에서 더 나은 것을 추구하고 이를 성취하고자 하는 욕구는 더 나은 집을 소유하고 이를 통해 삶의 질을 높이려는 주거 욕구에도 적용된 것이다. 1970년대 중반의 아파트 풍속도를 보면 평면 구조가 동일한 집에 여러 세대가 모여 사는 상황에서 내부 공간의 치장에 대한 관심이 모방을 넘어 경쟁의 대상이 되었음을 알 수 있다. 당시에는 새 아파트로 이사하는 것을 마다하고 헌 아파트를 구입하여 가족의 요구와 취향에 맞게 개조함으로써 다른 집들과 차별화를 추구하는 사례도 있었다. 맘에 들지 않는 벽지와 장판, 부엌 가구 등 멀쩡한 새 마감재들을 뜯어 내버릴 수는 없고, 그냥 살기에는 아래위, 옆집과 똑같이 사는 것이 싫어 새 아파트에 비해 값이 싼 낡은 아파트를 사 그 차액으로 취향껏 고치는 것이 낫다고 판단한 것이다.

원래 취미란 각자가 다른 것인데 한국에서 아파트 생활하는 사람들을 보면 취미가 완전히 획일화돼 있어요. 아파트 자체가 비슷비슷해서 구별이 안 되는 데다 문 열고 들어가 보면 가구의 종류, 가구의 나열이 거의 같습니다. … 어느 집이 아주 잘 꾸며져 있다 하면 보러 다닌다고 합니다. … 그래 가지고 그걸 흉내를 내고 … 자기 집에 알맞게 아이디어를 얻어야 되는데 자기 집의 형편을 고려하지 않고 흉내 내니까 문제가 되는 것이에요.[96)]

1980년대 말 아파트 분양에 도입된 선택사양제도는 부분적으로 이 같은 움직임에 부응하기 위한 시도로 볼 수 있다. 실내 마감자재를 선택하게 함으로써 아파트 거주자들의 다양한 요구를 반영하자는 취지였지만 시행 결과 큰 효과를 얻지는 못했다. 거실장, 부엌 가구, 현관 신발장 등의 붙박이 가구의 색상을 선택하면 색상별로 정해져 있는 벽지와 바닥 마감재로 시공해 주는 정도였는데 차별화한 공간을 바라는 거주자들의 요구를 충족시켜 주기에는 충분치 못했다.

집 꾸미기 열풍

아파트 거주자들 사이에서 성행하던 집 꾸미기는 1990년대 들어 소득이
향상되고 주택에 대한 관심이 높아지면서 더욱 확산되었다. 서울을 비롯
한 대도시에는 자재 전문 백화점들이 생겨나 집을 고치거나 가꾸는 데 필
요한 물품을 한곳에서 편리하게 구입할 수 있었다. 웬만한 도시 외곽에는
가구점이나 자재, 조명, 생활 소품 등을 파는 상점들이 무리지어 자리를 잡
았다. 가구나 자재도 다양해지고 인테리어 전문 업체와 스스로 생활용품
을 만들 수 있도록 도와주는 DIY 전문점도 늘어났다. 실내장식 관련 강좌
에는 주부들이 몰려들었고 잡지에는 인테리어를 포함한 개조 사례와 방법
을 알려주는 정보가 빈번히 소개되었다. 당시 소외계층의 주택을 개조해
주고 이를 소개하던 한 텔레비전 프로그램이 큰 인기를 끌면서 집 꾸미기
에 대한 대중들의 관심을 높이는 데 기여하기도 했다.[97]

DIY 용품을 찾는 주부들(왼쪽). 1990년대 들어 소득이 향상되고 집 꾸미기에 대한 관심이 높아지면서 이를 위한
다양한 상점들이 생겨났다. 간단한 생활 소품에서부터 자재, 조명 등을 판매하고 있어 집을 꾸미거나 고치는 데
필요한 물품을 편리하게 구입할 수 있게 되었다.
인테리어 관련 행사(오른쪽). 주택 건설과 인테리어 관련 산업의 경향을 소개하는 행사들도 붐을 이루었다.

1990년대 초 모델하우스의 전경(왼쪽)과 모델하우스는 찾은 주부들(오른쪽). 집 꾸미기에 대한 사람들의 관심을 높인 데에는 아파트 분양을 위해 지은 모델하우스도 기여를 했다. 주부들은 모델하우스에서 실내 장식을 참고하여 주택 개조에 활용하기도 했다.

집 꾸미기 열풍은 아파트 거주자들 사이에서 구조 변경을 수반한 내부 개조로 확대되어 성행했다. 공간 구조의 획일성이라는 아파트의 태생적 한계는 마감재와 설비를 교체하는 정도로는 극복하기 어려웠기 때문이다. 오래된 낡은 아파트로 이사할 때 아파트 전체를 개보수하면서 구조 변경을 함께 하는 것은 흔한 일이었다. 집이 낡은 탓도 있지만 전체를 개보수함으로써 속칭 '올수리' 아파트가 되어 나중에 되팔 때 유리하다는 점도 이를 부추기는 이유의 하나였다. 지은 지 23년 된 아파트로 이사하면서 전면 개보수를 결정한 김모 씨(1957년생) 부부는 비용이 부담스럽긴 했지만 어차피 나중에 고칠 것을 생각해 이사 전에 결행하기로 했다. 어렵사리 장만한 집이 너무 낡으면 지저분한 마감재나 불편한 공간 구성 때문에 내 집 마련의 기쁨이 반감되기 때문에 취향에 맞게 적절하게 고친 후 들어가기로 결정한 것이다.[98] 이러한 생각은 낡은 아파트를 '개조'하는 사람들이 갖는 공통된 생각이었다.

구조 변경을 전제로 하는 개조는 주로 신축 아파트 단지에서 중·대형 규모 아파트의 입주를 앞두고 이루어지는 경우가 많았다. 발코니를 터서 거실을 넓히는 정도는 예사이고, 아예 방의 개수를 줄이거나 늘리는 것과 같이 아파트 내부의 공간 구조를 대폭 바꾸는 경우도 많았다.[99] 이러한 경향은 단순히 개성 추구의 차원에서 이루어졌다기보다는 가족 구조와 생활양식이 달라지면서 주거공간에 대한 요구가 변화했기 때문으로 보아야 할 것이다. 쓸모없을 것 같은 방들은 벽을 제거하고 합하여 새로운 용도로 꾸몄으며 안방으로부터 가족 단란의 기능을 넘겨받은 거실은 더 넓은 면적에 대한 요구를 부추기면서 발코니 확장을 유도했다. 더욱이 아파트 분양에 동원되는 모델하우스는 구조 변경을 한 멋진 모습으로 고객을 맞이함으로써 아이디어를 제공하기도 했다.

구조 변경한 아파트의 아동실 사례. 발코니를 확장하여 실내 공간으로 끌어들임으로써 더 넓은 공간을 확보했다.

구조 변경은 보통 불법으로 이루어지는 경우가 많았으며 갈수록 극성을 부리면서 많은 문제점과 부작용을 초래했다. 이러한 개조는 건물 자체의 안전을 위협하는 것은 말할 것도 없고 개조 후 안전 대책을 소홀히 하여 어린이나 노인들의 안전사고가 일어나기도 했다. 실제로 어린이가 발코니를 확장한 안방에서 놀다가 안전장치를 하지 않은 방충망을 뚫고 떨어지는 사고가 일어나기도 했다.[100] 당시 건설부는 불법 개조에 대한 특별 단속을 실시하고 고발이 들어온 아파트에는 원상 복구하도록 조치했지만 좀처럼 수그러들지 않았다. 오히려 이것이 중·소형 아파트로까지 확산되는 상황이었다. 이처럼 아파트 구조 변경이 사회문제가 되면서 안전을 위해 사소한 개조 공사에도 감독을 하는 단지들이 생겨나기 시작했다. 서울 잠실의 한 아파트 단지에서는 장판이나 벽지 시공 같은 사소한 공사까지도 전원 동의를 받도록 규약을 바꾸고 공사를 끝낸 집에서는 반상회를 열어 동의한 대로 공사를 했는지 확인하기도 했다.[101] 그럼에도 불구하고 아파트 개조는 줄어들지 않고 성행했다. 입주 전 개조로 인한 경제적·환경적 피해를 사전에 예방하기 위해 선택사양제나 마이너스 옵션제,[102] 맞춤형 아파트[103] 등이 시도되었지만 큰 효과는 없었다.

한편 1990년대 말부터 나타난 '구경하는 집'은 대규모 이사가 동시에 이루어지는 신규 입주 아파트 단지에서 쉽게 볼 수 있다. 이는 인테리어 업체가 그 아파트에 맞게 각종 실내 장식을 적용하고 사람들에게 보여주는 일종의 인테리어용 모델하우스이다. 그곳에는 고급스러운 커튼과 각종 직물, 화려한 조명 기구, 재시공한 벽지와 바닥재로 꾸며져 있고, 원래 제공되었던 기기와 설비를 뜯어내고 새로 설치한 고급 기기들을 볼 수 있다. 하지만 이러한 일들이 과소비를 부추기고 자원 낭비와 환경 파괴 등을 유발한다는 부작용에 대한 지적도 만만치 않다.

3

주거공간과
일상생활

1
주거공간의 기능 변화

집 안에서 모든 것을

조선시대의 전통 주택은 일상과 비일상의 모든 생활을 수용하는 장소였다. 또한 집과 일터의 구분 없이 생산과 소비가 주거공간 내에서 함께 이루어지는 것이 일반적이었다. 한 인간은 새로운 생명으로 태어나는 일에서부터 교육과 혼례, 병자 간호, 노인 봉양 그리고 죽음의 순간까지 모두 주거공간 내에서 경험했다. 공간의 기능은 오늘날에 비하면 훨씬 더 복합적이어서, 많은 행위들이 같은 장소에서 행해지는 경우가 많았다. 방에서는 취침, 휴식, 손님 접대, 세면, 식사, 육아 등 거의 모든 일상적인 일들을 했다.

　　한 인간이 태어나 삶을 시작하는 곳도 방 안이었다. 임산부에게 출산 기미가 있으면 방에 산실을 준비하는데, 평소에 산모가 사용하던 방을 깨끗이 치운 후 아랫목에 자리를 깔고 해산 준비를 했다. 윗목에는 아기를 점지하고 산모와 태어난 아기를 보호해 주는 삼신을 위한 삼신상을 차려 놓기도 했다. 아기를 낳으면 출입문이나 대문에 금줄을 쳤는데, 금줄을 친 집에는 외부 사람이 드나들지 않는 것이 원칙이었다.[1] 마당은 혼례, 상례,

안마당에서 치르는 혼례 의식. 전통 주택에서는 혼례를 비롯한 의례적인 행사가 모두 집 안에서 이루어졌다. 혼례를 치를 때에는 신부의 집 안마당이나 대청에 대례상을 마련했고, 일가친척들이 모여 잔치를 벌였다.

잔치 등의 비일상적인 활동과 음식 보존, 가사 작업, 생계를 위한 작업 등 재생산 활동이 이루어지는 곳이었다.

주거는 가족의 생활문화를 수용, 유지하는 데 중대한 역할을 했다. 삼강오륜三綱五倫으로 대표되는 유교적 덕목은 관혼상제冠婚喪祭를 포함한 통과의례를 매우 중요하게 여겼으며 삶에 대한 의미를 엄격한 의례 과정에 상징적으로 함축시켰다. 이러한 전통적 의례 역시 모두 집에서 이루어졌다. 혼례의 경우 신부의 집이 식장으로 이용되어 신랑이 신부 집으로 혼례식을 하러 갔는데, 이를 초행初行이라 했다. 신부의 집에서는 혼례를 치르기 위한 초례청醮禮廳을 안대청에 마련했고 안마당에서는 일가친척이 모여 잔치를 벌였다. 안대청의 중앙에는 모란꽃을 수놓은 병풍을 세우고 대례상大禮床을 놓았다.[2] 신방에 들기 전에 신랑은 남자들이, 신부는 여자들이 각각 다른 방으로 데려가 첫날밤에 통과의례를 거치기도 했다.[3] 이밖에도 회갑·진갑 등의 특별한 잔치 행사는 필요한 경우 언제든지 집 안에서 열렸다. 이러한 풍습은 아래 구술자의 경험에서도 알 수 있듯이 1960~70년대까지도 남아 있었다.

신랑이 저기 가마 타고 오잖어? 사랑 마당에서 내려요. 내리면 거기다 평풍 치고 또 상에다가 정한수 하나 떠 놓고, 돗자리 깔고는…. 그럼 사랑 마당에서부터, 안뜨락까지 신랑이 그냥 안 들어와. 조붓하게 돗자리를 해 가지고는 그걸 죽 깔어. 신랑이 그거 밟고 들어와요. 그럼 대청에다가는 화문석 쭉 깔고 수복을 다 써서 붙이대.[4]

헤민원惠民院과 같은 근대적 의료시설이 등장하기 전까지는 병자를 치료할 만한 곳도 마땅치 않았기 때문에, 대부분 병자가 평소에 사용하던 방에서 돌보거나 혹은 거처할 곳을 따로 마련하여 보살피기도 했다. 아래와 같은 목격담을 통해 병자를 수발하는 장소로 헛간을 이용했음을 짐작할 수 있다.

문이 열려 있는 헛간에 한 남자가 중병으로 누워 있었다. 앞에는 돗자리를 깔았고 낮은 병풍을 둘러치고 있었으며 그 안쪽에는 떡과 밥, 삶은 닭, 콩나물, 그리고 여러 가지 맛있는 음식으로 상이 차려 있었다.[5]

상례와 제례도 가정의 중요 행사 중 하나로서 이 또한 주거공간에서 이루어졌다. 사람이 죽은 후 치르는 의식인 상례는 임종 직전부터 시작되는데, 부모가 병이 들어 위중해지면 안방으로 모셔 그곳에서 세상을 마치도록 했다. 상례 절차가 끝난 사후 삼 년간은 사당이 있는 집은 사당에, 그

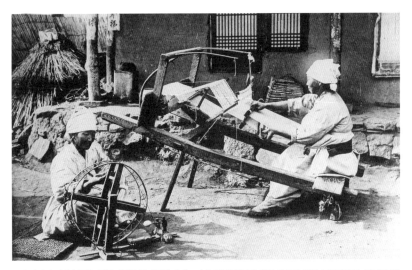

농촌에서의 가내수공업. 전통사회의 주거공간에서는 가사 관련 활동과 생업 활동이 함께 이루어졌다. 마당은 베 짜기, 방아 찧기, 곡식 말리기 등 다양한 활동들이 이루어지는 장소였다.

렇지 않은 집에는 대청에 궤연几筵 또는 상청喪廳을 설치하고 아침저녁으로 상식上食을 올렸다. 그리고 삼 년이 지나면 이를 치우고 신위神位를 별동의 사당에 안치했다. 사당은 마당에 한 구획을 마련하여 짓는데, 보통 4대 조부모의 신위를 모시고 해마다 돌아가신 날에 제사를 올렸다.[6]

관혼상제와 관련된 행사뿐만 아니라 전통 사회의 주거공간에서는 방아 찧기, 저장식품 만들기, 옷 만들기, 다듬이질, 직조 등의 모든 가사 관련 활동과 양잠, 가축 기르기 등의 생업 활동도 이루어졌다. 농촌사회에서는 마당에서 곡식 말리기와 타작, 농기구 보관 등 생산 활동에 필요한 작업들을 했다. 전통 사회의 주거는 일상생활과 생산 활동의 장이 분리되지 않은 직주일치職住一致, 또는 직주근접職住近接의 양상을 보여주었다. 또한 상업 활동이 활발해진 조선 후기의 한양에서는 가내수공업도 활발하여, 부녀자들이 집 안에서 만든 면옷, 아마포 모자, 나막신 등의 물품들을 시장에 내

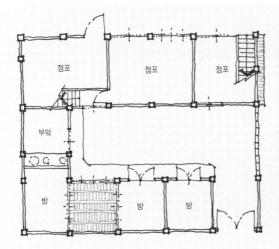

1930년대 가가假家의 평면(왼쪽)과 살림집에 연결된 상점(오른쪽). 가가란 가게의 원말로, 상업 활동을 위해 가옥에 임시로 붙여 지은 건물을 말한다. 기존의 가옥에 점포가 연결되어 있으며 가내수공업으로 생산한 물품을 내다 팔 수 있도록 주로 시장터에 자리 잡고 있었다. 생산 활동과 가정의 일상생활이 주거 내에 혼재되어 있어 직주일치 또는 직주근접의 양상을 보여준다.

다 팔기도 했다.[7] 뿐만 아니라 상업 활동이 이루어지는 가가假家는 대부분 살림집과 붙어 있어 생산 활동과 가사 활동, 가정의 일상생활이 주거 내 혼재된 양상을 보였다. 가내수공업의 전통은 대규모 공장이 등장하기 시작한 일제강점기까지도 이어져 직주일치의 생산 활동을 하는 동네, 소위 '공업촌'이 형성되기도 했다. 집과 일터가 한곳에 있었던 당시 공업촌의 풍경은 다음 글에 자세히 묘사되어 있다.

가느다란 연돌이나마 몇 개가 우뚝 솟아 있고 오막살이 집에도 떨거덕 소리는 난다. 대개는 실에 염색을 하는 것과 조선 사람에게만 소용되는 직조물을 짜는 것이다. 유리[硝子] 공장도 있고 담배통 만드는 철공장도 있다. 그러나 특별히 딴 건축물을 지어 놓지는 않고 보통 살림하는 집에서 새벽부터 밤까지 떨거덕거리는 소리가 난다. 길가로 난 데는 반찬 가가나 담배 가가를 벌여 놓고 집 안에서는 원업이 될지 부업이 될는지… 대개가 떨거덕거리는 염색이나 직조업이다.[8]

새로운 생활 시스템의 등장

개항으로 인한 도시 경제체제의 변화 속에서 가장 눈에 띄게 일상생활이 변화한 곳은 역시 한양이었다. 조선 사회가 산업화의 길로 접어들면서 생산 기능은 주거공간의 울타리를 벗어나기 시작했고 가정 내에서 행해지던 가사 노동은 많은 부분이 공장에서 생산된 시장 상품과 상업적인 서비스로 대체되었다. 가사 노동이 사회화되면서 가정생활의 여러 기능은 사회로 편입되어 가정 밖에서 분업으로 이루어졌다.[9] 예를 들어 1911년에는

개항 후 서울의 남대문로(왼쪽)와 종로(오른쪽). 공업의 발달과 상업 활동의 증가로 가정 내 재생산 기능은 약화되었다. 가정에서 이루어지던 가사 노동은 공장에서 생산된 시장 상품과 상업적 서비스로 대체되기 시작했는데, 상점으로 꽉 찬 종로와 남대문 거리는 교역을 하는 상인들로 북적거렸다.

정미소에서 선미選米작업을 하는 여성들(왼쪽)과 인쇄공장의 남성들(오른쪽). 1930년대 조선 사회가 산업화의 길로 접어들어 생산 체계가 변화하면서 가내수공업으로 생산하던 생필품들은 공장에서 생산되어 가정으로 유입되기 시작했다. 여성들도 집을 떠나 주로 수작업을 필요로 하는 공장에 취업했다.

10인 이상의 종업원을 둔 공장의 수가 252개였고, 1930년에는 5인 이상의 종업원을 둔 공장이 4,261개로 증가했는데,[10] 이는 근대화 과정에서 생산 체계의 변화로 인해 가내수공업으로 생산하던 생필품들이 공장에서 생산되어 가정으로 유입되기 시작했음을 의미한다. 종로와 남대문 거리는 상점들로 꽉 차게 되었으며, 각 지방을 돌며 교역을 하는 상인들로 북적거렸다.

　　1920년대 초에는 최초의 양과자점이 생겨났으며, 청량음료, 통조림, 과자 등의 완제품뿐 아니라 제분업, 도정업 등 각종 식품을 가공해서 생산하는 제조업이 등장했다.[11] 이러한 공장의 설립은 가정에서 곡식을 찧고 분쇄해야 하는 가사 노동의 종식을 예고했다. 의생활에도 변화가 불어 닥쳤다. 가정에서 지어 입던 한복은 구입해서 입는 양복으로 대체되었고, 학생의 수가 증가하면서 학생복을 만들어 파는 가게도 생겨났다. "상점의 창을 들여다보면 두 명의 조선 사람이 싱어사Singer co.의 재봉틀을 사이에 두고 바닥에 앉아서 한 사람은 핸들을 돌리고 다른 한 사람은 옷을 만들고 있는 광경"이 그 시대의 새로운 풍경이었다.[12] 공장은 고용을 창출하여 여

1920년대 **보통학교의 수업 시간**. 아동들의 활동 영역도 학교라는 사회화된 교육의 장으로 옮겨 갔다. 공공의 영역에서 보내는 시간이 늘어남에 따라 하루 일과에 시간과 요일의 구분이 생기고 주기성을 갖게 되었는데, 이는 사회가 근대화하면서 나타난 새로운 시간개념이다.

성들도 집을 떠나 일터로 향하게 했고, 이들은 주로 수작업을 많이 필요로 하는 제사공장, 방직공장, 고무공장, 정미공장의 여공으로 취업했다. 집 안에서 만들어져 소비되던 모든 것들은 이제 집 밖에서 만들어져 시장, 백화점 등의 공간에서 판매되어 집 안으로 들어오는 구조로 변했고, 이를 위한 재화를 벌기 위해 사람들은 집 밖에서 또 다른 생산 활동에 종사하게 된 것이다. 남성들도 날마다 새로 생기는 공장과 사무실로 새로운 직종을 찾아 갔고, 생업의 장은 주거 밖으로 차차 옮겨 갔다.

아동들의 활동 영역도 사회화된 교육의 장으로 옮겨 가면서[13] 전통 사회에서 아동들이 분담했던 가정에서의 노동력은 더 이상 기대하기 어려웠다. 하루 대부분의 시간을 주거공간과 그 주변에서 보내고 그 반경 안에서 모든 일을 하던 사람들은 '학생'과 '직장인'의 신분으로 공공의 영역에서 보내는 시간이 많아졌다. 전통 사회에서의 일상에는 시간·요일의 구분이 없었다. 하지만 일상사들이 공공의 영역으로 이관되면서 주거공간 내에서의 생활은 하루 일과나 주중 및 주말 등의 시간대에 따라 주기성을 갖고 각기 다르게 전개되었다. 일상생활, 학업 및 생업, 여가 활동에 대한 생활시간의 구분이 비로소 생긴 것이다. 아래의 글은 배재학당의 하루 일과를 이야기하고 있는데, 산업사회 이전에는 없었던 새로운 시간개념을 잘 설명한다.

수업은 오전 8시 15분에서 11시 30분까지, 오후는 1시에서 4시까지로 하고 … 일요일은 모든 일을 쉬며 … 점심은 11시 45분에 마치고 저녁식사는 5시에서 6시까지 마치고, 해가 지면 제 방에서 공부를 하다가 밤 10시 이후에 등불을 끄도록 하였다.[14]

도시공간과 주거공간의 이분화

일제강점기는 소위 신문화와 신문물이 물밀듯이 밀려온 시기였다. 가장 큰 변화는 가정과 사회의 기능 변화였다. 전통 사회에서 나름대로 형성되어 있었던 생활의 균형과 질서는 도시에서부터 달라지기 시작했다. 전통 사회에서는 주거 내에서 사회적 행위와 개인의 생활이 혼합되어 있는 것이 당연했지만, 일제강점기부터 본격적으로 형성된 근대적 도시구조 안에서는 공적 공간과 사적 공간의 경계가 명확히 형성되는 이분법적 구도로 변화한 것이다. 과거 조선에는 집회장, 연주회장 등 모임과 유흥의 장소인 공적 공간이 전혀 없었기 때문에[15] 서로 모여서 교류할 수 있는 사회적 접촉의 기회도 주거공간과 그 주변으로만 한정되었다. 그러나 자본주의의 조류 속에서 도시화가 진행되어 생산 공간과 상업 공간이 형성되고 여가 공간이 생기면서 주거공간 주변에서 이루어졌던 생활의 많은 부분이 근대화된 도시공간으로 옮겨 갔다.

예를 들어 경성의 진고개에 즐비하게 등장한 찻집, 빙수집, 우동집, 카페 등은 도시생활을 즐기는 장소가 되었다.[16] 구락부, 카페, 공원, 요릿집 등의 이름으로 다양한 교류의 장소가 사회 공공 공간에 등장했고 집 안에 갇혀 있던 사람들은 거리로 나와 하루의 상당 시간을 이러한 곳에서 보내게 되었다.[17] 예전에는 모두 주거공간 내에서 행해졌던 사교·오락·휴식·접대의 행위가 집 밖에서도 이루어지게 된 것이다.

경성의 본정 거리. 오늘날의 명동에 해당하는 본정은 근대에 등장한 화려한 도시공간으로, 사람들은 이곳에서 소비문화를 즐겼다.

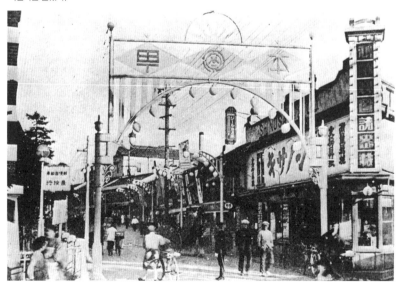

덕수궁 스케이트장(위). 1950년대 후반 덕수궁 안에 만들어진 스케이트장에서 시민들이 겨울 여가를 즐겼다.
1960년대의 다방(아래). 일상의 여가활동은 도시의 다양한 공간에서 이루어졌다. 구락부·카페·공원 등 다양한
교류의 장소가 등장했고, 주거공간 내에서 행해졌던 사교·오락·휴식·접대 등의 행위가 집 밖에서도 이루어지
게 되었다.

한편 일제강점기 일본을 통해 들어온 서구식의 문화는 특히 경성 사람들의 생활방식과 습관, 그리고 일상의 문화를 바꾸어 놓았다. 소비문화가 급습한 경성의 거리는 일본인 상점들로 불야성을 이루게 되었다. 생활 반경이 넓어지면서 여가문화도 다양해졌다. 주로 사대문 안으로 한정되었던 경성의 생활권을 마포, 서대문, 청량리 등의 교외로 확산시킨 일등 공신은 바로 전차였으며 이를 계기로 서구풍의 교외 나들이 문화가 싹트게 되었다.[18] 호주머니가 빈 사람들이나 가난한 자들에게는 싼 비용에 손쉽게 근대적 놀이, 즉 산책을 할 수 있는 소중한 공간이 생겼는데, 이는 바로 퇴근길에 전차 한 번 타고 갈 수 있는 산책 공간인 한강 인도교였다.[19]

그리하여 사회의 근대화 과정에서 주거공간은 공적 공간과 대비되어 가족의 단란이 가장 중요한 기능으로 인식되었다. 각종 여성 잡지는 '근대적인 가정'을 어떻게 만들어낼 것인지에 대한 타이틀로 이목을 끌었으며, 행복한 가정생활을 소개하는 데 지면을 할애했다.[20] 잡지의 '가정 탐방기'에서 가장 많이 쓰이는 말은 '행복', '평화', '즐거움', '화목' 등이었다. 1930년대 유행했던 "즐거운 곳에서는 날 오라 하여도, 내 쉴 곳은 작은 집, 내 집뿐이리"라는 노래 가사는 휴식과 안식의 모체인 스위트 홈을 대변했다. 예를 들어 소설가 춘원春園 이광수李光洙의 집은 "붉은 벽돌담을 앞으로 세운 조선제 개와집"이었는데, "유리창 안으로 대청에는 풍금, 축음기 등의 악기며, 문학·의학서들을 넣은 책장이 먼저 보이는"[21] 집이었다. 이처럼 가족의 행복한 여가생활을 위해 갖춘 여러 물건들은 안락한 휴식의 장으로서의 스위트 홈에 대한 동경심을 불러일으키기에 충분했다.

스위트 홈의 환상

한국 사회에서 전쟁 후 1960년대부터 1970년대까지는 '경제개발과 근대화'의 이데올로기가 사회를 지배했던 시기였다. 이러한 성장과 생산의 시대에 개인은 사회에 귀속되어 경제개발의 주역으로 활약하게 되었다. 사회에서 생산 활동이 적극적으로 이루어지면서 가정은 일터에서 돌아와 피곤한 몸을 뉘고 쉬는 곳이라는 역할이 더욱 강조되었다. 이는 일터와 주거의 분리가 완전히 정착되고 사회와 가정이 이분법적으로 단절되는 현상을 가져왔다. 남성은 직장생활을 하기 위해 아침에 집을 떠났다가 저녁 때 들어오는 생활 패턴을 반복했고, 남성이 일터로 나간 후 집은 여성이 안주하며 홀로 지키는 공간으로 변했다. 또한 사회가 다원화되면서 과거 주거 내에서 수행했던 가사 노동을 비롯하여 병자 간호와 상례喪禮에 이르기까지의 각종 서비스 기능, 그리고 교육 등의 기능은 사회적 인프라의 등장으로 주거로부터 점차 분리되어 전문화되었다. 과거에 모든 가능한 삶의 행위가 일어났던 생활공간이 이제 가족의 단란과 휴식이라는 단순한 기능만을 수행하게 된 것이다. 이 시기에 등장한 국민주택은 주거에 대한 변화된 요구를 반영하여 건설한 스위트 홈의 표상이었다.

생활의 많은 기능들이 분리되어 주거 밖으로 떠났음에도 불구하고 1970년대까지는 여전히 많은 비일상적 생활이 주거공간 내에서 이루어져 왔다. 그러나 인습적인 관행들, 즉 전통적 제례·혼례·상례 등은 경제개발의 시대에 구태의연한 전근대적 산물로 취급되어 허례허식으로 폄하되었고, 간소화·합리화해야 할 대상이 되었다. 이는 곧 근대화 과정에서 '합리성'이라는 패러다임이 사회를 지배했기 때문이다. 합리성에 대한 이념은 서구에서는 보통 자본주의와 휴머니즘을 바탕으로 계몽을 통해 확산되었디. 그러나 한국에서 이러한 의식이 팽배했던 때는 정치적으로는 군사독재 시대였고, 국가가 나서서 강압적으로 '가정의례준칙'과 같은 법규를 제정하여 이를 개인과 가족을 통제하는 수단으로 활용했다.

비일상적 생활을 통해 공동체적으로 공유했던 행위들이 사라지고 난 후 주거공간 내에 남은 것은 일상생활뿐이었다.[22] 가족 구성원의 생활 행위도 거의 분화되었는데, 특히 도시에서 가장은 직장으로, 아동은 학교로 나가고, 주부는 가사를 돌보는 식으로 일상의 행위가 분리되었다. 따라서 가장의 권위를 중심으로 온 가족이 함께 시간을 보내는 일이 점차 줄어들게 되었다. 그나마 가족을 모이게 한 것은 1970년대부터 보급되기 시작한 텔레비전이었고, 텔레비전을 둘러싸고 가족이 모여 앉은 거실 풍경은 가족 단란의 상징이 되었다. 일상이 주기적으로 집과 학교, 직장을 오가는 생활

온 가족의 텔레비전 시청. 가족 구성원의 생활 행위가 각각 분화됨으로써 온 가족이 함께 시간을 보내는 일이 점차 줄어들게 되었다. 그나마 가족을 모이게 한 것은 1970년대부터 보급되기 시작한 텔레비전이었고, 오늘날까지 가족을 모이게 하는 가장 강력한 구심점이 되고 있다.

패턴을 형성하게 된 후 온 가족이 공유하는 시간은 주말이나 저녁 시간뿐이었지만 이조차도 집 밖에서 각자의 여가시간으로 보내는 일이 빈번했다.

1980년대에 들어 변화한 것이 있다면 그동안의 검약과 절제에서 어느 정도 벗어나 여유를 다시 찾았다는 점이다. 1970년대 '가정의례준칙' 등으로 인해 소홀히 했던 제사, 명절, 생일, 손님 초대 등의 행사도 집에서 다시 치르게 되었다. 이러한 일이 이루어지는 공간은 대부분 주택의 중심에 자리 잡은 거실이었다. 경제성장에 따라 소득이 증대되고 생활의 여유가 생긴 후 주거에 대한 사람들의 가치관과 의식도 많이 달라졌다. 가정은 여전히 '행복'이 창출되는 화수분이어야 했으며, 가족 중심의 단란한 생활은 더 이상 동경의 대상이 아니라 누구나 누릴 수 있는 중산층의 보편적 삶의 모습이 되었다. 또한 주택 부족이 어느 정도 해소되고 질적으로도 향상되면서 주택은 자신의 개성과 기호를 표현함으로써 스위트 홈을 실현할 수 있는 창구가 되었다.

집을 떠난 주생활

1990년대 이후 사회가 복잡해지면서 사람들은 더욱 많은 일을 해야 하는 바쁜 일상 속에 살게 되었다. 가족이 아닌 사람들과 나날이 새롭게 형성되는 사회적 관계는 더욱 복잡해졌으며, 이는 과거 이웃간, 친척간, 그리고 심지어는 가족간에 행해졌던 일상적 교류를 대신하게 되었다. 특히 일상의 여가가 집 밖에서 이루어지는 것이 빈번해진 이후 가족 구성원들은 집을 떠나 있는 시간이 많아졌고, 교류는 더욱 약화되었다. 따라서 집은 거의 잠만 자는 곳으로 변화할 정도에 이르렀다. 또한 집 안에서 이루어졌던 비

산후조리원(왼쪽)과 연회장에서의 돌잔치(오른쪽). 오늘날에는 아이를 낳는 것도, 생일잔치를 하는 것도 모두 집 밖에서 하게 되었다.

일상적인 교류의 기회, 즉 생일과 기념일 같은 가족 모임도 집이 아닌 다른 곳에서 가지는 경우가 많았다. 그 원인은 현대의 핵가족 구조로는 과거 대가족 체제하에서 가능했던 많은 일들을 수행하기 어려워졌기 때문이다. 이러한 일들은 가사 노동을 동반하는데, 이때 가족 구성원, 특히 여성에게 부과되는 부담을 줄이고자 한 의도도 함께 작용했다. 그 결과 산업화 시대 이후 가족의 단란을 위해 가장 중요한 곳으로 인식되었던 거실은 인테리어로 화려하게 치장했음에도 불구하고 그 사용 빈도는 계속 줄어들었다.

　　주거 내 일상생활 중 가사 노동과 관련된 부분도 큰 변화를 겪었다. 오늘날에는 세탁소나 청소 대행업을 이용하거나 인터넷을 통해 장을 보면서 일상생활에 필요한 많은 부분을 외부로부터 지원을 받고 있다. 외식을 자주 하고, 반가공 식품을 이용하는 것도 같은 맥락이다.[23] 주거공간의 기능이 줄어드는 변화에도 불구하고 지난 수십 년 동안 그 규모는 지속적으로 늘어났다. 더욱이 평균 가구원 수도 계속 줄어들었기 때문에 1인당 주거 면적은 과거에 비해 상당히 늘어났음을 알 수 있다. 1970년과 대비하여 2000년에는 1인당 주거 면적이 거의 세 배가 늘어났다.[24] 주거의 기능이

주상복합 아파트에 마련된 연회장. 고급화와 신개념의 주거문화를 표방한 주상복합 아파트에서는 거주자들의 일상생활을 지원하는 공유 공간들을 건물 내에 갖추었다. 거주자들은 돌잔치나 회갑연 등 많은 손님을 치르는 행사가 있을 때 이러한 다목적 연회장을 이용한다.

빠져 나가고 가족들이 지내는 시간도 많지 않은, 손님도 별로 찾아오지 않는 화려하고 넓은 빈 공간이 오늘날의 주거공간인 것이다.

1980년대 말부터 등장하여 1990년대에 붐을 이룬 주상복합 아파트는 고급화와 첨단 설비가 생활의 편리함을 가져왔을 뿐만 아니라 주거생활에 있어서 또 다른 의미의 변혁을 가져왔다. 즉, 1970~80년대까지 주거공간 밖에서 이루어지던 기능들이 다시 주거공간 인근으로 회귀하는 양상을 보여준 것이다. 주상복합 아파트는 주택시장에서 고급화와 신개념의 주거문화를 표방하는 차별화 전략을 강화하여 이전의 주택이나 아파트에서는 생각하기 힘들었던 공유 공간과 편의시설을 건물 내에 갖추었다. 건물 내에는 여가 활동을 위한 클럽 하우스, 수영장, 골프 연습장뿐만 아니라 다목적 연회장, 탁아실, 공동 세탁실, 비즈니스 센터 등 일상생활을 지원하는 실내 공유 공간들이 제공되었는데, 이는 새로운 주거 소비자들이 물질재화에 서비스가 결합된 복합 소비를 추구하고 편리함을 중시하는 경향에 부응한 것이다. 한 건물 안에 들어 있는 다양한 편의시설은 생활의 모든 기능을 수용함으로써 도시에서의 이동성을 감소시키는 편리함을 제공했다. 그리하여 주상복합 아파트는 현대 사회에 적합한 주거의 대안으로 부상하게 되었다.

한 주상복합 아파트에 사는 어떤 주부의 일상을 들여다보면, 먼저 그녀는 아침에 남편이 출근하고 아이들이 등교한 후 사교를 위해 이웃과 함께 클럽 하우스에서 차 한 잔을 마시며 여러 정보를 교환한다. 의견이 맞는 몇몇 주부는 함께 편의시설이 모여 있는 지하에 내려가 간단한 음식을 사먹으며 점심을 해결한 후 스포츠 시설에 모인다. 여기서는 수영, 골프, 헬스 등 다양한 운동을 취미에 맞게 선택할 수 있다. 그동안 아이들은 놀이방이나 독서실에서 지내게 된다.[25] 이처럼 주상복합 아파트에서의 삶을 들여다보면 거주자의 일상생활은 단지 내 또는 건물 내 주민 공용 시설과 같은 물리적 시설 반경 내에서 이루어져 이른바 '원스톱 라이프' one stop life를 누리고 있음을 알 수 있다.

뿐만 아니라 주상복합 아파트는 호텔에서 제공받는 것 이상의 서비스 수준을 제공하고자 여러 가지 아이디어를 도입했다. 첨단 제어 시스템을 각 가정마다 두어 모든 설비를 어디에서나 제어할 수 있도록 했고, 고객 지원 센터, 생활지원 센터 등으로 불리는 전문 관리 조직을 통해 중앙에서 유지 관리 및 주거 서비스 관리가 이루어지도록 시스템화했다. 호텔처럼 마련된 로비와 라운지는 거주자가 요구하는 다양한 서비스를 제공해 주는 곳이다. 또한 게스트 룸을 두어 외부 친인척이 방문했을 때 가족의 프라이버시를 침해하지 않고도 예의를 갖춰 모실 수 있도록 했다. 이러한 주거공간에서 가족 구성원이 분담하던 전형적인 가사 노동은 더 이상 존재하지 않게 된 것이다.

2
사적私的 욕구의 해결 수단으로서의 주거

전통적 의미의 사적 경계

전통 주택은 여러 채가 마당을 사이에 두고 배치되어 있고 이것들이 담장으로 둘러싸여 하나의 주거 단위로서 외부와 경계를 이루는 것이 특징이다. 주로 높은 담장으로 둘러쳐져 있어서 마당을 들여다보기가 쉽지 않았던 전통 주택의 구조는[26] 당시 한국을 방문했던 외국인의 눈에는 '사생활의 보호'로 이해되었다. 그러나 외부에서는 매우 폐쇄적으로 보이지만 대문을 열고 들어가면 마당을 중심으로 모든 공간이 한눈에 들어올 정도로 개방적이었다. 그 안에서 거주하는 사람들의 사적 경계는 내부 공간을 둘러싼 벽체가 아니라 담장까지 연장되었던 것이다.

전통 주택에서 각 실은 외부 공간인 마당으로 직접 진출입이 가능하도록 되어 있어, 현관과 같은 전이공간을 거쳐 각 실로 출입하는 오늘날의 주택과는 차이를 보였다. 외부로 열린 많은 개구부로 인해 내부 공간과 외부 공간은 경계가 모호했으며 이로 인해 내부 공간은 사적 공간의 기능을 하기에는 충분하지 못했다. 그러나 사생활은 필요에 따라 물리적 장치를

담장으로 둘러싸인 전통 주택. 높은 담장으로 인해 외부에서는 폐쇄적으로 보이지만, 대문을 열고 들어가면 마당을 중심으로 모든 공간이 한눈에 들어오는 개방적인 구조로 되어 있다.

이용해 보호할 수 있었다. 개항기 상류 주택은 마루에 유리창을 다는 경우가 많았지만 여름에는 더위 때문에 창문을 계속 열어 두어야만 했고, 낮 동안에는 분합문을 사용하던 습관 때문에 유리창을 모두 떼어 놓기도 했다. 이를 보고 한 외국인은 "조선 사람들은 자신들이 그토록 중시하는 사생활을 보호하기 위해 중요한 꾀를 내서, 돌출해 있는 지붕 끝 또는 창문이나 출입문 바로 앞으로 훌륭한 돗자리 모양의 발을 걸어놓았다"[27]고 묘사했다.

핵가족 단위의 가족 개념이 형성되기 이전, 사생활 개념은 남녀가 각각 다른 영역에서 형성되었다. 철저한 내외 관념으로 인한 전통적인 남녀의 공간적 분리 때문에 종족 보전이라는 생리적·육체적 관계를 제외하고 부부간의 사적 생활, 그리고 가족이 함께하는 일상의 사생활은 원천적으로 봉쇄되었다. 가족만의 사생활 개념은 형성되지 않았지만 그 대신 사적 친밀감을 갖는 공동체가 있었다. 이는 친척과 방문자, 즉 지역 공동체까지 포함된 것이었다. 특히 남성의 공간인 사랑채는 물리적인 공간의 차단 여부와는 관계없이 심리적으로는 외부에 개방되어 있었다. 사랑 마당이라는 개방적 공간은 반$^{+}$사적·반$^{+}$공적 성격이 강해, 마을의 지역 공동체 구성원들을 포용했다. 즉, 공간의 공적 개념과 사적 개념이 명확히 형성되지 않았던 것이다.

남성의 공간에서 사적 개념이 약했다는 사실은 손님에 대한 개방적 태도에서 확인할 수 있다. 사랑방에는 지나가던 나그네도 들어갈 수 있었으며, 낯선 이들도 그곳에서 먹고 자기도 했다.[28] 조선의 양반들이 두려워한 것은 '인심이 사납다'는 식객들의 험담이었으며, 체면상 그것은 피해야 했기 때문이다. 방문한 곳이 설사 가난한 집이더라도 여행객이면 누구나 최소한 음식과 마실 것은 대접받을 수 있었다.[29] 조선인들은 외국인들에게도 똑같이 극진한 호의를 베풀었다. 개항기 조선 땅을 여행했던 외국인들은 그러한 사실을 잘 간파했으며, 이 점을 잘 이용하기도 했다. 여행 중 머무를 곳이 없다 해도 여행객들은 크게 걱정하지 않아도 되었다. 조선의 가정집에서 무전無錢으로 숙식을 해결한 경험이 많았던 한 외국인은 "만약 그때 당신이 밤을 지새울 보금자리가 없다면 당신은 속편하게 가장 훌륭해 보이는 집 대문을 두드려야만 한다. 숙식을 부탁하는 즉시 당신은 밤을 보낼 수 있는 숙소와 수북한 쌀밥을 기꺼이 대접받을 수 있을 것이다"[30]라고 조언하기도 했다. 여행자들은 더 좋은 숙식을 기대할 수 있는 어느 다른 부잣집으로 거처를 스스로 옮길 때까지 그 집에서 몇 달 동안 머무를 수도 있었다. 이런 이들을 식객이라고 했는데, 그들에 대한 대접이 어떠했는지가 주인의 후덕함을 재는 잣대가 되었다.

비좁은 집과 거리에서의 생활

서민들이 한집 안에서 부대끼며 사는 모습은 과연 어땠을까. 상류계층과 서민 이하 계층은 가족의 구성에서, 그리고 공간의 사용에서 상당한 차이가 있었다. 상류 주택에서의 엄격한 공간 사용 규범에 비해 서민들에게는 내외법도 약했고, 사생활을 구분하는 경계도 특별히 없었다. 초가삼간의 서민 주택이나 사대부가의 가랍집31) 등에서는 일반적으로 부엌 쪽의 아랫방에서 안주인과 여자아이들이 취침하고 윗방에서는 바깥주인이 남자아이들과 함께 취침했다. 자식을 많이 낳아 가족 수가 많았던 서민과 하류계층은 좁은 집에서 온 식구가 옹기종기 모여 지냈다. 그나마 온 가족이 난방이 잘되는 방바닥에서 다리를 쭉 뻗고 잘 수 있다면 경제적으로 완벽한 풍요를 누린다고 할 정도였다.32) 부엌 한 칸, 방 한 칸의 초가에서 살거나 양반집의 솔거노비33)일 경우에는 내외할 것도 없이 한 방에서 여러 식구가 취침하기도 했다.34)

한편 구한말 도시화가 진행되면서 한성은 더욱 과밀해져 뒤죽박죽으로 왜소하게 지은 오두막집들이 꼬불꼬불한 골목길, 그리고 하수구와 쓰레기 더미 사이에 서로 꼭 붙어 있어 이 집 저 집이 모두 연결되어 있는 것처럼 보일 정도였다.35) 특히 서민 주택은 담장으로 둘러쳐진 넓은 마당을 갖는 것이 불가능하여 담이 없이 거리에 바짝 붙어 들어섰고 건물이 담장을 대신했다. 이러한 물리적 상황은 가족의 사생활을 보장하지 못했다. 왜냐하면 생활공간으로 적극적으로 활용되는 마당이 없거나 매우 좁아서 생활이 거리로까지 확장되었기 때문이다. 서민 주택의 경우 과밀한 환경 때문에 좁은 집 안은 늘 어두웠으며 무덥고 습해서 대부분의 집안일을 거리에서 하는 형편이었다. 특히 여름철에는 부엌에서 불을 때는 동안

한성의 과밀한 주거지. 서민 주택들은 담장이 없이 건물끼리 바짝 붙어 들어섰다. 이러한 과밀한 환경 때문에 생활공간은 거리까지 연장되었으며 살림살이가 늘 거리로 노출되었다.

찜통 같은 방 안에서 있을 수가 없었기 때문에 대부분 집 앞 땅바닥에서 시간을 보냈다.[36] 거리에 내놓은 평상이나 툇마루에서 밥을 먹고, 쉬고 담배를 피우며 담소하는 것은 도시에서 흔히 볼 수 있는 광경이었다. 여름철 길거리는 취사 공간이기도 하여, 무더운 날에 여자들은 문간 밖에서 국을 끓이거나 빈대떡을 부치고, 남자들은 반죽하고 있는 광경도 흔히 볼 수 있었다.[37]

거리는 어린이들의 놀이터이기도 했다. 수많은 아이들이 발가벗은 채 골목에서 뛰어 놀았고, 급한 용무도 거리에서 해결하는 것이 예사였다. 남자들은 긴 담뱃대를 입에 물고서 허물어진 흙담벽에 기대서 웅크리고 앉은 채 장기를 두거나 투전놀이를 했다.[38] 외국인들은 이러한 모습을 보고 "서양에서 집은 가정이지만 동양에서는 그렇지 않다. 집은 우기나 동절기 동안의 거처일 뿐이다. 청명한 조선의 날씨에 사람들은 길거리에서 산

거리로 노출된 생활. 서민들은 생활공간을 거리로 확장하여 일상생활의 대부분을 거리에서 보내는 경우가 많았다. 떡을 치거나 빈대떡을 부치는 등의 취사 행위도 거리에서 이루어졌고(왼쪽), 장기를 두거나 담소를 나누며 시간을 보내기도 했다(오른쪽).

다. 여름에 그들은 거리에서 요리하고 잠을 잔다. 밤에 골목길을 지나다닐 때에는 땅에 깐 자리 위에 서로 얽혀서 엎드려 있는 몸체들을 넘어가야 한다"[39]고 묘사했다. 서양인의 눈에 비친 당시 조선의 서민 주거의 모습은 가족의 사생활이 보장되는 서구적 주거의 모습과 상당한 차이가 있었음을 알 수 있다.

한솥밥을 먹는 생활

일제강점기에는 자본주의의 물결 속에서 많은 돈을 번 신흥 부유계층이 등장했다. 이들은 조선의 양반과는 또 다른 생활양식을 가졌다. 경제적으로 여유가 있는 집에서는 행랑식구나 안잠자기, 서생 등 가정의 노동을 분담하는 다른 식구들이 섞여 살았다. 1922년경에도 가족 수는 부부와 자녀를 합하여 평균 4~5명이었는데, 잘사는 집에서는 식구 수에 비해 주거공간에 여유가 있었기 때문에[40] 이들을 수용할 수 있었다. 경성에는 일자리를 찾아 지방에서 올라온 일가족이 큰 한옥의 행랑에 기거하는 경우가 많았으며, 이들을 행랑식구라 했다. 행랑식구의 부인은 집안일을 해주는 대가로 주인집으로부터 월급을 받았고, 남편은 인력거꾼 등으로 하루하루를 벌며 독립적인 가계를 이끌었다.[41] 주인집과 행랑식구들은 서로의 생활을 훤히 들여다보며 살았다. 행랑어멈이 저녁 끼니가 없어 걱정할 때 안주인은 인심 쓰듯이 먹다 남은 밥상을 물리며 아이들과 안채에 들어와서 먹게 했다. 주인집 식구들에게 온갖 구박을 받는 행랑집 자식은 굶어도 좋다면서 그것을 거부하고, 그래도 먹으라는 엄마와 실랑이를 벌이곤 했다. 이는 행랑채 식구와 안채 식구들 사이에서 자주 벌어지는 풍경이었다.[42]

한편 안잠자기란 주인집에서 같이 살면서 아이를 돌보고, 집안의 사

행랑의 위치와 평면. 행랑은 대문간에 붙어 있는 방으로, 주인집의 심부름이나 집안일을 해주는 사람들이 거처하는 곳이다. 일가족이 큰 한옥의 행랑에 기거하는 경우가 많았는데 이들을 행랑식구라 불렀다. 주인집 식구와 행랑식구는 서로 생활이 노출되었다.

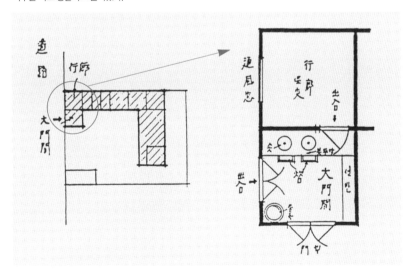

소한 가사를 돌보는 역할을 하는 젊은 여자를 말한다. 안잠자기는 안채에서 주인마님 또는 아이들과 같은 방을 쓰면서 생활하는 것으로 보아 행랑어멈보다는 그 지위가 높다고 볼 수 있다. 주인집 사람들의 생활은 이들에게 더욱 가까이 노출되어 심지어 주인마님과 서생의 불미스러운 작태까지도 집 안에서 목도할 수 있을 정도였다. 어떤 안잠자기의 수기에는 당시 한 가족이 사는 모습이 생생하게 그려져 있다.

바깥주인은 S라고 어느 은행의 무슨 과장입니다. … 그 부인은 예전에 기생이었다고 하는데 … 어린애가 하나 있습니다. … 이것이 주인의 원 식구요 사랑방에는 곱살스럽게 생긴 서생이 있습니다. 행랑에는 어멈과 아범(주인의 인력거를 끄는)이 있고 심부름도 하고 어린애도 업어 주는 계집애종 하나가 뜰아랫방에서 저 혼자 거처하고 있습니다. 주인양반은 대개는 사랑에서 거처하고 안방 큰방은 주인마마가 차지하고 있고 건넌방에서는 내가 용남(주인의 아들)이와 거처하고 있습니다. … 주인영감이 못 오겠다는 전화가 오는 날이면 나는 청목당으로 피파멘트(청주)와 위스키를 사러 가야 합니다. 사 가지고 와서는 스키야키(일본식 고기 전골) 준비를 해두어야 합니다. 밤이 깊어 자정이 되면 주인마마는 살그머니 사랑으로 나아가서 서생을 끌고 들어옵니다. 구수한 스키야키를 지지면서 권커니 받거니 피파멘트와 위스키 잔이 남녀의 손에서 놉니다. 나는 잠을 자지 못하고 건넌방의 그 거동을 눈으로 보듯이 듣고 있습니다. 여러분도 상상을 하여 보십시오. 큰방에서는 피파멘트에 상기된 남녀가, 새파란 청소년과 늙어빠진 중노파가 음탕한 이야기를 주고받으며 새빨간 제병 이불을 그러덮고 누웠고 건넌방에서는 삼십대의 젊은 여자가 병신 같은 남의 어린애를 옆에 누이고 한숨을 짓고 있습니다. … 하물며 그들은 조금도 주위를 거리끼

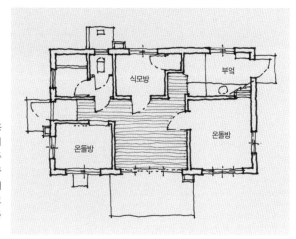

식모방이 있는 단독주택. 가사와 부엌일을 위해 고용된 식모는 부엌 가까이 배치된 식모방에서 거주하며 주인집과 한솥밥을 먹는 식구로 생활했다. 1980년대에 이르러 식모는 점차 사라지고 시간제 가정부나 파출부가 그 자리를 대신했다.

지 아니하고 소리를 지를 경우이면 소리를 지르고, 숨을 크게 쉴 경우이면 숨을 크게 쉽니다.[43]

이렇게 가족 외에 가사를 도와주는 다른 사람들과 함께 살던 풍속은 1970년대까지도 계속되었다. 특히 농촌을 떠나 돈을 벌기 위해 서울로 올라온 젊은 여성들에게 소위 '식모'라고 하는 일자리는 가장 손쉽게 얻을 수 있는 직업이었다. 1960년대 초반의 한 통계[44]에 따르면 당시 서울 여성 130만 명 중 9%인 약 11만7천 명이 직업을 가졌는데 그 중 식모가 2만8천여 명이었으니 상당수였다. 웬만큼 사는 중산층 가정에서는 값싼 인건비에 숙식만 해결해 주면 되므로 식모를 고용하기가 쉬웠다. 이들은 자녀들과 한 방을 사용하는 경우도 많았고, 한솥밥을 먹는 식구로 생활했다. 그러나 점차 가족만의 사생활이 중시되면서 특별한 경우가 아니면 가족 외의 사람이 한집에 살게 되는 경우는 거의 볼 수 없게 되었다. 1980년대에 이르면 숙식을 함께 하는 '식모'라는 명칭은 점차 사라졌고, 정기적 또는 부정기석으로 출퇴근하며 가사를 돕는 고용인인 '파출부'가 그 자리를 대신하게 되었다.

식모가 사라지게 된 데는 아파트도 한몫했다. 연탄 갈 일도 없고 열쇠 하나만으로 문을 잠그고 외출할 수 있었기 때문에 주택 관리에 그다지 신경 쓰지 않아도 되었다. 식모 대신 시간제 파출부에게 빨래, 청소 같은 힘든 일을 맡기고 저녁 시간이면 가족끼리 오붓하게 시간을 보낼 수 있다는 것은 주부들이 공통적으로 내세우는 아파트 생활의 최대 이점이었다.

이웃에게 개방된 사생활

전쟁 중의 삶은 생존 그 자체가 중요한 문제였기 때문에 평범한 주생활이 불가능했다. 가족들은 뿔뿔이 흩어졌으며, 피난 중 곳곳의 친척 집에 되는 대로 얹혀사는 일이 보통이었다. 그나마 함께 모여 있는 가족이라도 임시로 지은 천막이나 판잣집에서 온 식구가 한 공간에서 부대끼며 살 수밖에 없었다. 전쟁 후 재건의 시대에 깔끔하게 지어진 단독주택들은 부모와 자녀가 오붓하게 살기에 적합한 구조로 설계되었지만 여기서도 대문은 동네 사람들에게 항상 열려 있었다. 동네 골목을 중심으로 공동체가 형성되었고 생활공간은 마을과 골목으로 확장되었다. 아이들은 이 집 저 집 다니며 놀았고 낮에는 아낙네들이 골목에 모여 앉아 수다를 떨었다. 1960년대 최초로 보급된 텔레비전은 온 동네 사람들을 모이게 하는 유인물이었다. 아이들은 저녁 먹으러 집에 오라는 엄마들의 성화가 있을 때까지 온종일 남의 집 마루에 눌러 앉아 텔레비전을 보았다. 저녁을 먹은 후 온 식구가 이웃집으로 '마실'을 가서 같이 텔레비전을 보거나, 이야기를 하며 노는 일은

골목에서 이루어지는 이웃과의 교류. 단독주택 지역에서는 동네 골목을 중심으로 공동체가 형성되었고 마을과 골목으로 생활공간이 확장되었다. 대문은 이웃들에게 개방되어 있었으며, 사람들은 골목에 모여 앉아 이야기를 나누었다.

일상적인 풍경이었다. 이처럼 주거공간은 곧 이웃에게 개방된 사생활의 공간이었는데, 한 구술자의 경험담을 통해 당시 어느 집의 저녁 풍경을 엿볼 수 있다.

60년대 후반 정도일 거예요. 나는 방학 때마다 시골 할아버지 댁에 가서 한두 달 보내다 왔는데, 안방에서 저녁을 먹고 나면 꼭 이 사람 저 사람 하나둘씩 마실을 오기 시작하는 거예요. 그때 날마다 꼭 오는 사람이 있었는데 이웃에 살면서 할아버지 댁 집안일도 돌봐 주는 할머니였어요. 그 할머니는 손자를 업고 와서 동네에서 일어난 일들을 얘기하며 앉아 있는 거예요. 어떤 때는 저녁 먹기 전에 와서 있다가 할머니가 '그냥 저녁 먹고 가지' 하면 '그러쥬' 하고 밥도 같이 먹었구요. 그때 또 자주 오는 사람이 누

1960년대 서울 동숭동 낙산 지역의 천막집. 1960년대 이후에는 도시화와 산업화로 인해 도시의 인구가 급격히 증가했다. 도시에 정착한 빈민들은 판잣집이나 천막집을 지어 열악한 환경에서 생활했고 가족의 사생활은 개념 조차 형성될 수 없었다.

구였냐면 이웃에 사는 작은할머니와 시집 안 간 당고모들, 그러니까 아버지의 사촌 여동생들이었는데, 그 고모들이 오면 재미있었어요. 읍내에 새로 들어온 영화 이야기도 하고, 그날 읍내 백화점에서 사온 월남치마를 니가 입었다 내가 입었다 하며 자랑하기도 했지요. 나랑 동생은 옆에서 주로 만화책을 봤어요. 그러다가 라디오 연속 방송극 할 시간이 되면 다들 조용해져서 라디오에 귀를 기울이는 거예요. 둘러앉은 사람들은 과일도 먹고, 그러다가 누군 집에 텔레비전을 들여놨더라 하는 이야기를 하면서 시간가는 줄 몰랐지요.[45]

1960~70년대의 경제개발 시기에 직장을 찾아 서울로 올라온 인구는 날로 증가했으며 도시는 더욱 과밀해질 수밖에 없었다. 이러한 시절에

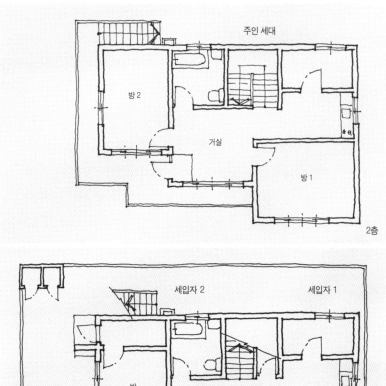

주인 세대

방 2

거실

방 1

2층

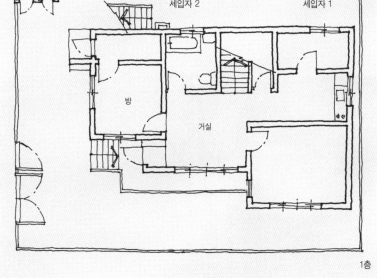

세입자 2

세입자 1

방

거실

1층

1980년대 이후 부분 임대형 주택의 전형적인 사례. 1층과 2층을 주인 세대와 세입자가 나누어 살 수 있도록 지은 주택이다. 외부 공간에 2층으로 올라가는 계단이 따로 있지만 실내에도 계단이 있어 1·2층이 통하도록 설계되었다. 1층에는 두 가구의 세입자가 거주하고, 주인 세대는 2층을 사용했다.

한 가족이 한 주택에서 사는 모습은 기대하기 어려웠다. 왜냐하면 주택이 늘 부족했기 때문에 셋집을 찾는 수요가 급증하여 단독주택의 한 부분을 세를 주는 경우가 점점 늘어난 것이다. 이때 한집 살림처럼 거실을 통해 셋방으로 들어가게 되어 있는 경우도 많아 주인집과 셋집의 생활은 서로에게 그대로 노출되었다. 셋집만으로 이루어진 셋집 밀집 지역은 대부분 극심한 주거 과밀 상태였다.[46] 여기저기에서 부부싸움 하는 소리, 아이들 우는 소리로 시끌벅적했고 누구네 집이든 서로의 집안 사정을 훤히 꿰고 살았으니, 이들에게 사생활 보장은 개념조차 형성되지 않았다. 1980년대 중반 이후에는 셋집의 형편이 조금 나아져서 한 층을 셋집이 온전히 쓰는 경우도 생겼다. 또한 대문과 현관을 분리하여 사용하게 되어 서로간의 프라이버시 침해가 덜하게 되었다.

다가구주택의 분리된 동선. 가족의 사생활이 중요시되면서 실내에서 셋집으로 출입하는 경우는 점차 사라지게 되었다. 대문과 현관을 분리하여 사용하거나 출입구를 따로 내어 서로간의 프라이버시 침해는 줄어들었다.

과밀한 주거공간과 사적 욕구의 억제

셋집에서는 한 가족에게 주어진 공간이 매우 협소하여 단칸방에서 아이들을 키우며 온 가족이 생활하는 경우가 허다했다. 1975년의 한 조사에 따르면 서울 시내에서는 방 하나에 평균 세 명이 살고 있었고, 심한 경우 열 명 이상이 살고 있는 가구도 있어,[47] 부부와 자녀 사이, 또는 장성한 자녀들 사이의 사생활이 보장되기 어려웠다. 단칸 셋방살이를 회상하는 어느 주부의 글을 보면 비좁기 이를 데 없고 과밀했던 실태가 잘 나타나 있다.

월 3만 원짜리 사글셋방 하나를 얻어 살림을 차렸습니다. 방이 워낙 작아서 이불과 짐을 놓고 보니 앉을 곳이 없기에 할 수 없이 가구점에 들러서 장롱과 찬장을 20만 원에 들여놓고 정리를 했더니 둘이 자면 꼭 맞고 셋은

단칸방에서의 식사. 좁은 방에서 밥상을 둘러싸고 가족이 식사를 하고 있다. 주거공간의 과밀화 문제는 심각하여 온 가족이 단칸방에서 아이들을 키우며 생활하는 경우가 많았다. 한국전쟁 이후 베이비붐이 일어 자녀의 수가 급격히 늘어났는데, 심한 경우에는 단칸방에서 열 명 이상이 함께 살기도 했다.

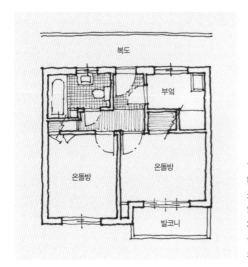

1970년대 서민 아파트의 평면. 당시에 건설된 서민 아파트 역시 주거공간이 과밀하고 협소했다. 그러나 이웃에게 사생활이 노출되지 않는 점은 일반 주택과 차이가 있었다. 39.6㎡에 방 2칸과 부엌, 화장실, 발코니를 설치했는데, 이는 한 가족의 생활을 위한 최소한의 규모였다.

좁을 정도였습니다. (아기를 낳은 후) 퇴원해서 집에 돌아와 아기를 방에 뉘고 나니 좁아서 다른 사람은 앉아 있어야 했습니다. … 잠잘 때도 아빠는 누워 자고 내가 앉아 있으면 딱 맞습니다. 그러나 항상 새우잠이라도 자야 했습니다. 한번은 밤중에 잠결에 들으니 아기가 목이 메어 울고 있었습니다. 깜짝 놀라 일어나 보니 아빠 발이 아기 배 위에 걸쳐져서 하마터면 큰일 날 뻔 했습니다.[48]

서울에는 1960년대 후반부터 1970년대까지 서민 아파트가 많이 지어졌다. 단칸방에서 신혼을 시작하여 아이가 생겨 자랄 때까지 셋집에서 온갖 설움을 받고 생활하던 주부들에게는 주인집 눈치 안 보고 가족끼리 오붓하게 살 수 있는 작은 아파트라도 입주하는 것이 큰 꿈이었다. 당시 아파트에서도 주거공간이 과밀하고 협소한 것은 마찬가지였지만 이웃에게 생활이 노출되지 않는 점이 큰 차이였다. 1970년의 인구주택 총조사에 의

하면 전체 아파트 중 76.4%가 방 두 개로 구성된 규모였다.[49] 이 시기는 전쟁 후 베이비붐이 일었던 때로, 자녀의 수는 일제강점기 때보다도 많아서 주택당 평균 거주원의 수가 5.24명에 달했다. 이러한 상황에서 대부분 한 방은 부부 침실 겸 안방으로 사용되고 자녀들은 나머지 한 방에서 공동으로 생활했다. 자녀가 많으면 보통 나이 어린 자녀가 안방에서 부모와 같이 생활했다.

비좁아도 부부와 자녀들만 있다면 큰 불만 없이 살 수 있겠지만 아파트에서의 생활이 꿈꾸던 대로 되지만은 않았다. 자식들과 함께 살기 위해 서울로 올라오신 부모님을 모시기도 했고, 시골에서 서울로 진학을 하거나 직장을 구한 동생들은 서울의 형, 오빠 집에서 얹혀사는 것을 당연하게 여겼다. 전통 사회의 대가족하에서는 남녀가 유별하여 어차피 부부간에 많은 시간을 함께 보내지 못했다. 부부만의 사생활에 대한 욕구는 표출할 수 없는 것이었기 때문에 그 공간 구조에서도 갈등의 소지조차 없었다. 그러나 이러한 3대 가족 또는 대가족의 문화가 아파트라는 좁은 공간에까지 이어진 1980년대에는 갈등이 극대화되었다. 유교적 전통 관념이 타파되어 부부가 한 방을 쓰는 것이 당연시되면서 부부의 사생활에 대한 욕구가 공간적 욕구에 이르게 된 것이다. 핵가족을 전제로 설계된 아파트는 현관문을 닫으면 가족만의 사생활이 외부로부터 완벽하게 지켜졌지만, 막상 내부 공간에서는 형식상의 거실일 뿐인 작은 공간이 각 방으로 통해 있고 두세 개의 방은 아주 작아서 다른 사람이 함께 살기에는 부적합한 공간이었다.

1985년 서울 장안동에 있는 43m²(약 13평) 크기의 아파트에 살았던 당시 30대 한 주부는 초등학교에 다니는 연년생 남매를 두었는데, 5남매 중 맏이인 남편을 만나 살아오면서 단칸방을 면한 이후 7년 동안 줄곧 시누이 아니면 시동생과 함께 살아야 했다. 집이 좁은 것은 말할 것도 없고 벽 하나로 붙어 있는 방 두 칸은 차라리 한 방이나 다름없어 부부생활은 물론이요, 사생활이라는 것이 있을 수 없는 상황이었다. 결혼 7개월 만에 36.3m²(11평) 크기의 아파트에서 시동생과 함께 살아야 했던 또 다른 젊은 부부는 낮에 짬을 내서 여관에 들어가기도 했다는 웃지 못할 이야기도 있었다. 말이 방 두 칸이지 벽 하나를 두고 말소리는 물론 옷 벗고 입는 소리조차 모두 들리는 형편이니 아내는 자꾸 잠자리를 피했고 택시기사였던 남편은 궁리 끝에 집 밖에서의 밀회를 계획했던 것이다.[50]

사생활 지상주의와 개인 공간의 확보

텔레비전이 있는 집에서 자연스럽게 이웃과 공동의 오락을 즐기던 풍경은 1970년대 들어 각 가정에 텔레비전이 하나씩 보급되면서 사라지게 되었다. 이렇게 공동체적 관계가 변화하게 된 결정적 원인은 마당과 골목이 없는 공동주택이 급속히 확산되었기 때문이다. 아파트는 이웃간의 공유 공간에 대한 배려 없이 오로지 핵가족의 단위 생활공간만을 겹겹이 쌓아 놓은 형태로 공급되었다. 삭막한 외부 공간은 통과 공간으로서의 역할이 컸으며, 이는 곧 아파트 주거환경에서 공동체를 위한 반공적·반사적 공간이 사라지게 되었음을 뜻한다. 아파트에서는 단독주택과 달리 마당이라는 완충 공간 없이 사적 공간과 공적 공간 사이의 경계가 매우 강하다. 즉 현관만 잠그면 외부로의 경로가 철저히 차단되는 특성을 갖는다. 전통 주택 또는 근대 이후의 단독주택에서는 사생활의 개념 없이 생활공간이 내부 공간을 넘어 외부 공간까지 확장되었다. 이와 대조적으로 아파트에서는 사실상 가족만의 사생활을 위한 내부 공간이 전부였다.

가족의 사적 기능은 근대적 주거공간이 갖추어야 할 최고의 가치가 되었다. 이웃도 아무 때나 찾아오지 않았다. 서로의 사생활을 존중해야 했으므로 방문하는 사람은 약속을 하고 찾아왔고, 그렇지 않으면 최소한 전화라도 해야 했다. 예전에 이웃이 불쑥불쑥 찾아왔을 때는 격식 없이 사생활을 보여주어도 괜찮았지만 상황은 달라졌다. 이웃의 방문이 더욱 형식을 차리게 될수록 집 안은 늘 정돈되어 있어야 했으며, 화목하고 단란한 가족의 모습을 보여주어야 했다.

1980년대 이후에는 생활수준이 향상되면서 공간 확보에 대한 요구가 점차 증대되었고 사적 공간 안에서도 개인만의 사생활 영역들이 다시 분화하기 시작했다. 주택의 규모가 커지면서 과밀 문제는 저절로 해결되어 안방 또는 부부 침실에서 자녀들을 데리고 자는 경우가 점점 줄어들었다. 또한 자녀들이 동성·이성을 불문하고 한 방을 쓰던 상황에서 벗어나 이성간의 방 분리가 진행되었고, 나아가 한 자녀가 한 방을 차지하는 것이 일반적인 현상으로 자리 잡게 되었다. 이러한 주거공간의 분화와 개인화 현상은 공동체 지향적인 전통적 생활방식과 가장 구별되는 점이다. '분화의 과정'은 근대화의 대표적 상징인 '생활체계의 분화', '내밀한 사회로의 분화'51)라는 특성이 공간 구성으로 구체화된 것이다. 즉 개인주의를 그 기본적 관점으로 삼고 있는 근대의 체제하에 거주원의 생활은 점점 독립적으로 변하고, 이에 따라 공간도 재편성된 것이다.52)

침대의 사용이 보편화된 1980년대 중반을 기점으로 개인 공간의 분화 현상은 더욱 가속화되었다. 과거 여러 명의 자녀들이 한 방에서 생활할 수 있었던 것은 요를 깔고 취침했던 좌식 생활방식을 유지했기 때문이다. 그러나 침실에 침대가 들어오면서부터 과거와 같이 방을 공동으로 사용하는 것이 어려워졌다. 이렇게 점차 확산되어 간 입식의 생활방식은 부모와

달라진 부부 침실. 1970년대 부부 침실(위)은 과거 안방의 관습이 남아 있어 가족이 모이는 공간이었다. 그러나 오늘날의 부부 침실(아래)은 가족 구성원의 사생활이 보장되면서 부부만이 사용하는 공간으로 자리 잡았다.

자녀 사이의 관계도 변화시켰다. 부모와 한 방에서 기거하던 관습이 사라지고 부모와 자녀가 각각 제 방을 갖게 된 것도 방 한쪽을 차지하고 있는 침대 때문이기도 했다.[53]

한편 1960년대 이후부터 한 부부가 낳는 자녀의 수는 지속적으로 감소하여 1985년의 평균적인 가구 구성은 두 자녀를 둔 핵가족이 되었다.[54] 이 시기에는 방 세 개 이상인 아파트의 비율이 상당히 높아졌는데, 1980년대 중반의 전형적인 아파트에서 안방 겸 부부 침실에서는 부모가, 다른 두 방에서는 자녀가 한 명씩 생활하는 것이 보편적으로 정착했음을 보여준다.[55] 또한 주거 면적과 밀도의 변화를 보면 경제력이 향상되면서 주거 수준도 꾸준히 향상되어 왔음을 알 수 있다. 아파트와 단독주택을 막론하고 한 방당 거주인은 1970년 이후 30년 동안 2.4명에서 0.9명으로 줄었는데, 절대면적이 증가한 상태에서 한 방에 거주하는 인원수가 줄어듦으로써 훨씬 쾌적하고 안락한 주거공간이 되었다.[56]

사생활이 확보된 개인 공간은 혼자만의 은밀한 공간이 되었다. 사춘기 아이는 문을 닫고 자기 방으로 들어가 자기만의 시간과 개인 활동을 보장받을 수 있게 되었다. 공동생활 공간으로의 접근은 저절로 자연스럽게 이루어지는 것이 아니라 개인의 판단과 의사 결정하에 '선택할 수 있는 것'으로 변화했다. 차폐된 개인 공간은 한 가족 내에서도 익명성을 보장해주며, 결국 개인의 자기 관리와 자기 통제가 우선시되는 근대사회 내 개인의 속성을 반영한다. 개인 공간이 안락해지면 안락해질수록 가족들이 공동생활 공간에서 머무르는 시간은 줄어들게 되었다. 더구나 물질적인 풍요는 공동으로 사용하던 가전제품, 설비 등도 점차 개인이 하나씩 소유하고 사용하도록 만들었다. 그 결과 텔레비전을 보거나 전화를 받기 위해 자기 방 밖으로 나오는 빈도도 점점 줄어들었다.

1990년대 이후에는 주거공간에 일대 변혁이 일어났다. 개인용 컴퓨터의 보급과 초고속 정보통신망의 발달로 거주지와 상관없이, 그리고 물리적 공간의 공유나 대면 접촉 없이 온라인상에서 사회적 상호작용을 가능하게 해주는 사이버 공동체가 탄생한 것이다. 공동의 관심사를 공유하는 온라인 카페, 블로그 등의 사이버 공간에서 형성된 공동체는 시공간을 초월한 '가상적 현실'을 기반으로 하여 지리적인 제한이나 연령, 계층 등 개인적 특성에 따른 제한을 받지 않는다는 특징이 있다. 이제는 완벽하게 가구가 갖추어진 각자의 방에서 첨단 설비를 이용해 각종 사이버상의 위락을 즐길 수 있게 되어 거실로 나갈 일도 없어졌다. 이렇다 보니 하루 종일 방 안에만 틀어박혀 있는 코쿤cocoon족도 나타났다.

3
일상의 변화와 공간 사용 규범

방 안에서 모든 것을

전통 주택에서 방은 잠을 자는 곳일 뿐만 아니라 일상의 여러 활동이 이루어지는 곳이었다. 방은 사용하는 사람에 따라 안방·건넌방·사랑방으로 구분되었고, 이것은 기능에 따라 부여된 명칭이 아니었다. 양반집에서는 침방이 따로 있어 취침의 기능이 분리되기도 했으나 보통 방에서 취침·식사·생리위생·휴식의 사적 기능과 사교·교육 등 공적 기능이 모두 이루어졌다. 심지어 양반집에서는 배설 및 위생 행위까지도 방에서 해결했는데, 안방 옆의 골방이나 사랑채의 침방에 요강을 비치하고 밤에는 물론이고 때로는 낮에도 여기에 소변을 보았다. 일부 부잣집 남성들은 사랑채에서 하루 종일 먹고, 자고, 노는 매우 비생산적이고 방탕한 생활을 했다고 한다.[57] 세수간이나 목욕간도 따로 없었다. 일반적으로 여성들은 부엌 앞마당을 세수간으로 이용했고 남자 주인은 사랑채 앞 기단에 세숫대야를 놓고 세수를 했다.[58] 이것은 여름일 경우에 그랬고, 겨울에는 하인들이 방안으로 더운물을 담은 대야를 대령하곤 했다.

전통 주택의 실내. 일반 서민 주택의 방에는 가구가 없어서 잡다한 살림살이가 그대로 드러났다.

서민 주택의 방은 한쪽 길이가 약 2.4~3m 정도였으며 높이는 약 2.1m 정도로 마치 작은 상자와 같이 좁았지만 거의 비어 있어서 다목적으로 사용하기에 무리가 없었다. 일반적으로 방에는 가구 또는 그림이나 장식물이 놓여 있지 않았고 바닥은 노란빛이 도는 두꺼운 기름종이로 된 장판으로 덮여 있었다.[59] 단칸방이거나 식구 수에 비해 방이 작을 경우에는 공간을 상당히 복잡하게 쓸 수밖에 없었다. 방의 두 면 또는 세 면의 둘레에 천장 가까이 넓은 선반을 설치하고 그 위에는 잡다한 가정용품, 겨울 채소, 술을 빚는 데 필요한 누룩 덩어리 등 여러 물건들을 올려놓았다. 뿐만 아니라 먼지투성이의 고서, 바구니, 그리고 다림질에 사용되는 나무 받침대와 방망이, 약병, 밥그릇 한 벌, 성냥갑 등도 방 안에 있었으니, 방에서 다양한 활동이 이루어졌음을 알 수 있다.[60]

가족생활의 중심이 된 안방은 인접한 건넌방, 윗방 등과 긴밀하게 연계되었다. 또한 외부와의 접촉이 빈번했던 사랑방도 사적 공간인 침방과 상호 융통성을 갖고 있었다. 특히 반외부 공간인 대청과 인접 공간 사이의 경계는 벽체 없이 미세기문과 분합 여닫이문으로 구획되어 필요에 따라 완전히 개방할 수 있었다. 따라서 방과 방 또는 방과 외부 공간을 터 줄 수 있었으므로 상당히 융통적이었다. 말하자면 전통 주택에서는 사용자의 규범에 따라 공간의 사회적 분리는 강했지만 기능적 분리와 물리적 분리는 상당히 약했다고 할 수 있다.

안방의 기능 변화

한 공간 내에서 공적 기능과 사적 기능이 섞이는 현상은 실이 분화되지 않았던 전통 주택에서 흔히 볼 수 있었다. 그러나 일제강점기부터 한 방 안에서 식사를 하고 잠을 자는 등 다용도로 공간을 사용하는 것은 비위생적이며 전근대적인 생활양식으로 폄하되었고, '주택의 위생 개선과 합리화 추구'라는 계몽의 이념 아래 가장 시급히 개선해야 할 대상이었다. 박길룡, 김유방 등 일제강점기에 활동했던 선구적인 건축가들은 비위생적이고 비합리적인 주거생활의 개선을 끊임없이 주장했고, 여기에는 공간의 기능 분화가 반드시 언급되었다. 김유방은 「문화생활과 주택」이라는 글에서 "우리 주택의 큰 결점은 이미 아무 필요가 없는 내·외실을 구분하는 것, 그리고 그것이 혼돈되어 침실이 식당도 되고 식당이 객실도 되는 것"이라 했다. 침실이 손님 접대의 공간이 되다 보니 어떤 경우에는 침구 같은 것이 실내를 장식하는 자랑거리가 되어 욕심 많은 부인들이 쓸데없이 오색 침구를 칩칩이 쌓아 놓고 이것으로 체면치레를 하기도 했는데, 이러한 것은 고쳐야 할 폐습의 하나라고 지적하면서 식침食寢 분리를 강조했다.[61]

　　일제강점기 상류계층의 주택이었던 문화주택에는 각 기능별로 공간이 따로 마련되어 있었다. 침실·식사실·주방 등 새로운 이름을 붙인 실들이 등장했는데, 이것은 모두 그 공간에서 이루어지는 행위를 중심으로 명명된 것이었다. 사람들에게는 이러한 서구적인 공간의 사용 방식이 좀더 문화적이고, 세련되고, 합리적인 것으로 학습되었지만, 실제 생활에서는 그렇게 사용되지 않았다. 각 실별로 기능이 분화된 문화주택에 살고 있어도 공간을 다목적으로 사용하는 전래의 관습을 하루아침에 버릴 수는 없었다. 따라서 식침 분리를 주장한 박길룡 스스로도 나중에는 안방에 대해서 관대한 입장을 취했는데, 안방은 식사·취침·육아 등 모든 주생활 행위가 일어나는 곳이므로 주택의 가장 중요한 공간이며, 따라서 전통 주택에

안방에서의 생활. 과거에 안방은 여성만이 사용하는 공간으로 살림이나 육아 등의 행위가 이루어지는 곳이었다. 전통적으로 남녀의 성별로 구분되었던 가족의 구도가 부부와 아동으로 분리되면서 안방의 기능에도 변화가 찾아왔는데, 여성만의 공간이던 안방은 이후 가족의 단란 공간으로 변화해 갔다.

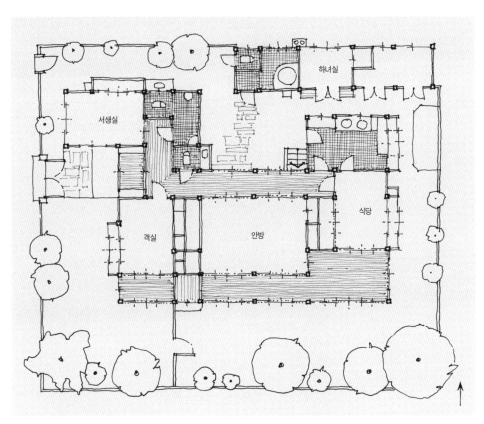

박길룡의 주택 개량안. 박길룡은 안방에서 식사·취침·육아 등 모든 주생활 행위가 일어나므로 안방이 주택의 가장 중요한 공간이라 생각했다. 따라서 과거 전통 가옥에서 어둡고 후미진 곳에 위치했던 안방을 햇빛과 공기가 충분히 들어오는 곳에 배치할 것을 주장했다. 이 개량안에서도 안방은 주택의 중앙에 가장 큰 공간으로 자리 잡았으며 남쪽에 배치되어 있다.

서와 같이 평면상 ㄱ자의 꺾인 곳이 아닌 남향에 안방이 위치해야 한다고 주장하면서 적극적으로 원래의 기능을 수용하고자 했다.[62]

　당시 한 잡지에 실린 어떤 젊은 부부의 사는 모습을 묘사한 글에서 1920~30년대까지도 방 안에서 세면을 하던 습관이 남아 있었음을 알 수 있다. 해가 뜨기 전엔 일어나 본 적이 없는 어느 철없는 모던 걸, 젊은 아씨는 안잠자기가 아궁이에 불을 지피고 아침 식사 준비를 모두 할 때까지 일어나지 않았다. 그러다가 남편이 직장에 출근하려고 세수하고 안방으로 건너오면 그때 다시 안잠자기를 시켜 안방으로 양칫물을 떠오게 하여 양치질을 하고 같이 아침식사를 하곤 했다고 한다.[63] 그리고 시골에서 경성으로 올라와 어느 집을 방문한 한 학생의 경험을 보면 다음과 같이 여전히 방 안에서 식사도 하고 손님 접대도 이루어지고 있었음을 알 수 있다.

안으로 들어가서 안방에 잘 차리고 앉은 아주머니에게 절을 하니 얼굴이 희고 복성스러우며 나이는 35~36세밖에 안 되어 보이는 아주머니는 "그래, 시골 있다가 서울 와 보니 서울 구경이 어떠냐?" … 밤이 되니 남폿불을 켰다. 하인이 저녁상을 내왔다. 저녁을 먹고 나서 설렁줄을 흔드니 사랑에서 한참 들어가게 되는 안에서 굵은 방울이 요란히 울리며 여하인이 쌍으로 "네ㅡ" 소리를 길게 뽑아 긴대답을 한다.[64]

　　과거의 안방과 사랑방은 근대화의 바람이 불면서 그 기능과 역할이 급속히 변했다. 근대적 직업군이 생기면서 남성이 집을 떠나 다른 곳에서 하루의 많은 시간을 보냈기 때문에 사랑방의 효용은 그만큼 줄어들었고, 더욱이 도시의 주택은 남녀의 공간을 분리할 만큼 공간적 여유가 있는 것도 아니었다. 안방은 가족이 공동으로 사용하는 곳으로 바뀌면서 어두침침한 후미진 곳으로부터 탈피하여 햇빛과 공기가 충분히 들어오는 밝고 좋은 위치를 차지하게 되었다. 문화주택에서도 안방의 위치를 동남쪽의 대부분을 차지하도록 잡아 동으로도 남으로도 아침부터 진종일 햇볕을 받게 했다. 안방은 밝고 깨끗하고 시원하기로 제일가는 자리에 있었다. 또한 그 옆에 부엌을 만들어 여기서 불을 때고 음식도 조리하는 동시에 부엌과 안방 사이의 문 하나만 열면 밥상을 바로 방으로 옮길 수 있도록 했다. 반면 그리 많이 쓰지 않는 응접실이나 마루, 출입구 같은 것은 뒤쪽으로 구석지게 내었다.[65)]

전통적으로 남성·여성의 성별로 구분되었던 가족의 구도가 부부·아동의 세대로 분리되면서 안방의 기능은 많은 변화를 겪어 왔다. 원래 여성만의 공간으로 자녀들을 양육하는 공간이었던 전통 주택에서의 안방은 근대화 과정에서 한동안 가족이 모이는 공간, 또는 손님을 접대하는 공간이라는 중요한 역할을 해 왔다. 또한 안방은 가족 공동의 공간일 뿐만 아니라 여성들의 '교류' 공간이기도 했는데, 이러한 성격은 1970년대까지 유지되었다. 남성들의 활동 영역은 사회로 옮겨감으로써 그들의 사교 활동도 집 바깥에서 이루어지게 되었다. 이에 따라 과거 남성들이 사용하던 사랑방의 역할이 여성들의 안방으로 이동하게 되었는데, 이렇게 안방의 지위가 격상되는 동안 사랑방은 어느새 사라져 버렸다. 그리고 서구의 생활방식이 도입된 이후에는 이것이 부부의 공간으로 바뀌었다. 부부 침실이라는 명칭은 1970년 한강맨션에서 최초로 사용된 이후 점차 보편화되었으며,

1970년대의 안방. 안방은 가족 모두의 공간이면서 동시에 이웃들이 모이는 교류의 공간이기도 했다. 과거 남성들이 사용하던 사랑방은 그들의 활동 영역이 사회로 옮겨감에 따라 어느새 주택에서 사라져 버렸다. 그리하여 안방이 사랑방의 역할을 대신하게 되었다.

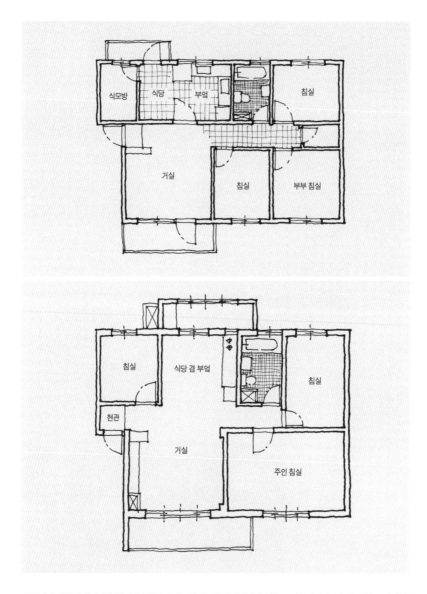

1970년에 건설된 한강맨션(위). 부부 침실이라는 용어는 한강맨션에서 최초로 사용되었다. 105.6㎡ 규모의 아파트로, 부부 침실은 거실과 거리를 두고 안쪽에 배치되어 있어 부부만의 내밀한 영역으로 사용하게끔 설계했다. 1977년에 건설된 반포아파트(아래). 주인 침실(부부 침실)이 거실보다 넓게 계획되었는데, 이는 손님 접대나 가족 단란 등 기존의 안방이 하던 기능을 할 수 있도록 고려한 것으로 보인다.

부부 침실로 정착한 안방은 부부만의 내밀한 영역이 되었다.

전통적인 안방의 기능과 부부 침실의 기능을 동시에 수용하고자 하는 욕구는 1980년대 이후 공간의 규모가 충분한 대형 아파트에서 그대로 드러났다. 안방과 부부 침실이 동시에 존재하도록 설계한 것이다. 이때 거실로부터 진입하는 공간은 전통 주택에서처럼 손님 접대를 위한 공간 또는 주부가 낮 동안 기거하는 좌식의 안방으로 사용했고, 이 공간을 지나서 들어가게 되어 있는 내실과 같은 부부 침실은 침대를 사용하는 취침 공간으로 분리하여 사용했다. 그러나 이러한 과도기적 사례도 점차 없어져 결국 안방의 기능은 더욱 축소되어 부부만의 침실로 변화하게 되었다.

대청이냐, 마루냐

전통 주거공간에서 대청은 제례 등 비일상적이고 의례적인 일들이 일어나는 곳이었다. 또한 각 방들을 연결해 주는 통로 공간이기도 했다. 대청에서는 그다지 많은 활동이 이루어지지 않았고 여름철의 기거와 가끔 있는 제례를 위해 쓰였기 때문에 개화기 이후에는 그 공간의 효용에 대해 많은 비판이 있었다. 특히 일제강점기 합리적인 생활방식에 대한 사회적 분위기가 무르익고 생활의 격식이 많이 타파되었을 때, 대청은 큰 변화를 겪게 되었다. 예를 들어 대청은 부엌과 인접한 공간이었기 때문에 형식적인 생활규범에 그리 얽매이지 않았던 서민 주택에서는 식사 준비를 대청까지 나와서 하는 등 온갖 잡다한 행위를 끌어들여 이용했다. 과거의 대청은 한옥의 공간 중 비교적 그 기능이 단순했는데, 일제강점기에 와서는 오히려 여러 기능들이 혼재한 공간으로 변화하게 된 것이다. 다음 글에서는 이렇게

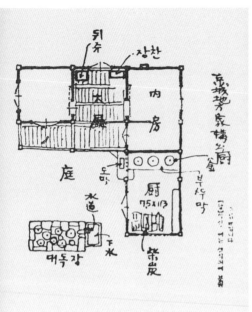

일제강점기 경성 지방의 가사 공간(왼쪽). 대청은 부엌과 인접한 공간에 위치해 있어 식사 준비를 하는 등 부엌일이 대청으로 확장되었다. 박길룡은 이처럼 대청이 여러 기능들로 혼재된 공간이라 생활상 정돈과 질서를 흐리게 한다고 비판했다.
대청의 기능(오른쪽). 대청에서 여성들이 제례를 준비하고 있다. 전통 주택에서 대청은 각 방들을 연결해 주는 통로이면서 동시에 제례 등의 행사가 있을 때 이용되는 공간이었다.

된 배경을 설명하고 있다.

또한 우리의 주택은(경성을 표준으로 함) 소위 대청이라는 광간廣間이 적지 않은 면적과 공력을 허비하여 주택 중앙에 공허한 대로 서 있는 까닭에, 그 좌우편에 분립하여 있는 침실에는 양기陽氣를 받지 못하며 대청은 항상 그 가정에 공허한 기분만 줄 따름입니다. 기왕은 우리의 습관상 이 대청이 사계四季를 통하여 공방空房으로 있다 하여도 오직 이것을 폐지치 못한 것은 가연제례佳宴祭禮의 일체 준비와 그 절차를 이곳에서 거행하는 까닭입니다. 이는 평소의 불필요를 이러한 특수한 때를 위하여 참았거니와 지금 이러한 절차가 이미 우리 가정에서 거행치 않게 된 이상에는 그 불쾌한 공간을 주택 한 가운데에다 두어 제일 건축비에 과분過分을 지당하며 공허한 기분을 취할 필요가 어찌 있겠습니까. 그러므로 대개는 이 대청을 식찬설비간食餐設備間으로 대용하는 까닭에 실로 생활상 정돈과 질서만 흐리게 할 뿐입니다.[66]

상류층의 주택에는 대청이 사랑채와 안채에 각각 있었지만 보통 작은 살림집에는 둘 중 하나만을 갖추고 식사 준비 공간으로 사용하는 경우가 많았다.[67] 손님이 있으나 없으나 마루에서 쌀을 꺼내다가 물독 혹은 우물 있는 마당에서 씻은 후 솥이 걸린 부엌에서 끓이고, 마루 끝에서 찬장으로 들락날락해 가며 찬을 갖추어 대접했다. 그리하여 식사를 준비하는 모든 과정을 손님에게 다 보여줄 뿐만 아니라 왔다 갔다 하는 시간과 수고를 허비할 수밖에 없어서 이에 대한 비판이 일었다.[68] 이 당시는 대청 또는 마루의 기능에 관한 갈등이 일어나는 과도기였다. 건축가 박길룡 역시 주택 개량에 관해 쓴 글에서 재래식 부엌이 조리 활동에 불편하기 때문에 대청마루를 주방의 일부로 사용할 수밖에 없는 점을 지적했다. 따라서 그는 주방에 반 칸쯤 되는 찬마루를 설치하기를 권장했는데, 이로써 대청마루가 온전한 거실의 기능을 갖는 공간이 될 것이라고 했다.[69] 한 잡지사의 주관으로 열린 유명 인사들의 좌담회에서는 당시 주택이 직면한 여러 문제에 대한 구체적 논의가 진행되었다.

박길룡: 사실 마루라는 것이 절대로 필요한 것이 아닐 줄 압니다.
고황경: 제 생각에도 그래요. 지금의 마루라는 것은 사교장도 아니고 일간

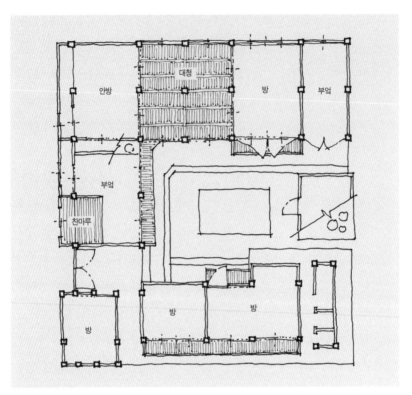

부엌에서 대청까지 동선이 형성된 개량 한옥. 부엌과 마당의 연계가 약해지고 대청까지 쪽마루로 연결되어 있다. 그리고 부엌에는 음식을 편리하게 준비할 수 있도록 찬마루를 설치했다.

도 아니고 퍽 우스운 존재인 것 같아요.

박승호: 손님이 하나 와도 마루에다 이것저것 좍 벌리고 준비를 하기 때문에 죄다 보이고 또 부엌으로 다락으로 왔다 갔다 하느라고 부산해서 참 미안하고 창피한 적이 많아요.

황신덕: 마루에서 찬장 뒤주 같은 것을 없애 버리고 축음기라든가 라디오, 기타의 장식품을 놓고 중앙 집합소로 이용했으면 좋겠어요.[70]

당시 마루의 모습은 상당히 복잡했을 것으로 추측된다. 사람들은 조선식 마루에는 으레 찬장과 항아리만 한 뒤주가 있어야 모양이 난다고 여겼다. 특히 서울 여자들은 마루 세간 자랑하는 것을 제일로 쳤다는데, 마루에 세간을 많이 진열하여 어지간한 집이라면 찬장, 뒤주 등을 즐비하게 벌여 놓았으며, 또 그 위에는 목판·항아리·대접·접시·유리병과 유리그릇 등을 올려놓아 마치 여러 가지 나무 그릇을 파는 목물전이나 사기그릇 가게처럼 보일 정도였다고 한다. 날마다 쓰지도 않는 그릇들을 그렇게 벌여 놓는 이유는 형식과 체면치레를 좋아하기 때문이라 했다. 그래서 비록 속은 '붕어사탕 모양으로' 텅 비고도 있는 척하느라 그런 세간 나부랭이나마 남이 잘 보는 마루에다 진열을 하게 된 것이라는 비아냥을 받기도 했다.[71]

1920~30년대에 많이 지어진 개량 한옥의 평면을 보면 부엌에서부터 대청까지 조그마한 툇마루가 연결되어 음식을 바로 나를 수 있는 동선이 형성되어 있다. 이 시기 대청마루에서 식사 준비와 접대 등 여러 기능들이 복합적으로 이루어졌다는 것은 두 가지 의미를 갖는다. 우선 대청이 거의 비어 있는 비일상적 공간이 아니라 적극 사용되는 공간으로 변화했다는 것이고, 또 하나는 안방이나 사랑방에서 이루어지던 손님 접대가 차츰 대청 또는 마루에서 이루어짐으로써 방의 복잡한 기능 중 하나를 분리시켰다는 점이다. 따라서 손님 접대를 대청에서 할 때 일상의 번잡함을 외부인인 손님에게 보이지 말고, 벽에는 좋은 그림을 걸어 놓고 조그마한 탁자를 놓고 그 위에 꽃병 하나쯤은 놓는다면 집의 운치를 더할 수 있을 것이라는 기대를 하기도 했다.[72]

대청은 일제강점기 일식·양식 절충 또는 양식의 문화주택이 들어오면서 큰 변화를 겪었다. 그 시기 '문화' 콤플렉스는 기존의 주택도 적극적으로 개조하는 유행을 낳았다. 대청이라는 명칭 대신 단지 바닥의 물리적

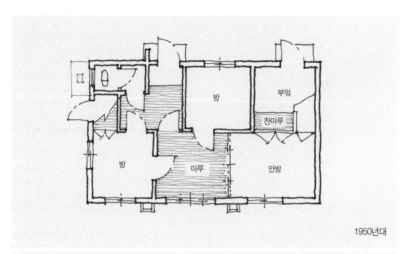

1950년대

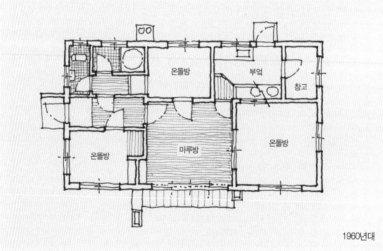

1960년대

공영주택에서의 동선 변화. 위의 평면은 1950년대 건설된 공영주택으로, 부엌에 찬마루가 설치되어 있다. 이 찬마루는 안방과 연결되어 방으로 식사를 나르는 데 이용하는 통로가 되었고, 이때까지 식사 및 일상적인 행위가 안방에서 이루어졌다. 아래 평면은 1960년대의 공영주택인데, 부엌에서 마루로 식사를 나를 수 있게 설계되었다. 이러한 동선의 변화를 통해 방에서의 식침 분리가 어느 정도 진행되었음을 알 수 있다.

특성만을 나타내는 '마루'라는 용어가 혼용된 것도 이 시기였다. 또한 유리문을 달아 사시사철 쓸 수 있도록 했으며, 나아가 완전히 서구화한 주택에서는 '거실' 또는 '응접실'이라는 명칭도 사용했다. 이러한 명칭의 변화로 마루는 가족의 공용 공간 또는 손님 접대 공간으로서의 성격이 차츰 굳어졌다.

하지만 1950년대까지도 국민주택이나 초기의 아파트에서는 마루가 상당히 좁게 계획된 사례를 종종 볼 수 있다. 심지어는 거의 복도처럼 되어 있어서 통과 공간으로서의 역할만 할 뿐 손님 접대나 식사 행위 등 일상생활에는 이용할 수가 없었다. 손님 접대 공간이라고 하기에는 부엌으로부터 찻상 하나도 가져오기 어렵게 설계된 곳도 있었다. 대신 부엌에서 조리 행위를 능률적으로 하기 위해 대부분 찬마루가 계획되었는데 이것은 침실과 연결되어 방으로 식사를 나르는 데 이용하는 통로가 되었다. 이로써 침실이란 명칭에 무색하게 일상적인 식사 및 여러 행위가 그때까지도 방 안

다목적으로 사용되던 마루. 대청의 개념이 남아 있던 마루는 반외부 공간으로서 냉장고와 텔레비전 등 여러 세간들을 두고 다목적으로 이용되었다. 초기의 마루는 난방 설비가 되어 있지 않았지만 설비의 발달로 점차 내부 공간으로 사용되기 시작했다.

에서 이루어졌음을 알 수 있다. 전체 공간의 규모가 협소하여 불가피하기도 했지만 그동안 논의되어 왔던 식침 분리의 합리적 주생활에 대한 이상이 말 그대로 이상으로 머무를 수밖에 없었음을 보여준다. 1960년대에 이르면 식사를 마루로 나르도록 되어 방에서의 식침 분리가 어느 정도 이루어지는 과도기였음을 알 수 있다.

서구식 주택이 도입된 초기에도 마루는 전통 주택에서와 같이 '여름철 기거'를 위한 대청의 개념이 남아 있어 반외부 공간으로서의 성격을 그대로 유지하거나 또는 난방 설비가 되어 있지 않아 온돌과의 구분이 확실했다. 이후 마루는 설비의 발달로 인해 점차 내부 공간으로 사용되기 시작했다. 마루를 사시사철, 특히 겨울에도 사용하고자 하는 욕구는 보온과 난방에 대한 요구로 나타났는데, 단독주택의 거실은 국민주택 이후 당연히 유리창을 다는 것으로 인식되었다. 마루가 거실이라는 명칭을 사용하고, 그 난방 방식이 바닥 패널 난방으로 바뀐 이후에는 방과 다름없이 상시 거주하는 공간이 되었다. 이렇게 비로소 하나의 완전한 독립적인 거주 공간으로 거실의 기능이 확립된 것은 1980년대에 이르러서였다.

식사 공간의 등장

식사 공간을 따로 분리하여 계획한 사례들은 서구 문명이 들어온 이후에 지어진 한옥에서도 볼 수 있고, 1920년대경부터 짓기 시작한 양식 주택에서도 종종 나타났다. 그러나 이는 주로 상류계층의 주택에서나 볼 수 있었다. 식침 혼용의 생활이 타파해야 할 구태의연한 관습이라고 오래전부터 계몽해 왔지만 한국의 주거공간에서 그 관습은 꽤 오래 지속되었다. 이것

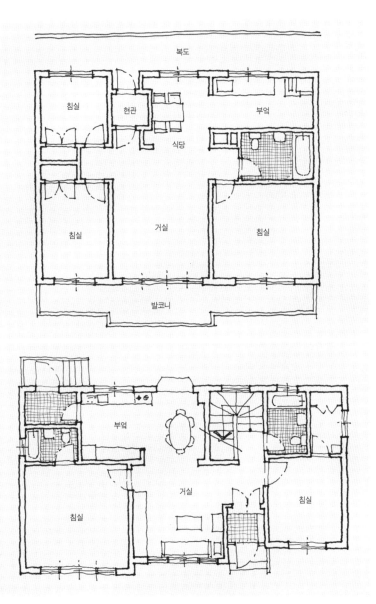

리빙 다이닝의 사례들. 위의 평면은 1976년에 건설된 잠실아파트이며 식당이 거실 쪽으로 개방된 리빙 다이닝 형식을 취하고 있다. 아래 평면은 1970년대 단독주택으로 역시 리빙 다이닝 형식으로 설계되었다. 거실에 인접한 식사 공간에는 식탁을 배치했다.

이 결정석으로 달라지게 된 계기는 1970년대 중반 서구적 생활을 전제로 한 중산층 아파트의 보급과 식탁의 도입이었다. 부엌을 입식화하고 식탁을 도입한 이후 식침 분리가 정착되었고 식사 공간은 주택 내 중심적 위치를 차지하면서 가족 교류의 공간으로 자리매김했다.

식사 공간이 도입되기 시작한 과도기에는 그 명칭이 다양했다. 우선 1970년대부터 주공아파트를 비롯한 많은 민간 아파트에서 '부엌' 대신 '주방' 또는 '주방 및 식당', '식당'이라는 명칭을 사용하기 시작했다. 대부분 부엌이라고 부르는 경우는 취사 공간이 독립적으로 분리되어 구성되었고, 주방이라고 부르는 경우에는 보통 거실 쪽을 향하여 개방되었다. 분리된 부엌은 과거의 관습대로 취사만을 위한 곳이었고 여기에 식사 공간은 따로 마련되어 있지 않았다. 그러나 '주방' 또는 '주방 및 식당'이라는 명칭은 일반적으로 이 공간에서 식사 행위가 이루어진다는 것을 뜻한다. 이때 대부분 부엌과 거실이 분리되어 있고 이곳에 식탁이 배치된 다이닝 키친dining kitchen을 말한다. 또한 '식당'이란 명칭이 붙은 경우는 거실 쪽으로 개방되어 식탁을 놓을 수 있는 리빙 다이닝living dining, 또는 리빙 다이닝 키친living dining kitchen의 성격이 강했다. 1980년대 이후 일반 단독주택의 평면에서는 다이닝 키친으로 설계된 식사실 겸 부엌을 많이 찾아볼 수 있다. 부엌은 아파트가 도입된 초기에 거주 공간과 격리되었던 것과 달리, 1980년대 이후에는 점차 가족 공동 공간에 인접하게 배치되었고 거실 및 식사 공간으로 개방되는 경향을 보였다.

입식 부엌 설비와 식탁의 도입은 경제적 요인이 작용하는 부분이다. 또한 취사 기능과 식사 기능을 분리하여 수용하기 위해서는 더 큰 면적을 필요로 했기 때문에 처음에는 중산층 이상의 계층에서부터 시작되어 점차 확산되었다. 1980년대 이후에는 아파트 단위세대 평면도에 식탁이 함께 표시되어 식사 공간이 보편적 주거문화로 확실하게 자리 잡은 것을 볼 수 있다. 1985년 서울·인천·수원 지역의 주거생활에 대한 조사[73]에 의하면 입식의 식탁을 사용하는 가정과 좌식의 밥상을 사용하는 가정이 거의 반반으로 나타났다. 이는 한 해 전인 1984년의 조사보다 식탁을 사용하는 가정이 9%나 증가한 것으로, 일 년 사이 상당히 큰 폭으로 증가했음을 알 수 있다. 그러나 이때 입식 부엌이 이미 83.5%나 보급되었던 상황임을 감안하면 부엌이 입식화된 상태에서도 여전히 밥상을 사용하는 가정이 꽤 많았음을 알 수 있다.

기능 분화의 정착

전쟁 후 지어진 공영 단독주택에서는 '안방'과 같은 공간의 명칭은 사라지고 모든 공간이 동등하게 '침실'이라는 명칭을 사용함으로써 그 기능이 명확해졌다. 그러나 이때 정작 각 공간의 명칭대로 주거생활이 이루어지지는 않았다. 더욱이 단독주택에서 각 공간의 기능이 단일화된 것은 아파트에서보다 훨씬 후의 일이었다. 특히 식침 분리가 쟁점이 되면서 안방과 거실은 그 기능에 있어서 항상 갈등을 일으켰고 크기와 위치는 설계자들에게 지속적인 논의의 대상이 되었다. 실제로 1970년대 말까지도 안방과 서구의 부부 침실과는 큰 차이가 있었으며 거실의 사용도 익숙하지 않았다. 따라서 안방은 안방대로 다기능이 요구되어 커지게 되고, 거실은 서구적 사고방식에 따라서 커지는 혼란이 있었다.[74]

　　한편 1970년대 보급된 대부분의 소규모 서민 아파트에서는 공간의 사용에 있어서 단독주택과 별반 다를 것 없이 여전히 식침 혼용의 관행이 유지되었다. 또한 거실과 침실이 명칭상으로는 달랐지만, 위치나 면적에서 거의 구분되지 않았다. 특히 33m²(10평) 내외의 소규모 아파트에서는 거실의 구분조차 없고 침실로만 내부 공간이 구성된 경우가 대부분이었다. 이때 방은 '침실'이라는 명칭이 붙어 있지만 거의 모든 것을 할 수 있는 다목적 공간으로 사용되었다. 이러한 특성은 공간의 면적을 절약한다는 점에서 그 의미를 찾을 수 있는데, 한 가구당 주거 면적이 충분하지 못했을 시기에 적합했던 공간 구성 방식이라 볼 수 있다. 이렇게 공적·사적 영역이 혼재된 구성은 1970년대 말부터 침실 등의 사적 생활 영역과 가족이 일상을 공유하는 거실 및 식사실 등의 공적 생활 영역이 뚜렷이 구분되면서부터 비로소 사라지게 되었다. 식탁이 자리를 잡게 되자 방에서 식사할 일도, 부엌의 살림이 거실까지 침범할 일도 없어졌다. 생활수준의 향상으로 주거공간의 규모가 커져 분화된 기능을 수용하기에 무리가 없게 된 것도 여기에 큰 영향을 미쳤다. 1970년대 아파트에서부터 보편적으로 사용된 거실이라는 용어는 이전에 '마루'라는 애매한 정의로 다양한 기능을 암시했던 것과 달리, 침실과 대비되어 취침 외의 주거 내 행위, 즉 휴식과 가족

1970년대 소형 아파트. 33m² 내외의 소규모 아파트로 거실이 없이 부엌과 방으로만 구성되었다. 이때 방은 거실과 식사실의 기능도 하여 다목적 공간으로 사용되었다.

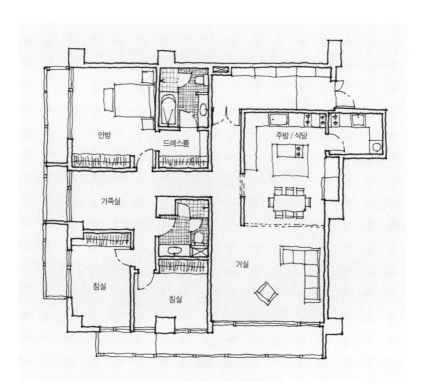

T 주상복합 아파트의 평면. 생활수준이 높아지면서 공간의 규모는 점점 커지고 실의 개수도 늘어남에 따라 주거공간은 기능적으로 더욱 세분화되었다. 거실에서 분화한 가족실을 따로 두어 가족만의 생활공간으로 활용할 수 있게 했으며, 주거 내 공적 공간과 사적 공간을 명확하게 구분했다.

단란의 공간을 암시했다.

이후 생활수준이 높아지면서 공간의 규모는 점점 커지고 실도 늘어났다. 이때 남는 실들은 다시 분화되어 또 다른 새로운 기능들을 수용하게 되었다. 결국 가족 공동생활의 기능과 접대의 기능을 동시에 수용하던 거실은 1990년대 후반부터는 이 두 기능이 분리되는 현상으로 나타났다. 주거공간 내에서 가장 중심이 되는 위치에 가장 넓게 자리 잡은 거실은 외부로 개방하는 접대와 체면치레의 공간으로 남아 있고, 가족이, 그중에서도

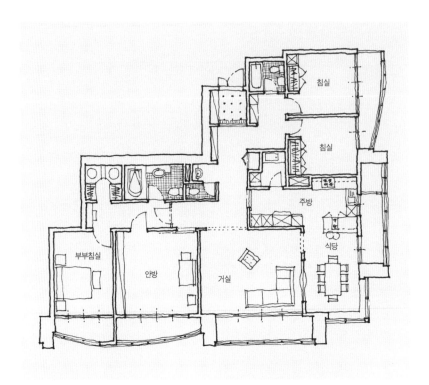

D **주상복합 아파트의 평면.** 욕실이 세 개로 구성된 사례로, 화장실을 공동으로 사용하던 것에서 개별적으로 사용하게 된 변화가 반영되었다. 부부용·자녀용·손님용 욕실로 사용할 수 있게 되어 있다.

특히 자녀들이 공동으로 친밀하게 사용하는 공동생활 공간은 좀더 깊숙한 곳에 위치한 '가족실'이라는 개념으로 분화한 것이다.

부부의 공간 안에서도 또 다른 기능적 분화가 일어났다. 1970년대 후반부터 대형 아파트에서는 안방에 딸린 부부 욕실이 등장했다. 한 주택 내에서 화장실의 개수가 증가하는 현상은 대형 아파트에서부터 소형 아파트로 점점 전파되어, 1980년대 중반부터는 부부 욕실이 99m²형(30평형)에서도 보편적으로 확산되었다. 상위계층에 대한 모방심리로 1990년대 후반부터는 66m²형(20평형)대의 아파트에도 두 개의 욕실을 배치하기에 이르렀다. 이후 부부 침실의 기능은 더욱 분화되어 1990년대부터는 부부 욕실과 함께 드레스 룸, 파우더 룸 등이 부가적으로 배치되기 시작했다. 가족 화장실도 공동으로 사용하던 것에서 개별적으로 사용하는 것으로 변화해 갔다. 대규모 아파트의 평면에서는 욕실이 세 개인 사례도 등장하는데, 부부용 욕실뿐만 아니라 자녀용 공동 욕실, 손님용 욕실 등으로 점차 분화되었음을 보여준다.

4
주거공간의 내실화와 입식화

전통적 생활양식과 내·외부 공간의 사용 방식

한국 주거의 고유한 문화적 요소는 바닥에 앉아 생활하는 좌식 문화이다. 좌식은 온돌 난방, 실내에서 신을 벗는 행위, 그리고 의자 및 침대 등의 가구를 사용하지 않는 것을 전제로 한다. 좌식의 기거 양식은 휴식·공부·담소·접대 등과 같은 정적인 행위가 대부분이고, 이는 주로 방과 대청에서의 생활에 해당한다. 반면 입식의 기거 양식은 노동을 위한 움직임, 신을 신고 외부로 빈번히 오가는 행위 등이 일어나는 작업 공간에 해당했다. 전통 주택에서도 부엌의 개수대와 조리대 등은 입식으로 구성되어 있었다. 아궁이에 불을 땔 때는 등의 정지된 작업 동작도 방이나 대청에서와 달리 바닥에 완전히 밀착된 좌식이 아닌 '쪼그리고 앉아서' 하는 방식이었다. 부엌은 외부 작업 공간과의 긴밀하고 신속한 연계를 필요로 했기 때문에 이러한 반입식의 기거 행위가 더욱 편리했던 것이다. 때문에 부엌은 마당과의 경계가 상당히 융통적이었고, 외부 공간과 거의 비슷하게 인식되었다.

한국 음식은 된장이나 고추장 같은 발효·저장 음식이 많기 때문에

전통 주택에서의 마당의 이용. 마당은 내부 공간의 연장으로 가족이 모여 식사를 하거나(왼쪽) 장을 담그고 누룩을 빚어 술을 담그는 등의 음식을 장만하는 작업 공간으로 사용되었다(오른쪽).

장독대가 필수적인데, 장독대는 안마당이나 뒤뜰에 위치하여 부엌에서 항상 들락날락하는 곳이었고, 우물가도 마찬가지였다. 김장, 장 담그기 등 연례적인 음식 장만은 부엌을 넘어 마당으로까지 작업 반경이 확장되는 것이 예사였으며, 잔치가 있으면 마당에서 많은 음식을 준비했다. 여름에는 마당에서 밥을 먹기도 했고 농가에서 곡식을 말리거나 베를 짜던 곳도 마당이었다. 전통 주택에서 마당은 가꾸고 바라보는 곳이 아니라 이렇게 일상적 생활에 필요한 공간으로 빈번하게 활용되었다. 부자들은 한두 가지 꽃을 심은 아담한 화단을 가꾸기도 했지만 진정한 의미의 장식용 정원은 드물었다.[75]

　　전통 주택은 여러 채로 구성되어 있어서 채에서 채로 이동하려면 마당을 통과할 수밖에 없었기 때문에 내부 공간과 외부 공간은 밀접한 관계를 형성했다. 대청은 마당 쪽으로 개방되어 있는 반외부 공간이었다. 일제 강점기의 개량 한옥에서도 대청은 전통 주택과 같은 전형적인 반외부 공간으로 안방과 건넌방 사이에, 부엌과는 직각을 이루는 위치에 배치되었

나. "마딩은 마루끼지 포함해서 1평방야드 남짓하다"는 당시의 기록[76]을 보면 대청과 마루는 그 경계조차 모호할 정도로 밀접했음을 알 수 있다. 실제로 이러한 소규모 개량 한옥의 마당은 대청과 거의 비슷한 규모로, 손바닥만 하다 해도 과언이 아닐 정도로 작았다. ㄷ자 또는 ㅁ자 형태로 건물에 둘러싸인 중정 형식의 마당은 생활의 중심이 되는 곳이었다. 이때 한쪽 방에서 다른 쪽 방으로 건너가기 위해서는 쪽마루를 통해 마당을 돌아 마루를 경유하여 지나가도록 되어 있었다. 마당을 통과하지 않고도 각 방으로 이동할 수 있는 동선이 형성되어 있어 '신을 벗지 않고도' 다른 방으로 쉽게 들락날락할 수 있는 구조였는데, 이는 전통 한옥과 상당히 다른 점이었다.

현관의 등장과 외부 생활 공간의 소멸

개량 한옥의 대청도 전통 한옥에서와 마찬가지로 통과 공간의 역할을 했다. 그 양쪽의 방은 쪽마루를 통해 들어가기도 했지만 전면으로 올라가 대

조해영 가옥의 현관. 전라북도 익산 함라면에 위치한 고택으로 일제강점기에 지어졌다. 전통 가옥에 일식을 절충하여 내실화한 현관을 설치했다.

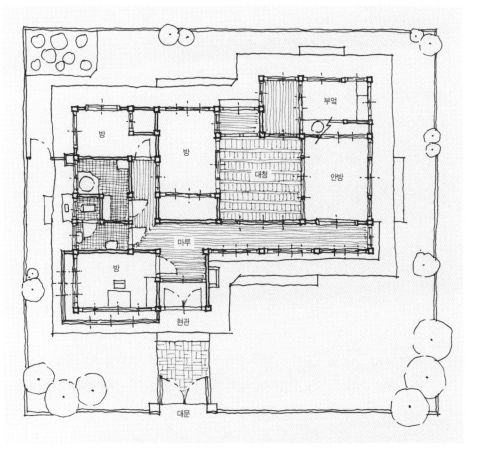

방

방

대청

부엌

안방

마루

방

현관

대문

1937년 '조선풍 주택설계'에서 당선된 설계안. 박길룡과 같은 시대에 활동한 건축가 오영섭이 설계한 것으로, 조선건축회 주최로 열린 주택현상설계에서 1등으로 당선된 안이다. 전통 한옥에 양식 주택의 현관을 도입하여 설치했다.

청을 통과해 진입하는 것이 일반적이었다. 대청은 곧 오늘날의 현관이기도 했다. 이러한 구조에 대해 건축가 박길룡은 우리의 생활이 서양 사람의 생활양식과 달라 신을 벗고 방에 들어가므로 신을 처리하는 장소, 즉 내실화한 현관이 필요함을 언급했다. 재래식 주택에는 신을 처리하는 장소가

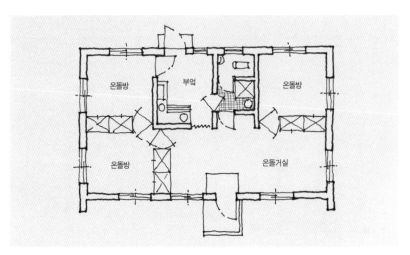

거실 전면 일부를 현관으로 할애한 1950년대 후반의 단독주택안. 1958년 보건사회부(현 보건복지가족부)가 주최한 제1회 전국주택현상설계에서 2등으로 당선된 안이다.

없어서 마루 끝에 신을 벗어 놓아야 하므로 보기에도 좋지 않고 비가 올 때는 신을 방 안에 들여놓아야 해서 불편하다고 했으며, 신발을 도난당하는 일도 생길 수 있다는 점을 지적했다.[77] 실제로 1930년대 중반 한식·양식 절충으로 지은 주택에는 '현관'이라는 용어가 등장했다. 언어학자 최현배崔鉉培의 행촌동 집은 언덕 위에 지은 아담한 단층 기와집이었는데, "현관을 들어서면 양쪽에 서재가 있었다"고 잡지 기사에 소개되었다. 남향한 서재는 자녀들의 공부방이고 북쪽 서재는 선생이 사용하는 연구실이었다. 그 다음으로 남향에 위치한 밝은 방은 안방이고 그 옆에 식모실이 있었다. 그러나 이때 거실 또는 마루에 대한 언급이 따로 없는 것으로 보아 대청을 곧 현관으로 여겼던 것으로 보인다.[78]

　아파트에는 마당이 없는 것이 당연했지만 초기의 아파트에는 현관문을 열고 들어온 후에도 신발을 신어야 했던 몇몇 반외부 공간이 존재했다.

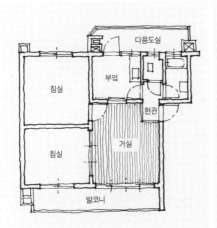

1964년에 건설된 **마포아파트(왼쪽)**와 1968년에 건설된 **인왕아파트(오른쪽)**. 둘 다 52.8㎡ 규모이며 현관에서 부엌, 화장실, 또는 다용도실로 직접 출입하는 동선으로 구성되었다. 부엌은 다른 공간과 바닥 높이에서 차이가 있었으며 다용도실 및 발코니와 연계되어 전통적 반외부 공간 사용의 관습이 남아 있었음을 알 수 있다.

1964년에 2차로 건설된 마포아파트와 같이 이 시기의 아파트에서는 현관에서 부엌, 화장실 또는 다용도실로 직접 출입하는 동선이 구성된 사례가 종종 있었다. 이는 현관을 반외부 공간으로 인식했고 부엌과 화장실, 다용도실은 방과 마루 등 주요 거주 공간과 다른 성격을 가진 반외부 공간으로 생각했기 때문이다. 이러한 사례를 통해 공동주택이라 하더라도 전통적 방식의 공간 개념이 남아 있음을 보여준다. 예를 들어 마포아파트에서는 부엌을 독립적인 실로 구성했는데, 이때 바닥도 시멘트로 마감하여 신을 신고 출입해야 했다. 그러나 이후 중앙집중식 난방이 도입되면서 부엌은 더 이상 안방에 인접하여 배치될 필요가 없었으며, 바닥 높이도 다른 공간과 같아져 내실화되었다. 부엌에서 신을 신지 않게 되었다는 것은 부엌을 거주의 공간으로 인식하기 시작했음을 뜻한다. 1970년대부터는 모든 아파트에서 부엌과 욕실이 완전히 내실화되었다. 단독주택에서도 부엌 및 대정과 같은 반외부 공간은 시간이 지나면서 현관의 등장과 함께 점차 내실화되었다.

여러 부속채나 마당에서 이루어지던 전통 주택에서의 생활은 아파트의 달라진 생활공간 안에 수용되어야 했다. 예를 들어 마당이 담당했던 기능들을 수용할 수 있는 공간이 필요해진 것이다. 아파트 생활에서 가장 불편한 점은 세탁물 처리와 장독대 문제였다. 그때까지만 해도 된장, 고추장, 간장 등의 식품을 집에서 담그는 것은 보통 가정에서 일반적으로 하던 일이었다. 아파트 거실의 전면에는 대부분 발코니라는 내·외부의 완충 공간이 구성되어 있었고, 거실 창은 1970년대까지 네 짝 미세기 유리창을 설치하여 발코니로 넓게 개방할 수 있었다. 하지만 초창기 아파트의 발코니는 여러 개의 큰 항아리들을 두기에는 공간이 부족했다. 서민 아파트에서는 장독을 둘 곳이 없어서 된장, 고추장 항아리를 밖에 내놓았고 발코니에는

1970년대의 부엌. 전통 주택에서와 같이 부엌에서도 외부 공간처럼 신을 신고 생활했다. 바닥은 시멘트로 마감되었고 바닥 높이도 다른 공간보다 낮았다. 이후 설비가 발달하고 부엌을 거주의 공간으로 인식하게 되면서 부엌은 점차 내실화되었다.

아파트 외부 공간에 놓인 **장독대.** 한국의 식생활 특성상 김치와 장을 담그는 일은 필수적이었고 전통 주택의 장독대처럼 큰 항아리들을 둘 공간이 필요했다. 서민 아파트에서는 장독을 둘 공간이 없어서 이처럼 외부 공간을 사유화해서 사용하는 경우가 많았다.

빨래가 그대로 바람에 날려 미관상 좋지 않았다. 1969년에 준공된 삼풍아파트에서는 이 문제를 해결하기 위해 장독대가 필요 없이 간장과 된장 등 필수 식품을 지하 슈퍼마켓에서 구입할 수 있도록 했고, 세탁은 아파트 중간층에 마련된 세탁실을 이용하도록 했다. 그러나 재래의 관습을 버리는 것이 쉬운 일은 아니어서 그다지 호응을 얻지 못했다. 원래 발코니는 내부와 외부의 소통 공간으로, 전망을 위한 휴식 공간으로, 그리고 피난을 위한 비상 공간으로 사용하기 위해 마련된 것이지만, 우리나라에서는 마당을 대신하는 생활 및 작업 공간, 그리고 수납 공간으로 점차 적극적으로 이용되기 시작했다. 거실 전면에만 있었던 발코니는 시간이 지나면서 모든 면에 설치되었고 그 폭도 더욱 넓어져 다목적으로 사용되었다.

　　공동주택이 도입되면서, 한국의 생활문화에서 필수적이었던 장독을 보관하고 가사 행위를 할 수 있는 공간이 함께 계획되었는데, 다용도실이 바로 그것이다. 한국의 식생활 특성상 김치와 장을 담그는 일은 해마다 되풀이해야 하는 필수적인 일들이며 이는 넓은 작업 공간을 필요로 했다. 과거 습식 공간이던 부엌에 싱크대가 도입되고 내실화되면서 물을 다량으로 사용해야 하는 이러한 작업에는 많은 어려움이 뒤따랐다. 이를 해결하기 위해 만들어진 공간이 바로 한국의 아파트에서만 볼 수 있는 다용도실이다. 처음에는 다용도실이 따로 계획되었지만, 시간이 지나면서 점차 부엌에 인접한 후면 발코니가 그것을 대신하게 되었다. 이 공간은 전래의 습식 반외부 공간이던 부엌을 수십 년 동안 대신해 왔다. 여기에 변화가 온 것은 다용도실이 '보조 주방'으로 바뀌면서부터이다. 1990년대 후반 아파트 분

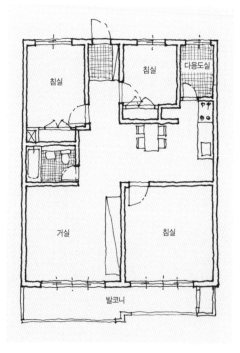

다용도실을 설치한 1980년대 아파트. 과거 습식 공간이던 부엌에 싱크대가 도입되고 내실화되면서, 세탁이나 식재료 다듬기와 같은 물을 사용하는 작업을 위해서는 습식의 다용도실이 필수였다.

습식 공간이 사라진 부엌. 1990년 대 후반부터 아파트에 보조 주방을 설치하면서 다용도실과 발코니가 하던 기능을 대신하게 되었다. 이 보조 주방은 부엌의 연장 공간으로 서 신을 신고 나가지 않아도 되게 끔 완전 내실화한 공간이다.

양 시 주부들의 눈길을 끌고자 했던 건설업체들은 새로운 아이디어를 제 시했는데, 이 보조 주방은 부엌의 연장 공간으로 신을 신고 나가지 않아도 되는 새로운 장소였다. 이 공간은 서비스 공간인 발코니를 전용면적으로 포함시키면서 내실화된 것인데, 김치나 장도 더 이상 집에서 담그지 않고 손빨래는 빌트인된 세탁기로 해결하니 물을 쓸 일이 없어졌기 때문에 가 능했다. 이로써 한국의 부엌은 다용도실 및 후면 발코니가 사라지고 완전 한 내실화를 이루었다.

한편 1980년대 이후 아파트의 거실 전면에는 네 짝 미세기문이 사라 지고 통창이 설치되었다. 이와 함께 발코니로의 출입은 좁은 유리 미세기 문을 통과하도록 최소화되어 거실과 발코니의 연계가 약화되기 시작했다. 거실의 전면창과 문은 출입을 위한 것이 아니라 전망의 확보와 채광, 그리 고 환기를 위한 것으로 바뀐 것이다. 식생활이 변하면서 마당의 역할을 했 던 발코니에 더 이상 장독대를 둘 필요가 없어졌지만 그럼에도 불구하고 거실 전면 발코니는 명목상 1990년대까지 유지해 왔다. 발코니와 거실을 가사 작업 공간의 연장선상에서 사용하던 습관이 어느 정도 유지되었기 때문이다. 그러나 발코니의 기능은 점점 더 약화되어, 건축법상 불법임에도 불구하고 발코니를 거실 공간으로 확장하여 사용하는 사례가 1990년대 중반부터 보편화되었다.

거실과 개인 공간에서의 가구 사용

주거공간의 기능 분화와 식침 분리, 내·외부 공간 사용 방식의 변화는 기거 양식의 변화와 함께 진행되어 왔다. 전통 주택에서 수납용 가구는 일반적으로 사용했으나 소파·식탁·의자 등의 신체 가구는 일부 상류층에서만 사용하는 것이었다. 식탁·소파·침대 등의 가구를 배치함으로써 식당·거실·침실의 성격과 기능이 확실하게 규정되는 것과 대조적으로 신체 가구를 사용하지 않으면 공간을 여러 용도로 활용할 수 있었다. 과거에는 방에서의 좌식 생활과 작업 공간에서의 입식·반입식 기거 양식이 분리되었지만 점차 거의 모든 공간에서 입식화가 진행되었다. 서구의 문화를 받아들이게 된 이후 서구식 입식 생활을 경험한 사람들은 좌식을 신체적으로 불편하게 느꼈으며, 아래의 글에서도 나타나 있듯이 좌식 생활을 여성의 신체에 결부시켜 상당히 부정적인 시각으로 바라보기까지 했다. 그러나 전통의 좌식 문화를 하루아침에 바꿀 수는 없었고, 입식화는 가구가 도입되어 정착하기까지 오랜 기간 동안의 조정 과정이 필요했다.

우리의 주택을 개조하는 데 가장 먼저 해야 할 과제가 좌식 생활을 의자식 생활로 개선하는 데 있다고 생각합니다. 세계 각국이 모두 의자식 생활을 하고 있다는 것은 의자식 생활이 좌식 생활보다는 어딘가 편리한 점이 있기 때문이 아닐까요. … 의자식 생활을 하는 나라의 여성들이 쪽 곧은 두 다리를 가진 데 비해서 좌식 생활을 하는 나라의 여성들은 병신에 가까우 리만큼 굽은 다리를 가졌다고 합니다. 이런 점으로 봐서 우리의 주택을 하 루 속히 좌식에서 의자식으로 개량해야 된다고 주장하고 싶습니다.[79]

　　한국 주거에서 가구의 도입은 서구의 영향을 가장 직접적으로 받은 부분이다. 주거의 근대화 과정에서 가장 우선시했던 '서구식 주생활'은 생 활의 합리화와 능률화, 편리성을 추구했는데, 이는 입식을 전제로 했고 내 부 공간 전체의 구조를 변화시키는 데 큰 역할을 했다. 특히 부엌은 기능적 인 요구에 따라서 전통적 요소와의 갈등 없이 가장 먼저 입식으로 정착한 공간이다. 이는 그동안 여성에게 신체적으로 부담을 주었던 비능률적인 부엌에 대한 개선 요구가 컸기 때문이다. 가구는 식당, 거실 등 가족 공동 생활 공간에서부터 도입되기 시작했다. 특히 식탁은 도입 이후 가장 빨리

가장 빨리 입식화가 진행된 부엌. 여성에게 신체적으로 부담을 주었던 비능률적인 부엌에 대한 개선 요구 가 컸기 때문에, 부엌은 기능적인 요 구에 따라 가장 먼저 입식으로 정착 한 공간이다.

1970년대 입식화한 아파트의 거실(왼쪽)과 아동실(오른쪽). 거실과 개인 공간에서 가구의 사용이 보편화되면서 주거공간에서의 입식이 완전히 자리를 잡았다. 거실에는 소파와 테이블로 구성된 응접세트를, 침실에는 침대를 두는 등 1970년대 중상류층 아파트에서는 입식 가구를 많이 도입했다.

확산되었는데, 이는 재래식의 좌식 밥상이 입식 부엌과 맞지 않았기 때문이다. 이후 가구의 사용은 점차 침실에까지 확산되었다.

1970년대 중상류층 아파트로 분류되었던 한강맨션아파트의 실내 장식 및 가구 사용의 실태를 조사한 연구에 따르면 이미 이들 아파트에는 서구식의 가구가 상당이 많이 보급된 것으로 나타났다.[80] 실내 마감과 장식에서도 카펫을 사용하는 등 입식에 적합한 서구적 요소를 많이 도입했다. 거실에 소파가 도입된 것은 근대화 과정에서 겪은 생활상의 변화와 관계가 깊다. 산업화 사회에서 규칙적으로 직장에 출근하는 남성에게 가정은 일터에서 돌아와 쉬는 장소가 되었으며, 때마침 등장한 텔레비전은 여가를 보내는 가장 유용한 수단이었다. 1986년의 조사에 따르면[81] 응접세트를 사용하는 비율은 전체의 49.7%로 이때까지 거실에서의 입식화가 반 정도 진행되었음을 알 수 있다.[82]

한편 입식 가구가 가장 마지막으로 도입된 곳은 개인 공간인 침실이다. 위의 조사에서도 침대를 사용하는 세대는 7.8%에 불과했다. 주거의 규

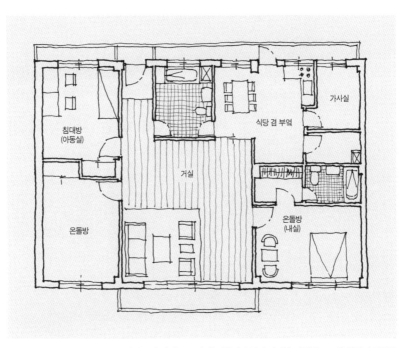

가구가 모두 배치된 아파트. 132㎡ 규모의 평면으로, 거실 왼쪽의 온돌방 하나를 제외하고 모든 공간이 입식을 전제로 설계되었다.

모가 작았을 때에는 보통 한 방에서 여러 명의 자녀가 요를 펴고 잤다. 이는 좁은 공간을 다기능적으로 융통성 있게 사용하는 데 효율적이었다. 그러나 주거 수준이 높아지면서 한 사람이 한 방을 사용하고자 하는 욕구가 높아졌고, 공간은 점점 개인화되고 분화되었다. 면적을 많이 차지하는 침대의 도입은 이러한 여러 요구와 상황에 맞물려 진행된 것이다. 침실에서 입식 가구의 사용이 정착되면서 침실의 바닥 마감재도 장판이 아니라 거실과 동일한 재료를 사용하는 것으로 바뀌었다. 한편 안방은 침대가 들어오고 입식화가 진행되면서 사적인 공간으로서의 역할이 더욱 강조되었는데, 이는 가구의 배치로 인해 다른 용도로 공간을 사용하는 데는 무리가 따랐기 때문이다.

전통적 생활방식의 유지

아파트의 공간 구성을 보면 한식·양식 문화의 충돌을 겪고 신·구 생활방식의 갈등을 경험하면서도 전통의 생활방식을 고수하는 부분이 곳곳에 남아 있는 것을 확인할 수 있다. 특히 아파트 도입 초기인 1970년대에 서구식 평면이 잠깐 시도되었다가 정착하지 못하고 단기간에 사라진 이후, 1980~90년대에 정착된 아파트의 평면 형식은 전통적인 것과 현대적인 것이 최적으로 조화된 것이라 할 수 있다. 우선 일부 시기를 제외하고는 전통적 사고방식으로 대청이 남쪽을 향해야 하고 집의 중심에 있어야 한다는 개념이 지속되어 거실을 항상 중앙에 배치했다. 특히 아파트 평면에서 전면이 3베이bay 이상으로 구성될 때 중앙의 베이는 반드시 거실이 차지했다. 또한 거실 계획의 주안점은 '넓어 보여야' 한다는 것이어서, 거실의 전

1970년대 여성지에 실린 바닥 장판 광고. 좌식 문화는 한국 주거공간의 고유한 특성이다. 입식화된 현대 주택에서도 바닥 난방을 중시하고 좌식 생활을 겸하는 한국적 생활방식을 위해 바닥 마감 재료로 장판을 사용하는 경우가 많았다.

면 폭을 최대한 넓게 확보해 주는 방향으로 계획되어 왔다. 이는 반개방적 성격을 갖는 대청의 전통적 뿌리가 깊기 때문이라 할 수 있다. 오늘날에도 아파트 거실의 창이 바닥 끝까지 내려와 발코니에 연결된 형태를 취하는 점은 과거 대청과 외부 공간의 관계가 남아 있는 흔적이라 할 수 있다.

서구식 입식 생활은 세련되고 편리했지만 오랜 세월 전해 내려온 전통적 생활방식과 많은 마찰을 빚었다. 그러나 시간이 지나면서 가장 뿌리 깊은 전통적 생활요소의 하나인 좌식 생활도 새로 도입된 입식의 생활문화와 절충되었으며, 공간의 물리적 특성 역시 두 생활방식을 포용하는 방향으로 공존해 왔다. 예를 들어 내부 공간의 모든 장소에서 가구가 사용되지만 신을 벗는 행위가 절대적으로 유지됨으로써 좌식의 주생활 양식은 여전히 유효하다. 또한 좌식·입식의 기거 양식과 난방 방식, 그리고 바닥의 마감도 서로 영향을 주고받으면서 변화해 왔다. 내부 공간의 물리적 특성이 전통적인 요소와 현대적인 요소를 융화하기 위해 많은 변화를 겪어 온 것이다.[83]

거실은 완전한 입식으로 정착하는 데 있어서 전통적 요소와 많은 절충 과정을 겪은 공간이다. 바닥 마감 재료로 1960~70년대에 많이 사용되었던 파케트리parquetry[84]나 카펫은 1980년대 이후 급격히 감소했으며 바닥 난방이 가능한 모노륨이나 미장 합판 마루로 대체되었다. 서구의 재료를 그대로 들여온 파케트리나 카펫 바닥은 실내에서 신발을 신고 완전한 입식 생활만을 하는 환경에는 적합했지만, 입식화된 현대 주택에서도 바닥 난방을 중시하고 좌식 생활을 겸하는 한국적 생활방식에는 부적합했기 때문이다.[85] 거실은 한국 주거공간의 특성이 현재까지도 많이 남아 있는 공간으로, 난방 방식 역시 좌식의 생활습관을 반영한다. 아파트 도입 초기에는 라디에이터 난방 방식이었으나 여전히 바닥에 앉는 것을 선호하면서

아파트에서의 좌식 생활. 오늘날에도 아파트에서 좌식 생활을 겸하고 있는 가정이 많다. 서양식 가구가 들어오고 입식화가 진행되었지만, 오늘날까지 좌식 생활방식이 병행되고 있다.

차츰 바닥 패널 난방으로 대체된 것이다.

　　소파와 의자, 중앙난방을 위한 라디에이터 등은 서구화를 동경했던 1960~70년대 우리나라 부유층의 거실 공간에서 많이 볼 수 있었다. 당시 소파의 배치는 손님 접대와 담소의 기능을 고려하여 ㄷ자나 병렬형 배치가 주를 이루었다. 그러나 이러한 배치 형식은 점차 감소하고 텔레비전을 중심으로 개방적 형태의 ㄱ자나 일자형 배치가 증가했다.[86] 또한 티테이블을 사용하기보다는 사이드테이블을 선호하는 것도 전통적으로 이어 내려온 융통성 있고 개방감 있는 실내 공간에 대한 선호, 그리고 필요에 따라 좌식으로 변용하고자 하는 요구를 반영한다. 마찬가지로 키 큰 붙박이장 대신 낮은 거실장을 선호하는 것 역시 오늘날에도 좌식 생활을 겸하는 한국적 생활방식에 맞게 가구를 선택하는 것이라 할 수 있다.

서구적 주생활이 우리의 현대 주택에 자리 잡기까지는 많은 시행착오와 갈등을 경험했다. 특히 주거 내부 공간의 변화는 그 안에서 영위되는 가족의 일상생활과 직접 연관되기 때문에 더욱 민감하게 반응하고 적응해 왔다. 오늘날에도 제사, 차례 등의 전통적 의례 행위는 물론이고, 비일상적인 가사 활동과 여가 행위는 거의 모두 거실에서 이루어져 거실은 다목적 공간의 성격이 강하다. 그리고 많은 손님이 모였을 때 식사는 가장 넓은 공간인 거실에 큰상을 차리고 좌식으로 하게 된다. 하지만 중요한 손님이 왔을 때에는 찻상을 부엌에서부터 거실 혹은 안방으로 나르는데, 이는 안방에서의 기능 혼재가 유지되는 흔적을 엿볼 수 있는 사례이다. 한국의 현대식 주택에서 중심의 위치를 차지하는 거실의 변화는 이러한 시행착오를 거쳐 다시 절충된 생활방식으로 정착하는 과정을 보여주는 대표적 사례이다.

4

생활의 견인차,
기기와 설비

1
난방의 변천사

나무 때는 아궁이

온돌은 오래 전 고구려의 장갱長坑1)에서 유래되어 발전해 왔다. 고려시대
에는 『동문선』東文選 「공주동정기」公州東亭記에 "겨울에는 따뜻한 방, 여름에
는 시원한 마루"(冬以燠室 夏以凉廳)라는 기록이 있듯이 집 안에 온돌과 마루
가 함께 설치되었음을 알 수 있다. 초기에는 노인과 아이들을 위해 온돌을
한두 칸 마련하여 사용하다가 조선시대를 거치면서 고유의 난방 방식으로
자리 잡았다. 일반인들이 널리 사용한 전면 온돌은 아궁이에 불을 때서 방
바닥 밑의 구들장을 데워 그 열이 사람에게 직접 전달되거나 방 안의 공기
를 데우는 방식이다. 주로 아침과 저녁에 아궁이에 불을 지펴 구들을 데우
고 그 축적된 열을 일정 시간 지속적으로 사용했다. 온돌은 우리나라 전역
에 분포된 풍부한 양질의 점토와 화강석을 이용해 비교적 간단한 방식으
로 만들 수 있었다. 사용되는 연료도 손쉽게 구할 수 있는 잡초와 잡목, 짚
이나 왕겨 등이었기 때문에 온돌은 오랫동안 고유의 난방 방식으로 애용
되면서 우리의 생활양식에 지대한 영향을 미쳤다.

안동 하회마을 북촌댁의 고래와 구들장(왼쪽). 전통적인 난방 방식인 온돌은 아궁이에서 불을 때면 화기가 고래를 통해 전달되어 구들장을 데운다.
경북 청송군 계당리 마을의 민가 부엌(오른쪽). 부엌 아궁이는 전통 주거에서 가장 중요한 난방 시설이었으며 아궁이 불씨를 꺼트리지 않도록 화로에 담아 보관했다.

전통 주거에서 온돌아궁이는 일반적으로 취사와 난방을 하는 데 동시에 사용되었다. 함실아궁이[2]처럼 난방만 하는 경우도 있었지만 대부분 아궁이를 이용하여 부뚜막을 만들고 솥을 걸어 취사나 물 끓이기 등을 하면서 동시에 난방을 했다. 장작으로 아궁이에 불을 피우기란 매우 번거로운 일이었다. 가장 신경을 써야 하는 일은 부엌 아궁이의 불씨를 꺼트리지 않는 것이었다. 이 때문에 불씨와 재를 화로에 담아 보관했으며, 시어머니가 맏며느리에게 불씨를 넘겨주는 것은 상징적으로 살림의 주도권을 넘기는 것을 뜻했다.

불씨가 있어도 장작에 불을 지펴 그 불이 제대로 살아나게 하려면 아낙의 힘겨운 노력이 필요했다. 불이 완전히 자리 잡을 때까지 불을 피우는 사람은 매운 연기를 눈물로 씻어가며 아궁이 앞을 떠날 수 없었다. 처음엔 잔가지에 불씨를 옮겼다가 불이 일면 제법 굵은 장작을 넣어두는데 오랜 시간 동안 지속될 수 있도록 중간 중간 장작을 넣고 불의 위치를 다잡아 주

땔감 마련에 동원된 어린이들(왼쪽). 땔감을 구하는 일은 중요한 월동 준비의 하나였고, 아이들까지 동원되어 나무를 해와야 했다.

농촌의 재래식 부엌(오른쪽). 1940년대 후반에 화석 연료가 사용되기 시작해 1960년대 초에는 연탄아궁이가 널리 보급되었지만, 농촌에서는 여전히 아궁이에 불을 때서 난방과 취사를 해결했다.

어야 했다. 연기가 잘 빠지지 않았기 때문에 부엌의 벽과 천장에는 지나간 세월만큼 숯검정이 검게 들러붙었으며 이를 제거하는 것도 부엌 안주인의 몫이었다.

아궁이에 지필 땔감을 구하는 일은 중요한 월동 준비의 하나였다. 가을걷이를 끝낸 농가에서는 온 가족이 땔나무를 하러 산으로 가야 했다. 그러나 조선시대 들어서는 일반인의 벌목을 금지하면서 이것조차 여의치 않았다. 그래서 뒷동산에 가서 누렇게 쌓인 마른 솔잎을 긁어 오거나 좀더 깊은 산속으로 들어가 죽은 나무의 잔가지와 솔가지 삭정이 등을 구해 와야 했다. 그래도 땔감이 부족할 땐 늦은 밤 몰래 야산에 가서 나무를 베어 오기도 했다. 땔감으로는 참나무가 가장 좋았는데 그것을 쪼개서 한쪽에 차곡차곡 쌓아 놓는 것은 남자들의 몫이었다. 쌀농사가 위주였던 평야 지대에서는 왕겨나 볏짚을 연료로 썼다. 그러나 도시에서는 일반 가정에서 땔감을 직접 마련하기가 어려웠으므로 사서 때야 했다. 그래서 중소도시의 장터나 한양의 사대문 근처에는 새벽마다 나무장이 섰다. 가을이면 집집마다 월동용 땔감을 마련해야 했기 때문에 나무장사들에게는 그때가 대목이었다. 일제강점기 들어 일본인들이 연탄공장을 세워 경성의 일부 지역에 19공탄이 소개되었다. 그러나 이를 때는 방법이 개발되지 않았기 때문에 거의 보급되지 않았다. 대부분 사람들은 연탄의 존재를 모르고 있었고, 여전히 부뚜막에 불을 때서 밥을 하고 물을 데워야 했다.

온돌 난방과 좌식 생활은 주거공간의 전용성轉用性을 가능하게 했다. 한 방에 여러 가족을 수용하기에 적합했으며 일상의 다양한 행위를 수용할 수 있었다. 또한 온돌의 구조상 자연스럽게 나타나는 윗목과 아랫목의 온도 차이는 방을 사용하는 사람들 사이의 위계에도 영향을 미쳤다. 하회마을의 양진당養眞堂에서처럼 시어머니와 시누이가 한 방을 쓰거나 월성손동만孫東滿 가옥처럼 동서간에 같은 방을 쓰는 경우 손윗사람이 따뜻한 아랫목을 차지함으로써 가족 구성원 사이의 위계 질서가 은연중에 형성되었다.[3] 그러나 침대 생활을 하는 서양 사람들은 이러한 조선의 온돌 난방 방식이 비록 경제적이기는 하나 통풍이 되지 않고 비위생적이어서 문제가 많다고 생각했다.[4] 1904년 조선을 방문했던 스웨덴 기자 아손 그렙스트W. A. Grebst는 "한국 사람들은 밤마다 펄펄 끓는 방바닥 위에서 빵처럼 구워지는 게 아주 습관이 되어 있다"고 기록하고 있다.

개항이 되면서 선보인 양식 주택은 그 모양새뿐 아니라 시설과 설비에서도 기존 주택과는 다른 새로운 것이었다. 양식 주택에서는 새로운 난방 방식이 등장했는데 전통적인 난방 방식과 비교하여 위생적이고 합리적인 것으로 소개되었다. 기존에 방바닥을 데우던 온돌 구조와 달리 쇠파이프를 통해 들어온 뜨거운 김이 쇠로 된 라디에이터를 데우는 스팀 난방 시설은 서구식 난방 방식으로의 첫 시도로 기록되어 있다. 그러나 새로운 난

서구의 난방 방식을 도입한 이준구 가옥. 일제강점기에 지은 문화주택으로 벽난로와 스토브 같은 서구식 난방 설비를 적극적으로 도입한 사례이다. 박공지붕에 벽난로 굴뚝이 설치되어 있다.

방 방식에 적응하지 못하는 모습이 일상생활에서 드러나기도 했다.

　한 예로 개화기 때 이화학원 기숙사 건물에 새로운 스팀 난방을 도입했는데, 이에 기숙사생과 일반인 들이 보인 반응은 냉담했다. 당시 기사에는 "방에는 얼음 같은 마루방뿐 다수한 여자는 냉증을 얻는다"는 내용이 있었고, 여학생들은 인터뷰에서 "여자의 몸으로 말하기는 어떠합니다만 생식에도 관계가 있는 듯하여요"라고 대답하기도 했다. 이는 "쇠김(스팀)으로 인해 양기가 음기를 죽인다"는 소문과 당시 널리 퍼졌던 배외사상排外思想 때문인 것으로 회고되고 있다.[5] 결국 서구적 난방 방식인 스팀 난방은 바닥 난방을 근거로 한 한국적 생활양식과 전통적인 인식의 벽을 넘지 못했다. 이러한 부적응으로 인해 라디에이터라는 난방 장치는 정착하지 못한 채 사라지는 운명을 맞이했다. 이후 라디에이터는 아파트 도입 초기에 다시 잠시 등장하지만 곧 다시 온돌 형태의 패널 난방으로 대체되었다.

일제강점기 문화주택은 서구적 난방 방식을 적극적으로 도입했다. 1922년 창간된 잡지 『조선과 건축』에 실린 일제강점기 상류층 조선인 주택의 난방 설비를 살펴보면, 전통 주택의 재래식 온돌과 개량 온돌, 라디에이터를 이용한 온수 난방, 스토브, 페치카 등을 혼용했음을 알 수 있다. 이는 당시 서구식 주택 구조에 적합한 난방 설비가 완전히 자리 잡지 못한 것으로 이해할 수 있다. 1920년대에 지어진 문화주택은 난로와 페치카가 주된 방식인 것에 비해 1930년대에는 다시 온돌로 회귀한 사례[6]도 있었다. 서구화 양상으로 도입된 주택 설비는 한국적 일상생활에 적응하지 못했고, 그 결과 갈등과 조정 과정이 나타났던 것이다.

한편 일제강점기에 주로 일본인들이 건립한 아파트에서는 전통적인 난방 방식이 전혀 수용되지 않았다. 이런 아파트는 주로 일본인 임차인을 대상으로 독신이거나 소가족을 이룬 중산층 봉급생활자들에게 임대되었는데, 다다미가 설치된 전형적인 일본식 주거였고 온돌이 설치된 사례는 없었다.[7] 반면 조선주택영단이 주택을 대량으로 건설하기 위해 마련한 표준설계도에는 '온돌방 하나 이상'을 원칙으로 하고 있다.[8] 그리고 경성 이남에서는 온돌방이 있는 집과 없는 집을 반반씩 공급하도록 했다. 이처럼 조선주택영단에서는 온돌방과 다다미방이 혼재된 주택을 공급함으로써 일본식의 국부 난방 방식과 한국식 온돌을 절충하여 기후에 적응하고자 한 일면을 볼 수 있다.

연탄아궁이 시절

1940년대 후반에 들어서면 취사나 난방 연료로 나무와 숯의 사용이 억제되고 토탄, 유연탄, 무연탄 가루[9] 같은 화석 연료가 사용되기 시작했다. 1947년 최초의 연탄 제조업체인 대성산업이 민족자본으로 설립된 이래 1963년에는 군소 연탄 제조업체의 수가 400여 개에 달할 정도로 1960년대 초 연탄 산업은 전성기를 맞이했다.[10] 이는 당시 정부의 강력한 산림보호정책으로 산에서의 연료 채취가 철저히 봉쇄된 데서도 그 이유를 찾을 수 있다. 구공탄 또는 구멍탄으로 불리던 연탄은 화력이 좋고 일정 온도로 오랫동안 탔으며 저렴한 가격에 다루기도 편리하여 특히 주부들 사이에서 순식간에 인기를 끌었다. 연탄이 처음 나왔을 때는 기존 부엌의 구조와 맞지 않아 군불을 지피는 장작불 위에 올려놓고 보조적으로 사용했다. 연탄 보급을 획기적으로 촉진한 것은 불에 구운 토제관土製管을 사용하면서부터이다. 이때부터 연탄 갈기가 쉬워졌고 부뚜막에도 이 방식을 적용할 수 있게 되었다.

연탄아궁이를 갖춘 서민 가정의 부엌. 1960년대 들어 연탄이 본격적으로 사용되기 시작했는데, 이때 연료만 땔감에서 연탄으로 바뀌었을 뿐 부엌의 구조는 달라진 것이 없었다. 그러나 장작을 계속 넣어줄 필요 없이 하루에 두세 차례 시간 맞춰 연탄을 갈아 넣기만 하면 하루 종일 불을 쓸 수 있어서 당시에는 연탄아궁이를 두는 것이 주부들의 소망이었다.

월동 준비의 하나인 연탄 들여놓기(왼쪽). 겨울 초입에 연탄을 들여놓는 일은 김장과 함께 중요한 월동 준비였다. **1970년대 여성지에 실린, 연탄 사용 문화를 보여주는 만화(오른쪽).** 연탄 사용이 늘어나면서 연탄은 우리 생활에 없어서는 안 되는 귀한 것이었다. 연탄을 도둑맞지 않도록 금고에 보관하고, 시집가는 딸에게 연탄을 보내주며 부모는 솥방울을 때겠다고 묘사한 만화를 보면 당시 우리 생활에서 연탄을 얼마나 귀하게 여겼는지를 엿볼 수 있다.

연탄이 본격적으로 사용되기 시작하자 당시 주부들의 소망은 부엌에 연탄아궁이를 두는 것이었다. 하루에 두세 차례 시간 맞춰 연탄을 갈아 넣기만 하면 따로 불을 지필 필요가 없이 하루 종일 불을 쓸 수 있었다. 매운 연기를 마시며 불 앞에 앉아 장작을 계속 넣어 주는 불편함에 비하면 연탄아궁이를 갖는 것은 꿈같은 일이었다. 연탄아궁이의 일반적인 형태는 붙박이식 또는 고착식으로 화덕을 그대로 아궁이에 넣고 난방과 취사를 하는 방식이다. 약간 변형된 형태인 레일식은 연탄 화덕에 바퀴를 달아 구들장 아래로 죽 밀어 넣었다가 연탄을 갈 때는 다시 끄집어 당겨 꺼내는 방식이었다. 레일식의 경우 연탄 화덕이 놓이는 부분 바로 위의 방바닥은 동그랗게 타기 일쑤였다.

아궁이가 장착된 방과 달리 난방이 되지 않는 마루에는 보통 겨울에 난로를 설치했다. 연탄이 타고 있는 난로 위에 떡이나 밤을 구워 먹기도 하고 큰 주전자를 올려놓고 물을 끓이기도 했다. 겨울 초입에 난로를 설치하고 연탄을 들여놓는 일은 김장과 함께 매우 중요한 월동 준비였다. 기본 단위가 천 장, 이천 장이었으며 목돈을 들여 한꺼번에 사다가 연탄광에 차곡차곡 쌓아 놓으면 마치 큰일을 해낸 듯이 뿌듯해 했다. 새마을운동의 일환으로 1970년대 초부터 시작된 농촌주택 개량사업에서도 재래식 아궁이를 연탄아궁이로 교체하는 일은 중요 사업 중의 하나였다. 이렇게 연탄의 사용이 늘어나자 연탄 수급에 차질이 생기는 일도 있었다. 연탄의 질이 떨어지고 가격이 오르면서 서민들은 불만이 많았으며 농촌에서는 재래식 아궁이를 다시 사용하기도 했다. 1970년대 초에 소개된 만화를 보면 우리 생활

연탄아궁이가 설치된 잠실아파트. 1970년대에 건설된 아파트로, 방마다 연탄아궁이가 설치되어 있다. 시간 맞춰 연탄을 갈아주고 연탄재를 내다버리기에 불편했으며 연탄가스 중독도 당시엔 심각한 문제였다.

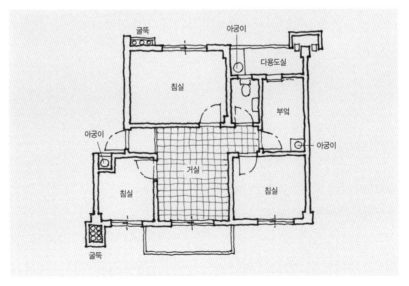

에서 연탄을 얼마나 귀하게 여겼는지를 알 수 있다.

그러나 연탄아궁이가 마냥 좋은 것만은 아니었다. 불을 붙이는 것 역시 쉽지 않았고 하루 세 번은 시간 맞춰 방마다 탄을 갈아주어야 했다. 게다가 연탄재와 가루로 부엌이 지저분해졌고 연탄재를 내다버리는 것도 쉽지 않았다.[11] 또한 연탄가스 중독은 심각한 문제였는데 연탄이 탈 때에 발생하는 유독성 가스 때문에 부엌에서 많은 시간을 보내는 대부분의 주부들은 연탄가스 만성 중독자가 되었다. 구들장에서 연탄가스가 새어 문틈으로 스며들어 해마다 많은 사람들이 연탄가스 중독으로 목숨을 잃는 일이 부지기수였다. 당시 연탄가스에 대한 공포와 긴장은 대다수의 국민이 공감하던 것이었다. 자다가 방으로 새어 들어온 연탄가스를 마시고 정신을 잃어 병원으로 실려 갔다는 이야기, 동치미 국물을 먹거나 소주 냄새를 맡고 정신이 들었다는 이야기는 1960년대 연탄을 때면서 살았던 사람이라면 전혀 생소한 것이 아니었다. 이런 문제를 예방하기 위해 정부는 '연탄가스 경보'를 발동하기도 했다. 나무 땔감을 사용하던 아궁이에서 벗어나게 해준 연탄의 고마움도 잠시, 연탄아궁이의 이 같은 불편은 1960년대 후반 들어 새로운 난방 설비로의 교체를 서두르게 했다.

난방의 신기원, 연탄보일러

연탄가스 중독을 막고 열 손실을 줄이기 위해 나온 것이 1960년대의 연탄보일러이다. 연탄보일러를 사용하는 주택에서는 보통 온돌방에는 바닥에 파이프를 깔고 응접실(거실)이나 침대식 방에는 라디에이터로 불리던 방열기를 설치했다. 연탄보일러는 보일러에서 직접 연통을 통해 배기되기

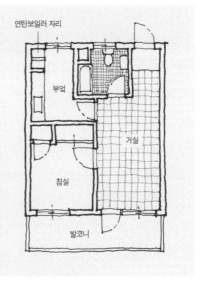

연탄보일러의 사용(왼쪽). 연탄보일러는 연탄가스 중독을 막고 열 손실을 줄이기 위해 개발되었다. 보일러에서 직접 연통을 통해 가스가 배출되기 때문에 연탄아궁이에 비해 가스 중독 사고의 위험이 적었다.
연탄보일러가 설치된 마포아파트(오른쪽). 당시 마포아파트는 개별 온수 난방 방식으로 건설되었는데, 연탄으로 데운 온수를 순환시켜 각 방의 패널 코일과 라디에이터로 공급하여 난방을 했다.

때문에 연탄아궁이에 비해 연탄가스의 위험이 적었다. 또한 값도 싸고 구조가 간단해서 연소 기관만 있으면 유류와 겸해서 사용할 수 있다는 장점이 있었다. 토종 연탄보일러의 개발은 열손실을 최소화하고자 한 바람에서 시작되었으며, 이 같은 성공은 이후 서민들의 난방에 크게 기여했다.[12)

　　우리나라 최초의 단지식 아파트인 마포아파트(1962)는 오늘날 귀뚜라미 보일러의 전신인 '신생보일러'가 개발한 연탄보일러를 설치하여 개별 온수 난방 방식으로 지어졌다.[13)] 보일러 상부 중앙에 연탄을 넣어 물을 40~60도의 온수로 만들고 각 방의 패널 코일과 라디에이터에 공급하여 난방을 했다. 냉각된 물은 다시 보일러로 환수, 재가열하여 순환시켰다. 이 보일러는 샤워용 온수도 공급했고, 보일러 덮개를 만들어 취사도 할 수 있었다. 처음에는 위험성에 대한 비판이 있었지만 차츰 편리성과 안정성을 인정받아 일반 가정으로 확산되었다.[14] 1970년대 초에는 '새마을보일러'라는 이름으로 당시 주부들에게 많은 호응을 받았던 난방 설비가 등장했다. 그러나 새마을보일러는 연탄 화력이 좋으면 아궁이 위의 물통에서 부글부글 끓는 소리가 나고 물을 보충해 주지 않으면 고무호스가 달라붙곤 하여 주부들이 물을 보충하는 데에 많은 신경을 쓰곤 했다.[15] 전반적으로 도시를 중심으로 연탄보일러의 사용이 늘어난 시기가 바로 이때부터라 할 수 있다.

연탄보일러는 1980년대까지도 서민용 난방 방식으로 많이 사용되었지만 그 성능은 시원치 않았다. 시영아파트의 한 거주자가 쓴 아래의 시에는 무용지물인 연탄보일러 때문에 겨울나기가 힘들었던 당시 서민들의 애환이 잘 묻어나 있다. 연탄보일러 설비가 취약했던 좁은 아파트는 서민들의 생활을 더욱 힘들게 했고, 연탄보일러의 물 끓이는 소리는 시끄러운 또 하나의 소음원이었다.

열세 평짜리 시영아파트 연탄보일러는
밤새도록 시끄럽게 끓기만 한다.
대학교를 졸업하고 육 년 동안
아내와 내가 죽어라고 안 써서 얻은 전셋집
그것도 여기저기 앞 번호 곗돈 안고 얻은 집
연탄보일러는 밤새도록 끓기만 하고
구들장은 뜨거운 불 맛을 생전에나 봤는지
냉골이다 냉골이다 물 끓는 소리만 시끄럽고
아내와 나는 밤만 되면 죽어라고 껴안는다.
사랑해서가 아니라 죽고 못 살아서가 아니라

팔다리가 저리도록 껴안는 것은
춥기 때문이다 떨리기 때문이다.[16)

    연탄보일러는 에너지 이용 효율이 낮은 문제점과 가스 배출 문제 등으로 인해 경제적 여유가 있는 계층을 시작으로 점차 그 사용이 줄어들었다. 마침 1967년에는 연탄 파동으로 연탄 수급에 어려움을 겪자 그 해 초 겨울 일본으로부터 석유풍로와 가정용 소형 오일버너가 항공편으로 급히 수입되었다. 뒤이어 공업용 오일버너도 대량으로 도입되면서 연탄을 때던 보일러가 기름보일러로 전환되는 계기를 맞이했다. 일찍이 1968년에 기름 보일러를 설치한 새 단독주택으로 이사를 했던 오모 씨(1936년생)는 당시를 이렇게 회상했다.

이층 양옥이었는데 보일러는 지하실에 설치를 해서 부엌에서 지하실로 내

골목길에 쌓인 연탄재. 연탄은 1980년대까지 서민들의 난방 및 취사 연료로 사용되었으며, 연탄재는 당시 가정에서 배출되는 쓰레기 중에서 가장 많은 양을 차지했다. 주택가에서는 집집마다 내다버린 연탄재가 골목길에 쌓여 있는 모습을 흔히 볼 수 있었다.

석유난로. 연탄난로와 함께 석유 난로는 보조 난방 기구로 널리 사용되었다.

려가는 계단을 만들었어요. 거실에는 라디에이터를 두고 방에는 온돌을 깔았는데 기름 아끼느라 시간 맞춰 보일러를 돌리고 그랬어요. 연탄을 갈지 않아도 되니까 편하긴 했지만, 그때 경유를 사용했는데 기름 값이 엄청 났어요. 기름 넣는 날이 되면 기름차가 와서 대문을 활짝 열고 마당 한가운데에 있는 기름 탱크 뚜껑을 열고 호스로 직접 기름을 채웠지요. 그 당시만 해도 기름보일러가 흔치 않았기 때문에 온 동네 사람들이 모여들어 기름 넣는 것을 구경하고 그랬어요.[17]

기름보일러는 연탄가스 사고의 위험이 전혀 없고 연탄을 갈지 않아도 된다는 편리함을 동시에 가지고 있었다. 때문에 1970년대 중반 이후부터는 급성장하기 시작했으며 1980년대 들어서는 중산층을 위한 주요 난방 방식으로 자리를 잡고 새로운 난방 보일러의 시대를 열어 나갔다. 1980년대 중반부터는 보일러 시장을 선점하기 위한 보일러 업체들의 경쟁이 치열하게 전개되면서 가정용 보일러의 성능은 크게 향상되었다. 또한 석유를 이용한 보조 난방 기구의 사용도 꾸준히 증가했다. 1970년대 초에는 가스가 연료로 도입되었으나 처음에는 미미한 정도였으며, 1979년 2차 석유 파동을 겪은 이후에야 새로운 에너지원으로 관심을 받으면서 빠르게 보급되기 시작했다.[18]

중앙난방 시대, 그리고 바닥 난방으로의 회귀

1960년대 전후의 아파트는 단독주택과 마찬가지로 대부분 가구별로 난방을 하는 개별난방 방식으로 지었으며 연탄아궁이 또는 연탄보일러를 이용했다. 개별난방과 달리 중앙난방 또는 중앙집중식 난방은 중앙기계실에 있는 보일러를 이용하여 한곳에서 데워진 물을 강제 순환시켜 각 가정에 난방과 온수를 공급하는 방법이다.

중앙난방 방식이 건물에 처음 도입된 시기는 1930~40년대인데[19] 도입 초기에는 주로 호텔, 백화점, 관공서 등 비주거용 건물에서 이용되었다. 아파트에는 1967년 외국인을 대상으로 계획된 한남동 외인아파트에서 처음으로 시도되었다. 이후 1970년대에 대한주택공사에서 공급한 한강맨션아파트, 반포아파트, 영동 AID아파트 등의 대형 아파트 단지나 1970년대 중반 이후 민간 건설업체가 공급한 대부분의 고층 아파트들이 중앙난방 방식으로 지어졌다. 맨션이라 불리던 아파트는 수세식 변소와 더불어 중앙난방으로 난방과 온수 공급이 이루어져 편리한 현대 생활의 대명사가 되었다. 실제로 "이제 아파트는 온수 난방 시설로 디럭스판 아파트를 세우지 않으면 안 나간다"는 이야기까지 나오게 되었다.[20] 중앙난방은 연탄 가는 걱정을 할 필요가 없는데다가 기름보일러를 쓰는 단독주택에 비해서 관리비가 싸고 보일러 고장으로 소동을 피울 일도 없어 매우 편리하게 여겨졌다.[21] 하지만 정해진 기간과·시간에만 난방이 되고 사용하든 안 하든 주택의 규모에 따라 일률적으로 난방비를 내야 하며 같은 동에서도 층에 따라 온도에 차이가 나는 등 문제점이 제기되었다. 15층 정도의 고층 아파트에서는 소위 '로열층'이라는 말도 생겨났다. 대개 7~9층을 일컬었는데, 다른 이점들도 있었으나 가장 큰 이점은 적절한 난방 효과였다. 14, 15층은 너무 덥고, 1층은 너무 추웠던 것이다. 그래서 난방 공급을 1층에서 7층까지, 8층에서 15층까지 이원화하는 방식도 한때 도입되었다. 이런 이유로 1980년대 후반 들어 중앙난방의 대안으로 개별 가구에 보일러를 설치하는 개별난방 방식을 선택하는 단지가 늘어나기 시작했다.

바닥을 데울 것인가, 공기를 데울 것인가 하는 문제는 난방에 있어 또 다른 차원의 문제였다. 전통적인 온돌 난방과 서구식 난방 방식 사이의 갈등과 시행착오는 서구식 주거문화가 유입되던 개화기부터 시작되어 오랫동안 지속되었다. 중·상류층 이상을 대상으로 한 마포아파트(1962)와 한강맨션아파트(1970)는 모두 라디에이터 방식으로 계획되었다. 그러나 같은 시기에 지은 서민 아파트인 문화촌아파트와 정릉아파트(1967)에서는 온돌 난방이 적용되었다. 이는 계층에 따라 난방비 지출이 다른 것을 고려했기 때문이었다. 이를 통해 당시의 계획가들은 서구식 아파트에서의 입식 생활을 진보된 주생활 양식으로 여기고 있음을 알 수 있다.[22] 하지만 당시 마포아파트에 입주한 한 주부의 일기에는 난방에 대한 불만과 온돌에 대한 그리움이 잘 묻어난다.

날씨는 계속해서 추워지기 시작한다. 굳이 우겨서 아파트 생활을 하겠다고 말씀드렸던 내 얼굴이 민망해질 정도로 온돌방 생각이 난다. … 나는 어떻게 해서든지 이 생활에 불편을 느끼지 않도록 하기 위해 전보다 차를 더

수납장으로 라디에이터를 가린 1970년대 아파트 거실. 라디에이터 방식으로 계획된 아파트에서는 수납장을 짜서 거실 한쪽 벽면에 설치된 라디에이터를 가리고 이를 장식장으로 사용했다. 이는 아파트는 물론 단독주택에서도 한때 유행했다.

따끈히 끓여 드린다. … 잠자리에 들면 따뜻한 서로의 체온을 제공할 수 있었기에 추운 것이 오히려 우리들의 애정을 불 놓고 있는 것만 같은 흐뭇한 감이 든다.[23]

　　1970년대에 이르러서는 거주자들의 요구와 선호를 반영하여 서양식 난방 방식과 온돌 형식이 공존하는 양상을 띠게 되었다. 마루의 개념을 계속 유지하던 거실에는 라디에이터가 설치되었으며 침실에는 온수를 이용한 바닥 패널 난방을 다시 수용했다. 영동 AID아파트(1974)는 처음에는 거실과 침실 모두 라디에이터 난방이었는데 입주 후 온수 패널 난방으로 개조하는 경우가 빈번했다. 1982년 이 아파트에서 전세를 얻어 신혼살림을 시작한 주부 유모 씨(1955년생)는 첫 아이를 낳고 집에 오던 날, 차디찬 방바닥을 잊을 수 없다고 했다.

저희가 세를 든 집은 방도 라디에이터였어요. 아이가 없을 때는 큰 문제가 없었어요. 거실과 식당에는 소파와 식탁을 썼으니까요. 방에도 라디에이터만 있었지만 침대 생활을 했으니까 아주 추운 날만 아니면 괜찮았어요. 근데 첫애를 낳고 퇴원해서 집에 왔는데, 그때가 11월이었어요. 바닥에 앉으니 코끝이 시려 오는 거예요. 산후조리는 고사하고 애 잡겠다 싶더라구요. 그래서 애 들쳐 업고 바로 시댁으로 직행해서 봄이 올 때까지 거기서 지냈어요.[24]

침실에 비해 거실과 식사실에서 온돌 형태의 바닥 패널 난방으로의 교체가 늦게 이루어진 까닭은 사람들이 거실을 서구식 입식 공간으로 여겼던 것도 한 원인이다. 1970~80년대의 각 가정에는 단독주택이건 아파트이건 간에 거실에 소파 세트를 놓고 한쪽 벽면에는 라디에이터를 가릴 겸 장식장을 짜 넣는 것이 유행이었다. 게다가 당시 거실 바닥은 주로 목재였는데, 이 목재는 온돌 난방을 하기에는 부적당했다.[25] 하지만 우리의 생활양식은 좌식 생활에 익숙하여 소파를 두고도 바닥에 앉아서 지내는 경우가 많았으며, 따라서 겨울철 차가운 바닥은 불편할 수밖에 없었다. 이러한 경향은 1980년대 중반 들어 거실과 부엌에도 난방 배관을 설치하면서 주택 전체를 온돌 형태의 바닥 패널 난방으로 하고 온돌 마루를 까는 것으로 바뀌었다. 거실에 난방 배관이 깔려 있느냐 없느냐의 문제는 아파트를 고를 때 고려하는 중요한 요인이 되었으며 1990년대 이후 거실의 라디에이터는 자취를 감추었다.

2
취사와 저장의 변천사

부뚜막과 장독대

전통 주택에서 부엌은 먼지투성이의 흙바닥에 아궁이가 있고 벽과 천장은 그을음으로 뒤덮여 있는 어둡고 비위생적인 공간이었다. 그리고 찬모나 침모, 행랑어멈과 같은 여자 하인들이 드나드는 곳이었기 때문에 별로 주목받지 못했다. 그러나 부엌은 주택에서 상당히 큰 면적을 차지했고 다목적으로 쓰이는 공간이기도 했다. 조리와 난방은 물론이고 절구질 따위의 작업도 했으며 부녀자들은 이곳에서 몸을 씻고 아랫사람들은 밥을 먹기도 했다. 며느리는 시집살이의 설움을 달랬고 부지깽이를 붓 삼아 글을 깨치기도 했다. 이처럼 전통 부엌은 조리 공간과 목욕간 그리고 위안처와 글방 구실까지도 겸한 셈이었다.[26] 부엌의 중심인 부뚜막에는 조왕신竈王神을 모시고 신성하게 여겼다. 여인들은 부뚜막을 깨끗이 하기 위해 애썼고 이곳에 걸터앉거나 올라앉는 것을 삼갔다. 아래 글을 통해서도 알 수 있듯이 부뚜막에는 장수, 병의 치료, 위생, 안전 등의 상징적 의미가 부여되어 있었다.

부뚜막에 모셔둔 복조리(왼쪽)와 정화수(오른쪽). 부엌의 중심인 부뚜막에는 조왕신을 모시고 신성하게 여겼다. 음력 정월 초하룻날 새벽에는 부엌 벽에 복조리를 걸어 두고 복을 빌었고, 아낙들은 새벽마다 새로 길어 온 깨끗한 물을 그릇에 담아 부뚜막 한쪽에 두고 조왕신에게 예의를 갖추었다.

혼례를 마치고 집으로 돌아온 신랑은 먼저 부엌으로 가서 한쪽 다리를 부뚜막에 올려놓은 채 국수를 먹으면 장수한다고 여긴다. 또 두드러기가 난 어린이를 부뚜막 위에 세우고 빗자루로 쓸어내리며 "중도 고기를 먹니?" 하고 중얼거리면 낫는다. 정월의 첫 소날 부뚜막에 촛불을 밝히고 떡국을 끓여 먹으면 두통을 앓지 않고, 대보름날 아침밥을 지을 때 부뚜막에 소금을 뿌리며 "산 애기 간질한다" 외치면 여름에 노래기가 꾀지 않는다. 또한 부뚜막 앞에서 옷을 벗거나 노래를 부르거나 욕을 하면 벌을 받는다. 또 칼과 도끼 같은 위험한 물건을 놓거나 생강이나 파처럼 냄새가 강한 채소를 썰어도 해롭다. 이러한 민속들이 모두 부뚜막을 신성하게 여긴 데에서 나왔음은 두말할 여지가 없다.[27]

커다란 솥단지가 걸려 있는 부뚜막의 높이는 사실 부엌일을 하기에는 너무 낮았다. 이는 아궁이를 같이 두는 관계로 일정 높이 이상 만들 수 없었기 때문이다. 또한 방의 난방을 위해 아궁이를 설치해야 했기 때문에

전통 주택의 마당에 자리 잡은 장독대(왼쪽). 저장 식품이 많은 한국의 전통 식문화에서는 장독대의 관리가 매우 중요한 일이었다.
성주 한개마을 하회댁의 곳간 내부(오른쪽). 부엌 가까운 곳에 위치한 곳간은 잡다한 기구나 부엌 살림살이를 보관하는 저장 공간이었다.

보통 부엌 바닥은 방바닥 높이보다 낮았다. 부뚜막은 그 크기가 일정하지 않으며 두멍솥·가마솥·중솥·옹솥 등을 걸어두고 사용했는데,[28] 일반 농가의 부뚜막 면적은 솥단지가 차지하는 자리를 제외하면 그다지 넓지 않았다. 그래서 온돌아궁이와 분리하여 취사용으로만 사용하는 개량 부뚜막을 만들어 사용하기도 했는데, 이때 아궁이가 있는 부뚜막에 비해 높게 만들었다. 취사 전용의 개량 부뚜막을 만들 만큼 부엌 살림살이가 크지 않은 집에서는 음식 재료를 다듬고 썰거나 잠시 보관할 만한 공간이 여의치 않았기 때문에 바닥에 두거나 나무로 친 선반 등을 이용하기도 했다.

부엌이 조리 공간이라면 곳간과 장독대는 저장 공간이었다. "장맛 보고 딸 준다"는 속담은 장이 음식 맛의 기본이기 때문에 장맛이 좋은 집에서 자라난 색시라야 훌륭한 며느릿감이 된다는 뜻이다. 또한 "한 고을의 정치는 술맛으로 알고, 한집의 일은 장맛으로 안다"는 말처럼 장맛이 좋은 집안은 행복한 가족을 의미한다고 믿었던 만큼 장독대는 중요하게 여겨졌

조해영 가옥의 마당에 설치된 한뎃부엌. 한뎃부엌이란 아궁이와 부뚜막을 마당에 설치하여 바깥에서 음식을 조리할 수 있도록 만든 부엌을 말한다. 여름철에는 난방을 할 필요가 없기 때문에 방구들을 데우지 않고 불을 지필 수 있는 이 부엌을 이용했다.

다. 장독대의 항아리를 채우고 음식을 장만하는 일은 여성의 중요한 의무였으며, 장독대는 음식물을 저장하는 저장고로서 여러 가지 주술적인 기원이 여기저기에 표현되어 있었다. 경상도 지방에서는 장독대를 안마당 복판에 두기도 했고 겨울에 눈이 사람 키만큼 쌓이는 울릉도에서는 장독을 아예 부엌 안에 들여놓기도 했지만, 장독대 자리로는 한적하면서도 햇볕이 잘 드는 뒤뜰을 으뜸으로 여겼다. 이 때문에 음식을 할 때 부엌과 장독대를 들락거리는 여성들의 동선은 길어질 수밖에 없었다.

그러나 전통 부엌과 부뚜막은 일제강점기 들어 불결함과 불길함의 상징으로 여겨지면서 개혁론자들이 주장하는 개선안이 1920~30년대 신문과 잡지에서 소개되었다. 당시의 사회 지식층들은 부엌 개량에 대한 논

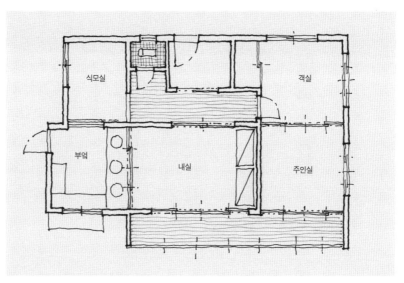

김윤기의 건강주택안. 1930년 건축가 김윤기는 합리적 생활과 경제성을 취지로 계획한 건강주택안을 선보였다. 이 주택안에서는 특히 부엌 개량이 눈에 띄는데, 부엌에서 음식을 만들어 내실로 나르기 쉽도록 부엌과 내실 사이를 미세기문으로 연결하고 부엌에 선반을 설치했다.

의를 시작으로 주택 개량과 생활습관의 쇄신을 주장했으며 의식 있는 건축가들은 구체적인 모델을 하나씩 제시함으로써 생활의 불편함을 개선하고자 시도했다. 1930년 김윤기金允基는 합리적 생활과 경제성을 취지로 계획한 '건강주택안'이라는 새로운 공간을 제안[29]했는데, 눈에 띄는 점은 부엌에서 내실內室로 음식을 나르기에 용이하도록 미세기문으로 연결시킨 부분이다. 부엌 개량은 처음에는 부엌에 대한 공간 활용과 정리정돈 등을 강조했으며, 차츰 찬마루와 입식 부엌에 대한 제안으로 이어졌다. 이러한 요구에 맞추어 설계한 사례는 건축가들이 제안한 여러 부엌 개량안에서 볼 수 있다.

건축가 박길룡은 "부엌은 우리의 주택에서 가장 중요한 부분"이며

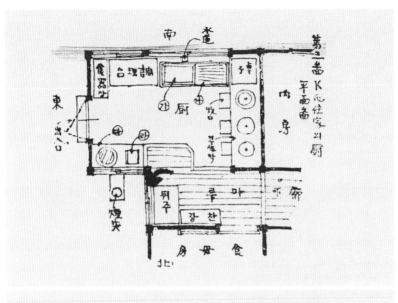

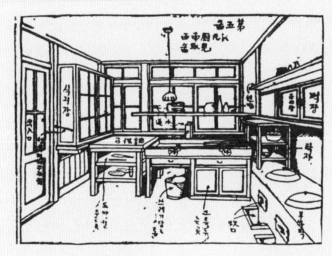

박길룡의 부엌 개량안. 부엌 안에 좁은 마루를 만들고 원래 마루에 있던 뒤주와 찬장을 부엌마루로 옮겨와 정갈하고 편리하게 음식을 장만할 수 있게 했다. 또한 장작이나 석탄, 숯 등은 부엌 마루 밑에 보관하여 편리하게 사용할 수 있도록 개선했다.

"우리 생활의 보건 문제를 좌우하는 장소이므로 부엌은 주택의 어떠한 부분보다도 주의를 한층 더해야 할 것이다"[30] 라고 주장했다. 재래식 부엌은 "채광과 통풍이 불완전하여 병균이 번식하기 쉽고 다른 실과 연결 관계가 불편하며 설비가 불충분하다"고 하면서 "주택을 개선함에 제일 먼저 착수할 문제는 주방 개선 문제"[31] 라고 강조했다. 그는 부엌 개량의 요점을 효율과 위생으로 보았으며 과학적 측면에서 생활의 합리화를 추구하고자 했다. 그러나 개혁가들이 제시한 이러한 이상적인 부엌은 재래식 전통 주택에 적용하기에는 한계가 있었으며 문화주택 같은 서양식 주택에서나 시도될 수 있었다.

1960년대까지도 재래식 부엌이 일반적이었던 가운데 건축가나 개혁론자, 심지어 일반인들이 제시하는 부엌 개선 방안도 당시 잡지 등 언론매체를 통해 꾸준히 소개되었다. 주로 서양식 입식 부엌이 노동과 동선에 효율적이고 과학적이라며 개량할 것을 역설하는 내용이었다.

밥 짓는 부뚜막을 없애고 함실로 하고, 화덕을 따로 두어 밥을 짓고 그 불기운이 곧 외부로 나가지 말고 좀 돌아서 설거지물이 데워지도록 하는 것이, 부뚜막으로 내려갔다 하는 피로를 덜고 일의 능률이 오르며 방은 방대로 더워지고 밥 짓는 여열餘熱은 따로 이용할 수 있다. … 우리 가정의 주부들은 한 끼 밥을 짓는 데도 많은 걸음수와 시간을 허비하고 수고로운 그 고생이란 말할 수 없다. 무엇보다도 먼저 이상 여러 가지 점을 고려하여 부엌을 개량하여 보자.[32]

석유곤로의 등장

화덕이나 풍로 같은 보조 취사 기구의 등장은 난방과 취사를 분리시키는 계기가 되었다. 화덕이란 부엌 내에서의 취사가 여의치 않거나 또는 더운 여름 아궁이에 불을 지필 수 없을 때 부엌 뒤나 또는 적절한 곳에 솥을 얹어 놓고 쓸 수 있게 만든 화로이다. 이에 비해 풍로는 음식물을 끓이거나 데우는 데 쓰이는 소형 연소 기구로 숯·석탄·전기·가스·석유 등 다양한 연료를 사용할 수 있었다. 석유를 이용하기 전에는 주로 장작을 때고 난 뒤에 남은 숯을 이용했다. 숯을 이용한 풍로는 아궁이의 보조 기구로 1960년대까지도 취사용으로 종종 사용되었다.[33] 아동문학가 어효선魚孝善은 1950~60년대 서울의 모습을 그린 자신의 글에서 풍로를 사용했던 기억을 다음과 같이 되살리고 있다.

숯은 아궁이에 때는 것이 아니고, 풍로에다 피운다. 풍로란 아래에 구멍이 있어 바람이 통하는 작은 화로다. 여기다가 관솔이나 종이 따위 불붙이기 쉬운 쏘시개를 놓고, 그 위에 숯을 수북이 올려놓고는 쏘시개에 성냥을 그어 댄다. 쏘시개가 타면서 불이 숯에 옮겨 붙는다. 그러면 풍로 구멍에다 부채질을 해서 얼른 달게 한다. 풍로에다 연통을 씌우면 부채질을 안 해도 불이 얼른 핀다. 숯이 필 때에는 탁탁 소리가 나고 불똥이 튄다. 연기는 별로 나지 않는다. 이 숯불에 찌개를 끓이고 생선 따위를 굽는다. 그때 어머니들은 아이들에게 공부만 하게 하지 않고 일도 시켰다. 풍로에 부채질하는 일도 공부하는 아이를 불러내어 시켰다. 아이들은 군말 않고 했다. 착하다는 말도 하지 않았다. 아이들은 으레 해야 하는 일로 알았다.[34]

취사 기구의 하나인 석유곤로(왼쪽). 석유곤로는 1920년대에 소개되었으나 1966년 연탄 파동이 일어난 이후 널리 사용되기 시작했다. 1960년대 말까지는 국산품이 드물어서 주로 일본에서 들어온 것을 썼고, 1970년대 중반에 이르러 국내에서도 석유곤로가 생산되었다.
석유곤로의 사용(오른쪽). 석유곤로는 필요할 때 언제라도 불을 피울 수 있는 것은 물론 화력도 좋고 재를 치울 필요도 없어 한때 주부들에게 큰 환영을 받았다.

석유를 사용하는 풍로는 흔히 석유곤로라는 이름으로 불렸다. '곤로' こんろ는 원래 일본어로 우리말의 풍로나 화로와 같은 의미이다. 취사 기구로 사용된 석유곤로는 1920년대에 이미 소개되었으며 1928년도의 신문광고에서는 석유 주로厨爐가 소개되고 있는 것을 볼 수 있다. 한국전쟁 직전에는 개량 석유곤로가 등장했는데, 전쟁 후에는 주로 세입자들이나 자취생들에게 제공되었다. 한동안 일부 가정에서만 사용되다가 1966년 연탄 파동이 일어나면서부터 널리 사용되기 시작했다. 풍로 이후에 등장한 석유곤로는 간편하고 해독이 거의 없으며 언제라도 필요할 때 불을 피울 수 있다는 점에서 주부에게 큰 환영을 받았다. 화력도 좋았고 재를 치울 필요가 없었지만 심지를 관리하는 일과 석유를 때맞춰 구매하고 주입해야 하는 일, 그을음과 석유 냄새의 발생은 여전히 불편한 점이었다. 또한 석유를 부을 때에는 반드시 불을 꺼야 하는데 이를 어긴 까닭에 화상을 입는 경

우가 종종 있었다. 석유곤로는 1960년대 말까지는 국산품이 드물어서 주로 일본에서 들여온 것을 썼고 1970년대 중반에 이르러서야 국내에서 생산한 제품이 널리 퍼졌다.[35) 그러다가 1980년대 이후 가스 사용이 점차 증가하면서 한때 각광을 받았던 석유곤로는 사라져 갔다.

풍로나 석유곤로는 부엌에서만 사용하지는 않았으며 부엌 앞마당이나 뒤꼍 등 외부 공간에서도 사용되었다. 이는 풍로와 곤로에 불을 지피거나 끌 때 발생하는 독한 냄새 때문이기도 했고 비좁은 부엌에서 사용하다가 넘어졌을 때 발생할 수 있는 화재 때문이기도 했다. 다음 글에는 석유곤로의 편리함과 불편한 점, 위험성으로 인한 좋지 않은 기억 등이 잘 드러나 있다.

연탄을 주로 사용하던 시절엔 아침을 짓기 위해서 어머닌 새벽별을 보며 일어나야 하셨고 더디게 데워지는 연탄불 앞에서 행여 식구들이 아침밥도 못 먹고 나갈까 봐 늘 마음을 졸이셨을 테지요. 그후 석유곤로가 등장하면서 이런 어머니의 걱정을 많이 덜어 주었지요. 연탄에 비해 빨리 데워지고 익혀지는 곤로 덕분에 아침 준비가 한결 수월해지셨을 거예요. 곤로에 불을 피우기 위해선 우선 심지를 최대로 올려주어야 하고 그런 후 심지를 감싸고 있던 원통을 살짝 들어 올려 성냥불로 심지에 불을 붙이면 되죠. 완전히 불이 붙을 때까지 냄새가 아주 심했어요. 그을음이 많이 생기고 오래 사용할 땐 심지가 짧아져 갈아야 하는 번거로움. 석유곤로에 넣을 기름을 사기 위해 자전거를 몰고 가시던 아버지 모습도 생각납니다.[36)

혼수의 일등 품목, 냉장고

가정용 전기냉장고는 해방 이후에 외국산이 들어오면서 처음으로 소개되었다. 우리나라에서 생산된 냉장고가 처음 선을 보인 것은 1965년으로, 당시 '금성'과 '엔젤'의 두 가지 제품이 생산되었다. 1970년대 초반까지도 냉장고는 소수의 부잣집에만 있는 가전제품이었다. 그러다가 1970년대 말부터 그 보유율이 폭발적으로 증가했으며[37] 이즈음 여성잡지에는 전기냉장고의 새로운 기능을 알리고 냉장고가 가져다주는 생활의 편리함을 소개하는 광고들이 자주 실렸다.

1970년대 여성지에 실린 아이스박스 광고(왼쪽)와 냉장고 광고(오른쪽). 1970년대 초만 해도 가정용 전기냉장고는 소수의 부잣집에만 있는 가전제품이었다. 전기냉장고가 일반화되기 전에는 공장에서 가정용으로 생산된 아이스 박스를 이용해 음식을 보관했다.

전기냉장고기 일반화되기 전에는 얼음 냉장고와 아이스박스가 냉장고 대용으로 각 가정에서 요긴하게 쓰였다. 한 여성잡지에서는 얼음 냉장고를 "외기를 차단시킨 일정한 상자 안에 얼음을 넣어 두어 그 속의 온도를 저하시켜 이용하는 극히 간단한 것이다. 그다지 비싸지 않다는 이점이 있어 아쉬운 대로 서민층에서 애용할 수 있다"[38]고 소개했다. 당시 여러 곳에 제빙회사가 있어 얼음을 쉽게 구할 수 있었기 때문에 이는 큰돈을 들이지 않고도 늘 신선한 음식을 보관할 수 있는 방법이었다. 이와 비슷한 것으로 '아이스박스'는 나무로 만든 상자 속에 함석판을 대고 나무와 함석판 사이를 열전도율이 낮은 톱밥 등으로 채워 만들었는데 점차 공장에서 생산한 제품들이 보급되었다.[39]

냉장고를 처음 산 집에서는 방이나 거실에 냉장고를 들여놓았다. "마

주방의 필수품 냉장고. 1970년대 말부터 냉장고를 보유한 가정이 폭발적으로 늘어났다. 냉장고의 등장으로 주부들은 식품을 한꺼번에 구입, 조리하여 장시간 보관할 수 있었고, 한 번에 많은 양의 요리를 만들어 냉동실에 얼려 둘 수도 있었다. 냉장고는 도시뿐 아니라 농촌에서도 생활필수품으로 대중화되었다.

땅히 부엌에서 필요로 할 냉장고가 방 안에 들어앉았거나 응접실 같은 데에 놓인 것은 부엌이 불편하고 개량되지 않은 것에도 원인이 있겠으나 과히 보기 좋은 풍경은 못 된다"[40]는 비판도 있었지만 많은 사람들이 냉장고를 부엌에 두지 않았다. 이는 산뜻한 냉장고가 어둡고 낡은 부엌에 들여놓기에는 어울리지 않는다고 생각했고 혹 때가 묻을까 노심초사할 정도로 애지중지했기 때문에 생긴 일이다. 냉장고의 등장으로 주부들은 식품을 한꺼번에 구입 또는 조리하여 오랫동안 보관할 수 있었다. 또한 시간이 걸리는 요리는 한 번에 많은 양을 해서 냉동실에 얼려 둘 수 있었기 때문에 주부들은 가사 노동 시간을 절감하고 음식물의 낭비를 막을 수 있었다. 주부들은 냉장고가 필요한 이유가 주부의 허영심을 채우기 위한 것이 아니라 노동력을 줄이고 합리적인 가사 노동을 하기 위해서라고 주장했다.

가전기기의 사용을 풍자한 만화. 다양한 가전기기를 갖추고 사는 것은 가사 노동을 줄이고 생활을 편리하게 해주는 것은 물론 이웃에게 뽐낼 수 있는 커다란 자랑거리이기도 했다.

냉상고를 마련하지 못한 집에는 그림의 떡 같은 얘기지만 냉장고야말로 주부의 가사 '사보타쥬' 작전상 최대의 무기라고 견양犬養 여사는 열을 올린다. 냉장고가 어째서 우리 주부의 허영이 아니라 꿈인지를 남편들에게 알려 주기 위해서라도 견양 여사의 비결은 펼쳐볼 만하다. 쇠고기는 좋고 싼 것을 보거든 즉시 여러 끼니분을 살 것. 사는 즉시 냉장고의 냉동실에 넣고 얼릴 것. 냉동한 고기는 냉장고 최상단 안에서 한 열흘 거뜬히 간다. 시간 걸리는 요리는 두 끼니분쯤 한꺼번에 해서 반은 역시 냉동실에 얼려 두었다가 이틀쯤 뒤에 먹는다. 식빵도 여러 개 함께 사서 냉동했다가 두고 먹는다. 빵만 그럴 것이 아니라 밥까지도 하루 한 번만 지어서 냉장고에 얼려 두고 국을 끓이는 냄비에라도 쪄서 먹는다. 아무튼 냉장고 덕택에 주부는 장보는 횟수를 1주 1회로 줄일 수 있고 식구들만 잘 설득한다면 조리하는 횟수도 상당히 줄일 수 있다는 얘기다.[41]

이처럼 냉장고의 가치는 합리적이고 경제적인 가사 생활의 견인차로 묘사되었다. 이러한 호응에 힘입어 냉장고는 해를 거듭할수록 새로운 디자인과 기능을 갖추었으며 용량도 점차 커져서 주부들의 시선을 사로잡았다. 냉장고의 도입으로 1980년대에는 부엌의 공간 배분에도 변화가 나타났다. 작업 동선의 효율성을 고려하여 냉장고가 싱크대 끝에 놓일 수 있도록 부엌 공간이 계획된 것이다. 그리고 냉장고의 전원을 연결할 수 있는 콘센트 위치와 냉장고를 놓을 자리가 지정되어 어느 가정에서나 부엌 공간의 모습은 비슷해져 갔다.

냉장고의 보급으로 불이 붙은 생활의 편리함과 가사 노동의 경감에 대한 요구는 다른 가전기기에 대한 수요를 부추겼으며 가전기기를 갖추고 사는 것은 집안의 자랑거리이기도 했다.

크린clean 부엌의 기수, 가스레인지와 전기밥솥

1970년대 이후에는 냉장고뿐만 아니라 새로운 가전제품들이 하나씩 소개되었다. LPG가스와 전기의 사용이 늘어나면서 가스레인지, 전기밥솥 등과 같은 새로운 취사도구들이 개발되어 부엌에 일대 혁신을 가져왔다. 1964년 울산정유공장이 설립된 이후 원유 정제 과정에서 생긴 부산물인 가스가 취사와 난방에 사용되기 시작했다.[42] 가스레인지는 1960년대 말 일본의 '내쇼날'사가 생산한 것이 수입되기 시작하면서 국내에 소개되었다. 가스곤로 또는 그냥 '프로판가스'로 불리던 초기 가스레인지의 모습은 버너에 조리 용기를 얹어 놓을 수 있는 삼발이와 불의 세기를 조절할 수 있는 밸브를 갖춘 정도였다. 자동 점화가 되지 않았기 때문에 쓸 때마다 일일이 성냥불로 불을 붙여 사용했다. 1974년 린나이 코리아가 설립되어 가스레인지가 본격적으로 생산되면서 이후 가정용 가스레인지는 혼수품 1호로 인식되었다. 주부들은 고가였던 가스레인지를 구입하기 위해 '린나이계'를 만들 정도였다.[43] 1978년 여성지에 실린 린나이 가스레인지 광고는 다음과 같은 문구로 구입을 부추겼다.

프로판가스 화덕. 가정용 가스레인지가 보급되기 전에 사용되던 취사도구이다. 버너에 조리 용기를 얹을 수 있는 삼발이와 불의 세기를 조절할 수 있는 밸브를 갖춘 형태로 만들어졌다.

현대식 화덕, 가스레인지. 스위치 하나로 점화와 소화가 가능한 가스레인지는 주부들에게 큰 사랑을 받았다. 은빛 스테인리스로 깔끔하고 안전하게 디자인되어 석유곤로를 밀어내고 부엌의 싱크대를 차지했으며, 결혼을 앞둔 주부들에게는 혼수 필수품으로 인식되었다.

여지껏 우리 생활엔 걸맞지 않다고 생각되던 가스테이블. 편하다는 것은 알고 있지만 값이 비싸 그림의 떡처럼 기웃기웃 구경만 하다가 건너편 영희네가 가스테이블을 들여와 이제 '불시중'을 덜었다는 자랑에 가계부를 펴놓고 차근차근 계산해 보았죠. 석유보다는 조금 비싸다는 생각이 들긴 하지만 불을 켤 때마다 찾아야 하는 성냥, 또 냄새가 어지간해야죠.[44]

　　은빛 스테인리스로 깔끔하게 디자인된, 넘어질 우려가 없는 안전한 모양의 가스레인지는 녹이 슬어 가는 풍로와 곤로를 밀어내기에 충분했으며 때마침 보급된 아파트의 스테인리스 싱크대에 안성맞춤이었다. 석유곤로는 부엌의 내실화·입식화와 더불어 서양식 주방에 두고 쓰기에는 어울리지 않아서 산뜻한 분위기를 좋아하는 젊은 주부들이 더 이상 주방기기로 선택하지 않았다. 그러나 초기의 가스레인지는 흡사 대형 포탄과 같은 모양의 가스통이 연결되어 있는 형태였다. 도시가스가 일반화되기 이전 가스의 보급은 가스통 배달을 통해 이루어졌는데 단독주택에서는 부엌 뒤편이나 담장 아래, 심지어는 대문 위 슬래브에 가스통이 있는 모습을 흔히 볼 수 있었다. 아파트에서도 동 출입구 캐노피 위라든지 혹은 뒤쪽 화단에 위험스럽게 가스통이 널려 있었다.

　밥을 짓는 데 가스레인지보다 더 편리한 전기밥솥의 등장은 밥을 태워 구박받던 새댁에게는 구원자나 다름없었다. 가스레인지 위에 작은 솥을 얹어 밥을 하던 방식은 시간 맞춰서 불을 줄여야 하고 뜸이 잘 들었나 확인해야 했으며 잠깐 잊으면 밥이 타버리기 일쑤였다. 반면 전기밥솥은 물만 붓고 버튼을 누르거나 예약을 해 놓으면 다시 확인하는 번거로움 없이 시간 내에 맛있는 밥을 지을 수 있었다. 더욱이 보온밥솥이 등장하면서부터는 남은 밥을 따뜻하게 보관할 수도 있었으니 혼수품으로 빠지지 않았다. 하지만 가난했던 시절 전기밥솥은 불필요한 사치품으로 인식되기도 했다. 때문에 전기밥솥을 사 놓고도 꺼내 쓰지 못하고 다락이나 창고에 넣어 두는 등 눈치를 보는 일도 있었다. 다양한 기능을 가진 가전제품들이 등장했지만 노인이나 농촌 주부들은 그 사용법에 익숙하지 않아서, 또 전기

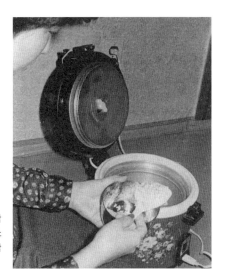

1970년대 **전기밥솥**. 편리한 전기밥솥의 등장은 밥을 태워 구박받던 새댁에게는 더할 나위 없는 희소식이었다. 밥솥에 보온 기능까지 추가되면서 전기밥솥은 부엌 가전의 필수품으로 자리를 잡아 갔다.

료가 걱정돼서 안방 한쪽에 모셔두고 사는 모습을 흔히 볼 수 있었다. 농촌 한옥에서 거주하고 있는 70대 중반의 한 할머니는 막내딸이 사서 보내준 전기밥솥을 두고 다음과 같이 회상했다.

아궁이가 있으니까 국이나 명절 음식을 할 땐 군불을 때서 쓰긴 하지만, 자식들이 다 출가해서 외지로 나가고 노인네끼리 사는데 그렇게 밥을 많이 할 필요가 있나. 처음엔 찬장 밑에 설치한 가스레인지에 노란색 양은 솥단지로 밥을 해 먹었지. 지금도 가끔 그렇게 밥을 할 때가 있어. 그러다가 막내가 전기밥솥을 사서 보내더라구. 어머니 편안하게 쓰라구. 그런데 그 밥솥에 쌀을 안치고 그냥 단추만 누르면 된다고 하는데 처음엔 어찌나 이상하던지. 밥이 다 되었는지 궁금해서 중간에 열어보고 싶었지만 그러면 안 된다고 하데…. 그래서 그 당시엔 가스레인지에 밥을 더 많이 했지. 아니 그보다는 사실 영감이 전기료 많이 나온다고 뭐라 하더군. 전기료 아끼느라 어두워도 불 하나 제대로 켜 놓지 않고 살았거든. 지금도 그렇고. 하여 간 그 전기밥솥을 10년도 넘게 쓰다 보니 지금은 잘 사용하고 있지.[45)]

입식 부엌의 보편화와 시스템키친

1970년대 들어 더욱 개선된 부엌 설비들이 등장함으로써 가사 노동이 절감되고 주거생활의 입식화가 가속화되었다. 입식 부엌으로 바뀌는 과정에서 나타났던 과도기의 부엌은 재래식 부뚜막을 높여 타일을 붙이거나 또는 시멘트로 허리 높이의 조리대를 만들어 타일을 붙이고 스테인리스 개수대를 설치하는 모습이었다. 별도의 개수대가 없을 경우 커다란 대야에 그릇을 담아 마당에서 설거지하는 모습도 흔했다. 상류 주택에서는 이미 완벽한 입식 부엌을 갖추는 일도 있었지만 부뚜막 옆에 놓인 작은 찬장과 벽에 매단 선반, 커다란 대야는 서민들의 부엌에서 일반적으로 볼 수 있는 모습이었다.[46]

　　1960년대 소개된 당시의 최신 부엌은 입식 싱크대 주위에 각종 조리 기구가 가지런히 배열되어 있으며, 가사 노동을 효율적으로 하기 위해 작업 동선이 고려되었다. 효율적인 부엌은 정리정돈하기 쉽고, 좁은 공간을 유용하게 활용할 수 있으며, 깨끗하고 청결한 환경을 유지할 수 있었다.

　　아파트가 보급된 초기의 입식 부엌은 부뚜막을 대신하여 여러 부분으로 나뉜 작업대가 나열된 수준이었으나 1970년대에는 작업대를 일체화한 싱크대가 등장함으로써 외관상으로도 기능상으로도 혁신적인 변화를 보였다. '오리표 싱크대'의 생산으로 널리 퍼진 입식 부엌은 "주부의 일손이 즐거운 편리한 부엌 설비"라는 광고[47]를 통해 무서운 속도로 보급되었으며 타일로 마감한 기존의 시멘트 개수대는 스테인리스 개수대와 상판으로 대체되었다. '싱크대'라는 단어는 1980년대 초반까지도 부엌 가구와 같은 개념으로 불렸다.

　　주부의 가사 노동을 절약하기 위해 부엌 설비 및 부엌 작업대가 '작업 삼각형'의 원리에 따라 능률적으로 배치된 아이디어가 제시되기도 했다. 이는 냉장고와 개수대·가열대로 구성된 부엌 작업대가 효율적인 동선을 형성하도록 삼각형 구도로 연결된 것이다. 또한 부엌 가구는 인체 치수를 고려한 작업대의 폭(50~60cm)과 높이(73~83cm)로 표준화되어 공장에서 대량으로 생산되기 시작했다. 좋은 부엌의 배치 형식으로는 독립형보다는 다이닝 키친이 주부의 부엌일과 식사 준비의 동선을 단축시킬 수 있는 편리한 스타일로 선호되었다.

1960년대의 초기 입식 부엌. 싱크대로 불리기 시작한 초기의 입식 부엌은 외관상으로나 기능상으로 혁신적이었다. 부엌에 도입된 싱크대는 정리정돈이 쉽고 공간 활용도 효율적이었으며 청결한 환경을 유지할 수 있어 주부의 일손을 덜어 주었다.

식당과 부엌은 거실에 가까이 배치하여 가족들의 시선과 동선을 유도하고자 했으며 식사 장소로서 개방적인 성격을 띠도록 고려했다. 이제 부뚜막 위에 냄비며 찬거리들을 죽 올려놓던 모습은 사라지고 작업대의 수납공간에 모두 밀어 넣을 수 있게 되었다. 나무로 만들어진 낡은 찬장 대신 산뜻한 베니어 합판에 색깔을 입히고 코팅한 작업대는 우중충하던 부엌을 산뜻하게 만들었다. 또한 고무 대야가 아닌 스테인리스 싱크는 때가 끼지도 않고 늘 청결하게 유지할 수 있었으며 반영구적이었기 때문에 부엌의 분위기를 완전히 바꾸어 놓았다.

1985년에는 (주)한샘이 한 차원 높은 부엌 가구인 시스템키친을 선보여 좋은 디자인의 우수 상품으로 선정되면서 부엌 가구가 질적으로 도약하는 시대로 접어들게 되었다.[48] 능률적인 가사 노동을 표방하며 등장한 시스템키친은 준비대·개수대·조리대·가열대 등의 작업대를 일체화하

1980년대 시스템키친. 작업대를 일체화하고 이를 하나의 상판으로 연결하여 조립식 붙박이형으로 설치한 방식이다. 이는 기능적일 뿐 아니라 선택의 폭이 넓어 부엌 가구에 대한 사람들의 인식을 바꾸어 놓았다.

고 이를 하나의 상판으로 연결하여 조립식 붙박이형으로 설치한 것이다. 한 조사에 의하면 1990년대 초반에는 시스템키친을 설치한 가정이 10명 중 1명꼴로 매우 적었지만 1997년에는 불황에도 불구하고 증가 추세를 나타냈다. 그리고 고소득층의 경우 시스템키친을 설치한 가정이 급격히 증가했다.[49] 이후 시스템키친은 모든 부엌 설비들을 점차 더욱 세련된 빌트인 시스템 방식으로 진화시키며 부엌의 모양을 바꾸어 갔다.

빌트인 시스템 시대

국민소득 수준이 향상되면서부터는 부엌을 기능적인 면에서뿐만 아니라 미적인 면에서도 개선하고자 하는 욕구가 생기기 시작했다. 건설업체들이 부엌에 신경을 쓰기 시작하면서 1980년대에 이미 주부의 눈높이에 창문을 만들어 부엌 환기에 신경을 썼으며 라디오를 설치하는 등 부엌을 즐거운 가사 공간으로 변화시키려는 움직임을 보였다. 재료와 색상 면에서도 나무와 스테인리스뿐 아니라 하이그로시와 합성수지 등을 사용하며 다양화했다.

또한 1990년대 등장한 다양한 가전제품은 1980년대와는 또 다른 부엌의 모습을 만들어 갔다. 전자레인지의 사용이 보편화되었고 식기건조기 및 세척기, 빨래건조기 등 가사 노동의 절감을 위한 기계들이 부엌 구조의 변화에 많은 영향을 미쳤다. 특히 주방가구와 가전제품을 하나로 일체화함으로써 주방을 더 넓고 산뜻하게 연출했다. 빌트인 가전제품은 주로 냉장고, 드럼세탁기, 가스오븐레인지, 식기세척기 등 일반 가정에서 필요한

빌트인 주방. 냉장고, 세탁기, 가스오븐레인지, 식기세척기 등의 다양한 가전제품을 주방가구와 일체화함으로써 주방 공간을 더 넓고 효율적으로 활용할 수 있게 되었다.

가전제품들로 구성되었다. 이에 따라 새 아파트로 이사하는 경우 기존에 따로따로 구입해 가지고 있던 냉장고나 가스오븐레인지 등이 부엌의 빌트인 시스템에 수용되지 못해 제자리를 찾기가 어렵게 되었다.

빌트인 가전제품의 특징은 주방 공간을 변신시켰다는 점이다. 기존의 가전제품이 자리하고 있던 울퉁불퉁한 공간 구성에서 벗어나 이제는 일자형의 매끈한 주방 공간의 연출이 가능해져 더 넓고 효율적으로 활용할 수 있게 되었다. 단순히 가사 노동의 공간만이 아니라 차를 즐길 수 있는 우아한 공간으로, 누군가 초대해서 다과를 들고 싶은 그런 공간으로 변모하게 된 것이다.[50]

빌트인 시스템의 보편화와 함께 부엌 가전제품의 대표 격인 냉장고는 1997년 당시 소유 비율이 텔레비전과 마찬가지로 100%에 육박하고 있었다. 이제 냉장고는 보유 여부가 아니라 대형화가 새로운 관심사가 되어 평균 용량이 점차 커지고 있다.[51] 가족 수는 점차 감소하는데도 대형 냉장고의 구입이 증가[52]하는 것은 생활방식의 변화에 따라 식품 구매 패턴이 바뀌는 현상을 반영하기도 한다. 또한 빌트인 시스템이 갖춰져 있지 않은 아파트의 경우에도 대용량 냉장고의 구입[53]을 고려해 냉장고를 배치할 공간을 넓게 확보해 두어 사용 중이던 작은 용량의 냉장고를 들여놓을 경우 어색한 빈 공간이 발생할 수밖에 없었다. 이는 곧 대형 냉장고의 구입을 부추기는 것이기도 했다. 이렇게 대형 냉장고가 등장하고 널리 보급된 배경에는 대량생산과 대량소비라는 산업사회의 시스템이 자리 잡고 있었다.

3
배설과 위생의 변천사

혼수 품목, 요강

우리 조상들은 화장실을 측간厠間 또는 뒷간이라 불렀다. 뒷간에 대한 기록은 조선 후기 실학자인 홍만선洪萬選이 쓴 『산림경제』山林經濟(1715)에서도 찾아볼 수 있는데, 뒷간의 방위로 동·남 방위가 길하고 서·북 방위는 흉하다고 설명하고 있다. 그밖에 뒷간을 짓는 날, 뒷간을 치는 일 등 비교적 상세한 내용을 담고 있어,[54] 이후 각 민가에서 뒷간을 짓는 데 영향을 주었으리라 짐작된다. 유중림柳重臨의 『증보산림경제』增補山林經濟(1766)에서도 뒷간의 위치에 대해 다음과 같이 언급하고 있다. 이 글에서는 안채와 사랑채에 각각 뒷간을 둘 것과 뒷간의 위생적인 면을 고려하고 있다.

뒷간은 안채와 사랑채에 각기 두며, 반드시 높고 밝아야 하고, 어둡고 침침한 곳은 나쁘다. 또 날마다 똥을 쳐내고 항상 깨끗이 하라. 여름에 순채蓴菜를 한 줌 넣으면 구더기가 없다. 잿간을 유방酉方(서쪽)에 두면 곡식이 잘 여문다. 이는 반드시 뒷간 곁에 두어야 한다. 매일 오줌을 받아 재 위에 뿌

안동 병산서원의 뒷간 전경(왼쪽)과 내부(오른쪽). 서원 담장 바깥에 멀찍이 위치한 뒷간으로 남자 하인들이 사용하여 '머슴 뒷간'이라 부른다. 서원의 유생들이 사용하는 뒷간은 건물 안에 위치해 있는데, 이는 신분사회의 면모를 보여주며 배설 행위에도 상하 구분이 엄격하게 적용되었음을 알 수 있다.

리면 불씨가 죽을 뿐 아니라 화재도 막는다. 이 때문에 잿간을 바람이 부는 곳에 지으면 안 된다.[55]

조선시대 상류 주택에서는 여성들이 거처하는 안채 주변에 '내측'內廁을 두었으며 사랑채 주변에는 '외측'外廁을 따로 두었다. 또한 하인들이 사용하는 '하인 뒷간'은 행랑채 바깥의 밭두둑가나 담장 바깥에 두었다. 이러한 지침은 당시 지배적이었던 내외內外 사상이라는 가족 내적 제약과 신분 사회의 면모를 보여주는 것으로, 배설 행위라는 일상생활에서조차 남녀와 상하 구분이 엄격하게 적용되었음을 보여준다.

뒷간은 나무로 기둥을 세우고 널판으로 벽을 만든 다음 회灰로 지붕을 덮었다. 뒷간과 관련된 속담도 지방마다 많이 전해 내려오고 있는데 대부분 부정적인 것이 많다. "뒷간 다른 데 없고 부자 다른 데 없다", "뒷간 다른 데 없고 시어머니 다른 데 없다",[56] "뒷간과 처가는 멀어야 한다" 등 뒷간에 관한 이러한 속담은 뒷간을 필요하지만 기피하고 싶은 장소, 하찮

시장에서 **놋요강을 파는 유기 장수**. 전통 주택에서는 뒷간이 멀리 있어 불편했기 때문에 요강을 이용하여 방 안에서 볼일을 보았다. 뒷간에 대해서는 하찮고 기피해야 하는 장소라는 부정적 시각을 가지고 있었던 반면, 요강은 단순한 생활 도구가 아니라 귀하게 다루어지던 물건이었다.

은 장소[57]로 여겼던 데서 비롯되었다.

　거처로부터 멀리 두고 사용한 배설 공간이 뒷간이라면 요강은 거처 내로 들어온 배설 기구이다. 전통 주택에서는 뒷간을 멀리 두었기 때문에, 겹겹이 입은 한복 차림으로 하루에도 수차례 볼일을 보러 가기란 쉽지 않은 일이었을 것이다. 집 안팎의 뒷간을 멀리 두고도 큰 불편을 느끼지 않은 것은 요강 덕분이었다. 소변뿐 아니라 대변도 방 안에서 요강에 해결하기도 했는데 '분지'糞池(똥과 오줌을 누어서 담는 그릇)라는 요강의 다른 말은 여기에서 비롯되었다고 한다. 요강은 『조선왕조실록』에는 '익기'溺器라고 표현되어 있고[58] 일반 서민들은 흔히 오줌 단지 또는 야호夜壺라 불렀는데, 우리나라에서 요강을 언제부터 사용하게 되었는지에 대한 확실한 기록은 없다.[59]

상하 신분 질서가 뚜렷하던 양반사회에서는 요강을 아랫사람이 치우고 관리하는 것을 거리낌 없이 받아들이는 분위기였다.[60] 큰집에는 요강도 많아서 이것을 닦는 일을 도맡아 하는 '요강 담사리'를 따로 두었다. 요강은 어떤 재료로 만들었느냐에 따라 이용하는 계층이 달랐다. 청동으로 만든 요강은 견고하고 값이 비싸기 때문에 귀족이나 부유한 집안에서 많이 이용되었고, 청자나 백자로 된 요강은 빼어난 자태와 빛깔로 그 자체로도 매우 귀하게 여겨졌다.[61] 서민들은 도자기나 오지, 옹기로 된 요강을 만들어 사용했으며 깨지지 않도록 늘 조심해서 다루었다. 호남 지방에 전하는 꽃요강 유래담[62]을 보면 요강은 단순한 생활 도구가 아니라 속세와 이를 관장하는 음양오행의 정계淨界를 이어주는 귀물貴物이었다. 따라서 어머니는 딸에게 요강을 물려주기도 했으며 신혼부부는 영험靈驗을 비는 뜻에서 첫날밤에 이 안에 촛불을 켜 두기도 했다고 한다.[63]

서구적 위생 관념의 형성

개항기 조선을 방문한 많은 외국인들에게 조선의 도시와 주택의 위생 상태는 그야말로 엉망으로 비춰졌다. 거리는 좁고 불결했으며 문 밖에는 집에서 버린 쓰레기가 쌓여 있었다. 말라붙은 하수도의 끈적끈적한 바닥에는 온갖 종류의 오물이 썩어가고 있었고 전염병도 만연했다.[64] 상하수도 시설이 갖추어지지 않아 부엌과 변소에서 나오는 오물을 집 주변의 개천에 내다버리는 바람에 개천은 검게 썩은 물이 악취를 풍기며 흘렀다.[65] 취사와 난방이 분리되지 않은 집 안에는 악취와 먼지가 난무했다. 게다가 서민들은 얼굴을 잘 씻지 않아 검었고 솜을 넣어 누벼서 만든 겨울옷은 세탁하지 않은 채 해어질 때까지 입었다. 그리고 머리를 감지 않아 머리가 닿는 저고리 부분은 머리에 바른 기름 때문에 반질반질하고 까맣게 변색되기 일쑤였다고 한다.[66]

서양 문물의 유입과 함께 일부 개화파 지식인들을 중심으로 비위생적인 주택에 대한 문제가 대두되기 시작했다. 이 무렵 간행된 『독립신문』이나 『대한매일신보』 등에는 각 주택의 위생 설비가 열악하기 때문에 '목욕집'(공중목욕탕)을 많이 만들어야 한다거나 '공립 뒷간'(공중변소)을 만들어야 한다는 주장들이 제기되었다.[67] 위생을 위해 길에서 대소변을 보는 것을 막고 개천을 깨끗이 하는 일이 시급한 것으로 지적되었으며, 주택에서 일조나 통풍, 환기의 필요성도 제기되었다. 또한 과밀한 잠자리와 온돌의 폐단도 지적되었다. 아래의 글에는 특히 비위생적인 변소 문제가 일제강점기까지도 크게 달라지지 않았음이 잘 나타나 있다.

변소는 모두 길가로 내고 똥이 길가로 내보이게 만들었는데 … 좁은 골목 서편으로는 누런 똥이 쭉 널려 있다. 누런 똥에는 간간이 구더기가 움실움실. 지금 생각하니 위생인부 없는 그때에는 거름 장사가 맘대로 와서 똥을 퍼 가던 때라 그렇게 보이게 해놓아야 얼른 눈에 띄어 퍼 가리라고 그렇게 해놓은 것 같다. 하여간 골목길을 걸으려면 코를 싸쥐어야 하겠다.[68]

한편 일제강점기 조선인들의 생활상을 기술한 드레이크[H. B. Drake]는 이를 두고 조선의 위생을 서양의 잣대로 판단하지 말아야 한다고 하였다. 주민들은 이러한 삶에 만족하고 있기 때문에 빈약하고, 불안정하고, 부패하다는 인상은 전적으로 잘못된 것일 수 있다는 것이다.[69] 당시 건축가 박길룡은 "변소는 될 수 있는 대로 다니기에 편리하도록 가깝게 붙여 두고 청결하게 할 것이다"라고 주장하면서 위생적인 서구식 욕실과 변소 설비를 소개했다.

일제강점기의 문화주택이나 개량 한옥, 1940년대의 영단주택은 일본식 주택의 영향을 받아 변소가 주택 내부에 배치되는 경우가 많았는데 개량되지 않은 변소가 주택 내부로 들어오는 것은 위생상 매우 불결했다. 특히 하수도 시설을 아직 갖추지 못하여 그 처리법은 재래식을 벗어나지 못했기 때문에 오물을 퍼내면서 발생하는 불결함은 피할 수가 없었다. 따라서 1950년대 대한주택영단에서 건설한 흙벽돌 주택 중 소형 주택의 대부분이 변소가 본채에서 분리되어 있었으며, 본채에 붙어 있는 경우에도 현관을 나가야 출입이 가능하도록 계획하거나 전실前室을 두었다. 변소의 내실화는 설비 개선이 이루어지지 않는 한 요원한 것이었다. 민간업자들

하회마을 북촌댁의 재래식 변소(왼쪽). 사랑채에 붙어 있지만 현관을 나가야 이용할 수 있었다.
안동 병산서원 근처 민가의 개량 변소(오른쪽). 전통 주택의 변소에 화변기를 설치하여 개량한 사례이다.

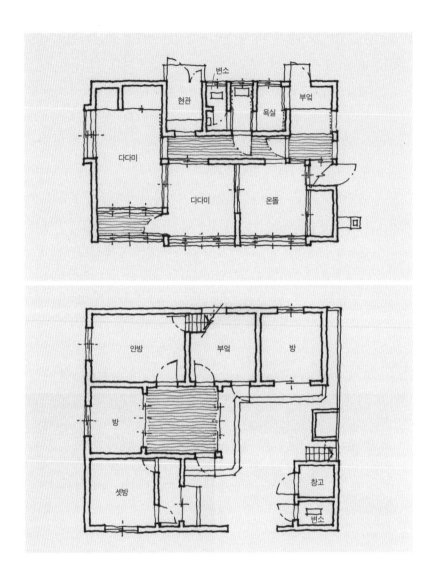

변소
현관
욕실
부엌
다다미
다다미
온돌

안방
부엌
방
방
셋방
창고
변소

조선주택영단이 건설한 영단주택 평면도(위). 갑·을·병·정·무 다섯 종류로 계획된 영단주택 표준설계 중 한국인과 일본인에게 분양된 '을형' 주택의 평면이다. 일본식 주택의 영향을 받아 변소가 주택 내부로 들어왔지만 설비가 개선되지 않은 상태였기 때문에 불결할 수밖에 없었다.

1960년대 답십리 단독주택(아래). 민간업자들이 지은 단독주택 중에는 1960년대까지도 변소가 본채와 분리된 구조가 많았다.

이 지은 단독주택 중에서도 1960년대까지는 변소가 본채와 분리된 구조가 많았다.

변소와 함께 또 다른 위생 공간인 욕실에 대해서도 많은 논란이 있었다. 전통 주택에는 세수를 하고 목욕을 하는 공간이 따로 마련되어 있지 않았다. 세수는 보통 세숫대야에 받아 방이나 마루, 부엌 등에서 하거나 우물가에서 했다. 목욕은 물을 데워 나무로 만든 통에서 하기도 했지만 대부분 근처 개천이나 계곡에서 하거나, 헛간이나 부엌에서 물을 끼얹는 정도로 청결을 유지했다.

일제강점기에 배설 및 목욕 행위는 전통적 방식이 여전히 지배적이었지만 일본식 주택 또는 한식·일식 절충 주택에는 실내 화장실과 일본식 목욕통이 소개되기도 했다. 그러나 다음의 글에 등장하는 일본식 철제 목

동네 우물가에서의 등목. 주택에 목욕 시설이 완전히 갖추어지지 않았던 시절에는 여름철 동네 우물가가 몸을 씻는 중요한 공간이었다.

욕통 시건은 새로운 기기와 생활양식에 내한 문화적 충돌도 부적응한 모습을 보여주고 있다.

그것은 깊은 철제 가마솥이었다. 물은 밑에서 때는 불로 가열되었다. 우리는 목욕법대로 목욕통에 들어가기 전에 몸을 씻었다. 아귀가 맞지 않은 문과 창문 사이로 찬바람이 불어 들어왔다. 대조적으로 우리가 퍼부은 물은 대단히 뜨거웠다. 유시국이 먼저 솥 안으로 도전했다. 그러고는 비명을 지르며 덴 다리를 붙잡고 뛰쳐나왔다. 그는 확실히 일본 목욕통에 익숙하지 않았다. 서양인인 내가 동양인인 그에게 그 동양 물건의 사용법을 설명해 주었다. 목욕통은 나무 덮개로 덮여 있었다. 덮개를 밟고 서면 그것이 가라앉으면서 바닥으로부터 몇 인치 위에서 자체적으로 고정된다.[70]

수세식 변소로의 세대교체

한국전쟁이 끝나고 대량의 주택이 전쟁의 참화로 소실된 속에서 하수구나 변소가 제대로 갖추어졌을 리 만무했다. 간혹 있는 공중변소는 개천 가까이에 설치되어 변소 아래에 드럼통을 놓아 오물을 받아냈으며 이것이 차면 그대로 개천으로 흘려보냈다. 밥은 가까운 데서 길어온 물을 아껴서 짓곤 했으며 목물을 하려면 길가에서 하는 수밖에 없었다. 이러한 모습은 전쟁 직후 부산에서의 피난생활을 그린 손창섭의 소설 「생활적」(1953)에도 잘 나타나 있다.

동주는 물을 두어 바께쓰 길어다 놓아야 하는 것이다. 물 마른 부산, 가뜩이나 이런 산꼭대기에서는 그게 결코 용이한 일이 아니었다. … 통하는 길 언저리에는 맨 똥이다. 거기뿐 아니라 이 부근 일대는 도대체가 똥오줌 천 지였다. 공기마저 구린내에 쩔어 있는 것이었다. 이곳 판잣집들에는 변소 가 없었다. 그러므로 여기 주민들은 대소변에 있어서 아주 개방적이었다. 남녀노소의 구별 없이 누구나 빈터를 찾아 나와 아무 데고 웅크리고 앉아 용변을 하는 것이다.[71]

1950년대 중반 이후 대한주택영단이 공급한 재건주택의 평면도를 보면 주택 내 변소 배치의 변화를 알 수 있다. 1954년형($29.7m^2$)은 수거식 화변기가 설치된 변소가 본채에 통합되었지만 출입은 외부에서 하도록 설 계되었다. 1956년형($29.7m^2$)은 변소가 본채에 통합되고 출입도 내부에서 하되 소변기와 대변기를 따로 설치하고 소변소를 거쳐 대변소로 들어가도

오물 수거. 수세식 화장실이 등장하기 전에는 바가지와 통을 이용하여 직접 변소에서 오물을 수거해 갔다.

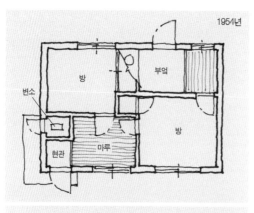

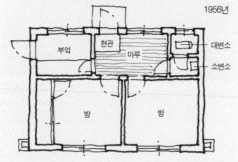

1950년대 중반 이후 주택 내 변소 배치의 변화. 대한주택영단이 공급한 재건 주택의 평면도이다. 1954년형은 변소가 본채에 통합되었지만 외부에서 출입하도록 설계했다. 이후 1956년형에서는 내부에서 변소로 출입할 수 있게 했고, 소변기와 대변기를 따로 설치했다. 1959년형은 변소와 욕실을 분리하고 욕실을 부엌 옆에 배치했다.

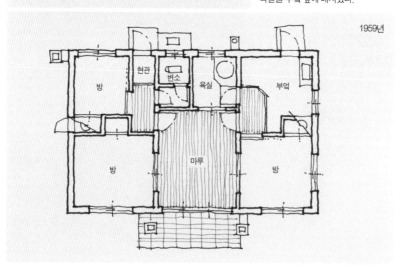

록 계획했다.[72] 또한 불광동 국민주택 1959년형(49.5m²)의 평면에서는 변소와 욕실을 완전히 분리하고 욕실은 부엌에 인접시켜 부엌 아궁이에서 온수를 공급하도록 했다. 특히 변소는 방문객이 쉽게 이용할 수 있도록 현관 입구에 두었다. 세면대와 욕조가 있는 욕실은 부엌 및 마루에서 출입하도록 했다.

1959년 개명아파트에서는 욕조와 변기가 설치된 화장실이 현관 옆에 위치했다. 국민주택과 달리 화장실에는 세면기가 없이 욕조가 먼저 자리를 잡았는데 세수는 대야를 이용하도록 한 것이다. 이는 공간과 설비의 제약에서 그 원인을 찾을 수 있다. 세숫대야의 이용은 목욕 공간의 정착 과정에서 전통적 생활양식을 일부 수용한 것이었다.

1962년의 마포아파트에는 처음으로 양변기가 설치되어 욕조·세면대·변기가 한 공간에 모여 있는 욕실이 도입되었다. 내부에서 직접 통할 수 있게 하고 설비 배관의 효율을 위해 부엌 옆에 배치했다. 이는 변소라는 공간이 거주 공간과 될 수 있으면 멀리 떨어져야 한다는 전통적인 인식을 파괴하는 것이었다. 또한 변소와 욕실을 분리하고 소변기와 대변기를 따

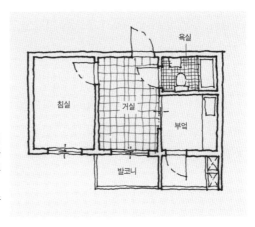

배스 유닛bath unit 개념의 욕실이 도입된 마포아파트. 1962년에 건설된 마포아파트의 29.7m²형 평면이다. 마포아파트에서 처음으로 양변기가 설치되어 욕조·세면대·변기가 한 공간에 배치된 배스 유닛 개념의 욕실이 등장했다.

로 설치하는 일본식에서도 탈피한 것이다. 뿐만 아니라 단지 용변을 보기 위한 변소의 기능보다는 세면과 목욕을 할 수 있는 욕실의 개념으로 통합되었기 때문에 그 위상은 한 단계 높아졌다고 할 수 있다. '뒷간'이라는 공간은 이제 공동주택에서 개념상으로도, 공간 배치상으로도 사라진 것이다.

변소의 위생기기는 재래식에서부터 반수세식으로,[73] 수세식이지만 쪼그리고 앉아 볼일을 보는 형태인 화변기(또는 왜변기)로, 걸터앉아 볼일을 보는 수세식 양변기(또는 좌변기)로의 단계를 거치면서 개량을 거듭했다. 그러나 1970년대까지도 아파트를 제외하고 수세식 화장실이 설비된 주택은 극히 일부였다.

백색 위생기기는 서구적 문화생활을 영위하고 있음을 보여주는 상징이었지만 수세식 변기를 처음 접한 사람들에게는 문화적 충격이 적지 않았다. 삐죽 달린 줄을 잡아당기자 물이 콸콸 쏟아져 자신이 무슨 큰일을 저지른 줄 알고 가슴이 콩닥거려 죽을 뻔 했다거나[74] 수세식 변기에 신문지를 사용하고 버렸더니 변기가 막혀서 오물이 넘쳐 오르는 통에 혼이 났다거나 하는 일은 비일비재했다. 특히 양변기의 경우 초기의 아파트 입주자들 중에는 그 사용법을 모르는 이들이 많아 여러 가지 웃지 못할 문제가 발생했다. 양변기 위에 올라가 쭈그린 자세로 볼일을 보는 경우도 있었고, 각 가정에 하나씩만 설치된 양변기는 가족들에게는 불편하기만 한 존재였다. 예를 들어 며느리가 앉던 변기에 시아버지가 앉아 용변을 본다는 것은 납득할 수 없는 일이라 하여 바깥으로 볼일을 보러 나가는 경우가 생기기도 했다. 화장실 근처에 시아버지 방이 있어서 시아버지가 방에 계시면 화장실을 못 가 변비에 걸렸다는 며느리의 일화도 있었다.

이름만 화장실

도시 기반시설의 개선으로 상하수도 설비가 완비됨으로써 위생시설은 주택에 적극적으로 도입되어 세면·용변·목욕 등을 위생적이고 편리하게 할 수 있게 되었다. 특히 변소가 퍼내기식에서 수세식으로 바뀐 것은 획기적인 일이었다. 초기에는 수세식 화변기가 욕조 및 세면대와 분리되어 별도의 공간에 설치되는 경우도 흔했지만 시간이 흐르면서 변기·욕조·세면대가 통합된 형식의 화장실이 정착했다.

화장실이라는 용어는 서양에서 개발된 수세식 양변기가 들어오면서 씻는 곳과 용변을 보는 곳이 수도 배관에 의해 하나로 통합되면서 생긴 서구적 개념이다. 이는 1970년대에 들어 서구식 주택과 아파트가 늘어나면서 본격적으로 사용되었다. 아파트의 특성상 과거의 변소처럼 용변 공간을 멀리 떨어진 곳에 배치할 수 없었기 때문에 처음부터 위생을 고려한 용변 공간의 설치는 필수적이었다. 화장실은 이제 용변을 볼 뿐 아니라 그 이름에 걸맞게 몸을 씻고 화장도 하는 공간으로 정착하면서 뒷간이나 변소의 어둡고 더럽고 냄새가 나는 듯한 이미지에서 탈피하여 밝고 우아한 느낌을 주게 되었다. 이에 따라 볼일을 본 후 사용하는 '뒤지'도 '화장지'로 둔갑하게 되었다.

변소가 퍼내기식에서 수세식 양변기[75]로 바뀌고 질적으로 향상된 계기는 아파트의 대량 건설이었다. 이전에는 수세식 변기라 해도 단독주택에서는 양변기보다 화변기가 주로 이용되었다. 또한 아파트의 경우, 중산층 아파트에서는 양변기를, 서민 아파트에서는 화변기를 설치하는 사례가 많았다. 주택공사는 1976년부터 공사가 건설하는 모든 아파트에 양변기를 설치하도록 했는데, 이를 계기로 그후 아파트의 위생기기는 모두 사용이 편리한 입식 양변기로 통일되는 단계에 이르렀다. 이는 화변기가 처음 설치된 후 10여 년이 지나서였다.[76]

　화장실 또는 욕실은 이후 여러 가지 위생 설비와의 통합 및 분리 과정을 반복하면서 한국적 생활양식에 적합하게 적응해 왔다. 욕실은 목욕과 세면을 위한 공간으로만 이용되지는 않았다. 특히 단독주택의 경우 1970년대 초반에는 세면기 없이 욕조가 수세식 변기와 함께 화장실을 차지한 것을 볼 수 있다. 빨래를 하거나 다용도로 사용하기에 공간이 비좁아 세면기를 떼어 버리고 세숫대야를 쓰거나, 욕조 없이 샤워기만 설치하는 일도 많았다. 또한 빨래를 하기 위해 욕실에 세탁기나 커다란 대야를 두기도 했는데, 이러한 행위는 생활 속의 불편함을 조정하고자 한 사례이다. 또는 세면기 밑에 수도꼭지를 추가로 달고 빨래를 할 때나 대야에 물을 받을 때 편리하게 사용하기도 했다.[77] 욕조에 물을 받아 놓고 이를 생활용수로 퍼서 쓰는 가정도 흔했는데 이럴 경우 목욕이나 샤워는 욕조 밖에서 했다. 이는 물을 퍼서 끼얹는 방식으로 목욕을 하는 우리나라 사람들의 목욕 습관과도 관계가 있다. 따라서 서구의 목욕실에는 없는 배수구가 우리의 화장실에는 필수적인 것이 되었다.[78]

　1960~70년대의 욕조는 타일로 마감한 시멘트 욕조가 보편적이었으나 아파트는 물론 단독주택 화장실에도 차츰 PVC(폴리염화비닐)로 만든 플라스틱 욕조로 대체되었다. 이후 오닉스onyx, 법랑, 스테인리스, 아크릴, 마블 등 다양한 재료의 욕조가 등장하여 선택의 폭을 넓혀 갔다. 1980년대 이후 아파트의 욕실은 틀에 짜인 듯한 사각형에 욕조와 세면대, 양변기가 정형적으로 배열된 공간으로 거의 획일화되었다. 이는 변소의 기능과 목욕 등 위생의 기능, 치장의 기능이 통합된 가장 효율적이고 다기능적인 욕실의 형태라 할 수 있다. 하지만 이름만 미화하여 화장실일 뿐 화장을 주로

하는 공간은 아니었다.

한편 1980년대 도시 중산층을 대상으로 한 연구[79]에 의하면 목욕은 여름에는 매일, 겨울에는 주 3회 정도 하는 것으로 조사되었다. 그 당시 욕조가 있음에도 불구하고 욕조 밖에서 목욕을 한다는 응답 비율이 약 80%를 차지했고 여전히 공중목욕탕을 이용한다는 비율도 60%가 넘었다. 이러한 현상은 집에서는 간단히 샤워만 하고 공중목욕탕에 가서 몸을 불리고 때를 미는 것을 목욕이라고 생각하는 한국인의 독특한 목욕 문화에서 기인한다. 또한 세면기를 두고도 세숫대야를 사용하는 습관 때문에 바닥은 항상 젖어 있었다.

화장실의 기능이 다변화하면서 바쁜 아침 시간에 아버지가 조간신문을 들고 욕실에 들어가면 아이들이 발을 동동 구르며 밖에서 기다리는 모습도 자주 볼 수 있었다.[80] 이러한 불편 때문에 모든 위생설비가 한 공간에 집중되는 것보다 욕실과 세면장, 변소가 분리되는 것이 합리적이라는 주장이 등장하기도 했다. 그러나 이후 공간에 다소 여유가 있는 아파트나 단독주택에 화장실이 두 개 설치되면서 이러한 갈등은 해소되었다.

1990년대 들어서는 공중목욕탕보다 개별화된 목욕 공간을 사용하는 추세가 두드러졌고, 이에 따라 욕실의 모습도 점차 다양화되었다. 그리고 욕조에 몸을 담그거나 욕조 밖에서 몸을 씻는 입욕 방식이 줄어듦에 따라 욕조 대신 샤워부스를 설치하는 가정이 계속 늘어났다. 그리하여 욕실은 습한 공간이 아닌 건조 공간으로 점점 변화하게 되었다. 또한 욕실의 사용이 개별화되면서 그 개수도 점차 두 개 이상으로 늘어났다. 욕실과 면해서 파우더 룸과 드레스 룸이 배치되는 경우도 점차 증가하여 이제 욕실은 다양한 생활의 행위가 일어나는 공간으로 변모했다.

4
가전기기의 변천사

모든 것을 손으로

조선시대 각 가정에서의 식생활 관련 활동은 주로 여성들의 몫이어서 밥을 짓고 상을 차리는 일은 빨래와 함께 여성들의 일상생활을 채웠다. 남자가 부엌에 들어가면 안 된다는 인식 때문에 주로 부엌에서 이루어지는 조리와 관련된 일은 여자들의 몫이었다. 식사 준비는 주로 부엌에서 했으며 곡식 찧기나 물 긷기, 나물이나 열매 채집 등의 부수적인 일은 마당과 개울, 공동 우물, 산과 들 등 여러 곳에서 이루어졌다. 그러나 서민들은 남성들도 음식 장만과 상차리기, 곡식과 부식의 공급을 위한 농사일, 식생활에 필요한 연료 공급 등을 돕기도 했는데, 조선시대 풍속화나 관련 기록에서 이에 관한 자료를 쉽게 찾아볼 수 있다. 예를 들어 떡을 만들 때 커다란 떡판 위에 반죽을 올려놓고 무거운 떡메로 두들기거나 손으로 휘둘러 반죽하는 일은 남자들이 맡았다.[81]

　　주부가 맡은 일 중에 가장 피곤하면서 끝이 없는 노동은 빨래였다. 구한말 외교관을 지낸 영국인 칼스W. R. Carles의 눈에 비친 조선 여성들의

다듬이질. 굵은 홍두깨에 옷감을 감아 다듬이질을 하고 있다. 다리미가 없던 시절 옷감의 구김을 펴고 반듯하게 하기 위해 여인들은 방망이로 옷감을 한참 동안 두드려 다듬이질을 했다.

세탁 풍경은 엄청난 빨래 때문에 매우 힘들어 하는 노동 현장이었다. 세제가 없었던 시절 여자들은 방망이로 두들겨 때를 뺐으며 이 방망이 소리는 마을 어디에서나 들을 수 있었다.[82] 특히 남자들은 흰옷을 입었고 실제로 한복은 세탁과 유지 관리에 힘이 많이 들었다. 한복을 세탁하기 위해서는 동정·팔·고름 등 바느질된 모든 부분을 뜯어서 물빨래를 한 다음 빳빳하게 풀을 먹이고 다듬이질로 편 후, 다시 원래대로 바느질을 해야 했다. 이렇게 공을 들여 세탁한 옷을 입고 집안일을 하거나 외출을 하고 오면 다음날 다시 입기 민망할 정도로 소매 끝과 치맛단, 바짓단에 흙물이 들어 있었다. 빨래를 하기 위해 추운 겨울 얼음을 깨고 맨손으로 빨랫감을 비비는 고생은 아낙들에게 주어진 몫이었다. 도시에서도 머리에 빨래통을 이고 성문밖 개울이나 강가로 향하는 여인들의 모습을 자주 볼 수 있었다. 빨래터는 삼삼오오 모인 동네 여인들이 정보도 교환하고 남자들 흉도 보며 서로의 고달픈 삶을 나누는 사교의 장소였다. 개화기에 미국인 선교사가 쓴 글[83]

강변에서 빨래하는 여인들. 성문 밖 개울이나 강가는 빨래를 하는 여인들로 가득했다. 추운 겨울에도 강가에서 얼음을 깨고 맨손으로 옷감을 빨아야 했다.

을 보면 구한말 일본인 세탁소와 전문 세탁업자가 존재했음을 알 수 있다. 그러나 이러한 세탁소는 주로 외국인이 이용했으며 대부분의 가정에서는 여성들이 모든 것을 손으로 해결했다.

주생활과 관련된 가사 노동에는 청소나 난방 연료 공급, 자리 만들기, 지붕 손보기, 창호 바르기, 말이나 소 등의 가축 관리를 들 수 있는데 이렇게 힘이 많이 드는 일은 거의 남자들이 맡아서 했다. 사대부가에서는 행랑아범이나 노비들이 그런 일을 도맡아 했다. 집안 청소는 남녀가 함께 했는데 주로 남자들은 대청과 뜰을, 여자들은 방과 마루를 청소했다. 서민 주택들은 양반 주택과 달리 방에 종이 바닥이 아닌 자리를 사용하는 경우가 많아, 이를 털거나 교체하는 일도 남자들이 했을 것으로 추측된다.[84]

개항 이후 일제강점기를 거쳐 서양의 기술과 문명의 이기들이 본격적으로 소개되면서 조선인의 생활 전반에도 변화가 나타나게 되었다. 석유와 전기, 가스가 차례로 들어오면서 식생활은 훨씬 편리해졌다. 단발령이 시행되고 서구식 의생활이 도입되었으며, 방직공장이 설립되어 새로운 섬유 제품이 생산되기 시작했다. 그리고 양잿물이 쓰이면서 의생활과 관련된 가사 노동은 한층 줄어들었다. 특히 1930년대 이후 보급된 재봉틀과 전기다리미는 각 가정에서 여성이 담당했던 의복 생산과 관리에 대한 부담을 한결 덜어주었다.[85]

기계화로 달라진 주거 공간

각종 설비의 발달과 함께 가장 큰 변화를 겪은 곳은 역시 가사 노동에 관련된 공간이었다. 특히 1970년대 들어 가정부를 구하기가 어려워진 상황은 가정 내 설비의 도입을 더욱 촉진시켰다. 농촌에서 상경해 남의집살이를 하며 가사 일을 하던 '식모'들이 산업 현장과 서비스 산업 쪽으로 이직하는 경향이 두드러지면서 집에서 숙식을 하던 가정부가 급격히 줄어든 것이다. 가사 노동의 조력자를 찾기 힘들어진 상황에서 가전제품들은 주부들의 일손을 덜어 주는 도우미로 자리 잡기 시작했다. 주부들은 세탁기·전기밥솥·전기후라이팬·믹서기 등을 경쟁적으로 구입했으며, 부엌 디자인의 현대화와 함께 그에 맞는 부엌살림 도구와 가전제품을 장만하는 것이 유행처럼 번졌다. "○○전기기구로 우리 가정을 자동화합시다"[86]라는 광고 문구는 편리한 삶을 추구하고자 하는 의욕을 북돋았다.

광고를 통한 소비 촉진으로 1960년대 중반까지만 해도 흔하지 않았던 전기냉장고, 에어컨, 세탁기는 말할 것도 없고 텔레비전, 선풍기 등의 가전제품들이 1970년대 후반부터 바야흐로 대중용품이 되어 갔다. 뿐만 아니라 오븐·믹서·전기다리미·전기풍로·전기스토브·전기밥솥·토스터·

가전제품 광고. 1970년대 후반 가전제품은 주부의 일손을 덜어주는 가사 도우미로 자리를 잡기 시작했다. 주부들은 경쟁적으로 가전제품을 구입했으며 기업들은 판매 촉진을 위해 광고에 힘을 쏟았다.

진공청소기·가스레인지·가습기·청소기 등 각종 가전제품들이 홍수처럼 쏟아져 나왔으며, 대도시의 중산층쯤 되면 으레 이들 가전제품 중 7~8개씩은 갖고 있었다.[87]

산업의 발전으로 국가 경제가 호전되면서 가계 수입도 증가하고 구매력을 가진 중산층이 서서히 형성되기 시작한 것도 가전제품의 구입을 촉진시킨 계기였다. 새로 들여놓은 가전기기는 이웃에게 대단한 자랑거리였으며 가전기기로 하나둘 채운 내부 공간은 현대적 주부의 자부심을 충족시켜 주는 부의 척도로 작용했던 것이다. 주생활의 전화電化는 생활의 자동화·문화화·근대화·진보 등의 의미를 나타내게 되었다. 매스컴을 타고 흘러나오는 전자제품의 광고 음악은 어린이 동요보다도 더 널리 알려

졌으며,[88] 아래와 같은 문구로 전자제품을 선전하는 광고가 폭발적으로 실렸다.

한 시간 걸리던 아침식사 준비가 이젠 20분으로. 늦게 돌아오신 아빠에게 금방 따뜻한 저녁상을. 전자렌지는 이제 우리 집의 가장 중요한 생활 도구가 돼 버렸어요.[89]

생활의 편리함을 유도하는 가전제품의 광범위한 소비는 비단 도시에서만의 현상은 아니었다. 농어촌의 경우, 젊은이들이 교육과 직업 등의 이유로 도시로 떠남에 따라 집안일에서 자녀들의 도움을 더 이상 기대하기 어려웠다. 때문에 집을 고치고 부엌을 현대화하며 가전제품을 구입하여 일손을 대신하고자 했으며, 도시에서 직장을 다니는 자녀들이 그렇게 하도록 권장하고 도움을 주었다. 특히 딸들이 그 역할을 많이 했는데 직접 어머니를 돕지 못하는 대신 각종 가전제품을 구입해서 고향에 보냄으로써 최소한의 도움을 드리려고 했다. 자녀들의 이 같은 마음을 알아차린 가전제품 회사들은 명절이면 앞 다투어 고향의 부모에게 신제품을 선물하라고 부추겼다. 농어촌 가정에 각종 가전제품들이 신속하게 보급될 수 있었던 것도 바로 이런 이유가 한몫을 했다.[90]

1960년대와 1970년대의 여성이 '스위트 홈'의 주역이었다면, 1980년대 이후의 여성은 가정을 벗어나 사회로 진출하는 맞벌이를 택했다. 여성은 사회적 활동의 범위가 넓어지면서 경제력을 갖게 되었고 가정 내 의사결정에서 그 영향력이 더욱 커지게 되었으며 소비의 주체로 떠올랐다. 이에 따라 주거 내 소비 물품의 구입 성향도 조금씩 달라졌다. 맞벌이 부부가 늘면서 여성의 가사 노동을 줄여 주고 사회생활과 여가생활을 뒷받침해

줄 수 있는 첨단 설비들이 속속 등장하여 가사 노동의 산업화를 이끌었다. 또한 여성의 입장에서 선택하게 되는 가전기기나 설비 등은 부엌과 세탁실, 작업실 등 주거 내 공간의 변화로 이어지게 되었다. 특히 새롭게 선보이는 주거공간은 더욱 편리한 가전제품과 첨단 시설로 장식되어 대대적으로 홍보되었다.

디지털 라이프의 환상

1995년 (주)대우건설은 '휴먼 스페이스'Human Space라는 미래주택 전시관을 개관하여 가깝게는 5년에서 멀게는 50년 후의 미래 첨단주택을 선보였다. 2030년대 주택의 출입구에 들어서면 에어샤워air shower가 몸에 묻은 세균을 소독하고 온 집 안의 모든 시스템은 원격 조정되며 이 모든 것들은 음성이나 지문 인식으로 작동된다고 예견했다. 부엌 역시 모두 자동화 시스템으로 작동되며 부엌 작업대를 정면을 향해 개방시킴으로써 가족이 함께 할 수 있는 공간으로 만들었다. 이러한 환상적인 모습은 1990년대 후반부터는 차츰 현실이 되어 갔다. 1999년에는 분양가가 자율화되면서 건설업체들은 내부 장식의 고급화를 추구하여 아파트의 질을 높이고자 노력했다. 이때 불기 시작한 디지털 바람은 주거공간에도 거세게 몰려왔다. 특히 우리나라가 첨단 기술의 선도 역할을 하여 IT 강국으로 자리매김하는 가운데 더욱 확산되었다.

주택 내에는 컴퓨터를 중심으로 홈 오피스와 재택교육이 보편화되고, 원격 진료를 하는 등 주거공간에 또 하나의 변혁이 불어 닥칠 것이 예상된다. 2001년 서울의 한 주택문화관에서 첫 선을 보인 인텔리전트 아파트는 주택에서 머무르는 시간이 적고 자녀 양육의 어려움을 겪고 있으며 가사 노동 시간이 부족한, 현대의 보편적인 가족을 사용 대상으로 설정했다. 이 아파트에는 안전·보안 시스템, 환경 조절 시스템은 물론이고 거주자의 문화·건강·가사생활의 질을 높이는 생활 지원 시스템, 인터넷 이용 환경에 도움을 주는 인터넷 기반 시스템, 집 안에 설치된 홈오토메이션 기기를 작동시키는 컨트롤 시스템 등이 설치되었다. 뿐만 아니라 주부가 주로 일하는 주방 등 가사 노동 공간에도 제어기를 설치해 동시에 여러 일을 처리할 수 있도록 도왔다. 안방에는 오디오 공유 시스템을 설치해 거실이나 안방의 오디오를 침실과 욕실 등에 있는 스피커와 조절기를 이용하여 방과 방 사이를 이동하더라도 청취할 수 있도록 했다. 이처럼 특정 기능을 지닌 기기들이 홈 네트워크를 형성한 현상은 언제 어디서나 주거환경을 제어하는 이른바 '유비쿼터스' 주거공간으로 나아가는 첫 단계였다.

대우건설의 미래주택 전시관. 1995년에 문을 연 휴먼 스페이스라는 미래주택 전시관에서는 첨단기술이 도입된 미래주택을 선보였다.

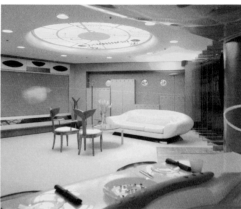

미래주택 전시관에서 소개된 2010년 주택(왼쪽)과 2030년 주택(오른쪽). 당시 공개된 미래주택은 출입구에 들어서면 에어샤워가 몸을 소독해 주고 집 안의 모든 시스템이 원격 조정되며, 이 모든 것이 음성 또는 지문 인식으로 작동되었다.

이처럼 지능화되고 디지털로 제어되는 고기능 아파트로 발전해 가는 가운데 최근에는 현대 주거공간에서 편리함만으로는 얻을 수 없는 주거공간 본연의 기능들을 되살리려는 노력 역시 동반되고 있다. 예를 들어 평면상으로는 거실 중심의 공간 구성과 개방형 주방을 도입하여 가족간의 대화를 유도하고 있다. 거실에는 가족 모두 인터넷을 사용할 수 있는 공간을 마련해 일을 하면서도 거실에 있는 가족들과 접촉할 수 있도록 배려하고 있다. 가족간의 빈번한 접촉을 유도하면서, 동시에 가사 노동 및 주택 관리에 소요되는 에너지를 컴퓨터가 대신할 수 있도록 한 것이다.

여기서 한걸음 더 나아가 거주자의 의사가 적극 반영되도록 한 유비쿼터스 하우징은 주택 스스로 또는 거주자와의 간단한 상호작용으로 여러 가지 설비들을 작동하거나 유지할 수 있는 주택을 말한다. 기본적으로 온도·습도·환기 등 실내의 최적 상태를 유지하고 요리·세탁·통신 등에 동원되는 집 안의 모든 전자제품은 어느 위치에서나 버튼 하나로 조절할 수 있다. 또 거주자의 건강 상태나 주거 공간 내의 각종 기기에 문제가 생기면 건물 관리 요원에게 자동적으로 상황이 보고되며, 노인이나 장애인 및 유아의 식사, 세탁을 포함한 간단한 집안일은 로봇이 담당할 수 있다.[91] 컴퓨터와 로봇 기술의 발달은 이러한 가능성을 충분히 예측하게 한다. 하지만 아무리 첨단의 기술을 반영한 주택일지라도 인간 본연의 감성과 나아가 우리 사회의 문화와 역사를 담아내지 못한다면 이는 디지털 라이프에 대한 환상에 불과할 것이다.

결론 | 한국 근현대 주거생활이 말해주는 것

이 책은 한국 근현대 주거생활이 변해온 역사를 미시사적 관점에서 정리한 것이다. 근대적 사회로 첫발을 내디딘 개항 이후 지금까지 우리의 주거환경은 몰라볼 정도로 급격히 변화해 왔다. 이 책에서는 이러한 변화를 그 안에서 거주하는 사람과 그들의 생활에 초점을 맞추어 살펴보았다. 이를 통해 근대화라는 화두에 접근하면서 우리가 주거생활을 통해 몸소 겪은 것이 과연 무엇인지 뒤돌아보고자 했다. 주거의 외형적인 변화 뒤에는 변화하는 생활을 주거에 담아내고자 했던 거주자들의 요구가 있어 왔고, 또 이러한 생활의 변화는 시대적 상황의 산물이었다. 지난 역사 속에서 경험해온 주거생활을 돌아보는 것은 근대화 과정에서 숨가쁘게 달려온 우리의 삶에 대한 성찰이었고, 앞으로 나아가야 할 올바른 주거문화에 대해 던지는 메시지이기도 했다. 우리는 누구나 어릴 적 집에 대한 아련하고 행복했던 기억들을 갖고 있다. 미시사를 서술하면서 그 추억에 빠져들기도 했으며, 그것이 먼 과거가 아니었음을 다시 한번 상기할 수 있었다. 그리고 이러한 연구 과정을 통해 오늘날의 주거환경이 형성되기까지 얻은 것과 잃은 것에 대한 분명한 답을 얻을 수 있었다.

주거는 도시와 사회 환경을 이루는 중요한 물리적 단위이다. 아울러 한 개인에게 주거는 일생을 통해 경험하면서 삶의 질을 결정짓게 해주는 필수불가결한 요소이다. 한 사람 한 사람의 주거 경험과, 한 가족이 주거환경에 대해 반응하고 행동하며 환경을 조절해 나가는 과정은 그것이 모여 큰 흐름을 이룰 때 사회적·정치적·경제적 배경과 함께 정·반·합을 이루며 한 사회의 주거문화를 이끄는 원동력이 된다. 그러므로 삶의 모습을 들여다보지 않고는 주거를 정확하게 이해할 수 없으며, 역으로 인간사의 모든 모습은 주거공간에 투영되어 나타난다고 볼 수 있다. 우리는 이 책에서 생활과 공간 환경의 세밀한 관계를 살펴봄으로써 그러한 관계의 실체에 구체적으로 접근해 보고자 했다.

오늘날 한국의 주거환경은 정치·경제적 압력하에서 사회적 필요에 의해 생성된 것이면서 동시에 '근대적 삶'과 '생활수준 향상'이라는 열망을 갖고 있던 거주자들의 요구가 함께 작용한 것이라고 할 수 있다. 전통적 생활공간은 어느새 주변에서 자취를 감추었고 우리는 과거와 전혀 다른 공간에서 살고 있다. 그리고 과거보다 훨씬 안락하고 세련된 주거공간 안에서 살고 있지만 한편으로는 '잃어버린 그 무엇'에 대한 아쉬움을 늘 갖고 있다. 이는 우리 스스로 만들어낸 주거환경이 한 방향으로만 진화해 왔기 때문에 충족되지 못한 부분이 있어서일 것이다. 이 책에서는 한국의 주거가 고유하게 갖고 있었던 원형적 공간 특성에서부터 현재의 공간에 이르기까지의 과정을 세분화한 주제별로 추적하면서, 그것이 어떠한 방향성을 갖고 변해 왔는가를 고찰해 보았다.

미시적으로 살펴본 주거생활의 변천사는 한국 사람들의 역동적인 삶의 흔적들을 보여주었다. 특히 주거의 작은 단위인 내부 공간을 중심으로 보았을 때 주거가 바로 인간의 '삶을 담고 있는 용기'라는 것을 확인할 수 있었다. 무엇보다도 일생을 통해, 온몸으로 주거라는 실체를 겪은 한 개인의 주거생활에 관한 구술은 문헌 자료를 통해 파악한 주거 변화의 다양한 측면들을 직접적으로 뒷받침해 주는 증거였다. 이들의 증언은 더 이상의 부연 설명이 필요 없는 미시사 그 자체였으며, 우리는 이를 통해 주거라는 복합적인 실체를 진정한 삶의 단면으로 이해할 수 있었다.

근대화라는 과정은 어느 사회나 겪는 것이지만 그중에서도 한국의 주거환경은 그 과정에서 몇 가지 특징적인 양상을 띠고 있음을 파악할 수 있었다. 그것은 한국만이 갖고 있는 독특한 사회적·문화적 배경 때문이기도 하고, 한국 사람만이 갖고 있는 특별한 성향 때문이기도 할 것이다. 미시적 차원에서 파악한 한국 주거의 몇몇 특성들을 진단하면 다음과 같다.

첫째, 산업화 단계에서 우리 사회의 공동체적 모습이 약해지고 가족의 의미가 변화되면서 가구가 분화되는 과정, 그리고 삶이 개인화되어 가는 과정이 주거공간에 고스란히 반영되었다는 점이다. 개인 공간, 공동 공간의 구별 없이 서로 만나고 소통하기에 적합했던 공간 구조는 독립적이고 단절된 공간 구조로 변화했다. 그리고 이웃과 교류하던 장소가 사라지고 엄밀한 의미에서 주거생활이 이루어지는 곳은 내부 공간으로 축소되었다. 특히 혁신적 주거 유형으로 등장하여 그 어느 사회보다 빠르게 대량으로 보급된 아파트는 근대적이고 편안한 생활을 앞세웠지만, 그 대신 사람들은 그 안에서 더욱 소외되는 삶을 경험하게 되었다. 또한 전통 사회의 가족 구성원 사이에서 형성되었던 질서가 변하면서 여성·노인·아동이 경험한 근대적 주거는 예전과는 상당히 달라진 모습을 보여주었다. 한편에서는 수평적 가족관계를 동반하는 평등을 의미하기도 하지만 다른 한편에서는 노인 문제 등 또 다른 소외 현상을 만들어내는 양면성을 지니게 된 것이다.

둘째, 우리는 경제개발의 시대를 보내며 주거를 통해 개인의 물질적 욕망을 구체적으로 실현해 왔다. 주거는 경제력의 표현이었고, 동시에 재산을 증식할 수 있는 수단이자 욕구의 산물이었다. 한국 사회에서 '나도 남들처럼' 잘살고자 하는 욕구는 다른 어느 사회에서보다 강했으며, 누구나 꿈꿔 온 집을 갖기 위한 노력은 치열했다. 그 과정에서 생활의 진보라는 측면이 우선적으로 부각되어 우리는 정치·경제적 논리에 의해 보급된 주택들이 빚어낸 억압적 상황에 오히려 적응하고 그것을 인내하는 데 익숙해지고 만 것이다. 특히 주택을 공급하는 측에서는 경제적 이윤 추구의 개발 논리로 거주자의 눈앞에 매혹적인 주거공간을 내세움으로써 그 욕망에 부응하고자 했다. 그 결과, 도시환경은 삭막하고 고밀화되어 날로 거주성이 떨어지지만 주거의 내부 공간은 정확하게 거주자의 입맛에 맞는 방향으로 제공되는 역설적인 상황을 초래했다. 바꾸어 말하면 오늘날의 획일적인 주거공간은 대다수의 사람들이 그 시대의 주거생활에서 공감하고 추구하는 것에 꼭 맞게 만들어져 시대 상황과 가족 상황을 정확히 대변해 준 것이었다. 이 때문에 다양성보다는 획일성을, 소통보다는 구획을 통해 너도나도 비슷한 주거환경에서 소외된 삶을 사는 데 익숙해진 것이다.

셋째, 주거를 둘러싼 장소에서 일어나는 일상사의 변화 과정은 근대화 담론에서 보편적인 쟁점이 되는 '주거의 기능 변화', '사생활의 강화', '공간의 분화'라는 방향으로 진행되는 과정을 보여주었다. 이때 전통적인 공간 구조에서 근대적 공간 구조로 변화하는 데 있어서 공간과 생활 사이의 갈등은 서구화라는 쟁점과 맞물려 매우 복잡한 양상을 띠게 되었다. 즉 한국의 주거 변화는 서구화 내지는 식민화라는 외적 영향과 근대화라는 내적 변화의 압력이 함께 작용하여 생성된 산물이라 이해할 수 있다. 특히 서구적 생활에 대한 동경은 주거공간이 합리적·기능적으로 변화하는 데 더욱 가속도를 붙게 했다. 따라서 우리는 생활에 진정으로 필요한 공간이 어떠한 것인지 성찰하지 못한 채, 넓은 공간을 소유하고 많은 방들을 만들어 내며 점점 폐쇄적이고 깊숙한 곳에 공간들을 배치하는 데 어느새 익숙해졌다. 그리하여 외형적인 주거의 질은 향상되었지만 본질적으로는 전통적인 공간 정서의 많은 부분을 상실하는 결과를 가져왔다.

넷째, 주거공간의 질적인 측면에서 기술과 설비의 역할이 지나치게 강조된 점을 들 수 있다. 급격한 경제성장과 함께 물질주의가 팽배한 사회적 영향으로 사람들은 주거의 질적 향상이 곧 주거 설비와 기능의 향상에 직결되어 있다고 믿어 왔다. 특히 시대의 첨단을 전면에 내세웠던 아파트는 그 공급 과정에서의 부정적인 단면들을 가장 손쉬운 방법인 내부 공간의 기능화와 설비의 첨단화로 무마하고자 한 의도를 다분히 내포하고 있었다. 거주자 역시 물질적 풍요와 편리함에 길들여져, 주거를 선택할 때 기술적 측면을 맹신하는 경향이 매우 강했다. 그 결과 한국의 주거는 세계적으로 찾아볼 수 없을 만큼 '살기 위한 기계'로서의 기능을 충실하게 수행하고 있으며 기술적인 것이 기형적으로 발달하는 현상을 초래했다. 우리는 주거라는 장소가 제공해 주는 공간 환경의 풍요로움을 추구하는 대신 첨단설비를 통해 대리만족을 얻고자 하는 성향이 매우 강했다고 볼 수 있다.

이러한 여러 현상들이 복합적으로 작용하여 오늘날의 우리 주거문화로 정착했는데, 여기에는 산업화 과정에서 생활의 혁신을 강요당한 측면도 있다. 그러나 우리는 그 어느 나라보다 급격히 변화한 주거환경 속에서 잘 적응해 왔으며, 어떤 면에서는 그 변화를 더욱 능동적으로 이끌어 왔다고도 볼 수 있다. 경제성장 시기 주택의 양적 공급에 치우친 나머지 도시환경은 파괴되고 삭막해졌지만, 그러한 상황에서도 한 가족을 위한 주거공간은 생활의 변화에 발맞추어 진화해 왔으며 물리적인 질 역시 괄목할

만큼 향상했다. 그렇기 때문에 많은 비판에도 불구하고 대다수의 사람들은 주거환경에 만족하면서 살아왔던 것이다.

우리의 주거환경은 지난 세월 동안 매우 역동적으로 변해 왔으며, 앞으로도 그럴 것이다. 그러나 이제는 그동안 잃은 것들에 대해서도 뒤돌아볼 수 있어야 한다. 미래의 주거환경을 만들어 나가는 것도 결국은 우리 자신이기 때문에 앞으로는 보이지 않는 가치에 눈을 떠야 할 것이다.

공동체 의식, 정주성, 정서, 다양성, 전통, 평등, 상호 존중과 배려, 개성 등은 주거를 통해 이룰 수 있는 삶의 진정한 가치일 것이다. 그리고 모든 가족 구성원들이 서로 존중받으면서 평등하고 행복하게 살 수 있는 집, 사는 장소에 애정을 갖고 오래도록 가꾸고 다듬어 갈 수 있는 집, 마음속의 꿈을 이루어 줄 수 있는 집, 삭막한 현대사회에서 정서적 편안함을 줄 수 있는 집, 전통의 향수를 느낄 수 있는 집, 기능적이면서 쾌적하고 안락한 집이 바로 삶의 질을 향상시키는 주거일 것이다. 덧붙이자면 자손 대대로 삶을 이어갈 수 있는 지속 가능한 집이어서 먼 미래에도 후회하지 않고 행복하게 기억될 수 있다면 더욱 좋을 것이다.

주거생활에 대한 생생한 기억들

— 생애구술사로 보는 주거의 의미와 사용

· 첫번째 이야기
전 생애의 대부분을 단독주택과
양옥에서 살아온 박○○ 씨의 구술

· 두번째 이야기
아파트 투자를 적극적으로 하여
자산을 축적한 조○○ 씨의 구술

이 자료는 한 개인이 주거생활에 관해 증언한 생애구술사(narrative life history)로서, 태어나면서부터 지금까지 어떠한 집에서 어떠한 경험을 하면서 살아왔는지를 인터뷰한 내용이다. 이는 구술자의 직접적인 경험을 통해 주거의 의미와 사용, 그리고 그 변화 과정을 심층적으로 분석하고자 하는 목적에서 출발했다. 그리고 시대적 변화와 더불어 거주자의 주거 경험을 이해하기 위해 근대화 과정을 겪은 현재 50∼70대 인물 중에서 구술자를 선정했으며, 사회사적 배경을 염두에 두고 개별 가족이나 개개인이 주거를 어떻게 변화시키고 조절해 왔는지 그 세세한 생활상의 변화를 추적할 수 있게 했다. 따라서 이 구술 자료를 통해 농경사회에서 산업사회를 거쳐 후기 산업사회로 가는 근대화 과정에 따라 단독주택과 다세대주택, 아파트를 어떻게 경험했고, 내 집 마련을 위해 주거 조정과 적응을 어떻게 해왔으며, 욕실과 위생, 부엌 설비와 시설, 난방 방식이 어떻게 변화했는지를 생생하게 들여다볼 수 있을 것이다.

첫번째 이야기

박○○ 씨 1938년생, 여성, 서울 동작구 거주 (2006. 2. 6. 인터뷰)

박○○ 씨는 인터뷰 당시 69세였다. 경기도 이천의 한옥에서 태어났는데, 집이 너무 커서 한국전쟁 때 인민군이 본부로 쓰게 되어 미아리 한옥으로 이사를 갔다. 결혼 후 단독주택에서 살면서 가족이 늘어나 증축해서 살다가 이사 가려는 아파트의 공사가 끝나지 않아 1년간 적산가옥에서 살게 된다. 1973년부터 1976년까지 4년간 아파트에서 산 것 외에는 독산동과 사당동에 단독주택을 지어 큰집을 지니면서 넉넉하게 살았다. 1976년부터 1998년까지 22년간 단독주택을 지키고 살았고, 1998년에 그 자리에 다세대주택을 지었다. 가족이 많았을 때는 2세대를 쓰다가 지금은 혼자 살고 있으므로 1세대만 쓰고 있다. 다른 사람들은 보통 아파트로 가기 위한 중간 정거장으로 다세대주택에 살고 있지만 박○○ 씨는 이 집에 대한 애착이 많아 매달 반상회까지 자기 집에서 하면서 관리하고 있다. 다세대주택을 모두 분양했으므로 구분소유권이 각각 있지만 단독주택에 대한 향수가 남아 있어서 아직도 애착을 가지고 있는 것이다. 다세대주택을 지으니 결국은 내 집만 없어지고 말았다는 박○○ 씨는 주변이 모두 4~5층짜리 다세대주택 혹은 다가구주택으로 변하니 내 집만 덩그렇게 파묻혀 다세대주택을 짓지 않을 수 없었다고 회고했다. 구술에 수록된 모든 도면은 구술자가 직접 그린 것임을 밝혀둔다.

어린 시절(이천읍 창전리 256)

12살에 6·25가 일어났는데, 그때까지 여기서 살았어요. 옛날에는 안방이 이렇게 있고 웃방이 있었어. 사이에 미닫이문이 있었는데 무슨 일이 있으면 그걸 다 뜯어내. 그래서 하나로 하게끔. 부엌이 이렇게 커. 부엌이 크구 부엌 위에는 전부가 다락방이에요. 왜 민속촌에 가면 이런 마루들이 있더라구요. 이렇게 조각마루. 그런데 많이 다른 점은, 큰 돌 있죠, 대리석 같은 돌로 해 놓구. 밑으로 또 계단을 둘 내려가면 여기는 큰 방이에요.

화장실은 뚝 떨어져 있더라구. 이렇게 떨어져 있었구. 그리고 일하는 사람들이 쓰는 약간 작은 방이 있었어요. 그래서 방, 부엌, 방, 광이 이렇게 별채로 있었는데, 생각을 해보니까 광이 세 개나 되더라구. 근데 이게 내가 생각을 해보니까 굉장히 컸대. 큰언니한테도 물어보니까 광이 굉장히 컸다 그러더라구. 그게 왜 그러냐면 옛날에는 나무를 해다가 거기다 다 쌓아야 되거든요. 장작을 일 년치를 다 해야 되구. 나무들을 해서 쌓기 때문에.

그때는 언니가 둘인데 하나는 결혼을 안 했어요. 큰 언니는 결혼을 했지. 그리고 아들(오빠)은 결혼을 해서 같이 살았어요. 3대가 살았어요. 나는 이 방(웃방)을 썼어요. 언니랑. 오빠는 결혼해서 여기(도면 1-①)서 살고. 언니하고 나하고는 웃방을 쓰면서 그래도 여기(도면 1-②)도 우리가 많이 썼지. 여기(안방, 도면 1-③)는 부모님이 사시고. 하인들보다는 일하는 사람들이 여기(도면 1-④)서 살았어요. 하여튼 일하는 사람이 있었구. 여기(도면 1-⑤)는 딴 사람이 한 번 산거 같애. 산거 같은데. 세를 준 거 같아요.

우리 아버지는 한전에 다니셨어요. 그러니까 그때는 공전을 나오셔서 한전에 계셨던 거 같애요. 우리 아버지는 서울에도 자주 왔다 갔다 하고 그랬거든요. 그때는 서울로 직접 가는 기차가 없었구, 수원으로 가는 기차는 있었는데 뭐를 타고 갔는지는 모르겠어. 출퇴근 거리는 아닌 거 같애. 그러니까는 집에 많이 안 계셨어. 그냥 맨날 나가셔서 출장도 많이 다니시고 보기가 많이 힘들었어, 사실은.

이 집(도면 1)은 아버지가 결혼하고 바로 지으셨대요. 그러니까 40년에서 50년 사이라던가. 북경 만주로 다니시다가 어떻게 하다가 오셔 갖구 지으셨대. 순전히 한옥이야, 여기는. 이쪽에는 상점이 있고 그랬거든. 가게가 있었어. 옛날에는 신작로라 그랬지. 옛날에는 여기가 시계포 같았어. 그랬는데 이 집에 있으면서 6·25가 터져서 여기서 나왔어요.

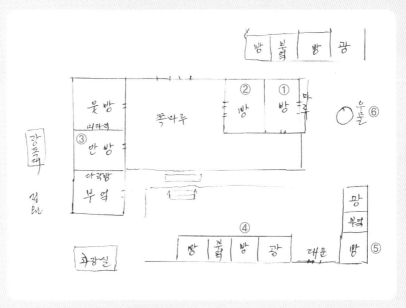

도면 1. 이천읍 창전리 한옥.

　　여기는 목욕탕이 없어요. 그전에는 공중목욕탕도 (없었어). 이천에 온천이
있어서 거기를 갔어요. 한참 먼 덴데. 그때는 글쎄, 한 달에 한 번이나 갔겠나?
식사는 안방에 모여서 한 거 같애요. 안방에서는 나이 드신 분들 드시고. 우리
작은아버지가 그러시는데, 어머니가 아주 부잣집 따님이셨대요. 어머니는 아
버지 혼자 상을 드리면 그 상을 내림을 하는데, 우리 어머니가 꼭 받았대. 그
얘기만 들었지 나는 그렇게 안 살았어요. 되도록이면 부모 위주로 했죠.

　　부엌이 깊고, 부엌에 가마솥 있잖아요. 그걸 많이 걸더라구. 음식 보관은
어떻게 했는지 몰라. 여름에 수박을 먹을래면 우물에다 빠트려 놔요. 인제 그
걸 망 같은 걸 씌워다가 그 안에 넣어 놨다가, 그렇게 먹은 기억이 나. 식사 준
비는 일하는 사람이 했어요. 세수랑 그런 거는 그냥 여기(우물. 도면 1-⑥)서 했던
거 같은데. 겨울에도. 빨래는 일하는 사람들이 저기 개천가에 갖고 가서 해와.

거기 복합내라고 있어. 빨래를 해갖고 오더라구. 농사두 꽤 있었던 거 같아요.
남 줘 갖고. 그러니깐 남 줘 가지고 도지 받는다고 그러나? 그랬던 거 같아요.

6·25 나고(경기도 이천)

6·25 나고 그 다음에 이 집(창전리 한옥)에서 못 살게 되어서 일루 나왔지요. 인
민군이 들어와서 본부로 했으니까. 이것두 이천이구, 한옥이구요. 저 집에 비
해선 규모가 굉장히 작지. 이 집(도면 2)은 지은 거 아니야. 피난가기 전에 이리
잠시 옮겼다가 여기에서 피
난을 갔어요.

도면 2. 피난 가기 전 잠시 살던 집.

나는 그때는 이 방(도면
2-①)을 쓴 거 같애요. 이 방(도
면 2-②)은 오빠 내외가 쓰고
여기는(안방) 부모들이 계시
고 그랬어요. 오빠네 애들은
이때 돌도 안 됐어요. 이 집
에서는 일 년도 안 살았어.
폭격 맞아서 바로 공주로 피
난 떠났어.

공주 피난 시절

피난을 걸어서 가는데 하루에 30리 가면 많이 가는 거야. 그때 내가 어려서 피
난가는 게 너무 부러운 거야. 딴 사람들은 다 가는데 우린 왜 안 가느냐, 우리
도 피난가자 그랬지. 우리도 피난을 가는데 아버지가 구루마를 준비해 가지고
왔더라구. 그래서 구루마에다가 간단히 먹을 수 있는 거 하고 아주 최소한의
짐을 싸서 두 집이, 사촌하고 같이 가는데, 하루는 인제 30리를 가다가는 방을

얻어야 돼요. 근데 빨리 방을 구해야 방을 얻을 수 있었어. 우리는 늘 방을 하나씩 잘 얻었지. 할머니가 인상이 좋잖니. 그래서 할머니를 보고는 방을 잘 줘. 그렇게 굉장히 여러 날이 걸렸어. 공주까지 가는 동안에 한번은 방을 못 얻어서 이렇게 광, 짚단 쌓인 속에 가서도 한 번 잤어. 우리 이모하고 나하고 둘이서. 딴 사람들은 방에 있는데 우리 들어갈 자리도 없구.

피난을 가다가 계룡산 밑으로 가려고 예정을 하고 갔는데 사촌언니가 임신을 해서 날 달이 됐어요. 그래서 그 금옥면이라는 데서 애를 낳는 바람에 거기서 주저앉았어요. 거기서 꽤 오랫동안 살았어, 방 하나에. 방바닥이 뭐냐면, 뭐를 엮어서 한 거더라고. 깔은 건데. 그때 빈대 벼룩이 (많았지). 멍석도 아닌 거 같구…. 초가집이었어. 방이, 우리는 하나고 안채는 한두 서너 개 되는 거 같애. 사람들이 밀려와서 방을 안 줄 수가 없어. 하룻밤만 자자구 그러면서 빌리는 거야. 그랬다가 거기서 눌러 앉는 사람이 많았어요.

마당이 아니고, 그래도 가리개는 다 되어 있어, 헛간처럼. 헛간이면서 거기서 밥도 다 해먹을 수 있구. 거기서(도면3) 한 1년 거진 산 거 같애. 좀 살다 보니까 서울로 가는 사람들은 고향 찾아가는 사람들이 있는데. 우리는 거기서 더 살았어. 우리가 서울말 쓰는 게 거기 사람들은 굉장히 너무 부러워하더라구. 서울서 왔다고 우리를 불러다가, 자기네들끼리 막 모여서 얘기도 하구 놀고 그랬어.

올케 언니가 갖고 있던 거를 싸 갖고 왔는데 그걸 팔았어. 그때는 밥을 해 먹을래면 쌀이 많이 들잖아요. 그래서 흰죽을 끓여 먹어. 흰죽을 끓여먹으면 우리 조카애가, 쪼그만 애가 나하고 같이 안집에 가서 그 집에서 밥을 얻어

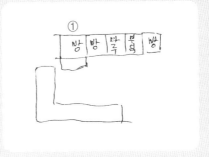

도면 3. 공주 피난 시절의 집.

먹었어. 우리는 죽을 끓여 먹잖아. 그래서 물밥인가 그랬다구.

(피난 시절에 살던 집은) 이렇게 일자집이었어. 우리가 이 집 여기(도면 3-①)를 얻어서 살았거든. 여기 헛간이 있고. 이 집에서는 우리 식구만 요 방에 살았어요. 이 방이, 하여튼 이 방이 너무나 나쁜 방이었어요. 돗자리도 아니고 멍석도 아니고 하여튼 안 좋았어. 올케는 안 왔어. 친정에 갔다가 거기서 눌러 있었구. 우리 아버지도 안 오셨어. 우리 언니하고 나하고, 오빠, 어머니, 일곱 식구가 살았는가 보네 이 방에는. 그때는 그냥 이불도 하나 있으면 그 안에 다 들어가서 자는 거야. 네 이불 내 이불 따로 있는 게 아니라, 그냥 큰 거 하나 깔아 놓으면 (다 같이 덮고 잤지). 아버지는 가끔 왔다가 가고 그랬던 거 같애. 우리 오빠는 그때 군대를 가야 되니까 그거를 피하기 위해서 더 움직이지를 않고, 산에 가서 나무 둥구리만 해오고 그랬던 거 같아요. 이때 정말 또 이사를 한 번 했네. 피난을 갔다가 또 한 집에를 갔다가, 그다음에 서울에 온 거 같아요. 그때는 초가집이니까 집 안에서 뱀이 나왔어요. 뱀이 나오고 아주 무서웠어요.

피난살이 끝내고 서울 미아리로(1960년대)

서울에 와서 달라진 거는, 예전에는 마루가 이렇게 터져 있었잖아요. 근데 여기는 분합문이 있더라구. 이것두 한옥인데 그것만 달랐어요. 물도 펌프로 쓰게 되었어. 화장실 목욕탕 이런 거는 없어요. 여기서는 중학교 다녔어. 이 집은 미아리에 있었는데 이 집(도면 4)을 샀어요. 아버지는 여기 오기 전에 돌아가셨어요. 이때부터는 오빠가 가장이 됐어. 여기서도 몇 번을 이사를 갔는데, 가만히 생각을 하니까 구조는 다른 게 없어요. 거의 다 그렇고 그래. 똑같애. 방 있고 부엌 있고 방 있고 이런 식이니까. 집을 팔았다 샀다 했어요. 그래야지 조금 이렇게 나은 집으로 가니까. 그전에는 많이 그렇게 했거든요. 미아리 근처에서 몇 번을 그렇게 움직였어요.

다 약간의 절충식 한옥이었던 거 같아요. 옛날하고는 다르죠. 지붕은 기와지붕이었어요. 이 집은 아주 작은 규모에 그냥 일자로 쭉 되어 있는 집이었어. 직선으로 된 기와집이었고, 방하고 방 사이는 네 짝 미세기문이 있었지. 목욕탕은 없어요. 마당가에서 그냥, 추우면 더운물 부엌에서 갖다가 여기서 세수를 했어요, 데워 갖구. 식사는 추울 때는 방으로 들어가고 안 그러면 마루에서. 손님은 안방에 많이 오시죠. 시골

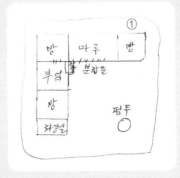

도면 4. 1960년대 미아리의 절충식 한옥.

에서 와서 있던 사람이 꽤 있었어. 그때는 한 방에서 자는 거죠, 여기(도면 4-①) 이런 데서. 그러니까 성북동에도 내가 살았었거든. 그때 우리는 사람이 좋으니까 친구 아들, 친척, 동생 다 데려왔었어. 일하는 사람도 있었지. 대개 다 같이 살아요. 제사는 안방에서 지내요. 큰일은 안방에서, 안방이 컸죠. 장작을 패서 쫙 쌓아놓고 그랬어. 서울 생활하면서 그때 연탄을 쓴 거 같아. 순전히 연탄 때더라구. 수도는 없었어요. 펌프에서 다 떠가지고 가서. 우물보다는 펌프가 더 좋은 걸로 바뀐 거죠.

불광동에서 시작한 신혼생활(1966)

결혼하면서 바로 불광동에서 살았어요. 국민주택은 아니에요. 시댁은 요런 집(도면 5)이었는데 결혼하면서 이렇게 덧지었대. 처음에 이렇게 사는데, 시누가 하나 있었고 부모 두 분 있었지. 계속 일하는 사람도 데리고 살았어요. 여기서 둘이 살고 그랬는데 이제 보통 때는 밥을 방에서 먹는데, 여기(찬방)서도 많이 들었어요. 찬방이죠. 마루방인데 여기(부엌)서 나가면 바로 있고. 부엌에서 편하잖아요. 여기로 와서 식사를 할 수 있게 그렇게 됐어. 이 양반들이 다 여기(찬방)까지 올래면 불편하니까. 우리가 먹을 때는 여기서 많이 먹구, 낮에나 어른

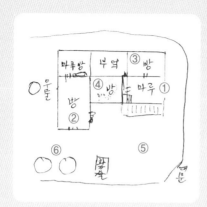

도면 5. 불광동 주택.

들 계실 때는 이쪽(방)으로 와서 먹구. 상은 받쳐서 들고 가야 돼. 부엌이 멀고 깊었어요. 원래 요만한 집을 샀는데 결혼을 하면서 여기(도면 5-②)다 방을 더 붙여서 지은 거야. 이때는 지붕이 슬레이트 지붕인 거 같애. 애는 하나 낳았어요. 큰아들을 이쪽에 와서 낳았으니까. 결혼하고 2년 있다가 낳았으니까 (이 집에서) 5년 정도 살았지. 분가 안 했어요. 다 같이 살았어요. 나중에 아버지는 미국에 가져가지고 돌아가시고 어머니는 따님 댁에 갔다가 거기 눌러 사시고 그랬어요.

그때 텔레비 있는 집이 참 드물었어요. 그래서 그때 우리 집 별호가 안테나집이라 그랬어. 왜냐면 안테나가 하늘 높이 올라가 있어서. 그때 레슬링 했잖아요. 텔레비 있는 집이 얼마 없으니까 레슬링 하는 날은 미리 보게 해 달라구 (그랬어요). 여기(도면 5-①)다가 텔레비를 내놓으면 마당에 사람들이 극장처럼 모였어. 전화는 없었던 거 같애. 이때는 이웃들이 많이 다녔어. 우리 시어머니가 굉장히 사교적이야. 그니까 드나드는 사람이 (많았지). 이때는 여유도 있으니까 친척들이 많이 오고, 하여튼 이때는 많이 왔어. 와서 자고 가기도 하고. 신방은 이거(도면 5-②). 부모님은 여기(도면 5-③)서 둘이 사시고, 여기(도면 5-④)는 딸(시누)이 혼자 살고. 누가 와도 이 딸하고 같이 있고 그랬어요. 여섯 식구였어. 부모하고. 우리 큰애를 여기서 낳았으니까 우리는 둘이만 이 방을 썼어. 당신 아들이 회사에 가서 일 못한다고 (우리 큰애를) 당신이 데리고 자고 아주 헌신적으로 (하셨어). 가사일은 뭐 다 같이 했죠. 우리 어머니는 나한테 그렇게 잘했어요. 애기 다 봐주고. 이 방에 들어가면 끈이 하나 있어. (나중에는) 아버지가 이 방(도면 5-③) 혼자 쓰시고, 이 방(도면 5-④)은 (어머님이) 따님하고 둘이 쓰시더라구. 끈이 하나 있어. 이거 뭐예요, 그러니까 밤에 애가 그렇게 운대. 애가 울고 당신도 잠이 오니까 애를 업구 흔들면서 이걸 붙드는 거야. 아들 며느리 잘 자라구. 그러니까 나는 시어머니가 원래 그런 줄 알았어.

여기(도면 5-⑤) 수도가 있었어요. 수도는 있는데 잘 안 나와서 물을 퍼 먹을래면 조금은 딴 데를 물지게를 지고 가야 해. 젊을 때 힘이 좋아서 물지게는 너무 잘 지는 거야. 그래서 물지게를 많이 지었던 거 같애. 공동 우물도 있었고 급수차가 오면 줄을 서. 그러면 통을 가지고 오면, 물을 받아 오지. 남자들은 다 나가고 없으니까. 그것두 자주 안 와. 예전에 약간 고지대는 물이 안 나왔어. 빨래는 그 물(급수차 물)을 아껴서 쓰는 거죠 뭐.

화장실은 떨어져 있더라구. 이때는 저녁에 갈려면 무섭지. 되게 무섭지. 요강도 썼던 거 같애. 마루는 추웠어요. 벽이 성애가 껴요. 근데 추운 줄 몰랐어. 김장을 하면 바깥에서 하는데 옷이 다 얼어. 그리구 그때는 김장을 하면 여기(도면 5-⑥)다 전부 묻어 갖고서는, 맛은 있지. 반찬 남으면 웬만한 건 찬장에 다 넣었어. 여기 와서 (나중에) 첫 냉장고도 생겼어. 이때는 (다른 집에는) 냉장고도 없었어. 이때 있는 거라고는 오로지 텔레비하고, 우리는 라디오. 라디오를 그렇게 잘 만들었어. 애 아버지가 S공대 전자공학과 나오고 금성에, 옛날에는 금성이었어요. 나하고 결혼할 때 기계과장이었지. 겨울에는 여기서 연탄을 다 땠어요. 연탄을 땠기 때문에 방이 뜨끈뜨끈했어. 레일식이에요. 그러니까 레일을 다 넣구 연탄을 땠어.

양옥으로 이사, 상도동(1969~1972)

불광동에서 상도동으로 이사를 갔어. 여기서도 연탄으로 밥을 했었나? 여기 와서는 전화가 있었고, 목욕탕이 따로 있었어. 그랬는데도 주방은 좀 내려가서 있는 주방이었어요. 그때도 식당은 없었어요. 불광동 집을 팔고 식구가 다 같

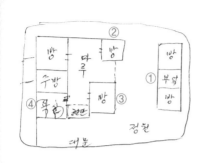

도면 6. 상도동 양옥.

이 이사를 왔죠. 이 집(도면 6)이 훨씬 나았어요. 여유가 생겨서 이 집으로 이사를 온 거예요. 그때 주택은행에서 지은 집인데 아마 소개를 받아서 이쪽으로 온 거 같애요. 그렇게 튼튼히 지었다 그래서 여기로 온 거 같애요. 여기서부터 양옥이에요. 이사 결정은 남편이 다 했어요. 이때는 뭐 내 의사가 전해지지도 않았어요.

현관이 새로 생기고. 이거(별채, 도면 6-①)는 우리가 요렇게 새로 지었어요. 그래서 세 줬어요. 여기는 군인가족이 살았어요. 이네들이 우리 전화를 어떻게나 많이 썼는지 기억이 나. 하도 바꿔 달래서. 요거 세주고 우리는 여기(본채) 살고. 단층이에요. 우리가 이 방(도면 6-②)을 썼어. 여기(도면 6-③)는 시누 방. 세 들었던 사람들은 애가 둘이 있었던 거 같애. 소령인가 그랬어. 밥은, 추우면 여기(마루)서도 먹구 그랬던 거 같애. 여기를 마루라고 그랬지. 여기서도 곤로는 있었던 거 같애. 욕실(도면 6-④)에 욕조도 있었구. 화장실도 있었구. 그땐 대부분 퍼 가는 거였어. 지어 나르는 거. 그래도 여기(욕실)서 빨래도 하고 목욕도 할 수 있고. 수도가 있었으니까. 여기서 실내로 들어가게 되어 있어요. 사기 변기, 그거예요. 우리 큰아들이 국민학교를 여기서 살 때 다녔는데, 여기 학교를 가면 화장실을 못 가는 거야. 보면 무섭다구. 그러면 얼굴이 샛노래서 집으로 뛰어오고 그랬어, 그때는.

상도동 적산가옥에서의 짧은 경험(1972~1973)

내가 적산가옥(도면 7)을 하나 적어 봤는데, 우리가 여기(상도동 양옥, 도면 6) 있었다

가 당산동 시범아파트를 갈랬는데
공사가 다 안 끝나서 여기(상도동 적산
가옥)로 이사를 갔어. 적산가옥이야,
일본식. 여기서 한 일 년 살았어요,
공사가 안 끝나서. 여기서 둘째아들
도 낳았어. 이 집에서 개 돌을 했거
든. 한 일 년 세를 살았어. 일본 적
산가옥인데 여기는 다다미방이었어.

도면 7. 상도동 적산가옥.

　　　직장 생활을 잘하고 낭비 안 했으니까 조금씩 조금씩 나아지는 거예요.
그래서 여기로 왔다가 진짜로 이제는 집을 지었어요. 아들 셋이 다 같이 방을
썼어요. 거기서 할아버지 돌아가시고 큰아들도 여기서 학교를 들어갔어. 개를
중학교를 좋은데 보내려고 반포로 왔지요.

보일러가 너무 좋아, 당산동 시범아파트(1973~1976)

여기(도면8)는 아파트예요. 인제 당산동. 이 아파트는 광이 하나도 없는데 예전
에는 여기(도면8-①)를 광처럼 썼어. 이렇게 다용도실로 되어 있구. 그 옆에는 (쓰
레기를) 이렇게 떨어뜨리게 되어 있어. 그냥 봉지에 싸서 넣기만 하면 돼 뭐든
지. 여기는 베란다라는 게 없었어요. 그러니까 면적이 작은 평수였어도 베란다
평수가 다 들어가잖아. 여기는 그게 안 들어가니까 생각보다 꽤 넓더라고. 이
게 24평짜린 거 같애. 여러 동을 지었는데 여기만 군인이 지었대요, 두 동만.
그래서 아주 잘 지었다고. 그래서 일루 부랴부랴 이사를 갔어요. 시부모님도
다 갔어요. 그래서 시아버지가 굉장히 불평했지. 5층짜리라 걸어서 올라가려
면 너무너무 힘들어서 한숨을 들이쉬고 내쉬고, 그런데 아들이 한 거니까 말도
못하고…. 마당도 없고 답답하지요.

　　　근데 이때는 욕조도 있었고, 수세식이었고, 식당도 오픈된 게 아니고 자

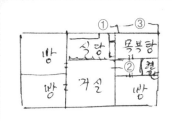

도면 8. 당산동 시범아파트.

바라로 달아놓으면 안 보이게. 여기(도면 8-②)는 현관에서 들어가는 복도. 식탁은 없었는데 상을 식당에다 놓고 들고 나가지 않고 여기서 먹을 수 있게끔 한 거 같애. 그래도 냄새가 날까 봐 달아 놨다 열어 놨다 했지. 시부모님은 아파트 사는 거에 대해서 불만이 있었지만. 이때는 아파트 맨 밑에 가면은 김장을 묻었어. 그래서 몇 호는 누구네, 몇 호는 누구네, 그렇게 꺼내다 먹었어요. 김장은 집에서 해서 항아리로 옮겨 놓구, 그냥 그런 거려니 하고 살았어요. 된장 고추장은 옥상에 있었어요. 옥상에다 항아리를 옮겨 놓고는 항아리를, 스티로폼이 아니라 그때는 스폰지 같은 거 그런 걸루 다 싸매. 그러면 안 얼어요. 그렇게 동치미도 담가 먹구 그랬어. 단도리를 잘하면 안 얼구 괜찮았어.

그렇게 잘사는 것 하나도 없는데 그때 우리 친구들이 우리 집에 와서 보고 내가 굉장히 잘사는 걸로 소문이 났더라구. 아파트가 그렇게 좋더라고. 그전에는 계단도 청소를 해서 윤을 반짝반짝 내 놓잖아. 아파트 이름은 시범아파트. 딴 이름 없구. … 이쪽에는 불을 안 때도 돼. 보일러를 때니까. 여기(도면 8-③)에는 보일러실이 있었어. 목욕탕 뒤쪽으로 보일러실이 있어 갖구, 그때는 기름을 때고 사는 집이 드물었어요. 그래 가지고는 이때는 전체가 하는 게 아니라 개인 개인이 때. 보일러도 개인으로 경유를 때요. 난방비 많이 들었어요. 남자가 있으면, 남자가 들어오면 켜고 나갈 때 집에서는 끄는 거야. 절약하느라. 그럼. 하여튼 무장을 하고 살아야 돼. 그때는 코일이 깔린 게 아니니까 마루가 추웠어요. 그때는 라지에타(라디에이터)가 있었어요. 그때 나는 불평이라고는 안 했으니까, 조금 협소하다 그런 생각이 들었어도 보일러를 때고 사니까 그게 너무 좋더라구.

독산동에 이층집을 짓다(1976~1978)

여기는 독산동(도면 9, 10)이야. 왜 독산동으로 갔냐면 남편이 구로공단 내에 금성전자라는 회사를 다녔어. 그래서 이제 공장장으로 간 거예요. 가면서 땅을 사서 여기다 집을 지었어. 이층집을 지었는데 너무나 튼튼하게 지었지. 공장에 건설하는 사람들이 와서 지으니까 기초공사를 너무너무 잘한 거예요. 그랬는데 여기서 좀 사니까 주변이 너무 다 공장 사람들이라, 내가 이 집을 너무 싫어했어요.

　　이 집 거실이 얼마나 컸는지 몰라. 지금보다 훨씬 컸어. 누가 와서 보면 예식장이냐고 할 정도로 마루를 크게 했어요. 설계는 남편이 했지. 누가 가르쳐줘서 자기가 한 건데 다른 것보다 주변이 너무 싫어서 여기 살기 싫다구 내가 불평을 했어요. 예전에는 집을 지으면 이층도 발코니 있고, 여기는 다 그렇게 했는데, 이 집은 누가 그냥 선금을 주면서 돈을 먼저 줘서 언제든지 집 짓고 나가면 자기가 들어올 거라고 했어요. 그런 혜택이 없지. 이 땅이 너무 반듯해서 이 땅을 산 거야. 사갖고 집을 지었어요. 식당도 이렇게 아주 커요. 그때는 침대 놓고 사는 사람들 없었어. 우린 방에 들어가 보면 침대도 두 개 놓여 있었거든. 그런데다가 우

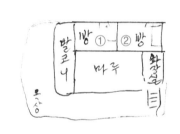

도면 9. 독산동 이층 양옥의 이층.

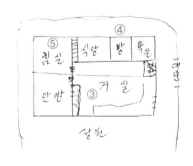

도면 10. 독산동 이층 양옥의 일층.

리는 오디오 시스템이 유명했어. 그러니까 정말 누가 와도 다 부러워할 만큼 오디오 시스템이 너무 좋았고, 워낙 정원도 크고 좋았지.

이때 큰애가 여기(도면 9-①) 혼자 쓰고 둘째하고 셋째 둘이 여기(도면 9-②)를 쓰고. 이게 다 기름보일러예요. 일 년 조금 넘게 살았나 봐. 너무 넓어서 좋죠. 그랬는데 이제 정원 정리하는 게 돈이 들더라구. 맨날 그냥 일이 많아서. 그때 는 일하는 사람 없었던 거 같애. 여기서는 내가 파출부를 내 불렀었거든. 김치 거리 조금 갖다놓고도 부르면 전화만 하면 그냥 와. 그랬었어. 뭐 이때는 나두 일 잘 했으니까. 이젠 아주 뭐 살림꾼이 됐지. 그럼요. 요때 놨던 소파가 너무 나 이쁜데, 지금도 생각하면 고게 제일루 이뻤던 거 같애. 아파트에선 안 했었 어요. 여기 오면서 새로 샀어. 오디오 시스템은 이쪽에다 해놨었지. 주로 거실 에서 많이 지냈어요. 바닥 난방은 다했는데 이때는 난로를 큰 걸 놨어. 왜냐 면 보일러를 때도 난로를 좀 때야 되더라구. 그때는 라지에타를 해서 이렇게 덮었어. 다 라지에타 박스를 해서. 다 그렇게 했어요.

애들 방이 2층 여긴데, 큰애 방에는 침대 하나짜리 놓고 둘째 셋째 방에 는 두 개짜리 놓고, 침대 다 놔줬지. 할머니는 이 방(도면 10-④)을 쓰셨어. 인제 우리가 더 저기가 돼서(나이가 들게 되니) 할머니가 여따 방을 썼어. 그랬다가 여 기(도면 10-⑤)서 꼭 침대에서 잤어요. 안방에는 그냥 장롱 놓고 다 그러니까. 누 가 오면 그래두 안방에 있었지. 그리고 인제 여기는 침실이니까 정말 잘 때만 들어갔지. 거실에서 가족들이 많이 보냈죠. 여기(거실, 도면 10-③) 소파가 있으니 까 예전에 여기서 많이 놀았어요.

보일러는, 하여튼 남자가 나가면 끄는 거고 남자가 들어 오믄 켜는 거고 그래. 전깃불도 그렇고. 근데 나는 이때부터는 기름만 땠어. 그러니까 연탄을 일찍이 관뒀어요. 나는 그게 좋더라구. 연탄 때면 이거 사서 쌓아놓고 그래야 되는데.

일 많던 집, 동작동 새 집(1978~1998)

다음에 인제 동작동 이 집(도면 11~13)으로 (옮겼어요). 백여덟 평인데 반듯해요, 땅이. 반듯하니까…. 이때는 시어머니가 미국엘 가셨어. 그래서 우리가 인제 안방(도면 12-①)도 쓰고, 부엌이 굉장히 컸어. 여기 아버님 침실(도면 12-②)이구, 여기 작은 방(도면 12-④)이 하나 있었어요. 부엌에 딸린 이 방은 일하는 애가 살았어. 식당이 굉장히 컸어요.

단독주택으로 오니까 불편했어요. 처음에는 그냥 널찍하고 참 좋았는데 살다보니까 여자들 할 일이 너무 많더라구요. 이 대문 앞도 넓으니까 그냥 쓸어도 조금 있으면 또 지저분하고, 그러니까 완전히 나는 노동자더라구. 친구들은 아파트로 많이 갔어요. 이 식당이 이렇게 큰데 그 위가 다 탁구장이었어요. 정원에는 잔디 잡풀들이 너무 많아서 맨날 그냥 그거 보고는 못 돌아서겠더라구. 돌아서면 또 잡초, 돌아서면 또 잡초. 그래서 처음에는 막 재밌어 했는데, 것두 한참 하니까 지겹더라구. 지하는

도면 11. 동작동 단독주택의 이층.

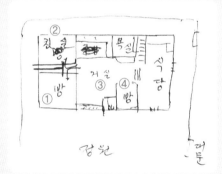

도면 12. 동작동 단독주택의 일층.

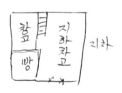

도면 13. 동작동 단독주택의 지하.

인제 차고하고, 쪼그마한 방이 하나 있었고, 그다음에 창고 같이 고런 거 하나 있었어요.

세 줄 수 있는 형편이 아니었어요. 계단도 집 안에서 올라가고, 그리고 방도 세 줄만 한 방은 없었으니까. 우리 식구 살 것만 있었지. 목욕탕에도 라지에타가 있었구. 이 방(도면 12-①)에만 코일이 깔렸어요. 식당에는 다 깔려 있었고. 라지에타가 어디에 있었냐믄, 거실에 있었던 것 같애. 여러 개를 한 것 같애. 욕실 안에두 있었구. 화장실은 상도동에선 퍼내 가는 거였고, 이 집은 수세식이었어. 양변기였어요. 시골사람들이 오면 거길 낼름 올라앉아서 일을 보고 그랬다구 웃고 그랬어.

다세대주택으로 올리다(1998~현재)

우선은 여기(동작동 집. 도면 11~13)서 안 살고 딴 곳으로 가고 싶었는데, 여기 눌러 있어서 그게 조금 안 좋았지. 주변에 개발 추세도 있었구. (집안에) 안 좋은 일이 있었어요. 그래서 이렇게 짓게 됐죠. 여기서 큰아들도 유학가고. 둘 데리고 있다가 둘째도 유학가고. 막내하고 이제 여기서 같이 살다가, 아들도 결혼해서 나가고 영감도 돌아가시고. 이제 혼자서 살아요. 팔면 좋겠는데 집 내놔도 구경 오는 사람도 없어요. 분위기가 전연 다르고 참 안 좋아요. 개인주택으로 계속 살 수만 없는 게, 주변이 다 올라가니까 자기만 바라보는 거 같아서. 그게 너무 안 좋더라구.

여태 산 집 중에 끝에 산 집(동작동 집. 도면 11~13)이 가장 애착이 가. 끝에 그냥 이렇게 살았으면 좋았을 텐데. 이렇게 이런 집으로 변한 게(다세대주택으로 지은 것) 너무나 안 좋아요…. 난 집이 없어 보질 않았으니까. 전세도 많이 안 살아 봤어.

두 집(402, 404호) 쓸 땐 좋았어요. 왜냐하믄 이 식탁도 다 저쪽에 있고 이쪽에는 그냥 넓게 썼거든. 여기는 좋은 게 베란다가 넓잖아요. 앞뒤로 넓어요.

그러니까 그거 쓰기가 참 좋아. 수도도 양쪽에 다 바깥으로 (설치했어요). (집 허물고 다시 지을 때는) 그냥 속상해서 들여다보기도 싫더라구요. 너무 속상해가지구. 그냥 집 다 없어지는 거 같고 그랬어요.

두 달에 한 번씩 우리 집에서 모여서 다과회처럼 반상회를 해요. 내가 내려가려면 그게 번거롭고 그래서 내가 관리를 해야 되겠더라구. 여기서는 뭘 많이 준비해야 된다구 자기들은 절대로 못 한대. 그러니까 두 달에 한 번씩 꼭 우리 집에서 반상회를 해요. 반회비도 받구요. 좋아요. 좀 자주 만나야지. 내가 어디 가도 이제 최고령이야. 다른 사람 다 나가기 때문에 집에 있는 사람이 없어요. 나만 집에 혼자 있지. 전체는 열 세대, 지하에 두 세대 있고. 다른 사람들은 가깝게 안 해도 나는 다 친해. 전부 친하게 지내. 그러니까 사귀어 보면 다 좋은 사람들이에요.

조○○ 씨 1944년생, 여성, 경기도 용인 거주 (2006. 5. 15. 인터뷰)

충북 청원군 시골에서 태어난 조○○ 씨는 현재 66세이다. 1950년 초등학교 때까지는 적산가옥에서 살다가 결혼하기 전까지 지방 중소도시의 한옥에서 거주했고, 결혼 후에도 1960년대 말까지는 한옥에서 거주했다. 1980년까지 남편의 직장을 따라 이동하면서 살던 집을 팔아 목돈을 마련한 후, 아파트를 사고팔아 집을 계속 늘려 나갔다. 1981년에 사놓았던 아파트에 입주하여 살다가 1991년에는 신도시 아파트를 분양받았고, 살던 아파트는 전세를 놓고 집값이 싼 지역으로 이사를 가 다시 전세를 얻어 살았다. 자기 집이 있으면서도 전세를 살았던 것이다. 1990년부터 1999년까지는 관사에 살면서 계속 투자하여 아파트를 사들였다. 2000년에는 아파트 두 채를 전세 놓고 또 다른 아파트를 분양받아 입주했다. 큰아들 집과 작은아들 집, 결혼한 딸의 아파트까지 한 해에 아파트 네 채를 구입하기도 했다. 현재는 84평 아파트에서 남편과 둘이서 살고 있다. 조○○ 씨는 젊어서부터 직장생활을 한 경험이 있고 경제관념이 투철했다. 과천 신도시 개발 당시 그 특수 효과가 미치고 있던 지역(사당동)에 살면서 하루가 달라지는 집값 상승이 투자 심리에 불을 붙이게 되었고, 그후 지속적으로 아파트 투자에 관심을 갖게 된 것이다. 개발 붐에 적극적으로 편승하여 현재 사는 신도시 아파트는 분양가보다도 싸게 입주를 했고, 도심에 재건축을 기다리는 아파트가 있다면서 아직도 주택을 투자의 대상으로 활용하고 있다.

청주 적산가옥에서의 어린 시절

태어난 건 시골집이죠. 저기 충북 청원군 시골에 있던 그 집이 기억이 나는데, 아래위에 방 두 개 있고, 부엌 있구. 그냥 그런 옛날 집에서 태어나서 한 네 살 때까지 아마 거기 산 거 같애요.

그러다가 아마 해방 되구서 왜 저기, 일본 사람들이 살다 들어가면서 남은 집을 불하했다고 해야 하나? 적산가옥이라고 하는 그거를 아부지가 하나 맡았어요. 청주 시내에다. 그 집이 그때 내 기억으로는 조금 넓더라구요. 뒤 안에 밭도 뭐 조금 있구. 방이 한 네 개 정도 되구. 형제는 다섯이거든요. 딸 셋에 아들 둘이에요. 오빠 둘, 언니 하나, 그리고 나 있구, 내 여동생이 하나 있구. 그 집은 일본식 집이에요. 다다미방도 있고, 화장실이 실내에 있었죠. 부엌도 한국 집보다는 좀 개화가 돼서 다 건물에 붙어 있었어요. 고거는 무슨, 뭐라 해야 하나? 좀 아늑하고 그런 부엌 있죠? 뭐 이렇게 서서 조리도 할 수 있는 그런 것도 있고. 그 전에는 싱크대가 아니고 이렇게 마루 같은 걸로 (찬마루를) 이렇게 해놨어요. 부엌에서 마루로 거쳐 방으로 들어가는 건 한국식하고 영 틀리게 더 편리하더라구. 부엌에서 딱 마루가 이렇게 통하니까. 마루로 들어가고 이러니까…. 방만 좀 다다미라 그랬는데(불편했는데), 나는 그 방에서 거처를 안 했기 때문에 잘 모르겠고, 안방하고 웃방을 그때 온돌마루로 고쳤었나 봐요. 그때는 수도가 있었어요. 부엌문 바로 앞에 있더라구. 거기 하수도도 있고 그래서 거기서 엄마가 빨래하고 그러면 내가 쪼그리고 앉아 있던 게 생각이 나요. 어렸으니까 그 집에 대해서는 기억은 잘 안 나는데, 인제 시골 살다 거기로 가니까 나한테는 그 집이 엄청 넓더라구요. 그래서 사촌들하고 그 집에서 막 뛰어다니면서 숨바꼭질 했던 게 생각이 나요. 다락에 가서 숨고. 이 방 가 숨고, 저 방 가 숨고 그랬던 게 생각이 나요.

충주 일본식 관사

그러다가 아버지가 충주로 전근이 되어 갖구. 충주시가 아니라 충주보다 한 정거장 전에 배송리라는 데가 있는데, 거기 뭐 지금으로 치면 영업손가 그랬나 봐요. 소장으로 갔었거든요. 거기를 맡아 갖구. 그러니까 기차에 짐 싣고 이러는 거 있죠. 지금 대한통운 같은 그런 일이에요. 아버지가 거길 다니니까, 관산

데 불건 같은 거 신고 뭐 그런 일을 했나 봐요. 관사에서 그냥 살았거든요. 아래위에 이렇게 방이 있구, 일본 집 비슷하게는 생겼는데 초가집은 아니에요. 완전히 일본집도 아니구. 지붕은 기와였던 거 같은데. 그렇게 방 두 개에다가, 웃방 저 끝에 가서 사무실이 있어 가지고 책상 쭉 놓고, 그다음에 옆에 창고가 있어서 거래되는 물건들 보관하고. 그때 당시에 큰 오빠는 서울로 공부한다고 가고 없구, 언니하고 나하고 작은 오빠가 살았어요. 내가 거기서 초등학교를 입학을 했다가 6·25가 났어요. 50년도에.

그때는 일본식 화장실로 내가 기억을 하거든요? 내부에서 이렇게 들어가서 변을 보는데, 그전에 일본식 화장실 보면은 이렇게 테만 해놨어요. 테만 있고 여기는 마루야 마루. 근데 그 안은 이렇게 뚝 떨어져서 깊게 해놨어요. 그것두 푸세식이죠. 그런데 그때는 시골사람들이 거기까지 변을 푸러 와서, 그 똥장군이라구 그러지? 항아리 둥근 거 있어. 그걸 지고 와서 변을 사갔어요. 우리가 돈을 받고 변을 팔았어. 그때는 그러다가, 우리가 인제 초등학교 저학년 때도 돈을 주고 퍼간 걸 내가 알거든요? 그랬는데 그후에 그게 없더라구. 인제 그냥 퍼가. 그냥 퍼가다가 나중에는 돈을 줘야 퍼가. 그후에 변기가 사기로 바뀌었죠. 뚜껑도 나무로 이렇게 자루가 달려 갖구. 하여튼 깊었던 것만 생각이 나요. 그때는 요강도 썼어요. 나 어려서 초등학교 다닐 때는 방에 (요강이 있었어요). 어려서 우리는 엄마가 요강을 사용하게 해주셨어요.

피난 시절

전쟁이 나서 학교를 좀 들어갔다가 그냥 피난 갔어요. 어디로 갔냐면, 내가 태어난 그 동네(충북 청원군) 있죠? 그때 거기는 큰아버지가 살고 있었는데, 그 집하고 우리 셋째 작은집이 그 동네에 또 집이 하나가 있어서, 우리 아부지 형제들이 사형제였는데, 그 사촌들하고 다 두 집에 나눠 가지고, 당숙네 집까지 다섯 집 식구가 모여서 피난살이를 했어요. 한집에 다 어울려서 살았거든요. 그래서 하나가 홍역에 걸리니까 애들이 한꺼번에 막 다 하더라구요.

청주 사직동 집

그러다가 청주로 나왔어요. 여기(청주 사직동)는 도시치고는 대지가 조금 넓은 편이고, 집은 이렇게 아래웃방에, 장지문이 사이로 돼 있구. 대청마루가 가운데 있었어요. 이렇게 건넌방이 안방보다는 좀더 크게 있고. 그 집은 한옥이죠. 기와집에다가 한옥이구, 대청이 있구. 그러니까 사랑방 부엌은 불만 때게 돼 있고, 안방에 부엌 그랬는데 살다가 방이 좀 부족하니까 건넌방에 딱 붙여서 큰방을 하나를 다시 들였어요. 전통 한옥집도 아니고, 요새 뭐 개량된 그런 집이죠. 수도가 없고 대문 나가면 들에 공동 우물이 있었어요. 바로 우리 대문 밖에. 빨래도 거기서 하거나 개울로 갔어요. 청주에 무심천으로 그때는 물이 깨끗했었거든요. 그래서 목욕도 하고 그랬죠. 처음에는 청주 나와서두 나무를 땠어요. 장날 되면 지게에다 한 짐씩 시골에서 온 사람들이 지고, 뚝방에 장사들이 쭉 있어요. 그 사람들이 집에다가 버려(내려다) 주고 가고 그랬어요. 장마다 장작도 사고, 장작보다 나뭇가지 친 이런 나무들을 많이 샀던 거 같애요.

그걸 때다가 연탄 때는 게 생겨나더라구. 연탄두 구공탄이 아니라 처음에 이렇게 물 부어서 연탄 가루를 개어 가지고 불 위에다가, 물에다 이렇게 개어 갖구 떠서 장작 위에 놓으면 불이 붙었어요. 그거는 나 학교 다닐 때도 학교에서 난로에다 그걸 했거든요? 토탄이니 뭐 그냥 무연탄이라고 했거든요. 장작 때는 아궁이가 아니었어요. 그냥 불 때는 아궁이는 아궁이 속이 깊고 커요. 그러고 가마솥이 딱 걸려 있고, 그렇게 돼 있거든요. 솥이 걸릴 수 있게 그랬는데. 이거(연탄 때는 난로)는 이렇게 바람 들어가는 구멍을 해놓고, 요기에다가 이렇게 재가 빠지게 하고, 재가 밑으로 빠지면 밑에서 재도 쳐내고 그랬어요. 구공탄이 생겨 가지고 아궁이는 다 뜯어서 고쳤죠.

중학교 가면서부터는 구공탄을 쓴 거 같애요. 구공탄은 아궁이 따라서 레일도 있구, 그냥 고정된 것도 있구. 레일이 된 거는 밑에 바퀴가 달려 있었어요. 그러니까 아궁이를 개량해서 저 안에까지 굴처럼 해놓으면 그게 안방, 아마 장판 밑에 아랫목쯤 됐을 거예요. 그 안에 그거(구공탄)를 쑥 처넣었다가 끌어내 갖구 그렇게 하는데, 우리는 그걸 또 난방으로만 쓰는 게 아니고, 거기다가 밥도 하구 뭐도 하구 그러니까 그게 좀 불편하더라구요. 그래서 인제 고정으로 둥그렇게 파서 거기에다가 구공탄을 넣을 수 있게 했어요. 물을 올려 두면 뜨거운 물도 항상 쓸 수 있구. 그걸 내려 놓구서 밥을 거기다가 하고 그랬거든요. 반찬도 다 거기다 하는 거죠. 그러니까 옛날에는 그거 하나 갖구 이래저래 하니까. 뭐, 불편한 게 한두 가지가 아니죠.

청주 그 집에서 결혼할 때까지 살았는데, 그 집에는 뭐 연탄불 그거 구공탄 때고 특별한 건 없었어요. 나하고 내 동생하고는 안방에 딸린 웃방에서 (지냈는데), 진짜 꽃집만도 못한 방에서 둘이 얼어 죽을 거 같았어요. 지금 생각하면 아버지가 아랫목을 차지하고 있고 그러면 우리는 웃방에서 동생하고 둘이 사는데 내가 춤탐(추위)을 하도 많이 해서 동생한테 막 달라붙고 그랬어요. 너무너무 추웠어요.

그렇게 살다가 나중에는 우리 올케가 (같이 살았어요). 오빠가 월남을 가서 올케가 서울서 따로 살았는데 데리구 와 저쪽 사랑에 거처를 했어요. 건넌방에. 그러다가 애들이 셋이나 있고 좁으니까 방 하나를 저쪽에다 또 만들었거든요. 우리 어려서는 식사야 뭐 저기 부엌에서 엄마가 했지만, 올케가 같이 살면서는 올케가 다 했어요. 지금 같은 경우는 한 식당에서 다 먹잖아요? 그때는 아부지하구 오빠를 차려 주고, 남자끼리 (먹었어요). 우리는 아버지가 너무 어렵고 무서워서 한 상에 주는 걸 원하지도 않았어요. 반찬을 마음대로 이렇게 떠다 먹지를 못해. 애들하고 여자들은 옆에서 같이, 큰 둥근상, 거기서 다 모여서 같이 먹었어요.

수도가 없었어요. 설거지도 물을 길어다가, 샘물을 길어다가 부엌에서 했어요. 또 물 버리는 건 하수구 나가는 데다 갖다 버리구. 물 뎁혀서 세수하는 것도 마당에서 떠다 그렇게 하다가, 나중에 내가 시집을, 시집오고 나선가? 시집오기 직전인 거 같애. 그때 우리 앞집에서 수도를 놓겠다고 해서 같이 놨어요. 그래서 그때 수도가 생겼어요. 그러니까 우리 올케 들어오고서도 처음에는 수도가 없다가 내가 69년도에 결혼을 했는데, 한 68년도 쯤에 했던 거 같아요. 그때는 개수대하고 다 해야 되니까 엄두가 안 나서 마당에만 수도를 놨어요. 엄마가 막 수도 왔다 갔다 하면서 이러는 게 마음이 참 아프더라구. 그래서 나중에 내가 시집오고 난 후에 어떻게 해서 부엌에다가 수도를 끌어들였어요. 그냥 개수대만으로. 그때는 작업대 비슷하게 있었어요. 이렇게 나무로 된 게 있어서 거기다 찬장을 놓고 옆에 도마 놓는 뭐 그런 게 있었는데 그 옆에다가 수도를 (만들었죠). 수도는 인제 사람들이 와서 파이프를 연결해서 놨는데, 그런데 난방 같은 게 없잖아요. (겨울에는) 부엌에도 수도가 막 얼더라구요.

내가 제일 불편했던 게 화장실인데 우리 집에는 대문 밖에 화장실이 있었어요. 집 터가 이렇게 있으면 집이 요 안(담장 안)에 있는 게 아니라 담이 바로 요기. 뒤가 길이에요. 여기께 인제 대문이 있으면, 이 문을 열구 일루 이렇게 나가서 건물 여기(밖에) 가서 이렇게 화장실이 붙어 있었어요. 밤에 화장실을 가려면 여길 가야 돼(대문 밖을 나가야 돼). 그래서 이게 너무 싫은 거예요. 맨날 우리가 그걸 불평을 많이 했어. 근데 요 대청마루에 문이 하나 있었거든요. 그래서 요 문을 열고 갈 수 있게끔 해주면 되는데 그걸 안 해줘서 맨날 엄마가 아부지한테 불평을 했지. 다 큰 기집애들 밤중에 화장실 갈라면, 밖이니까 사람들이 여기 왔다 갔다 하잖아요? 글로 가게 그렇게 한다구. 나중에 작은 오빠가 결혼을 해서 새댁이 들어오니까, 그래서 아부지가 신경을 써서 울타리를 쳤어요. 울타리를 이만큼 내서 이렇게 문 열고 대청에서 (바로) 갈 수 있고 돌아서도 갈 수도 있게 그렇게 했죠. 그래도 여자 화장실, 남자 화장실 따로 없고 하나 갖고 그렇게 썼어요. 푸세식이죠.

전세 4만 원짜리 신혼집

잊어버리지두 않어. 전세 4만 원에 살았는데, 2만 원은 우리 애 아빠가 (마련했어요). 그때 육사 나와서 딱 일 년 지난 다음에 결혼을 했는데 돈이 하나도 없잖아요. 그때 뭐 소위 임관해서 돈도 없구…. 남자는 저기 종갓집에 외아들이고 이래서 자꾸 결혼을 일찍 시킬려구 그러니까, 그냥 결혼을 하라고 해서 연애했어요. 우리 애 아빠는 종갓집 종손이라 시골에 땅은 좀 있어요. 땅은 있는데 돈은 없더라구…. 할아버지가 한약방도 하고 이랬는데도 뭐 그때 당시에는 삼촌들이 나이 차이가 얼마 안 나서 공부시키고 이러느라구 돈 모아놓은 게 없더라구. 그러니까 결혼시킨다고 집 얻어주고 뭐 그럴 형편이 안 돼. 옛날에는 소 길러서 한 마리 팔면 큰 재산이었어요. 소가 있었는데 그걸 한 마리를 팔아서 나를 2만 원을 방 얻는 데 보태라고 떼어 주고, 나머지는 네가 좀 어떻게 해봐라 이러더라구. 그래서 내가 2만 원 보태서 (방을 구했어요).

이렇게 장지문으로 가려진 방이었는데, 하나는 방이 쪼끄매요. 그게 우리 집안 오빠들 집이었어. 절집이라구, 이건 진짜 한식 집. 옛날 전통 한식. 마루도 이렇게 조각 마루였어요. 대청도 있고 아랫방 웃방도 있으면서 그 방 뒤에 쪽방도 붙어 있죠. 뒷마루도 마루가 이렇게 쪽으로 왔다 갔다 하는 마루였어요. 내가 살던 방은 대청에 붙어 있는 사랑채 사랑방이었지, 사랑방. 그래서 거기 이렇게 높은 마루(누마루)도 있고. 장지문 사이로 쪼그만 방이 하나 붙어 있는데, 결혼하자마자 시누를 데리고 있었어요. 시누가 이 방을 썼어요.

첨에 남편이랑 같이 안 살았어요. 군인이라 전방에 가 있구. 결혼식만 했죠. 시누하고 거기 둘이 그냥 있었거든요. 그래서 내가 직장을 계속 다녔는데, 5년이래두 (근무)해야 뭐 손에 좀 쥐는 게 있었거든요. 5년을 채워야지. 자꾸 데려갈라구 그러는데, 내가 그거 채울 동안만 여기서 더 다니겠다 그랬어요. 우리 딸 낳구서 6개월 될 때까지 (직장을) 다녔어요. 그러니까 결혼하고 1년 2개월 만에 딸을 낳고, 한 6개월 더 다녔어요.

군인 남편 따라 이사

서울하고 성남하고 이렇게 경계되는 데가 옛골이거든요? 왜 거기로 갔냐 하면은 얘네 아빠가 통신이 주특기예요. 그래서 청계산에 중개소, 소위니까 거기 소대장으로 간 거예요. 첨에 방 하나, 부엌 하나 이렇게. 부엌을 통해서 방으로 들어가는 거 있죠? 세 놔 먹느라고 주욱 지어 놨어, 그런 집을. 그거를 얻어서 임시로 살림살이도 안 갖고 가고. 뭐 인제 밥 끓여 먹을 거하고 이부자리하고 그거만 갖구 거기를 가서, 한 4개월 지나 겨울을 나니까 또 인제 육군 본부로 (발령이) 나더라구요.

그래서 그때 서울 대저동으로 왔는데, 거기에 언니네 집이 있었어요. 언니가 그때 집 사느라구 내가 갖고 있는 돈 조금 있는 것도 언니가 다 빌려갔거든요. 근데 그 돈을 받아야 내가 전세를 얻어서 서울로 갈 텐데, 언니가 인제 그 돈을 못 해줘, 해줄 형편이 (안 돼서). 그래서 나보고, 그럼 방이 하나 있으니 우리네 살아도 되니까 거기로 오라고 그러더라구요. 그래서 애기 하나 데리구 갔는데 밥은 따로 해먹었어요. 부엌은 따로 없는데, 불 때는 아궁이는 따로 있었어요. 애 아빠 왔다 갔다 하는 시간도 불규칙하고 이러니까, 되도록이면 따로 해먹는 걸 원칙으로 해서, 밥을 따로 해서 그렇게 먹었어요. 허다하게 같이 먹구 그랬지만은.

이 집(대저동 언니네 집)은 양옥이죠. 요기서 큰아들을 낳았는데, 언제 낳았냐면, 큰딸 3살 때? 그러니까 72년 1월 10일에 개(큰아들)를 낳았으니까. (언니네와) 한집처럼 같이 살았죠. 언니고 하니까, 같이 그냥. 그래두 남이 아니라서 그냥 큰 불편 모르고 살았거든요. 남 같으면 못 살았지. 왜냐면 마루가 한가운데 이렇게 있어서 이 방문은 일로 들어 가구 저 방문 욜로 들어 가구 그랬어요. 화장실은 내가 쓸 때는 푸세식이었는데 나중에 다들 고치라 그래서 고치더라구. 화장실에서는 세수만 하지 목욕은 못 해요. 그때는 뭐 뜨거운 물이 나오고 그런 시설이 없었으니까. 겨울이면 여기다 화분을 잔뜩 들여 놓고 이랬거든요.

대야 놓고, 세면내가 거기 히니 붙어 있긴 해요. 겨울에는 물이 잘 얼구 이래서 사용을 잘 못 하더라구. 여름에나 좀 쓸까. 싱크대가 있었는데 요즘 같은 싱크대가 아니고, 옛날에는 타일로 붙여 가지고 이렇게 서서 하는데, 거기 수돗물이 나오고 이랬지. 부엌 바닥은 저런 자잘한 타일 붙였어. 그래서 맨날 물 부어서 닦구. 그래도 아궁이는 구공탄이에요. 부뚜막도 다 타일도 돼 있었어. 수도가 마당에도 있었지.

사당동 집

72년도에 내가 사당동으로 이사를 왔거든. 5월쯤 왔어요. 그때 애 아빠가 또 어디로 전근이 됐냐 하면은 육군 본부 있다가 남태령으로, 거기에 사령부가 있어. 남태령 그 안에. 글로 인제 전근이 돼 갖구. 거기(서울 대저동)서 남태령으로 다닐라니까 너무 멀었지. 언니가 돈이 돼서 이제 돈을 준다고 그쪽으로 이사를 가라구 그랬어요. 내가 애 때문에 집을 얻으러 못 오고, 우리 언니가 방을 얻어 주려고 이쪽 사당동 쪽으로 와봤어요. 와서 돌아다니다 보니까, 우리 애 아빠도 보니까, 뭐 130만 원 주면 집을 살 게 있대요. 그래서 나보고 한번 가보자 그래서 가봤더니 집장사들이 인제 똑같은 집을 나란히 다섯 채를 지어 놓고, 이렇게 그런 집(집장수 집)인데, 지금 그 동네 없어졌거든요. 지금 거기 남성시장 있는 그 동네예요. 어딘가 하면 총신대역이야. 총신대역에 이쪽 서문여고 쪽 말고 저쪽 반대편. 반대편에 지금도 시장 그 골목은 있어요. 그런데 그 옆에 골목으로, 그 안으로 쑤욱 들어가면은 옛날에 청계천에 살던 사람들을 (이곳으로) 이주 시켰었어. 달동네가 있었지. 산 경사가 이렇게 많이 지고 그런 덴데. 그이가 그러는데 다섯 평씩을 줬대나? 근데 내가 산 집은 그런 집이 아니고.

우리 집은 남성시장 있고 요 안에 있는 동네예요. 아주 골목이 쪼그만 게 욜로 들어가고 졸로 들어가고 그런 데예요. 그래서 리어카 정도만 이렇게 들어가요. 겨우 고 시장 골목을 지나서 이렇게 들어가면, 그러면 그 집에 대지가 25

평이에요. 그러니 얼마나 좁아, 25평인데. 집은 골목길에 딱 붙어 가지고 지었어. 화장실 따로 짓구.

방이 가운데 두 개가 있고, 건넌방이 있고 마루가 길었어. 15평에 방이 총 네 개. 근데 그게 등기 평수로는 11평 3홉인가 이렇게 나와 있더라구. 실제로는 그때 집장사들이 집 팔아먹으려고 이거(평수)를 어기고 더 지어요. 더 넓게. 땅이 어떻게 생겼냐면 짤쭉해. 그래서 마루가 요렇게 좀 길게 돼 있어. 방 두 개는 내가 쓰고 나머지 두 개는 세를 놨어요. 그때 연탄을 때니까 광이 꼭 있었어요. 그래서 연탄 광이 있고 재래식 화장실이 있었는데 이 위에 층은 장독. 장 항아리 여기다 올려놓고. 부엌에 안방으로 통하는 미는 문이 하나가 있어요. 그래서 부엌을 이쪽으로 들락날락 하는데, 요기 공간이 쪼끔 있었어. 사람 하나 들어갔다 나갔다 할 만큼 있어. 세 준 사람하고 사니까 연탄을 광에다가 많이 못 쌓아요. 한 뭐 2백 장 쌓기도 어렵더라구. 겨울 되면 연탄 많이 쌓아야 되는데, 말리면서 때야 되기 때문에. 그래서 세 사는 사람들 여기를 쓰게 하구서, 요 사이 (부엌과 담 사이) 공간에다 쓰레트(슬레이트) 지붕을 이렇게 얹어 갖구서는 여기다가 내가 연탄 광을 만들어서 썼지. 그래두 요기 마당이 좁은데도 화단을 만들었어요. 첨에 가니까 수도가 마당에 하나만 있어, 수도가. 그래서 공사를 해서 부엌에다가 싱크대를 만들어 수도를 들였어요. 이때도 연탄은 구공탄을 썼지.

화장실은 세 사는 사람들과 같이 썼어요. 세 사는 사람은 내가 이사왔을 때 이 집에 원래 살고 있었어. 그 집에도 딸이 셋이고, 우리 집에 셋이 생겼잖아. 나도 여기 가서 하나 낳았으니까, 그러니까 우리 가족이 다섯 명. 요거 두 칸에 다섯 명 (살았지). 우리 집에는 그래두 뭐 우리 다섯 명만 살어? 그때 또 내 동생이 애 봐 준다구 와 있어서 우리 집에서 한 2년이나 있었네. 우리는 애하고 다 한 방에서 쓰구. 다른 방은 애들 이모가 썼어요.

세 사는 사람들 부엌은 쪼그맣게, 길로 문이 나게 요만하게 있었어. 부엌이 그대두 정식으로 딸려 있어요. 부뚜막에 타일로 다 붙이고 수도도 내가 우리 집 놓을 때 이 집 부엌에도 다 놔 줬지. 화장실만 같이 썼지. 그래서 인제 쌀가게를 하는 할머니 할아버지가 이렇게 해서 같이 살았어요.

같이 살다가 그때 부동산이 조금 침체가 와서, 그때도 막 집이 안 팔려 난리를 치구 이럴 때 내가 이 집을 130만 원에 산 거 거든요? 이것두 간신히 샀어. 돈이 없어 갖구. 우리는 옛날에는 융자라는 거 생각도 못 하구. 하여튼 내가 직장 그만두면서 계 들어서 조금 타고, 퇴직했다고 뭐 조금 타고, 또 엄마한테 이렇게 꽁지돈으로 이자 붙여서 하게끔, 어떻게 해서 돈을 모았어요. 그리고 우리 시할아버지가 어떻게 모아 갖구 돈을 한 30만 원 보태줬어요. 나중에 또 고모 돈도 빌려다 썼다가, 나중에 잽혀서 갚구. 처음에는 돈이 다 안 됐지만은, 나중에는 그렇게 갚아 가면서 그 집이 내 집이 됐잖아요.

의정부에서 세 살던 시절

남편이 의정부로 전근이 돼서 의정부로 이사 갔어. 사당동 집을 세를 놓고 글로 또 전세로 갔어요. 그 집도 방이 두 개였고 새로 드린 방이 하나 더 있었어요. 옛날에 국민주택이라구 그러나? 가운데 마루가 있는 고런 집이었어요. 그런데 새로 드린 방하고 그 건넌방 하나를, 내가 두 칸을 얻었지. 그 집(주인집)에는 애가 없었는데, 안방 하나만 썼어요. 거기서 살다가 옆으로 이사를 한 번 했어요. 또 전세예요. 여기는 큰방을 하나만 얻어서 갔어요, 안방을. 여기는 또 주인이 나한테 안방을 세를 내주고, 자기네가 건넌방하고 방 하나, 또 드린 방이 있어. 글루 가서 쓰고, 부엌은 한 부엌을 쓰구. 거기서 한 뭐 1년 살았나 봐요.

다시 사당동으로

애 아빠가 다시 서울로 전근이 됐어요. 그래서 사당동 그 집으로 다시 들어왔어요. 그 다음 해쯤, 한 1년이 지난 다음에 부동산 붐이 이렇게 조금 일기 시작을 했더라구. 그때 방배동 거기가 산이었는데 다 깎아서 동네가 생겼어요. 우리가 그 사당동 살 적에. 그래서 새 동네 가서 살면 참 좋겠다, 거기 사는 사람들끼리 맨날 그랬거든요. 근데 돈만 있으면 저기 땅 좀 하나 사 놨으면 하고 막 그런 생각이 드는데, 거기 가서 땅을 어떻게 사볼까 (고민을 했지요).

우리 이웃에 상공부 다니는 이가 있었는데 같이 돌아다녀 보니까, 우리 집을 팔면 딱 땅값만 돼, 땅값. 그때 평당 그게 한 15만 원 하더라구. 방배동 새 동네가. 그때 그것도 올라서 15만 원이지 그 전에는 더 쌌었죠. 그때는 부동산 붐이 조금 나면서 그렇더라구. 이사를 가고 싶었는데 인제 우리가 저 집(사당동 집) 외에 돈 가진 건 없었어요. 그래서 어떻게 해볼까만 하다가, 거기 이렇게 돌아다녀 봤거든요. 우리는 어떤 생각을 했냐면, 집을 지으면은 세를 많이 줘서, 우린 애가 어려서 방 하나만 갖구 살아도 되니까. 세를 빼서 그 돈으로 충당할 수는 없을까, 인제 그런 생각을 하면서 돌아봤는데, 가진 게 너무 없으니까 땅을 사서 집을 짓는다는 건 안 되겠더라고.

여기(사당동 집) 살 때 내가 보일러로 고쳤었어요. 그때 그 보일러 놓는 게 생기기 시작했는데 첨에는 방도 안 뜨시고 이러더라구. 그냥 연탄 구공탄이었거든요. 연탄보일러가 그때 새로 생겨서 유행을 했어요. 보일러실이 있는 게 아니고 뭐 '새마을보일러'라고 그런 게 있죠. 왜 그러니까 부엌에 그냥 달려 있어, 찬 물통이. 부뚜막 안에 이렇게 묻는데 보일러 역할을 하는 게 있어. 가에 이렇게 코일처럼 뚫려 있어서 거기서 물이 뜨거워지면 방으로 들어가는 거. 근데 인제 방에 놓을 때 그것두 비닐 비슷하게 프라스틱인가? 뜨거운 물이 들어가도 안 녹는, 비닐 호스 같이 생긴 그걸로 놓더라구. 그거 하나라도 놓고나니까 골고루 뜨시고 훨씬 좋죠. 그 전에는 아랫목만 따뜻했지 윗목에는 찬기가 (돌았어요).

연탄가스 때문에 고생한 적도 있었죠. 이 집에 살 적에. 연탄보일러 아니고 그냥 아궁이였는데, 부엌에 조그만 문이 있잖아요. 환기가 잘 안 되는 날,

닐이 흐리고 그러면 글로 들어오는 거야. 한번은 애가 연탄가스 마셔서 막 악을 쓰고 우는데, 왜 그러나 이랬어. 애가 너무 울어서 내가 일어나 약방에를 뛰어 갈라고 그랬나? 그때, 마당으로 몇 발짝 뛰어 나왔는데 마당에 와서 내가 이렇게 나자빠지더라구. 그러니까 그게 연탄가스를 마셔서 그랬어요. 나두 내가 그런 줄을 모르고 뛰어 나가다가 그냥 마당에 가서 딱 쓰러져서 정신을 잃은 거지요. 그랬는데 금방 깨났지. 그때는 뉴스에서 맨날 연탄가스 (사고 소식이 나왔어). 그게 공포야. 그때만 해도. 그래서 인제 이 보일러를 하고 나니까 그 걱정 안 해서 좋더라구. 그렇지만 부엌에 연탄이 있기 때문에 부엌에 환기는 잘 시켜야 했어요.

사당동 215번지

우리한테 맞는 게 뭐가 있을까, 돈하고 맞춰서 사야 되니까, 인제 맨날 애를 업고 돌아다녀 보니 사려고 했던 집은 계약을 하려니까 벌써 나갔더라구. 그래서 새로 나온 집이 있는데 보니까 터가 54평인데 46평이 내 땅이구 8평은 환지라고 하더라고. 환지, 그게 저기 시 땅이더라구요. 그게 나중에 불하를 받으면 된대요. 시에서 그걸 내면은 우리가 돈을 지불만 하면 되는 거더라구. 그때는 시중 가격에 반 가격만 우리가 지불하면 된대요. 어쨌거나 내 마당에 들어와 있는 터니까, 나한테 언제든지 돌아올 거니까, 그래서 그걸 샀는데, 앞집, 옆집 이렇게 경계 띄워야 할 터가 있잖아요. 땅이, 그때 그게 30cm였던 걸로 내가 알고 있거든요? 그러면 그만큼의 앞집 건물 밑의 이만큼 땅, 옆집의 땅, 이게 다 우리 집 마당으로 들어와 있어. 그 집에서 담을 안 쌓았기 때문에. 그런데 앞집의 벽이 우리 집 마당에 있었거든요. 그 집에서 대청에서 문을 딱 열면 우리 집 마당이 이렇게 보이고 그런 불편함은 있어요. 그 대신 또 이 건물이 뒤로 이렇게 바짝 들어 앉아서 마당이 엄청 넓어 보여. 잔디를 심어 놓고 이랬더라구.

지하실도 있는 그런 집이었어요. 마당 저쪽 부엌은 한 계단을 밟고 내려가서 깊게 되어 있으면서 부엌도 부뚜막이 좀 높고, 개수대도 좀 높았지. 이쪽은 방이 네 개짜리였는데, 같이 살던 할머니 할아버지를 내가 데리구 이사를 같이 갔어요. 그 집에. 방을 하나만 쓴다고 그래서. 마루에 붙은 방을 그 할아버지 할머니한테 세를 줬어요.

나는 그 집을 650(만 원)에 샀거든요? 650에 샀는데 거기에는 인제 은행에 자동으로 들어가는 그 융자되는 돈도 포함되어 있어요. 그리고 돈이 안 되니까 이 방을 두 개를 다 동시에 세를 놔야 되는데, 그 할머니는 방을 하나밖에 못 쓰겠다고 그래서 같이 데려간 할머니는 방 하나만 하고, 이쪽 방은 따로 세를 놨어. 따로 놨는데 거기도 할머니 할아버지야. 그 집은 부엌을 같이 썼어요.

난방은 연탄보일러, 새마을보일러를 했어요. 이 집에 오니까 그냥 연탄아궁이만 돼 있어서 내가 보일러를 따로 놨어요. 방이 네 갠데 두 개 세 주고. 뭐 애들이야 그때까지 다 한 방을 썼지. 공부방을 만들어 놔도 겨울이면 다 한 방에서 자고 그랬지. 그 방이 지금 같지 않아서 유리문이었던 거 같은데, 안 비치는 유리로 해놨는데 외풍이 세요. 그 방이. 이중창도 아니고. 왜냐면 천장에다가 단열재 같은 걸 쓰지도 않아서 너무 추웠어요. 안방에 보일러를 했어도 추워서 겨울에는 방에다 또 난로를 놨어요. 항상 방에다 난로를 놨어요. 그렇게 해서 기저귀, 애들 빨래도 다 방에서 말렸지. 연탄난로 옆에다. 마루가 크지요. 23평이니까 좀 큰 집에 속한 거죠. 우리 먼저 살던 집에 비해 방이 크고 여름 같은 때는 마루 많이 사용하죠. 겨울에는 거의 못 쓰고. 그때까지 우리는 마루에 소파 없었어요. 소파도 없고 상 차려서 먹고 그랬지.

여기 주택에서 일 년을 살았거든요. 그때 뭐 과천으로 정부청사가 간다하고 발표가 났어요. 그랬더니 저기 과천에 땅값이, 막 투기꾼이 몰려오고 땅값이 오르거든요. 오르니까 거기를 차단을 했어요. 하루 만인가 이틀 만인가. 그거를 잡는다고 딱 발표하니까 투기꾼들이 사당동으로 몰렸어요. 우리 사는 동네로. 그래서 밥 먹고 나가면 사람들이 왔다 갔다 했는데 집값이 치솟아요. 하루하루 다르게. 그래서 내가 일 년 만에 650만 원에 산 것을 1703만 원에 (팔았어요), 획기적이지, 나 한참 뻥튀기 한 거지.

반포아파트 전세 놓고 수원으로

반포아파트 (살) 값이 인제 나와. 내가 살다가 왜 이걸(사당동 집) 팔았냐면 애 아빠가 용인으로 또 전근이 됐어요. 그래서 우리 집에서 못 다녀요. 멀어서. 그때는 자기가 차 갖고 다니는 것도 아니고. 이사는 가긴 가야 되겠는데, 내가 용인 시골로 애들을 데리고 가기는 싫었거든요. 그래서 어떡할까 생각하다가 나는 그때만 하더라도 반포로 가는 게 꿈이었어요. 왜냐하면 거기가 고급 지역이고 학교가 좋고, 거기 가면 반포중학교가 그때는 일류 중학교고 세화여중고도 생겼고…. 딸을 거기에 보내야 하는데, 그래서 내가 따로 갔다가 6학년 되면 다시 올 것이다, 라고 해서 이 집을 팔아 갖고 반포로 간 거예요. 그때 반포아파트 시세를 보니까 1420만 원이더라고. 근데 이 집 팔면 딱 맞겠다 싶어서 부금 제외하고 집을 팔고 갔는데 벌써 올라서 1570만 원에 (반포아파트를) 샀어. 그것도 투기꾼들이 막 사서 옥신각신하더라구.

그래서 내가 이 집을 사서 그냥 세를 놓았어요. 세 빼주고 거기 은행 융자 자동으로 들어 있는 거 계산하고 그러니까 반포아파트 들어갈 돈이 안 돼. 이래저래 아빠가 용인으로 갔으니까, 용인으로 출퇴근하는 버스가 수원에 와서 그 버스 다니는 동네인 화서동 주공아파트로 13평짜리를 하나 전세를 얻어 가지고 갔어요. 나는 수원에 갔을 때 1년 정도 거기서 살았거든요. 13평짜리 방 2개 아파트 1년 전세로 살다가. 아파트는 엄청 편했죠. 연탄 때는 아파트야. 아궁이는 낮어. 부엌 바닥하고 비슷했는데 싱크대는 조그맣고. 저기 잠실에 13평 주공아파트랑 똑같은 거야. 화장실도 양변기가 아니라 납작한 거였어요. 연탄 광이 있고. 그때도 식탁, 소파가 없었어요. 왜냐하면 이사를 자주 다니고 해서.

진해 관사 아파트

그러고 나서 애네 아빠가 진해 육군대학으로 가게 됐어요. 79년도에. 이것(진해 관사 아파트)도 13평 되는 아파트였어요. 거기는 마루도 없이 통로로만 쓰게 되어 있어. 방에서 한 발짝 크게 뛰면 화장실, 현관문 열면 오른쪽에 연탄 광, 방 두 개, 안쪽에 부엌인데, 그것도 연탄인데 보일러가 아니고 그냥 연탄아궁이였어요. 부엌 바닥같이 되어 있는데, 거기 아궁이에 때는 건데, 연탄가스 사고가 나서 우리 이사가기 전에 사람이 죽었어요. 그래서 우리 살면서 보일러로 바꿔주더라구.

진해 간 게 79년도예요. 진해 가서 석유곤로를 썼는데요. 그것두 석유 아끼느라구. 내가 시집와서 계속 구공탄을 오래 썼어요. 그러니까 우리 구공탄을 땐 역사가 보면 길어요. 석유곤로는 그때부터 써서 언제까지 썼나? 나 저기 반포 올 때까지 썼지. 반포 와서 많이 썼어요.

드디어 꿈의 궁전, 반포아파트로

81년도에 반포아파트에 왔는데, 남편은 진해에 일단은 떼어 놓고 왔었어요. 큰딸이 6학년 여름방학이 돼 가지고 그때 꼭 와야 하거든요. 2학기 되기 전에 애들을 전학시키고. 여기가 꿈의 궁전이었어요. 22평 반포아파트. 우리 딸 세화여고 나왔고 우리 아들들 반포중학교 나오고. 내가 애들 거기 보내는 게 꿈이었거든요.

소파는 진해에서 산 거예요. 라디에이터 방식이었어요. 온돌은 안방에 하나 있었는데, 안방 하나만, 방 두 개는 라디에이터고. 안방만 바닥이 들어오는 장판으로 되어 있었어. 보일러는, 나무 뚜껑으로 방바닥에 여는 게 있어요. 일단 불 걱정 안 하고 자동으로 따뜻해지지. 뜨거운 물, 찬물 다 나오지. 부엌도 싱크대, 입식이었어요. 4층에 살았는데 그때는 쓰레기 투입구가 있었어요. 투입구가 저기 베란다 안쪽에 있거든요. 거기가 막히고 냄새나고 바퀴벌레 나오고 (그랬어). 그래서 우리는 그걸 잘 안 쓰고. 우린 거기다 시골에서 (보내온) 쌀 자루 쌓아 놓고 거길 안 썼었어요.

동생네한테는 방 하나를 내줬어요. 안방은 내가 쓰고 뒷방도 조금 컸어 요. 걔네 농이 길게 들어가고, 애 둘하고 쓰니까. 그때 아빠는 안 왔어요. 딸을 따로 (방을) 줬던 것 같아. 근데 우리 딸이 후엔 할머니하고 같이 쓰게 되었거든 요. 친할머니를 모셔와 가지고 딸이 불평이 많았지. 왜냐하면 내가 반포로 왔 을 때 몇 개월 지나서 아빠가 전방으로 (전근이) 됐어. 춘천으로 가면서 시어머 니가 시골에 따로 계셨는데 모셔왔어요. 그때 애 아빠한테다 어머니를 모셔 달 랬지. 거기서 아빠 밥 좀 해달라고. 그때 할머니는 아빠 따라 가셨지, 관사에. 2 년 반 동안 아빠가 (춘천에 있다가) 육군 본부로 다시 들어와서 서울로 들어오게 됐거든요. 동생은 2년 반 동안 같이 살다가 나갔어요.

할머니는 아파트 오셔서 불편해 하지는 않는데 대충 갑갑해 하지요. 내 가 노인정 모셔 가고 그랬어요. 노인들 집으로 모셔 가지고 점심도 드리고. 그 래도 어떡해. 아들은 하나밖에 없고. 뭐 집도 사정이 그렇고. 그래서 애들이 커 갈 때 할머니가 오셔서 할머니하고 딸을 한 방을 주고 아들 둘을 문간방을 줬 더니, 문간방이 1.5평밖에 안 되거든요. 중학생이 되니까 아들들이 키가 얼마 나 큰지. 거기다가 책상을 두 개를 두고, 2층 침대를 놓았는데 이게 작아서 (아 들들이) 못 자는 거야. 그래서 불편해서 이사를 가야 하는데, 인제 집을 늘려야 하는 게 내 숙제인 거야. 딸이 할머니랑 자는데 할머니가 코도 골지, 틀니도 하 시지. 그래서 애가 마루에서 내내 공부를 하고, 거처를 마루에서 했어요.

신도시 아파트

분당에 새 아파트를 지으면서 신도시를 한다고 했어요. 그러니 너도 나도 신경 이 여기 와 있는데, 나도 그때 집이 한참 필요한 때니까 신경이 곤두섰지요. 모 델하우스를 공개하면 잠실에서 버스가 사람들을 실어 나른다고 하데요. 친구랑 약속을 해서 10시에 만나서 가자고 했는데, 둘이 만났는데 길이가, 얼마나 사람들이 많이 왔는지. 그래서 거기 꽁무니 섰다가는 그날 거기 가지도 못하겠어. 그래서 새치기를 했어. 버스를 타고 분당역에 왔는데 12시가 넘고 1시 2시가 됐나. 한 다섯 시간이 걸린 것 같애. 하루 종일 굶고 버스에서 내리지도 못해. 내렸다간 집에도 못 가. 허허벌판이죠. 근데 밖을 보니까 사람들이 멀리다 차를 세워 놓고 논둑 밭둑으로 모여드는 거야. 내다보니까 거기서 내렸다간 집에도 못 가겠더라구요. 그래서, 야 우리 내리지 말자고 해서 내리지도 않았어. 모델하우스도 못 봤지요.

그다음부턴 분양만 하면 넣는 거예요. 분당 하면 분당 넣고, 분당 안 하고 산본 하면 저쪽 산본 넣고. 한꺼번에 같이 하면, 조금 사람 덜 모이는데 하면 될라나 해서 분당 빼놓고 산본만 해봤거든요. 근데 선호하기는 다 분당을 선호했지요. 그러면서 분양 시작하고 나서부터 한 번도 안 빠지고 넣었어요. 13번째 될 때까지. 한번은 11번째인가 언젠가, 한번은 후보에 올라가 있더라구요. 그건 해당이 없고 그래서 13번째에 넣었는데, 그때가 정자동이었어요. 우성아파트가 그 정자역에 있는 게 있고, 불정에 있는 게 있어요. 분양을 동시에 하더라구. 망설이다가 전철역에 있는 게 낫겠다 해서 전철역 옆에 거기다 (신청)했는데 그때 2970만 원, 한 3000만 원 다 돼요. 채권의 최고액이거든요. 근데 1군 2군이 있었어요. 1군이 뭐냐면 1, 2, 3층하고 꼭대기 2층인가 하고. 2군은 중간에 좋은 것, 그렇게 분류가 되었거든요. 그래서 채권도 분양받아서 들어가려고 계산을 해보니까 되도록이면 1군을 했어요. 다행히 3층이 됐어. 그때 최고액이 얼마냐면, 그때 1군을 해도 다들 최고액을 썼어요. 채권액을 얼마를 썼냐면, 나는 그때 473만 원을 썼어요. 왜냐면 되도록 돈을 조금만 들이려고 채권액을 473만 원을 썼어요. 다른 사람들은 2970만 원을 썼는데, 내가 채권 등록을 보니까 끝에서 세번째인가. 450(만 원) 쓴 사람이 있더라구. (나는) 조금 쓰고 된 사람에 해당돼.

그래서 이제 분양을 받으니까 내가 돈이 없잖아요. 어떻게 할까 하다가 아마 내가 계약금을 낼 정도는 있었던 것 같아. 그 정도는. 근데 분담금을 6개월마다 한 번씩 내야 돼요. 요거는 짓는 데 3년이 걸렸어요. 층수가 20층이 넘는 것은 공법이 조금 틀리대요. 그래서 분양금도 조금 다르고 그런데 요건 3년이 걸리고 18층이었지. 6개월마다 분담금이 들어가더라구. 반포아파트가 세가 비싸서 그걸 세를 놓고, 싸고 넓은 집을 인제 찾으러 다녔지.

반포아파트 전세 놓고 안양 박달동으로 전세

안양에 가니까 안양 중에서도 평촌 쪽은 비싸더라고. 박달동을 가니까 공장 쪽이 있는데 여기가 좀 싸. 그래서 거기 신안아파트라고 50평이 좀 넘는 게 있었어. 그걸 세를 얼마나 넣었는지 잊어 버렸어. 어쩔 수 없었지. 왜냐면 내가 3년 지나면 우리 집, 새집(분당 우성아파트) 생기니까 그때까진 참고 살아야 한다 그러고 막내를 대전에 있는 과학고등학교로 보냈어요. 방이 없어 가지고 어떻게 할 수가 없더라구요. 수원, 대전 과학고가 있었는데, 이 두 군데서 서울 애들을 받았는데, 애 들어가는 때에 서울과학고가 생긴대요. 알아봤더니 기숙사가 없대. 나는 기숙사를 보내는 게 목적인데 기숙사가 없고 나중에 생긴대요.

(분당 아파트 분담금 때문에) 반포아파트는 나중에 팔려고 생각을 했지. 더 나중에 오를 거 같아서. 그때 당시에 팔면은 돈이 남지. 분양금 하고도 남는데 그때 널름 팔면은 허실이 될 거 같더라구. 그래서 버티는 데까지 버텨 보다가 나중에 입주할 때쯤에서 팔던가 그렇게 해야 되겠다 생각을 했어요. 그래서 우선은 애들 방 하나씩 줘야 되고, 그때 작은 아들한테 내가 설명을 잘 했죠. 니네가 커서 이제는 작은 방도 못 쓰고 방은 다 줘야 되는데 그게 안 되고, 형편이 이러니까 니가 꼭 과학고에 가야 되겠다, 우리 그 아들이 효자예요. 공부도 잘하고 생긴 것도 이쁘지만 너무나 착해. 너무나 호인이야. 그렇게 설명을 하니까 얘가 처음엔 반대를 하더라고. 막내고 하니까. 그래도 엄마 떨어져서 가는

거 싫다고 막 이래. 내가 말도 안 하고 눈치만 보고 그랬더니 어느 날 지가 와서 이러더라고. "엄마 내가 꼭 과학고를 가야만 되겠는가?" 이렇게 물어보더라고. 그래서 이러저러하고 우리 집이 형편이 그러니까 니가 거길 가면 여러 가지로 좋다, 공부하는 것도 아주 좋고. 그러니까 "엄마, 그럼 내가 한번 해볼게" 이러데. 그러더니 지가 준비를 딱 해. 과학고 문제지를 딱 사더니 과목별로 책을 다 나눠서 하더라고. 애는 시험 보고 오면 전체 한 문제 틀린 거, 두 문제 틀린 거 딱 집어요. 공부할 줄을 알아. 애가 집중력이 좀 뛰어났어요.

50평짜리 안양으로는 싸게 갔어요. 방이 4개 있고, 거실도 이제, 뭐 50평이면 제법 큰 거 아니에요. 그러니까 이제 딸도 방 하나를 따로 주고, 아들도 따로 주고, 시어머니도 따로 주고, 우리 따로 쓰고. 그리고 또 화장실도 두 개라 딸이 화장실 하나 차지해서 쓰고. 뭐 이래도 걔는 학교 다니기에는 불편했겠지. … 여기서 대학 다녔어요. 그때 우리 딸이 대학교 4학년 땐가 봐. 우리 아들이 2학년 때고. 그런데 거기서 1년도 못 살았어. 이제 아빠는 육군 본부로 출근하고 그래서. 돈 좀 남겨서 분담금 한 번 붓고, 두 번 붓고 나면 부을 돈이 없어 맨날 머리에 어떻게 융자를 얻어 가지고 저거를 해야 되나 고민 많았지. 그래서 은행에 다니는 남자친구들 동창들한테 나 분담금 넣을 때 되면 돈 좀 해주라고 미리 얘기를 해놨어요. 그랬는데 일 년도 채 못 살았지.

관사에서 거주

그다음 해(1993) 김영삼 대통령 들어가는 정부 출범했어요. 2월 25일이 대통령 취임하는 날이었잖아요. 근데 그때 그렇게 하고 3월에 애네 아빠를 청와대에서 오라고 하더라고. 그래서 글로 가니까 42평짜리 관사를, 거기(청와대) 바로 앞에 있는 빌라를 주잖아요. 그때 아주 그냥 하늘이 도운 거야 이게. 전세금 빼서 이참에 그냥 분양금 다 넣었지. 그러면서 이제 여기 입주할 때 돼서 세를 놓으니까 그 돈은 이제 늘리는 돈이 된 거지. 그래서 이제 그걸(분당 우성아파트) 세

놓고 우리기 청와대 앞에서 7년을 살았어요. 그러니까 그게 효자가 된 거지. 그 관사에서 살면서 전세 뺀 그 돈을 은행에 넣고. 그때는 은행 이자도 좋았어요. 좀 넣어두면 이자도 꽤 되네. 그렇게 해서 좀 늘리고 그랬지.

우성아파트 입주

1999년 12월 애네 아빠가 청와대에 있는 기간이 만료가 된 거예요. 그래서 우리가 나와야 했는데, 김대중 대통령 (임기에) 2년 더 했거든요. 그렇게 7년을 거기서 살다가 (분당 우성아파트) 집수리를 좀 했어요. 큰딸을 옆으로 데려오려고 들어올 집을, 그 옆에 26평짜리 아파트를 세를 미리 얻어서 내가 보따리만 일단 갖고 들어갔어요. 관사 사람들 들어오면 내줘야 되니까 짐은 정리해서 방 가운데 모아 놓고 일로 왔어요. 집이 안 비어서 여기서 두 달하고 몇 날 있었지. 그때 그렇게 기다렸다가 내보내고 집수리 좀 하고 이렇게 해서 이 집에 들어가 2년 살았지.

2년 살다가 전세를 놓고 전세금을 2억4천(만 원)을 받았어요. 애네 아빠가 퇴직 후에 한국통신을 갔어요. 거기는 공무원보다 보수가 엄청 좋지. 그때 돈이 좀 모였죠. 그래서 2억4천에다 돈을 좀 보태 갖고 이걸(용인 집, 현재 사는 84평 아파트) 샀어요.

(정자동 우성아파트하고 반포아파트는) 전세(를 주었어요). 그래서 요 근래 보면 전세가 매 오르잖아요. 오르니까 해결이 되더라고. 우선 전세 놓은 돈을 주먹에 쥐고 있으면서 2년 지나면 전세를 또 올려 받고 또 올려 받고 이러니까, 그거를 넉넉히 놓고도 돈이 남아.

한 해에 집 4채 사다

또 분당 구미동에다가 큰아들 앞으로 집을 하나 샀어요. 이걸 얼마에 샀냐면, 27평이 복도식이 아니라 괜찮아서 샀는데 요걸 1억9천5백(만 원) 정도에 (샀지).

내가 이걸 2억9천에 팔았어요. 중간에 변경하느라고 양도세 하고, 내가 집값
이 오른 걸 모르고 팔았어.

　　작은아들 집을 또 샀어. 영통에다가. 처음에는 세를 얻어 줬다가 생각해
보니까 집값이 자꾸 오를 기미가 있더라고. 그러기에 24평짜리를 9천9백만
원인가 1억 가까이 주고 산 거지. 한 해에 내가 집을 네 채를 샀다니까. 이 집
(용인 84평 아파트)하고 저 집(구미동 큰아들 집)하고 작은아들, 딸네까지.

　　딸애 집은 내가 사주진 않았는데, 내가 보니까 전세 기간이 끝났는데
전세 값이 올라서 전세 값 5천(만 원)을 보태 줘야 살던 집에 살 수가 있어. 근
데 안 되겠더라고. 1년이 지나고 2년이 지나도 돈이 하나도 모이질 못해. 그
래서 내가, 너 집을 사라 그랬어. 사서 은행 융자를 5천 하라고. 니가 니 이름
으로 집이 있어야 그 집을 담보로 융자를 해주지, 전세를 가지고 안 되니까
그냥 사라고. 내가 쪼끔 보태 줬지. 3천을 보태 주고 그래서 그 집을 샀어요.
5천을 융자라도 얻어야 지들이 조금씩 모아서 갚을 거 아니야. 그냥 내버려
두니까 모이질 않아. 2002년에 그렇게 해서 집을 장만했는데 그게 복도식이
었거든.

　　정자동 우성아파트는 작은아들한테 증여를 했어. 그래서 이 집(용인 아파
트)은 큰아들 이름으로 돼 있고, 정자동 집은 작은아들. 그때 왜 그랬냐면 기준
지가를 자꾸 올려, 세금 많이 받을려고. 그래서 내일 모레 기준 지가를 올려서
발표한다고 그러더라고. 그래서 얼른 서둘러서 증여를 했죠. 걔 이름(작은아들)
으로 두 개가 되잖아. 이거를 오빠 이름으로 돌려놨어. 오빠가 집이 없는데, 그
래서 오빠 이름으로 돌려놨는데, 이거 그냥 두면 양도세를 물어. 보니까 증여
를 하는 게 세금이 훨씬 싸더라고.

　　오빠 이름으로 돼 있는 집은 큰아들 결혼시키려고 준비되어 있는 거
지. 지금은 서울에 오피스텔 하나 얻어 가지고 가 있거든요. 그게 지금 8천6
백(만 원)에 전세로 있어요. 그거 갖고 세를 못 얻잖아. 반포아파트는 월세로

했어요. 전세로 했다가 전세보다 월세가 나으니까. 은행에 돈 넣어 놔도 얼마 나오지도 않아요. 그거 지금 90만 원 받는데, 생활하는 거는 연금 갖고 실컷 해요.

반포 집은 아직 안 헐었어. 이수교 옆에 있는데, 그거 지금 8억, 9억 해요. 작은아들이 애를 낳으니까, 이 집이 작다고 살기 싫다는 거야. 속으로는 지네가 돈 보태서 옮길 때까지 좀 참고 살지 싶은데, 그냥 세놓고 새로 간다고 그러는 거야. 근데 애도 연봉이 1억은 돼요. 그래서 그 집을 세를 놓고 지가 돈을 보태 가지고 33평짜리로 가더라고. (며느리가) 지금은 휴직을 하고 애를 키우거든. 내년이면 출근을 해야 돼요. 얘는 내년에 어떻게 하냐고 막 안절부절해. 그래서 어머니 곁으로 갈까요, 이리 올까요, 그래서 니 마음대로 해라 그랬지. 얘는 한 술 더 떠서, 어머니 한집에 살까요 이러더라구. 나는 싫다고 했어. 난 한집에 사는 건 싫다고 했어. 우선요, 봐주기도 쉽고 이쁘기도 하고 다 맞는데, 몸이 못 따라요. 나는 허리디스크도 좀 있고 다리 무릎도 부었다 가라앉았다 그래 가지고. 나는 자신이 없어서 애를 못 봐주겠어요. 이쁜 거하고 애를 봐주는 거 하고는 별개야. 걔들이 오면 정신이 없어.

근데 그게 어떻게 내가 운이 맞아 가지고 내가 아파트만 사면 집값이 자꾸 오르더라고. 우리 애 아빠는 나보고 당신은 한번 움직이면 1억씩 한대. 근데 더 웃긴 건 우리 애 아빠는 곶감 꼬치 빼 먹듯이 빼 먹구 사는 거 그거 계산밖에 할 줄을 몰라요. 그러니 내가 보기엔 한심스럽지. 돈 얼마를 갖고 1년에 얼마씩 몇 년을 살고, 그거 계산을 하고 앉았어요. 그러면 나는 뭐라 그러냐면, 그걸 왜 계산하냐, 그걸 가지고 이용해서 그 돈을 살려 놓고, 이용하는 거 갖고 실컷 먹고 살지, 그러면서 싸운다니까. 이 집 살 적에 우리 애 아빠가 못 사게 하더라고. 나중에는 자기 말을 들어주기를 바라는데, 내가 당신 말 듣다간 아무것도 안 되니까 해야 된다고 그러니까 막 화를 내더라고.

84평, 이건 아주 주웠어. 5억4천(만 원)에 샀나? 그 전에 맨 앞 동에 75평짜리가 분양가에서 5천을 빼준다고 그래서 우리도 (있는 집을) 하나를 팔아서 사야지 (했었지). 그걸 살 돈이 있는 것도 아니고. 그런데 그 큰 집에 우리끼리 살자고, 우리가 한 달에 우리 집 수입이 고정으로 300만 원정도 되는데, 큰 집 운용하고 살려면 애들 데리고 우리가 살아야 되는데 난 그거는 싫거든. 애 아빠는 애들 며느리랑 살고 싶어 하는데, 자기가 고달픈 게 아니니까. 난 절대 반대야.

한국 근현대 주거사 연표

	사회사적 변화		미시사적 변화 – 구술자의 주거 사용	
	주택 정책/관련 제도	주택 건축 현황/주거 실태	박○○ 씨	조○○ 씨
1933 이전	1930년대 · 일제, 한반도를 대륙 침략의 　전진기지로 활용. · 토막민 대책→고양군 이주. · 건축가들 주택 개선안 발표.	1931년 · 조선식 주택건축개선좌담회 개최 　→문화주택건설(안) 발표.		
1934	· 조선총독부, 조선시가지계획령 　공포.	1930년대 중반 · 도심 대형 필지를 나누어 한옥 　건축.		
1935				
1936	· 경성시가지계획령 시행. · 토막민 강제 철거.			
1937		· 대현지구, 용두동, 청량리 구획 　정리.		
1938	· 경성부 토막민 조사.	· 토막민 인구 3배 증가.	· 이천읍 창천리 　출생.	
1939		1930년대 후반 · 도심 주변부까지 주택 대량 공급. · 돈암, 안암, 보문 지역: 6~7호, 　30~40호씩 도시형 한옥 건설.	· 부록 도면 1 참조.	
1940	· 박길룡, 온돌위생 개량론 발표.			
1941	· 조선주택영단 설립.		· 공중목욕탕 사용. · 세수는 마당에서, 　빨래는 개천가에서.	

	사회사적 변화		미시사적 변화 – 구술자의 주거 사용	
	주택 정책/관련 제도	주택 건축 현황/주거 실태	박ㅇㅇ 씨	조ㅇㅇ 씨
1942		· 조선주택영단—혜화아파트 건설 (다다미, 좌식).		
1943				
1944		· 경성의 주택 부족 수 8만9천 호, 부족률 40%		· 충북 청원군 출생.
1945		· 서울의 주택 수 12만 7301동.		
1946				
1947	· 적산가옥을 난민수용소로 개방.			
1948	· 대한민국 정부 수립. · 사회부 주택국 신설. · 조선주택영단→대한주택영단으 로 개칭.			· 청주 적산가옥 거 주.
1949		· 서울 가구 수 30만 호, 주택 수 19만 호, 보급률 63%		· 일본식 화장실, 요 강 사용.
1950	· 피난민 25만, 피난민 수용 임시 조치법. · 적산가옥 관리정책 입안, 연고자 우선 매입.	· 연탄 등장.	· 6·25 발발로 인민 군에게 집을 내주고 이천 집으로 이사. · 부록 도면 2 참조.	
1951			· 공주에서 피난생활. · 부록 도면 3 참조.	
1952	· 서울시 사회국 사회과에 주택 전담 부서인 주택계 신설.			· 충주 일본식 관사 거주.
1953	· 휴전 협정. · 주택 없는 난민 상경 불가 담화. · 10만 호 건설계획안.	· 서울 토막집 2643호, 판잣집 5356호.		
1954	· 불량 주택 철거 방침. · 상업은행이 주택 건설자금 융자 시작.			· 충주 절충식 주택 거주.

	사회시적 변화		미시사적 변화 — 구술자의 주거 사용	
	주택 정책/관련 제도	주택 건축 현황/주거 실태	박○○ 씨	조○○ 씨
1955	· 주택계가 주택과로 승격.			
1956	· 1956년까지 전쟁 재해 복구, 2년간 6230호 건설.			
1957	· 주택 정책 변화, 민영 ICA 주택 체제.			
1958	· 영단 사업의 전환점, 부재의 표 준화, 조립화 지향.	· 중앙산업이 중앙아파트 건립. 1958~1961년 · 국민주택단지 건설. · 개명아파트, 1개동 아파트 건설. · 라디오 생산.		1958년~1960년 · 수도 없이 공동 우 물 사용. 개울에서 빨래, 목욕. · 난방 연료: 땔감→ 물에 개어 쓰는 연 탄→구공탄 사용.
1959				
1960	· 4·19 혁명. · 인구주택 국세조사 시행.	1960년대 이후 · 집장사 집. 개량 한옥 신축은 거 의 사라짐. 선풍기 생산.		
1961	· 5·16 군사정변. 1960~1970년대 · 개발주의적 근대화, 도시화 시 작, 이동 현상 급증.	· 전파기 생산.	· 서울의 절충식 한옥 거주. 화장실, 목욕 탕 없음. 마당에서 세수, 펌프 사용, 연 탄 사용.	
1962	· 건축법, 도시계획법, 토지수용법. · 대한주택공사로 개칭. 1962~1966년 · 제1차 경제개발 5개년 계획.	· 중신층 아파트, 마포아파트 y형 3개동 건설.	· 부록 도면 4 참조.	1962~1965년 · 수도 없음. 샘물 길 어 설거지. · 마당에서 세수.
1963	· 공영주택법.			
1964		· 판상형 마포아파트 4개동 건축, 생활혁명의 상징.		
1965		· 냉장고 생산		

	사회사적 변화		미시사적 변화 — 구술자의 주거 사용	
	주택 정책/관련 제도	주택 건축 현황/주거 실태	박○○ 씨	조○○ 씨
1966		· 석유곤로 사용 본격화. · 흑백 TV 생산. 1960년대 중반~1970년대 · 도심 재개발. · 상가 아파트 등장.	· 결혼. 시댁(불광동 슬레이트지붕 집) 거주. 수도 있음. 공동 우물, 물지게 사용. 냉장고, 연탄(레일식) 사용.	1966~1969년 · 대문 밖 화장실 사용. · 올케와 함께 살게 되면서 화장실 증개축.
1967	1967~1971년 · 제2차 경제개발 5개년 계획.		· 부록 도면 5 참조.	
1968				
1969	· 주택은행 설립.	· 최소 규모 아파트 건축. · 세탁기 생산. · 석유난로 보유율 62%	· 상도동 양옥 신축. 연탄, 곤로 사용. 바닥 낮은 부엌. 재래식 화장실.	· 결혼. · 4만 원짜리 전셋집 거주.
1970	· 새마을 가꾸기 운동. · 남서울개발계획 발표.	· 단독주택 95.3%	· 부록 도면 6 참조.	
1971	1970~1980년대 · 고밀도 아파트 단지 패러다임 — 페리의 근린주구론, 배타적 단지 방식.	1970년대 · 판상형이 아닌 다양한 유형의 아파트 시도. · 아파트는 투기의 대상으로 인식하기 시작. · 서구식 교육을 받은 건축가 1세대 활동 시작.		· 대저동 양옥 거주. · 재래식 화장실 개보수. · 화장실 세수 가능, 목욕은 불가. 구공탄, 싱크대 사용. 부엌, 마당에 수도 설치.
1972	· 주택건설촉진법, 특정 지구 촉진에 관한 임시조치법. · 영동지구 주택건립계획 발표. 1972~1976년 · 제3차 경제개발 5개년 계획. 1972~1981년 · 주택건설 10개년 계획 발표.	1972~1973년 · 반포아파트 개발.	· 상도동 적산가옥 거주. · 부록 도면 7 참조.	· 사당동에 내 집 마련. · 15평, 방 네 개, 집장수 집. · 방 두 개 세 놓음. · 화장실 공동 사용.

	사회사적 변화		미시사적 변화 — 구술자의 주거 사용	
	주택 정책/관련 제도	주택 건축 현황/주거 실태	박○○ 씨	조○○ 씨
1973	· 주택 개량 재개발 사업 도입.		· 당산동 시범아파트 거주. · 부록 도면 8 참조.	· 의정부 전셋집 거주.
1974		· AID차관아파트 건설. · 컬러 TV 생산. · 가스레인지 생산.	· 욕조, 수세식 화장실 사용. 식탁 없음. · 고추장은 옥상에 보관. 김장은 땅에 묻음.	· 다시 사당동으로 이사. 과천 개발로 집값 3배 상승. · 새마을보일러 사용. · 곤로는 없음, 안방에 구공탄. · 마루에서 식사.
1975		· 취사용 가스 사용 0.8% · 가전기기 사용 본격화. 1975~1977년 · 잠실아파트 단지 개발.		
1976	· 11개 아파트 지구 발표.	· 대한주택공사, 온수연립 건설. 1976~1979년 · 압구정동 현대아파트 건설. 특혜 분양 물의.	1976~1977년 · 독산동 이층집 신축. · 냉장고, 바닥 난방, 난로 사용. 보일러는 남편이 있을 때만 가동.	
1977	· 주택청약제도, 분양가 상한제 도입. 1977~1981년 · 제4차 경제개발 5개년 계획.	1977~1978년 · 표준설계도 12~25평 10종 개발. 단층 2층 주택.	· 부록 도면 9, 10 참조.	· 반포아파트 구입, 전세 놓음. · 수원 주공아파트 전세로 이사.
1978	· 선분양 제도.	· 재개발 사업—대지 합병 후 3~5층 저층 아파트로 유도. · 전자레인지 생산.	· 동작동 집 신축(대지 108평). · 1998년까지 거주. · 전기밥솥 사용. · 양변기, 수세식 화장실. 거실은 바닥 난방, 목욕탕은 라디에이터.	· 연탄 때는 아파트. · 식탁, 소파 없음.

	사회사적 변화		미시사적 변화 — 구술자의 주거 사용	
	주택 정책/관련 제도	주택 건축 현황/주거 실태	박○○ 씨	조○○ 씨
1979		· 도시 주택 부족률 39%, 농촌 주택 보급률 85% · VTR, 진공청소기 생산. 1970년대 후반 · 지붕 개량에서 주택 신축으로 조립식 주택 보급.	· 부록 도면 11~13 참조.	· 진해 관사 아파트로 이사. · 연탄보일러, 석유곤로 사용(반포아파트에서까지 사용). · 소파 구입.
1980	1980년대 이후 · 한옥보전정책 시작. · 주택 200만 호 건설 계획.	· 과천 신도시 개발. · 개인용 컴퓨터 개발. · 취사용 가스 사용 6.1%, 전기 사용 85%(서울). 1980년대 초 · 1970~80년대 상류 주택의 별장—전원주택 개념 등장.		
1981		· 사당동 판자촌 강제 철거. 1981~1983년 · 광주 화정지구 개발.		· 반포아파트(22평)로 이사. · 안방은 온돌, 나머지는 라디에이터 방식. 입식 부엌.
1982	1982~1986년 · 제5차 경제개발 5개년 계획.	1982~1984년 · 고덕지구 개발. 1982~1985년 · 둔촌지구 개발.		
1983	· 합동 재개발 사업 시행.	· 목동 신시가지 개발 착공.		
1984	· 임대주택건설촉진법.	· 마포에 최초의 오피스텔 건축.		
1985		· 상계지구 아파트 사업 시작. · 농촌—취사용 임산 연료 41.5% 사용, 보일러 53.4%		
1986	· 아시안게임.	· 상계 신시가지 아파트에 3대 가족형 아파트 건설.		

	사회사적 변화		미시사적 변화 — 구술자의 주거 사용	
	주택 정책/관련 제도	주택 건축 현황/주거 실태	박○○ 씨	조○○ 씨
1987	1987~1991 · 제6차 경제개발 5개년 계획. 1987~1996년 · 10년간 주택 200만 호 건설 계획 발표.	· 반주문식 아파트 등장. 1980년대 후반 · 복층 아파트 등장. · 아파트 초고층화 시작, 25층 아파트 등장, 용적률 800~1000% · 농촌 나홀로 아파트.		
1988	· 서울올림픽. · 서울 인구 1000만 돌파. · 건축법 시행령—오피스텔 용어 공식 사용. · 평촌, 산본, 중동 신도시 계획 발표.	· 전세대 홈오토메이션 아파트 등장. · 식기세척기 개발.		
1989	· 분당, 일산 신도시 계획 발표.	1980년대 후반까지 · 달동네는 도시 빈민의 대명사.		
1990	· 임대차 보호법 제정. · 다세대·다가구 주택 법제화. · 재건축 용적률 300~400%	· 분당 신도시 입주 시 29만3천여 호 완공. · 단독주택 66.02%, 지가 점유율 49.9% · 연탄 취사용 연료 사용 10.3%, 가스 사용 81.9%, 보일러 74.1%(기름보일러 20%)		
1991	· 1980년대 이후의 한옥보전정책의 변화—북촌의 각종 규제 완화.	1991~1994년 · 안양 아카데미테마타운 건설—공동체 개념 적용, 공유 공간 설치. 1990년대 · 아파트로 주택 건설 집중. · 욕실에 비데와 샤워부스 등장. · 빌트인 시스템 확산.		· 분당 신도시 아파트 분양받음. · 분담금 때문에 반포아파트 전세 놓고 안양으로 이사.
1992		· 신축 주택의 81.5%가 아파트.		

	사회사적 변화		미시사적 변화 — 구술자의 주거 사용	
	주택 정책/관련 제도	주택 건축 현황/주거 실태	박○○ 씨	조○○ 씨
1993		1993~1999년 · 분당주택전시회, 공동체가 화두로 등장.		· 청와대 관사 거주 (2000년까지). · 분당 우성아파트, 반포아파트 전세 놓음.
1994	· 경복궁 주변 고도제한 16m로 완화. · 저소득 주민을 위한 불량 주거지 재개발법.			
1995	· 서울 등 6개 대도시 지역 이외에는 분양가 자율화.	· 코쿤하우스 등장. · 가회동 11번지 일대(주거환경개선사업지구)—다가구·다세대 주택으로 대체. · 주택 보급률 86%, 자가 점유율 53.3%		
1996	· 제2차 세계주거회의에서 주거권 확정.	· 모델하우스에 첨단 설비 즐비. · 생태마을 등장. 1990년대 중반 · 친환경, 삶의 질, 건강이 이슈화. · 미분양 아파트 증가—평면과 내장재 차별화, 브랜드 도입으로 마케팅.		
1997	· 신문사, 주택협회 주관, '살기 좋은 아파트 상'	· 최초의 가로형街路型 주택단지 · 분당 오피스텔 시그마 II 건설. · 수도권 주택 보급률 82%		
1998	· IMF 경제 위기. · 분양가 자율화.	· 리모델링 성행. · 모델하우스 실내건축에 전문 실내디자이너 고용. · 아파트 공동체 운동. 1990년대 말~2000년대 초 · 환경, 건강 중시 패러다임 확산.	· 10세대 다세대주택으로 개축 후 분양. · 402호, 404호 2세대 사용.	

	사회사적 변화		미시사적 변화 — 구술자의 주거 사용	
	주택 정책/관련 제도	주택 건축 현황/주거 실태	박○○ 씨	조○○ 씨
1999	· 주거기본법 제안.	· 산청 안솔기 생태마을.		
2000	· 북촌 가꾸기 사업 시행.	· 최저 주거 기준 고시—침실 수 기준 미달 가구 14.6%, 부엌 및 화장실 미달 가구 5.2% · 다가구·다세대 주택 서울 주택 수의 30%, 서울 주택 보급률 77.4%		· 분당 우성아파트 수리 후 입주.
2001	· 주택건설촉진법, 주택법으로 개정.	2000년대 · 50가구 이상 전원 단독주택—건설회사가 공급.		· 분당 구미동 큰아들 앞으로 아파트 구입. · 영통 작은아들 아파트 구입. · 용인 84평 아파트 구입(현재 거주). · 우성아파트 작은아들에게 증여.
2002	· 장기 임대주택 100만 호 건설 계획 발표.			
2003	· 공동주택 대상으로 '친환경건축물인증제도' 시행.	· 목동 하이페리온 69층 완공.		· 반포아파트 재건축 예정. · 월세 90만원 수익.
2004		· 도곡동 타워팰리스 69층 완공.		
2005				
2006			· 두 달에 한 번 집에서 반상회(청소, 공동 비용 때문). · 현재 402호 단독 가구만 사용.	

주 註

제1부

1. A. H. 새비지 – 랜도어, 신복룡·장우영 역주, 『고요한 아침의 나라 조선』 한말 외국인 기록 19, 집문당, 1999, pp.81~82.

2. W. E. 그리피스, 신복룡 역주, 『은자의 나라 한국』 한말 외국인 기록 3, 집문당, 1999, p.340.

3. 전미경, 「개화기 계몽담론에 나타난 '가족'에 대한 단상」, 『한국가정관리학회지』 제20권 제3호, 2002, pp.87~99, p.93.

4. 鮮于全, 「우리의 衣服費, 居住費, 娛樂費에 對하야, 朝鮮人生活問題의 研究」, 『개벽』 제24호, 1922. 6.

5. 서울특별시사편찬위원회, 『개항 이후 서울의 근대화와 그 시련: 1876-1945』 사진으로 보는 서울 1, 서울특별시, 2002, p.257.

6. "이는 상류층의 방탕하고 나약한 삶과 무관하지 않다. 특히 남자 양반들이 하는 일이란 느지막이 일어나서 하루 종일 방 안에서 먹고 누웠다, 앉았다 하면서 소일하고, 또한 밤 늦게까지 술을 마시고 친구들과 보내다가 또 늦게 일어나는 생활을 반복했다. 그러다 보니 각종 질병에 시달렸고, 실제로 수명도 짧았다." A. H. 새비지 – 랜도어, 신복룡·장우영 역주, 앞의 책, p.254.

7. E. 와그너, 신복룡 역주, 『한국의 아동생활』 한말 외국인 기록 14, 집문당, 1999, p.26.

8. A. H. 새비지 – 랜도어, 신복룡·장우영 역주, 앞의 책, p.254.

9. 신석호 외, 『新生活 100年』 제7권 한국현대사(1863-1945), 신구문화사, 1971, pp.50~51.

10. 「즐거운 나의 가정」, 『삼천리』 제12권 제10호, 1940. 12.

11. 김진송, 『서울에 딴스홀을 許하라』, 현실문화연구, 1999, pp.238~239.

12. 「조선주택 좌담」, 『춘추』 제2권 제7호, 1941. 8, p.84.

13. 조혜정은 한국 사회가 조선 중기까지의 수직적 위계 관계(부자〉모자〉고부)를 형성한

시기를 시작으로, 1960년대 이전까지의 상징적 부자 관계(실질적 모자)모녀)를 형성한 시기를 거쳐 1960년대 이후의 부부 중심(부부〉부모 자식〉노부모 자식) 사회로 전이되었다고 하였다. 조혜정 외, 『성, 가족, 그리고 문화: 인류학적 접근』, 집문당, 1997.

14. 이 비율은 1960년에는 반 이상, 1970년에는 거의 3분의 2로 급격히 증가하게 된다. 유봉철, 『일제하의 민족생활사』, 현음사, 1982, p.504.

15. 鮮于全, 앞의 글.

16. 그러나 도시에서와 달리 농촌에서는 대가족의 전통이 해방 이후까지 지속되는 경우가 많았다. 농사짓는 일을 주업으로 살아온 홍씨(이천시 수광리)의 생활사에 의하면, "홍씨의 집은 수광 1리에 있으며 폭격으로 불탄 집을 1·4후퇴 후 다시 지어 현재까지 거주하고 있다. 1952년에 방 세 개, 부엌, 마루로 구성된 ㄱ자 건물을 지어 홍씨 가족과 결혼한 남동생 가족, 미혼의 동생이 사용했고, 부모님은 현재의 대문 옆 텃밭 자리에 방을 지어 사용했다"고 하였다. 이천시지편찬위원회, 『이천시사』, 2001.

17. 3세대 이상으로 구성된 확대가족은 1960년 26.9%에서 점차 감소하여 1970년에는 22.1%로, 1990년에는 10.3%로 줄어들었다. 반면 1930년대 전체 가구의 35.53%에 불과했던 순수 핵가족의 비율은 1966년 66.8%, 1985년 75.3%로 급격히 증가했다. 이와 함께 가구당 평균 가구원의 수도 해마다 감소하여 1960년 5.56명에서 1970년 5.24명, 1975년에는 5.04명으로 계속 줄었다. 통계청, 『우리나라 인구·주택의 변화모습』, 1999.

18. "서울은 중매, 지방은 연애, 학벌 앞서 능력을 중시, 부부만이 따로 사는 핵심가족 경향, 기혼 여성은 애정보다 돈, 1남 1녀의 가족계획 원하고, 자녀는 자유스럽게 키워…." 「여성의 생활관 32장」, 『여성중앙』 1966년 4월호, pp.147~149.

19. 「빠른 핵가족화」, 『조선일보』 1986년 5월 29일자 기사.

20. 「아파트 풍속도」, 『신동아』 1975년 3월호.

21. 김영찬, 「어린이의 우리집」, 『뿌리 깊은 나무』 1977년 5월호, p.54.

22. 양춘, 「핵가족 시대가 아니다」, 『뿌리 깊은 나무』 1979년 3월호, p.81.

23. 유영주 외, 『새로운 가족학』, 신정, 2004, p.445.

24. 이동원, 『변화하는 사회, 다양한 가족』, 양서원, 2001, pp.19~20.

25. 여기에는 소위 딩크족과 통크족이 해당된다. 딩크DINK는 'Double Income, No Kids'의 첫 글자를 딴 것으로, 부부가 맞벌이를 하고 자식을 갖지 않는 경우이다. 이는 여성의 커리어와 경제적 풍요를 위해 자녀양육의 부담을 회피하는 새로운 가족의 개념이

다. 한편 통크TONK는 'Two Only No Kids'의 첫 글자를 딴 것으로 자녀와의 동거를
마다하고 노부부끼리 따로 살며 독립적인 생활을 즐기는 형태를 말한다.

26. 가구당 가구원 수는 1980년 4.6명에서 1985년 4.2명, 1990년 3.8명으로 계속 감소 추
세였다. 『조선일보』 1991년 4월 13일자 기사.

27. 1985년부터 1990년까지의 인구 증가율은 7.6%이고 가구 증가율은 그 두 배로 조사되
었다. 『조선일보』 1991년 4월 13일자 기사.

28. 다양한 가족에 대한 우리 사회의 인식은 아직 과도기적이다. 최근의 한 연구에 따르면
과거처럼 순수한 핵가족만을 고수하기보다는 새로운 가족에 대해 다소 수용적인 태도
를 보이는 것으로 조사되었다. 그러나 한부모 가족이나 재혼 가족, 입양 가족처럼 부부
나 부모-자녀 관계에 기반을 두는 가족에 대해서는 긍정적으로 생각했다. 반면 그렇
지 못한 동성애 커플이나 공동체 가족 등은 아직도 가족으로 여기지 않는 경향이 있으
며 여전히 혈연을 중심으로 한 초혼의 핵가족에게 더욱 긍정적인 태도를 가지고 있었
다. 유계숙·유영주, 「서울시민의 가족개념 인식 및 가치관에 관한 연구」, 『대한가정학
회지』 제40권 제5호, 2002, pp.79~94.

29. 학계에서는 사회적 편견을 버리고 정상 가족에 대한 신화로부터 탈출하는 길만이 우
리의 현재와 미래의 가능성을 모색할 수 있다고 입을 모은다. "가족이 살아가는 모습
은 다양하기 그지없는 것이 우리의 현실임에도 불구하고 모름지기 가족은 '이러이러
해야 한다'는 이미지 또는 정상 가족에 대한 신념은 비교적 강하게 남아 있다. 정상 가
족 이데올로기가 강하게 남아 있는 한 앞서 이야기되었던 다양한 가족들은 자신의 가
족을 비정상으로 인지할 수밖에 없는 상황을 만들게 되는 것이 우리의 현실이다. …
'정상 가족'은 자연스러운 형태도 아니요, 보편적인 형태도 아니다. 정상이냐 비정상
이냐의 문제가 단순히 수의 문제라면 그것은 시대적 상황에 따라 가변적이기에 오늘
의 정상이 내일의 비정상이 될 수 있다. 그보다 정상 가족의 개념에는 가족은 이러이러
해야 정상이라는 가치가 강하게 담겨 있다는 점을 주목해야 한다." 이동원, 앞의 책,
pp.20~21.

30. 박경란 외, 『현대가족학』, 신정, 2001, pp.60~61.

31. 주남철, 「한국인/가옥과 공간사상: 주택의 크기와 장식이 사회적 지위를 말해주는
가?」, 『월간조선』 1981년 1월호, p.182.

32. 조혜정 외, 앞의 책.

33. E. 와그너, 신복룡 역주, 앞의 책, pp.269~271.

34. I. H 언더우드, 신복룡·최수근 역주, 『상투의 나라』한말 외국인 기록 15, 1999, p.28.

35. I. B. 비숍, 신복룡 역주, 『조선과 그 이웃나라들』한말 외국인기록 21, 집문당, 2000, p.332.

36. A. H. 새비지―랜도어, 신복룡·장우영 역주, 앞의 책, p.84, p.148 참조.

37. 강영환, 『집의 사회사』, 웅진출판, 1992 참조.

38. 함한희, 『부엌의 문화사』, 살림, 2005 참조.

39. 김선재, 「한국 근대 도시주택의 변천에 관한 연구」, 서울대학교 석사학위 청구논문, 1987, p.60.

40. 「가정생활개선 좌담회」, 『여성』1932년 2월호, p.22.

41. 「의식주를 여하히 개량할까」, 『동아일보』1923년 1월 2일자 기사.

42. 이 글은 김원주金源珠의 자서전『어머니의 수기』의 일부이다. 『어머니의 수기』는 1996년 2월 탈북한 것으로 알려진 딸 성혜랑이 자신의 책『등나무집』(지식나라, 2000)의 제1편에서 그대로 옮겨 소개하고 있다. 문옥표 외, 『신여성』, 청년사, 2003, p.233.

43. 백지혜, 『스위트 홈의 기원』, 살림, 2005, p.89.

44. 전남일, 「여성의 지위와 주거공간」, 『성평등연구』제7권, 가톨릭대학교 성평등연구소, 2005.

45. 趙白萩, 「돈 덜 들고 새롭고 便利한 집을 지은 이약이」, 『별건곤』1928년 12월호, pp.86~87.

46. 『동아일보』1935년 5월 25일자 기사.

47. 『동아일보』1958년 7월 18일자 기사.

48. 정충량, 「생활양식의 새로운 설계」, 『여원』1956년 10월호, p.50.

49. 金惟邦, 「文化生活과 住宅」, 『개벽』제32호, 1923. 2.

50. 『삼천리』제12권 제10호, 1940. 12.

51. 이규숙, 『이 '계동마님'이 먹은 여든살』민중자서전 4―반가 며느리 이규숙의 한평생, 뿌리깊은나무, 1984, p.75.

52. 전남일, 앞의 글.

53. 「생활방담, 아파트 풍속도」, 『신동아』1975년 3월호, p.267.

54. 최영희, 「집속에서 앉아서」, 『별건곤』1928년 7월호, p.25.

55. 금소저, 「스위트 홈 리광수씨 가정방문기」, 『별건곤』1930년 11월호.

56. 『조선일보』1930년 3월 9일자 기사.

57. 정충량, 「가정에서의 부부의 위치」, 『월간YWCA』 1957년 4월호.

58. 안정남, 『여성과 일』, 삼성출판사, 1986.

59. 최상철, 「아파트 생활이 빚는 문화병」, 『뿌리 깊은 나무』 1976년 7월호, pp.46~47.

60. 김경순, 『여성과 아파트 주거환경』, 건설기술연구원, 2002.

61. "큰 걸레와 빳빳한 새 빗자루를 앞에 놓고 '하녀라서 행복해요'라고 미소 짓는 장면과 대체 무엇이 다른가." 서윤영, 『세상에서 가장 아름다운 집』, 궁리, 2003.

62. 홍형옥 외, 「근대 이후 노인의 생활과 생활공간 변화에 대한 일상사적 고찰」, 『대한가정학회지』 제44권 제8호, 2006, p.50.

63. 경상북도 안동, 성주, 경상남도 함양 지역에서는 은거형이 주로 나타나므로 이를 동남형東南型이라 하고 전남 나주와 정읍, 그리고 충남 논산 등에서는 종신형이 많이 나타나므로 이를 서부형西部型이라 부른다. 홍형옥, 『한국주거사』, 민음사, 1992, pp.142~143.

64. 홍형옥 외, 앞의 글, p.50.

65. 『여원』 1956년 10월호.

66. 홍형옥 외, 앞의 글, pp.50~51.

67. "국민교육의 보급은 지적으로 가장 능가하는 경우가 많고, 산업으로서는 농업 이외의 산업이 발달하고 분업화했으므로 농업밖에 모르는 부모가 다른 산업에 종사하는 자제를 교도할 실력이 없어지고 말았다. 지역적인 이동과 사회의 변동은 단 하나의 경험으로는 불충분하여 많은 지식과 경험이 필요하다. 특히 기동성을 가진 젊은 사람의 그것에 감히 노인은 시비를 가할 수 없게 되었다. 한편 가장권 내지 부모의 권위를 정신적인 면에서 지지해 주던 유교의 효도설은 하나의 낡은 사상으로 공인되어 그에 대리하여 민주주의 사상이 대두하고 민주교육을 받은 젊은 사람들이 노부모의 가정교육에 불만을 느낄 것은 당연한 일이다. 해방 후 농지 분배와 그외의 산업에 있어서의 불경기는 자제를 경제적으로 도울 수 없을 뿐만 아니라 도리어 자제에 신세를 지는 형편에 있는 가정에 있어서는 자제의 발언권이 부모의 그것보다 더 커졌다. 거기에 가장권이 설 수 없는 것이다." 『여원』 1956년 12월호.

68. 『여성동아』 1987년 7월호, p.208.

69. 「생활방담, 아파트 풍속도」, 『신동아』 1975년 3월호, p.267.

70. 『여성동아』 1987년 8월호, pp.207~211에서 재구성.

71. 「아파트 病」, 『신동아』 1979년 1월호, pp.179~181.

72. 노인 가구는 1990년에 전체 가구의 7%에 이르렀는데, 이는 1985년에 비해 61.7%나 급증한 것이다. 『조선일보』 1992년 12월 12일자 기사; 1997년 10월 28일자 기사.

73. 박재간, 『고령화 사회의 위기와 도전』, 나남출판, 1995 참조.

노인의 동·별거 형태 변화 추이

	1975	1981	1990	1994	1998
3세대 동거 가구	78.2	69.1	44.0	39.1	34.5
미혼 자녀 가구	6.8	11.2	29.4	14.7	6.3
노인 단독 가구	7.0	19.7	23.8	41.0	53.1
기타	8.0	-	2.8	5.2	6.1
계	100.0	100.0	100.0	100.0	100.0

74. 은퇴 후의 삶을 노년기, 노령기라고 부르는 것을 거부하며 노후의 삶을 새롭게 계획하려는 움직임을 반연령차별주의anti-ageism라고 한다. 과거 연령차별주의가 노인을 부양받아야 하는 존재로 인식하고 양로원, 요양원과 같은 시설에 수용하려는 자세를 가졌던 반면, 반연령차별주의는 제3의 연령기인 노후를 경제력이 있고 선택권이 있는 긍정적 기간으로 보는 것이 가장 큰 차이점이다.

75. 강병근, 「고령화 사회에 대응한 노인주거 유형」, 『대한건축학회논문집』 제15권 제10호, 1999. 10.

76. 윤주현 편, 『한국의 주택』, 통계청, 2002.

77. 강병근, 앞의 글.

78. 특히 일산 호수공원 옆의 노인종합복지관은 하루 종일 건강한 노인들의 활기로 넘쳐나는 곳이다. 서울의 다른 지역에 비해 일산에서는 6.8%라는 높은 노인 인구의 거주 비율을 보임으로써 '제3 연령기'의 거주지를 적극적으로 선택하려는 경향이 가시적으로 나타나고 있다.

79. 통상적으로 노인 인구가 7%가 넘게 되면 고령화 사회라 한다.

80. 『조선일보』 1995년 5월 19일자 기사.

81. 보건복지부 편, 『고령화 관련 국제 행동계획과 노인을 위한 유엔원칙』, 보건복지부, 2000.

82. 강병근, 앞의 글.

83. 이를 연속보호형 노인촌, 즉 CCRC(Continuing Care Retirement Community)라 한다.

84. 노인을 대상으로 하는 주거시설의 개발 유형은 건강 상태에 따라 완전자립형, 반의존형, 완전의존형 노인 주거로 나누고 있는데, 특히 노인 스스로 생활할 수 있는 완전자립형의 주거 형태로는 도시형 노인 주거와 도시 근교형 노인 주거, 범용형 주택과 3세대 동거 주택이 있다. 다른 사람의 도움이 필요한 의존형 노인 주거의 경우 양로시설 및 요양시설, 노인 간호시설 등으로 계획되고 있다. 그러나 각 주거에서 제공되는 시설과 서비스에 차별성이 있어야 하며, 이는 그곳에서 생을 마감하게 될 노인들의 요구도에 따라 검증되어야 할 부분이다.

85. 홍형옥, 「노인 공동생활 주택에 대한 태도와 선호」, 『한국가정관리학회지』 제19권 제5호, 2001. 10.

86. 강정순, 「실버타운 거주 노인의 사회복지 서비스 프로그램 만족도에 대한 연구」, 가톨릭대학교 석사학위 청구논문, 2002, p.57.

87. 아동을 바라보는 우리 선조들의 관점은 '동몽'童蒙이라는 말이 가진 뜻에 나타나 있다. 『주역』에 의하면 '몽'蒙은 산기슭을 흐르는 물의 형태를 비유한 것으로 '막혔던 것이 터지는 상태'를 의미하는데, 샘에서 흐르는 물은 가냘프지만 나중에 큰 강이 될 가능성을 가지고 있다는 뜻을 내포한다. 즉 동몽도 교육을 잘 받으면 무한한 잠재력을 개발할 수 있는 인간으로 성장할 가능성이 있다는 의미이다. 유점숙, 「朝鮮後期 童蒙敎材의 內容分析」, 경북대학교대학원 박사학위 청구논문, 1991.

88. 신양재, 「삼국사기·삼국유사에 나타난 아동기 고찰」, 『대한가정학회지』 제32권 제5호, 1994. 12, p.126.

89. 유점숙, 「士小節에 나타난 兒童訓育法 考察」, 『대한가정학회지』 제25권 제4호, 1987. 12, pp.141~152.

90. 은난순, 「근대화 시기 주거공간을 통해 본 아동관과 아동공간의 고찰—1920~1960년대까지」, 『한국가정관리학회지』 제23권 제5호, 2005. 10, p.66.

91. 위의 글.

92. "'아이', '아이들' 하고 부르면 그 아동이 귀찮고, 천해 보이고 아무렇게나 대해도 괜찮을 듯한 생각이 들지만, '어린이', 어린이들' 하고 불러보면, 왠지 그들이 존귀스럽고 앞으로 큰 사람이 될 가능성을 느끼게 된다는 것이다." 한국역사연구회, 『우리는 지난 100년 동안 어떻게 살았을까』 2, 역사비평사, 1998, p.179.

93. 근대로의 사회 변화 과정은 자유와 자율성이 확대되는 과정이기도 했지만, 동시에 자

기 생산적 규율체계가 내면화되는 훈육화 과정이기도 했다. 이러한 규율화는 가정뿐만 아니라 학교 및 사법체계 등 제반 사회적 영역으로 확대되었다. 김혜경, 「일제하 자녀양육과 어린이기의 형성: 1920∼30년대 가족담론을 중심으로」, 『근대주체와 식민지 규율권력』, 문학과 과학사, 1997.

94. 이미 조선 후기부터 가족의 틀에서 벗어나 좀더 공식적인 학교 교육을 강화해야 한다는 주장이 실학자들을 중심으로 강력하게 제기되었지만 특별한 성과가 없었다. 1894년 갑년교육개혁甲年敎育改革을 통해 국가가 좀더 직접적으로 아이들을 가족의 품에서부터 분리하여 학교라는 새로운 공간으로 편입시키고자 하는 의지를 분명히 했고, 이듬해인 1895년 공포된 '소학교령'을 통해 소학교 설립이 추진되면서 이러한 의지는 더욱 가속화되었다. 홍일표, 「주체형성의 장의 변화: 가족에서 학교로」, 위의 책, p.286.

95. 일제시대 학교 현황에 대해 외국인 비숍은 다음과 같이 기록하고 있다. "현재 서울의 기독교계 학교와 외국 학교에 주로 젊은 900여 명의 학생이 공부하고 있으며, 왕실 영어 학교에는 100여 명의 학생이 공부하고 있다. 배재학당에서 이루어지는 비종교적 교육의 중요성을 인식한 정부는 그곳에 200명 정도의 학생을 입학시켜 장학금을 지불하고 교사에게 봉급을 지불하기로 결의했다." I. B. 비숍, 신복룡 역, 앞의 책.

96. I. B. 비숍, 신복룡 역, 앞의 책.

97. 은난순, 앞의 글.

98. 문소정, 「일제하 한국농민가족에 관한 연구: 1920∼1930년대 빈농층을 중심으로」, 서울대학교대학원 박사학위 청구논문, 1990.

99. 김혜경, 앞의 글, p.243.

100. 「家政法, 小兒의 衣食宿」, 『호남학보』 제3호, 1908. 8, pp.23∼24.

101. 『매일신보』 1915년 9월 15일자 기사.

102. 박승빈, 「新生活을 하야본 實驗─木曜마다 素食會, 質素·儉朴한 우리 가정」, 『별건곤』 1928년 12월호, pp.36∼37.

103. 「新家庭의 향기」, 『삼천리』 1940년 12월호.

104. 은난순, 앞의 글.

105. 『여원』 1961년 6월호.

106. 『조선일보』 1962년 4월 24일자 기사.

107. 조은경, 「아파트 거주 아동의 생활재 특성 연구」, 연세대학교대학원 석사학위 청구논문, 2002.

108. 2세에서 6세 아동의 방에 있는 가구를 조사한 연구에 의하면, 학습용 가구인 책상 및 의자, 책장은 5세와 6세에서 기대치보다 훨씬 많이 소유하고 있는 것으로 밝혔다. 오혜경, 「아동실의 공간계획에 관한 연구―유아기 아동을 중심으로」, 『한국가정관리학회지』 제10권 제1호, 1992. 6, pp.171~190.

109. 최효선, 「각 계층별로 본 아파트 아동주거공간에 관한 연구」, 숙명여자대학교대학원 석사학위 청구논문, 1978.

110. 아동실이 있는 비율은 97%였고, 이때 혼자 아동실을 사용하는 비율이 43%로 나타났다. 오혜경, 앞의 글, pp.171~190.

111. 『조선일보』 1986년 7월 16일자 기사.

112. 오혜경, 앞의 글, pp.171~190.

113. 조은경, 앞의 글.

114. 정대련, 「아동: 양성 평등한 가정의 미래를 위하여」, 『대한가정학회 춘계학술대회 논문집』, 2003, pp.78~95.

115. "이미 학교에서 기가 죽어 집으로 돌아온 아동은 적게는 세 군데, 많게는 여덟 군데의 학원으로 내몰리고 있다. 그런가 하면 학원에서 돌아오자마자 아동은 숙제하기, 예습하기, 복습하기, 일기쓰기를 종용받으며 자정을 넘겨가며 책상 앞에 앉아 있어야 한다. 아동 점수가 부모 점수여서 백점이 아니면 부모는 창피해서 밖에 못 나간다며 화를 내고, 이웃 아동과 비교하며, 결국엔 '누굴 닮아서 이 모양이냐'고 자녀를 쥐어박으며 책임을 추궁한다." 『한겨레』 2002년 11월 17일자 기사.

제2부

1. 이상 주거에 대한 논의는 흔히 두 가지 측면에서 이루어진다. 하나는 이상 주거를 규범 주거와 같은 개념으로 보는 것으로, 사회구성원 대다수가 보편적으로 납득하고 동의하는 바람직한 상태의 주거를 말한다. 또 하나는 일반적으로 통용되는 개념으로 '이상적' 이라는 말이 가진 사전적 의미를 적용하여 가장 완전한 또는 완벽한 주거 상태를 이상 주거로 보는 것이다. 어떤 의미를 적용하든지 이상 주거란 주거의 외형적인 면에서부터 우리가 주거를 통해 얻을 수 있는 사회·심리적 측면에 이르기까지 매우 광범위한 내용을 담고 있다. 또한 이상 주거는 주거에 대한 가족의 요구가 생겨나게 하는 원천으로서

그 기준은 문화나 사회적 환경에 따라 달라진다.

2. 신영훈, 『한국의 살림집』 1권 미술선서 37, 열화당, 1983, pp.48~51.

3. 중국 당나라 때의 문헌인 『황제택경』黃帝宅經에 나오는 오실오허론五實五虛論은, 집터 에는 사람을 가난하고 쇠락하게 하는 다섯 가지와 사람을 부귀하게 만드는 다섯 가지가 있음을 제시하고 있다. 김두규, 『우리 풍수 이야기』, 북하우스, 2003, p.126.

4. 서유구의 『임원경제지』 12부 중 「이운지」怡雲志, 「상택지」相宅志, 「섬용지」贍用志의 3 부는 집과 집을 둘러싼 다양한 정보와 기술을 집중적으로 싣고 있다. 「이운지」는 여유 있는 사람들의 별장이나 전원주택, 「상택지」는 주거지 선택에 필요한 다양한 조건과 집 터를 조성하는 문제, 「섬용지」는 집을 짓는 구체적인 기술과 건축자재에 관해 설명하고 있다. 서유구 지음, 안대회 엮어옮김, 『산수간에 집을 짓고』, 돌베개, 2005, p.392.

5. 서유구는 왕유王維, 예원진倪元鎭, 고중영顧仲瑛, 도은거陶隱居라는 네 은자隱者들의 삶을 통해 자신이 살고 싶은 삶을 「이운지」에서 묘사하였다. 위의 책, p.14~15.

6. 김홍도가 1801년에 그린 〈삼공불환도〉는 영의정, 좌의정, 우의정 삼공의 벼슬자리를 준 다 해도 절대로 바꿀 수 없는 한가로운 초야의 생활을 표현한 것이다. 즉 인생의 진정한 즐거움은 출세에 있는 것이 아니라 취미와 여유를 구가하는 데 있으며 집과 정원이야말 로 이를 위해 가장 중요한 것이다. 작자 미상인 〈옥호정도〉는 당시 조경을 아름답게 꾸 민 품위 있는 사대부 가옥을 보여준다. 위의 책, p.18~21.

7. 홍형옥, 『한국주거사』, 민음사, 1992, pp.227~229.

8. 강영환, 『집의 사회사』, 웅진출판, 1992, p.89.

9. 김순일, 「조선후기의 주의식에 관한 연구」, 『대한건축학회지』 제25권 98호, 1981, p.20.

10. "궁궐의 가구들은 대부분 유럽과 미국으로부터 들어온 것이다. 왕의 처소에는 값비싼 서구풍의 가구들이 갖추어져 있다. 그리고 왕이 주재하는 연회를 열기 위해 궁궐에는 서구풍의 식탁과 주방 설비도 갖추어져 있다." G. W. 길모어, 신복룡 역, 『서울풍물 지』 한말 외국인 기록 17, 집문당, 1999, p.188. "조선의 어느 왕자가 외국인의 집에 구 경갔다 온 후로는 그도 침대에서 자기로 결심했다고 한다. 드디어 자그마한 철제 침대 를 영국에 주문하여 오랜 기다림 끝에 그것을 방에다 가설했다. 왕자는 첫날밤에 그 위 에서 잠을 자려고 했지만 도무지 잠을 이룰 수가 없었다." E. 와그너, 신복룡 역, 『한국 의 아동생활』 한말 외국인 기록 14, 집문당, 1999, p.28.

11. "바로 이곳에서 임금이 외국 사절단을 접견하며 모든 접견식은 솜씨 좋은 프랑스 요리 사에 의해 준비된 파티를 마지막으로 그 막을 내린다. 이 파티는 그 우아함과 풍성함으

로 지구상에 존재하는 모든 궁에서 베푸는 파티들보다 훌륭하다고 한다." 아손 그렙스트, 김상열 역, 『스웨덴 기자 아손, 100년 전 한국을 걷다』, 책과함께, 2005, p.117.

12. 『조선일보』 1926년 5월 31일자 기사.

13. 김정동, 『문학 속 우리 도시 기행』, 옛오늘, 2001, pp.17~18.

14. "우리나라 생활양식이 구들이 달린 한옥을 요구했기 때문에 연료 상황이 좋지 않던 당시로서는 도저히 양옥이나 일식 가옥에서 견디기가 어려웠다." 김홍식, 『민족건축론』, 한길사, 1988, p.287.

15. "원래 문화주택이란 일본에서 유래한 것으로 '문화생활을 하는 문화인이 사는 주택'을 뜻했다. 1920년대의 문화주택이란 김유방이 주장했던 방갈로식 주택을 의미하는 것으로 서구화 열기 속에서 일본에서도 유행하고 있었다. 1930년대가 되면 서구식 구조와 외관에 일본의 화·양 절충식 속복도형을 기본 평면형으로 하되 전통적인 실내 환경과 온돌을 가진 한·양·일 절충식 주택을 의미하는 것으로 변화하기 시작했다." 안성호, 「일제강점기 주택개량운동에 나타난 문화주택의 의미」, 『한국주거학회지』 제12권 제4호, 2001, pp.185~194.

16. 「이상적 주택」, 『동아일보』 1925년 9월 8일자 기사.

17. 박철수, 「대중소설에 나타난 아파트의 이미지 변화과정 연구」, 『대한건축학회논문집』 제21권 제1호, 2005, pp.189~200.

18. 『조광』 1937년 4월호; 김진송, 『서울에 딴스홀을 許하라』, 현실문화연구, 2003, p.263 재인용.

19. 김주리, 「근대적 패션의 성립과 1930년대 문학의 변모」, 『한국현대문학연구』 제7집, 1999, p.144.

20. "이미 1924년에 민간 신문의 '가정'면이 독립되어 여성 독자를 끌고자 했다. 1929년 오늘날의 중학교에 해당하는 공·사립 여자고보에 입학한 여성은 조선 전체에서 1,465명에 불과하였지만, 신교육을 받은 1.9%의 여성이 가진 힘은 대단했다. 그들은 전체 사회 변화의 표상이었기에 집중적인 관심의 대상이었다." 천정환, 『근대의 책읽기─독자의 탄생과 한국근대문학』, 푸른역사, 2003, p.340.

21. "세계 일주를 통해 서양 문화에 흠뻑 젖어 들었던 그녀의 눈에 비친 조선의 모습은 비참하기만 했다. 그녀는 조선뿐 아니라 서양과 대비시켜 일본을 포함한 동양의 도시들을 불결하고 빈곤하며 무기력한 공간으로 묘사하고 있다. 그녀는 '도쿄 집은 모두 바라크 같고, 도로는 더럽고, 사람들은 허리가 새우등같이 꼬부라지고 기운이 없어 보였

다. … 조선에 오니 길에 먼지가 뒤집어씌우는 것이 자못 불쾌하였고 송이버섯 같은 납작한 집 속에서 울려나오는 다듬이 소리는 처량했고 흰옷을 입고 시름없이 걸어가는 사람은 불쌍했다. … 조선은 유럽 각국에 비하면 한 가지도 없는 황무지요, 사막이며…'라고 표현하여 엘리트적이고 비민중적인 성향을 보여주고 있다." 김경일, 『여성의 근대, 근대의 여성』, 푸른역사, 2004, p.103.

22. 「여류화가 나혜석 여사 가정 방문기―살림을 보살피면서 제작에 열심」, 『조선일보』 1925년 11월 26일자 기사; 이상경, 『인간으로 살고 싶다―영원한 신여성 나혜석』, 한길사, 2000에서 재인용.

23. 유진월, 「여성으로 살기, 여성으로 글쓰기」, 『21세기와 여성문화』 경희대학교 인문학연구소 춘계학술대회 자료집, 1999, pp.22~34.

24. 대부분 건평은 13.2~16.5㎡(4~5평)에서 29.7㎡(9평) 정도의 규모였으며 건축자재가 부족하여 흙벽돌과 원조물품으로 조잡하게 지어지는 경우가 다반사였다. 공간 구성은 방, 마루, 부엌으로 단순했으며 온돌이 없는 경우도 있었다. 손세관, 「서울 20세기 주거환경의 변천」, 『서울 20세기 공간 변천사』, 서울시정개발연구원, 2001, pp.254~255.

25. 정순자(가명, 1933년생, 서울 거주) 씨의 구술.

26. 「주택의 대량 건축계획안을 중심으로」, 『조선일보』 1955년 5월 22일자 기사.

27. 이문보, 「좋은 집에 대한 나의 의견」, 『주택』 제1권, 1959, p.65.

28. 장기화, 「좋아하는 아동실」, 『주택』 제2권, 1959, p.72.

29. 연갑순, 「주부와 주택」, 『주택』 제1권, 1959, p.53.

30. 김윤기, 「주택개량에 대하여」, 『주택』 제2권, 1959, pp.12~14.

31. 김정동, 앞의 책, pp.308~309.

32. 현령, 「조그만 집의 스케취―소녀의 아름다운 꿈」, 『주택』 제4권, 1960, pp.76~77.

33. 김영자, 『신혼부부를 위한 아담한 집』, 여원사, 1961, p.323.

34. 장백일, 「마음의 집」, 『주택』 제28권, 1971, p.104.

35. 김은영(가명, 1970년생, 서울 거주) 씨의 구술.

36. 최현자(가명, 1960년생, 서울 거주) 씨의 구술.

37. 1980년대 이후의 높은 주택 가격, 소비 성향이 강한 생활양식, 여가 활용 중시 등의 영향으로 젊은 세대들이 임대주택에 살면서 자가용을 가지며 문화생활을 하는 경향에 대해서는 두 가지 견해가 있다. 하나는 자기 집을 가질 수 없기 때문에 나타나는 가문화假文化 규범으로 보는 것과 다른 하나는 여건이 되어도 자기 집을 소유하지 않으려

는 주택 소유 규범의 변화로 보는 것이다. 현재로서는 이에 대한 정확한 판단은 어려운 실정이다. 이경희 외, 『주거학개설』, 문운당, 1993, p.190.

38. 「내 집 마련은 언제쯤」, 『동아일보』 1966년 4월 8일자 기사.

39. 「맞벌이로 마련한 행복」, 『조선일보』 1965년 6월 날짜 기사.

40. 장백일, 앞의 글, p.103.

41. "용달차에 달랑 보따리 몇 개를 싣고 화곡동, 개봉동, 봉천동, 천호동, 도곡동 등지로 셋집을 옮길 때마다 가슴 밑바닥에 쌓이던 그 푸른 응어리들을 형언하기 어렵지만… 이사 오던 날 어머님의 눈시울은 하루 종일 붉었고 나는 한시도 좌정하지 못하고 연신 문밖으로 들락거렸다. … 나의 아내는 셋방살이의 설움을 떨쳐 버린 기쁨을 곧잘 조잘댄다. 그러나 나는 '내 집'이라는 토속적 향수에 깊이 젖어드는 기쁨을 어떻게 표현할 방도가 없다." 「집 한 칸」, 『신동아』 1976년 4월호.

42. 「셋방살이, 오히려 상팔자?」, 『여성동아』 1978년 4월호, p.218.

43. 『후한서』後漢書 「동이전」東夷傳에는 질병으로 사망하면 옛집을 버리고 새 집을 짓고 옮겨 살았다는 기록이 발견된다. 부족간의 영토 분쟁에 의한 이주는 집단적으로 이루어지는 피난의 성격이었다. 홍형옥, 앞의 책, pp.41∼43.

44. 조선조에는 국가 소유인 집터에 사용료로 가기세家基稅를 징수했는데 도로는 집세 대상에서 제외되었기 때문에 세금을 물지 않기 위해 도로 위에 임시로 가건물을 짓고 살다 철거되기도 하고, 다른 사람에게 팔아넘기고 자취를 감추어 버리기도 했다. 홍형옥, 앞의 책, pp.122∼123.

45. 신영훈, 앞의 책, 1983, p.22.

46. 김광언, 『한국의 집지킴이』, 다락방, 2000, pp.90∼95.

47. 박영순 외, 『우리 옛집 이야기』, 열화당, 1998, pp.25∼26.

48. 한국역사연구회, 『조선시대 사람들은 어떻게 살았을까』, 청년사, 1996, p.20.

49. 임진왜란 후 국가 재정이 궁핍해지고 군량미가 부족해지자 정부에서는 납속책 등에 의한 국고 증가책을 찾았는데 이를 구입한 노비는 양인으로 신분이 상승될 수 있었다. 또한 노비가 도망간 노비를 신고하면 그 대가로 천민 신분에서 면천시켜 주었다. 이화여자대학교 사학과연구실, 『조선신분사연구―신분과 그 이동』, 법문사, 1987, p.156.

50. 역사문제연구소, 『사회사로 보는 우리 역사의 7가지 풍경』, 역사비평사, 1999, pp.111∼125.

51. 「신생활을 하야본 실험」, 『별건곤』 1928년 12월호.

52. 전남일 외, 『한국 주거의 사회사』, 돌베개, 2008, p.106에서 재인용.

53. 장세훈, 「전쟁과 도시화: 한국전쟁 전후의 서울」, 『도시연구』 제8호, 2002, pp.154~ 191.

54. 김원일, 『마당깊은 집』, 문학과 지성사, 2002, pp.19~20.

55. 김문수, 「한국전쟁기 소설에 나타난 피난민의 삶과 의식」, 『우리말글』 제16집, 1998, p.302.

56. 일반적으로 분양 시 모델하우스를 최초로 선보인 사례로 여의도 시범아파트를 꼽지만 장성수는 한강아파트 단지(1968~1971)에서 실물 크기의 모델하우스가 처음으로 건설되었고 그 인기로 인해 이후 업계에서는 모델하우스 건설이 관행이 되었다고 보았다. 장성수, 「1960~70년대 한국 아파트의 변천에 관한 연구」, 서울대학교대학원 박사학위 청구논문, 1994, p.108.

57. 오영호(가명, 1937년생, 부산 거주) 씨의 구술.

58. 「아파트 분양 웬 야단?」, 『여성동아』 1975년 10월호, p.131.

59. 「아파트는 투기장터인가?」, 『월간조선』 1983년 3월호, p.344.

60. 김현, 「알고 보니 아파트는 살 데가 아니더라」, 『뿌리 깊은 나무』, 1978년 9월호, pp.54 ~59.

61. 유희성(가명, 1962년생, 일산 거주) 씨의 구술.

62. 주미진(가명, 1961년생, 서울 거주) 씨의 구술.

63. 김인선(가명, 1959년생, 용인 거주) 씨의 구술.

64. 「인생선배 60대의 도시예찬」, 『행복이 가득한 집』 2005년 10월호.

65. 「이사」, 『한겨레』 1995년 3월 23일자 기사.

66. 「옆집 언제 이사갔어요?」, 『여성동아』 1971년 5월호.

67. 「편리한 이삿짐센터」, 『조선일보』 1969년 4월 20일자 기사.

68. 「이삿짐 보관업 국내 첫선」, 『조선일보』 1992년 3월 16일자 기사.

69. 홍형옥, 앞의 책, p.87, p.115.

70. 주택 개조란 주거 조정 행동의 하나로 가족의 요구에 따라 현재의 주거를 손보는 다양한 행동을 의미하며, 방의 용도를 변경하는 것과 같은 작은 일에서부터 2층 증축과 같은 큰 작업에 이르기까지 광범위하다. Morris & Winter, *Housing, Family and Society*, John Wiley & Sons, 1978, p.80.

71. 고구려의 부경(창고)과 서옥壻屋(혼인 후 사위가 처가에서 머무르는 동안 사용하는

집)은 대표적인 주택 개조 사례로 볼 수 있다. 특히 서옥은 조선 세종대까지 지속되었다. 홍형옥, 앞의 책, pp.67~68.

72. 전남일 외, 『한국 주거의 사회사』, 돌베개, 2008, p.362에서 재인용.

73. 홍형옥, 앞의 책, p.278.

74. 당시 생활 개선에 관한 신문 기사의 제목으로는 「가정생활의 개조」, 「민족 발전에 필요한 어린아이 기르는 법」, 「생활 개량에 대한 여자의 부르짖음」, 「가정 개량에 관한 의견」, 「어린이 가정교육」 등을 들 수 있다.

75. 「겨울과 조선 부엌, 불완전한 부엌이 부인 위생에 큰 해」, 『동아일보』 1926년 11월 1일자 기사.

76. 홍형옥, 앞의 책, p.301.

77. 김정곤, 「서울시내 개량한옥에 관한 연구─1930, 40년대 개량한옥이 도시주택으로 형성되는 과정을 중심으로」, 서울대학교대학원 석사논문, 1983, p.8.

78. 박진희, 「일제하 주택개량론에 내포된 근대성」, 『한국주거학회 춘계학술대회 자료집』, 2004, p.18.

79. 백지혜, 『스위트 홈의 기원』, 살림, 2005, pp.40~41.

80. 대청에 유리문을 달아 내부 공간으로 활용하는 것은 구한말 사대부가 혹은 부유한 계층의 주택에서 이미 볼 수 있는 현상이었지만 일제강점기에 들어와서는 유리가 값싸게 보급되면서 보통 사람들에게까지 일반화되었다.

81. 「그 주택 그 정원」, 『월간 조광』 1937년 9월호, p.89.

82. 위의 글, p.81.

83. 정충량, 「생활양식의 새로운 설계」, 『여원』 1956년 10월호, p.50.

84. 김중업, 「한국가옥 개조론」, 『여원』 1956년 9월호.

85. 「지상주택전」, 『주택』 제12권, 1964.

86. 「주택공사 '주택전'의 이모저모」, 『조선일보』 1964년 3월 19일자 기사.

87. 「살림 잘하는 주부─부창부수가의 생활주부 임은순 여사를 찾아서」, 『여원』 1965년 3월호, pp.394~397.

88. 「나의 의식주」, 『여원』 1963년 3월호, pp.345~353.

89. 「일손 덜어주는 입식부엌」, 『동아일보』 1971년 9월 10일자 기사.

90. 「가정생활 변신 4반세기」, 『조선일보』 1970년 8월 18일자 기사.

91. 이현수, 『길갓집 여자』, 이룸, 2000, p.94.

92. 이정희(가명, 1943년생, 남원시 보절면 서당마을 거주) 씨의 구술.

93. 최인자(가명, 1959년생, 서울 거주) 씨의 구술.

94. 김인식(가명, 1956년생, 서울 거주) 씨의 구술.

95. 주부들이 이야기한 내용을 표로 정리하였다. 「내가 설계사라면」, 『주택』 제11권 제1
호, 대한주택공사, 1970, p.90.

김모 씨	마포아파트 39.6m²(12평)	거실의 화장실 문 제거. 취사는 가스, 난방은 석유. 부엌 바닥은 마루. 벽면에 접이식 식탁 설치. 거실은 중심부에 위치. 양변기와 '탕' 설치. 어린이방에 책꽂이 설치. 라디에이터는 벽면으로 들어가게 설치. 현관에는 신장 설치. 발코니에 찬장.
조모 씨	마포아파트 29.7m²(9평)	옷장, 서랍, 이불장으로 설계한 벽장. 벽에는 붙박이 어린이 침대. 침실 라디에이터 위에 장식장 설치. 거실과 부엌의 구분. 거실 라디에이터 박스 설치. 베란다에 화분과 장독 보관. 난방은 석유나 경유로. 욕탕에 보온 장치. 옆집과의 방음.
최모 씨	화곡아파트	빨래와 화분을 위한 남쪽 발코니. 장독대를 위한 뒷발코니 면적 확보. 부엌의 연탄가스 환기. 입식 부뚜막. 짧은 동선. 부엌과 방의 단차 제거.

96. 「아파트 풍속도」, 『신동아』 1975년 3월호.

97. 천의영, 「방송매체와 건축: 신장개업과 러브하우스 들여다보기」, 『건축』 제46권 제12
호, 2002, pp.51~55.

98. 「고풍스러움 강조한 아파트 리모델링」, 『한국경제』 2002년 4월 11자 기사.

99. 「아파트 불법 개조 갈수록 극성」, 『동아일보』 1989년 9월 4일자 기사.

100. 「아파트 불법 개조 단속」, 『국민일보』 1990년 11월 21일자 기사.

101. 「아파트 불법 개조 원상 복구 가이드」, 『동아일보』 1995년 7월 12일자 기사.

102. 선택사양제는 주요 마감자재의 컬러나 무늬, 패턴 등을 입주자가 취향에 따라 선택할
수 있도록 하는 것이다. 마이너스 옵션제는 입주에 앞서 이루어지는 개조의 경제적·
환경적 피해를 사전에 방지하기 위해 분양가에 포함돼 있는 내부시설 마감재 중에서
입주자가 기호에 맞게 개별적으로 선택해 설치하도록 하고 그 비용은 분양가에서 공
제하는 제도를 말한다.

103. "철골구조의 주상복합 아파트에서 완공 전에 수요자의 개성이나 취향에 따라 자유롭
게 거실과 방의 크기를 조절할 수 있고 내부 인테리어와 마감재도 몇 가지 스타일 중
에서 선택할 수 있게 한 소비자 주문형 아파트이다." 「내 집 내가 설계」, 『한국일보』
1999년 4월 7일자 기사.

제3부

1. 박명희 외,『한국의 생활문화』, 교문사, 2003.

2. 한옥공간연구회,『한옥의 공간문화』, 교문사, 2005.

3. A. H. 새비지-랜도어, 신복룡·장우영 역주,『고요한 아침의 나라 조선』한말 외국인 기록 19, 집문당, 1999, p.144.

4. 이규숙,『이 '계동마님'이 먹은 여든살』민중자서전 4 ─ 반가 며느리 이규숙의 한평생, 뿌리깊은나무, 1984, p.40.

5. I. B. 비숍, 신복룡 역주,『조선과 그 이웃나라들』한말 외국인기록 21, 집문당, 2000.

6. 한옥공간연구회, 앞의 책, p.37.

7. 김성희,『한국여성의 가사노동과 경제활동의 역사』, 신정, 2002.

8. 필자 미상,「大京城의 特殊村」,『별건곤』1929년 9월호.

9. 김성희, 앞의 책.

10. 최태호,『근대한국경제사 연구』, 국민대학교 출판부, 1996.

11. 이 시기에는 조선정미주식회사(1916), 조선제분주식회사(1918), 조일정미소(1920) 등이 속속 설립되었다.

12. H. B. 드레이크, 신복룡 역,『일제 시대의 조선 생활상』한말 외국인 기록 23, 집문당, 2000.

13. "여자고등보통학교에 재적한 학생수는 1919년 687명에서 1925년에는 2,021명으로 증가했고, 여자아이의 초등학교 취학률은 1966년 95.1%로 증가했다". 김성희, 앞의 책에서 재인용.

14. 서울특별시 편,『서울 600년사』제3권, 서울특별시, 1979, pp.649~650.

15. 김영자 편역,『서울, 제2의 고향』, 서울학연구소, 1994, p.57.

16. 노형석,『모던의 유혹, 모던의 눈물』, 생각의 나무, 2004, p.129.

17. "도시란 외면적으로 무수한 통행 활동의 집합체로 이루어져 있다. 잠을 자거나 일을 하는 모습은 언제나 감추어져 있으며 일을 하러 가기 위해, 잠을 자기 위해 통과하는 사람들이 지나가면서 부딪치게 되는 일상이 도시의 삶이다. 도시에서 유일하게 '일'처럼 보이는 것은 지나가는 사람들을 그냥 지나쳐 버리게 하지 않는 일이다. 그 일은 상점이나 술집, 카페 등등이 하는 일이며 이들이 바로 도시를 이루는 가장 기본적인 단위들이다." 김진송,『서울에 딴스홀을 許하라』, 현실문화연구, 1999, pp.47~48.

18. 노형석, 앞의 책, p.157.

19. 신명직, 『모던뽀이, 京城을 거닐다』, 현실문화연구, 2003, p.52.

20. 이러한 기사는 1930~40년대 『삼천리』, 『별건곤』 등에 「즐거운 나의 가정 — 신가정의 향기」, 「가정탐방기」 등의 제목으로 연재되었다.

21. 금소저, 「스위트 홈 리광수씨 가정방문기」, 『별건곤』 1930년 11월호.

22. 일상생활은 진부하고 피상적이며 사소한 것으로 무의식적으로 반복되는 삶의 양태를 말하는데, 이것은 모두가 너무나 잘 알고 있기에 사적이고 사소하며 중요하지 않다고 여겨진다. 일상생활에서의 경험과 그 의미화는 주관적이면서 선택적인 과정이지만 일상생활이 습관화되면 성찰의 필요없이 행위가 되풀이되는 것이다. 또한 일상성은 가시적 또는 비가시적 사회관계 속에서 매일 또는 주기적으로 경험하는 것과 그 의미화라고 볼 수 있다. 윤택림, 「생활문화 속의 일상성의 의미 — 도시 중산층 전업주부의 일상생활과 모성 이데올로기」, 『한국여성학』 제12권 제2호, 1996, p.81.

23. 전남일, 「여성의 지위와 주거공간」, 『성평등연구』 제7권, 가톨릭대학교 성평등연구소, 2005.

24. 대한주택공사에서 펴낸 『주택핸드북』과 『주택통계편람』, 통계청에서 펴낸 『인구주택총조사』에서 종합하여 재구성하면 다음 표와 같다.

	1970	1975	1980	1985	1990	1995	2000
평균 가구원 수	5.24	5.0	4.5	4.1	3.7	3.3	3.3
가구당 주택 면적(m²)	35.9	41.4	45.8	46.4	51.0	58.9	63.1
1인당 주거 면적(m²)	6.8	8.2	10.1	11.3	13.8	17.1	20.2
1방당 거주인	2.4	2.3	2.1	1.8	1.5	1.1	0.9
가구당 사용 방 수	2.2	2.2	2.2	2.2	2.5	3.1	3.4

25. 주거학연구회, 『안팎에서 본 주거문화』, 교문사, 2004.

26. G. W. 길모어, 신복룡 역주, 『서울풍물지』 한말 외국인 기록 17, 집문당, 1999, p.44.

27. "그 발은 가늘게 쪼갠 수많은 긴 대나무를 명주끈으로 나란히 묶은 것인데, 그 크기가 각기 다르다. 이런 커튼과 같은 발을 사용하는 것은 몇 가지 이점이 있다. 그 발은 귀찮은 방문객인 파리가 집에 들어오는 것을 막아주며 통풍을 시키면서도 햇볕을 차단한다. 또한 집 안에 있는 사람들은 발을 통해 노상에서 벌어지는 일을 쉽게 볼 수 있지만, 바깥에 있는 사람들은 아무도 안에 있는 사람들을 알아볼 수 없고 또 집에서 무엇을 하

고 있는지도 모른다." A. H. 새비지–랜도어, 신복룡·장우영 역주, 앞의 책, p.132.

28. L. H. 언더우드, 신복룡·최수근 역주, 『상투의 나라』 한말 외국인 기록 15, 1999, pp.28~29.

29. A. H. 새비지–랜도어, 신복룡·장우영 역주, 앞의 책, pp.82~83.

30. "조선의 수도를 방문하는 여행자들이 경험하는 커다란 어려움은 누군가에게 머물 수 있는 곳을 제공받지 않았을 경우 숙박할 장소를 찾는 것이었는데, 호텔이나 여인숙 등과 같은 마땅한 상업적 숙박시설이 없었고, 있다 한들 날품팔이꾼, 도박꾼, 강도 등의 소굴과 같은 아주 저급의 주막만이 있었기 때문이었다." A. H. 새비지–랜도어, 신복룡·장우영 역주, 앞의 책, p.92.

31. 양반집에서 행랑살이를 하던 노비들은 혼인을 한 후 주인집 주위에 작은 집을 지어 살았는데 이를 경상도에서는 가랍집, 전라도에서는 호지집이라 했다. 이들은 자기 집에서 잠을 자고 날이 새면 주인집으로 들어가 일을 했으며, 식사를 하고 어두워진 후 집으로 돌아왔다. 홍형옥, 『한국주거사』, 민음사, 1992, p.131.

32. H. B. 드레이크, 신복룡 역, 앞의 책, p.110.

33. 솔거노비란 상전집에서 행랑살이를 하던 노비들이다. 이와 달리 가랍집에서 분가해서 살던 노비들은 외거外居노비라 한다. 홍형옥, 앞의 책, p.131.

34. 주남철, 『한국의 전통민가』 대우학술총서 425, 아르케, 1999, p.40.

35. 김영자, 앞의 책, pp.23~24, p.160, p.170.

36. 위의 책.

37. G. W. 길모어, 신복룡 역, 『서울풍물지』 한말 외국인 기록 17, 집문당, 1999, p.102.

38. 김영자, 앞의 책, pp.23~24, p.160.

39. H. B. 드레이크, 신복룡 역주, 앞의 책, p.111.

40. 鮮于全, 「우리의 衣服費, 居住費, 娛樂費에 對하야, 朝鮮人生活問題의 硏究」, 『개벽』 제24호, 1922.6.

41. 원래 행랑제도는 조선시대부터 있었던 노비제도의 일종이다. 행랑방에 기거하는 이들 중에서 여자는 안채에서 마님의 분부에 따라 허드렛일을 하고, 남자는 집 안팎의 청소와 주인어른의 잔심부름을 했다. 식사는 주인집에서 했다. 주인은 옷을 해주고 추석에 음식을 주는 것 외에는 돈을 주지 않았다. 이러한 관습은 일제강점기에 와서는 한 행랑가족이 독립적인 가계를 꾸리는 방식으로 변화했다. 김광언, 『우리생활 100년, 집』, 현암사, 2000 참조.

42. 도향, 「행랑자식」, 『개벽』 제40호, 1923. 10.

43. 鞠〇任, 「젊은 안잠자기 手記」, 『별건곤』 1930년 1월호, pp.96~98.

44. 대한YWCA연합회 편, 「여성들은 어떤 직업에 종사하고 있는가?」, 『월간YWCA』 제10권 제5호, 1962. 11.

45. 전은혜(가명, 1962년생, 서울 거주) 씨의 구술.

46. 셋집 133호를 조사한 연구에 의하면 1980년대 초까지도 셋집에 두 가구가 사는 경우가 가장 많았으며, 네 가구 이상이 사는 주택도 10%나 되었다. 또한 셋집의 규모는 반이상이 16.5m²(5평) 이하였으며, 방 하나를 빌린 경우가 63.3%나 되었으니, 말 그대로 단칸셋방이 대부분이었다. 임창복, 「다세대 단독주택의 형태적 특성과 거주실태에 관한 연구」, 『대한건축학회지』 제28권 제118호, 1984.

47. 『경향신문』 1975년 7월 12일자 기사.

48. 「금순아 나도 집샀다」, 『현대주택』 1986년 5월호.

49. 통계청 편, 『인구주택총조사』, 통계청, 1970.

50. 『여성동아』 1987년 8월호, pp.207~211에서 재구성.

51. 철학연구회, 『근대성과 한국문화의 정체성』, 철학과 현실사, 1998.

52. 권희영, 『한국사의 근대성 연구』, 백산서당, 2001.

53. "부부가 침대 생활을 하게 되면 어쩔 수 없이 아이들은 딴 방을 쓰든지 다른 침대를 쓰든지 해야 했다. 이것은 어른과 아이의 관계가 다시 세워짐을 의미하는데, 엄마의 가슴을 더듬으며 잠이 들던 어린이는 인형이나 장난감으로 엄마를 대신하게 된 것이다." 최상철, 「아파트 생활이 빚는 문화병」, 『뿌리 깊은 나무』 1976년 7월호, p.44.

54. "여자 1명이 결혼 여부에 관계없이 가임기간(15~49세) 동안 낳을 수 있는 평균 자녀수를 나타내는 합계 출산율은 1960년의 6명에서 급격히 감소, 1984년부터는 약 30년후 인구정체를 예고하는 대체 출산력 수준(여자 1명당 2자녀) 이하로 떨어졌다. 1987년 이후 1990년까지의 합계 출산율은 1.6명 수준으로 급감했다. 한편 가구당 가구원수는 1980년 4.6명에서 1985년 4.2명으로 줄어 핵가족이 평균적임을 알 수 있다." 『조선일보』 1991년 4월 13일자 기사.

55. 1985년을 기준으로 전체 가구 중 2세대 핵가족의 비율은 70.0%를 차지한다. 통계청 편, 『인구주택총조사』, 통계청, 1990.

56. 특히 아파트와 단독주택의 방당 거주 인원수를 비교해 보면 1970년에는 아파트의 밀도가 단독주택보다 약간 높았으나 1975년 이후 급격히 줄어들기 시작해 단독주택과의

격차도 1990년까지는 계속 벌어졌다. 이 기간 동안에는 아파트에서의 생활수준이 더욱 높았고 쾌적한 밀도를 유지했음을 알 수 있다.

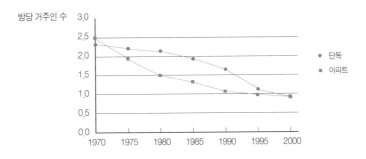

방당 거주인 수 비교

	평균 가구원 수 (전체)	방 2개 이하 아파트 비율(%)	방 3개 이상 아파트 비율(%)	아파트 방당 거주인 수
1975	5.0	68.9	31.1	1.94
1980	4.5	39.9	60.1	1.48
1985	4.1	26.8	73.2	1.31

『주택핸드북』, 『주택통계편람』(대한주택공사), 『인구주택 총조사』(통계청)에서 종합하여 재구성.

57. "그들에게는 단지 먹고 자고 노는 것만이 하루 일과의 모든 것이라 해도 과언이 아니었다. 게다가 매우 불규칙한 생활을 하여, 낮잠을 자고 밤에 잠이 오지 않으면 노래를 부르거나 장기를 두고 화투놀이를 했다. 친구들과 어울려 몇 달 동안 몸살이 날 정도로 노는 경우도 드물지 않아서 결국 조선의 남성들은 육체적으로 매우 연약해질 수밖에 없었다." A. H. 새비지-랜도어, 신복룡·장우영 역주, 앞의 책, p.92, p.139.

58. 주남철, 앞의 책, pp.69~70.

59. A. H. 새비지-랜도어, 신복룡·장우영 역주, 앞의 책, p.92, p.133.

60. L. H. 언더우드, 신복룡·최수근 역주, 앞의 책, p.68.

61. 金惟邦, 「文化生活과 住宅」, 『개벽』 제32호, 1923. 2.

62. 박길룡, 「조선주택을 어떻게 개량할까」, 『신동아』 1935년 8월호.

63. 필자 미상, 「안잠자기가 본 모보·모껄, 新家庭 風景」, 『별건곤』 1931년 3월호, p.28.

64. 김진송, 앞의 책, p.271.

65. 趙白萩, 「돈 덜 들고 새롭고 便利한 집을 지은 이야기」, 『별건곤』 1928년 12월호.

66. 金惟邦, 앞의 글, pp.56~57.

67. 한자로 '청'廳이라 하는 '마루'는 바닥의 구성 재료에 따라 붙여진 명칭인데, 일제강점기부터 전통 주택의 규모가 큰 대청에 비하여 좀더 작은 공간으로서의 청을 일컫게 되었다. 이후 전통 한옥이 아닌 경우에도 바닥이 나무로 된, 난방이 안 되는 공간일 경우 한동안 '마루'라는 명칭이 사용되었다.

68. 柳英春, 「女子로서의 生活改善提案—爲先急한 것 몇 가지」, 『별건곤』 1928년 12월호, pp.32~33.

69. 박길룡, 앞의 글.

70. 「주택문제좌담회」, 『신가정』 1936년 1월호, pp.64~65.

71. 朴浪容, 「各道女子 살림자랑」, 『별건곤』 1932년 12월호.

72. 柳英春, 앞의 글.

73. 3개 지역 81개 동에서 20세부터 59세까지의 거주자 604명을 무작위로 추출하여 조사한 결과로, 조사 대상자 가운데 공동주택 거주자는 33.5%, 단독주택 거주자는 66.5%였다. 『현대주택』 1985년 9월호, pp.44~47.

74. 「현대생활과 집단주거형식: 아파트 시대의 새로운 장을 짚어본다」, 『공간』 1979년 2월호, p.38.

75. A. H. 새비지-랜도어, 신복룡·장우영 역주, 앞의 책, p.132.

76. 1야드는 91.4cm로 1평방야드라면 1m²가 안 되는데, 이는 다소 과장된 표현으로 보인다. H. B. 드레이크, 신복룡·장우영 역주, 앞의 책, p.111.

77. 박길룡, 앞의 글, p.49.

78. 「그 주택 그 정원」, 『월간 조광』 1937년 9월호, pp.83~85.

79. 『여원』 1956년 9월호.

80. 「한강 아파트의 실내장식을 보고」, 『주택』 제11권 제2호, 대한주택공사, 1970.

81. 서울, 부산, 대구, 광주에서 20세부터 65세까지의 거주자 813명을 대상으로 한 조사로, 조사 대상자 중에서 단독주택 거주자는 59.9%, 아파트 거주자는 18%였다(나머지는 연립주택과 다세대주택). 『현대주택』 1986년 11월호, pp.44~48.

82. 이것이 1989년에는 침대를 사용하는 비율이 7.8%에서 32.9%로, 식탁을 사용하는 비율이 46.2%에서 67.1%로 점차 상승하게 된다. 『현대주택』 1990년 1월호, p.90.

83. 시대별 기거 양식, 난방 방식, 바닥 마감을 정리하면 다음 표와 같다.

	부엌			거실			침실		
	기거 양식	난방 방식	바닥 마감	기거 양식	난방 방식	바닥 마감	기거 양식	난방 방식	바닥 마감
전통 주택	반입식	난방 없음	흙바닥	좌식	난방 없음	마루	좌식	바닥 난방 (온돌)	장판
아파트 도입기(60년대)	입식	난방 없음	시멘트, 타일	입식/좌식 혼용	라디에이터 방식	마루	좌식	바닥 난방 (온돌)	장판
과도기 (70년대~ 80년대 초반)	입식	라디에이터 방식	목재 플로링	입식	라디에이터 방식	목재 플로링	입식/좌식 혼용	바닥 난방 (온돌)	장판
정착기 (80년대 후반~ 90년대 후반)	입식	바닥 난방 (패널히팅)	비닐/ PVC재	입식/좌식 혼용	바닥 난방 (패널 히팅)	비닐/ PVC재	입식	바닥 난방 (패널 히팅)	비닐/ PVC재
변화기 (90년대 후반 이후)	입식	바닥 난방 (패널히팅)	목재 플로링	입식	바닥 난방 (패널 히팅)	목재 플로링	입식	바닥 난방 (패널 히팅)	목재 플로링

84. 파케트리란 목재를 작은 널조각으로 잘라 서로 이어 붙여 체크무늬 등의 기하학적 무늬를 만드는 마루 시공 방법이다.

85. 윤지영·박영순, 「한국 현대주택의 실내디자인 특성과 변화에 대한 연구」, 『한국실내디자인학회 논문집』 제16호, 1998. 9.

86. 위의 글.

제4부

1. 고구려 때 사용하던 쪽구들 형태의 난방 방식으로 방의 한쪽에 기다랗게 설치되어 걸터 앉을 수 있게 생긴 모습으로 추정된다. 시간이 지나면서 바닥 전체를 데우는 온돌로 발달했다. 홍형옥, 『한국주거사』, 민음사, 1992, p.69.

2. 함실아궁이 또는 함실로도 불리며 부뚜막 없이 구들장 밑으로 불을 직접 때는 방식으로 방을 비교적 빨리 데울 수 있다.

3. 홍형옥, 앞의 책, pp.155~157.

4. E. 와그너, 신복룡 역주, 『한국의 아동생활』 한말 외국인 기록 14, 집문당, 1999, p.28.

5. 홍형옥, 앞의 책, p.281.

6. 안성호, 「일제강점기 주택개량운동에 나타난 문화주택의 의미」, 『한국주거학회지』 제12권 제4호, 2001, pp.185~194 참조.

7. 심우갑 외, 「일제강점기 아파트 건축에 관한 연구」, 『대한건축학회논문집』 제18권 제9호, 2002, pp.159~168.

8. 대한주택공사, 『대한주택공사 20년사』, 1979; 홍형옥, 앞의 책, p.298에서 재인용.

9. 토탄은 이끼나 벼 등의 식물이 습한 땅에 쌓여 분해된 것으로 땅속에 묻힌 시간이 오래되지 않아 완전히 탄화하지 못한 석탄을 말한다. 유연탄은 다량의 휘발분을 함유하고 있어 연소될 때 화염을 내며 타고 발열량이 높다. 무연탄은 탄화가 잘 되어 연소 시 불꽃이 짧고 연기가 나지 않으며 화력이 강하고 일정한 온도를 유지하면서 오랫동안 탄다.

10. 대한석탄공사, 『대한석탄공사 50년사』, 2001, p.76.

11. 김성희, 『한국여성의 가사노동과 경제활동의 역사』, 신정, 2002. p.148.

12. "우리나라 구멍탄 온수보일러(주물보일러)의 원조인 새한주물공업사는 학교 선생님이었던 최규백 씨가 당시 함실식 아궁이의 막대한 열손실을 어떻게 막아볼까 하는 생각에 몰두하다 개발에 성공하여 1970년 주물보일러(1구2탄식) 2종을 특허 획득함으로써, 이후 1970년대 본격적인 새마을운동의 전개와 더불어 연탄보일러의 폭발적인 보급 확대에 기여하게 된다(한국보일러공업협동조합, 1998)." 『조선일보』 1973년 10월 31일자 기사.

13. "신생연탄보일러를 제작 납품했던 신생보일러가 1962년 6월에 설립되었고 썬웨이보일러의 전신이었던 신진상사가 1965년에 설립되었다. 이후 신신기공, 제일설비사, 현대보일러 제작소, 대원보일러 제작소가 1960년대 중반부터 후반까지 본격적으로 설립되어 보일러 생산에 박차를 가했다." 『보일러 産業 50年史』, 한국보일러공업협동조합, 1998, p.23.

14. 임서환·장성수·백혜선, 「마포아파트」, 『한국공동주택생산기술변천사』, 대한주택공사, 2000.

15. 『보일러 産業 50年史』, 한국보일러공업협동조합, 1998, p.52.

16. 이진행, 「보일러이야기」, 『신동아』 1980년 3월호, p.75.

17. 오영호(가명, 1936년생, 서울 거주) 씨의 구술.

18. 김준봉, 「온돌과 보일러의 역사」, 중국미래경영연구소 홈페이지(www.kjbchina.com) 참조.

19. 『보일러 産業 50年史』, 한국보일러공업협동조합, 1998, p.49.

20. 「아파트 10년」, 『중앙일보』 1971년 10월 23일자 기사.

21. 「르뽀 반포아파트의 생활」, 『신동아』 1975년 8월호, pp.184~190.

22. 공동주택연구회, 「온돌난방방식의 지속과 기거양식」, 『한국 공동주택 계획의 역사』, 세진사, 1999, p.353.

23. 「아파트의 하루들」, 『주택』 제10권, 1963, pp.88~89.

24. 유희성(가명, 1955년생, 서울 거주) 씨의 구술.

25. 공동주택연구회, 앞의 책, pp.354~355.

26. 김성희, 앞의 책, p.146.

27. 김광언, 『우리 생활 100년, 집』, 현암사, 2000, pp.177~178.

28. 박록담·윤숙자, 『우리의 부엌살림』, 삶과 꿈, 1997.

29. 홍형옥, 앞의 책, p.289.

30. 박길룡, 「생활개선사안」, 『동아일보』 1938년 1월 1일자 기사.

31. 박길룡, 「주廚에 대하여」, 『동아일보』 1932년 8월 11일자 기사.

32. 『여원』 1957년 6월호.

33. 김성희, 앞의 책, p.146.

34. 어효선, 『내가 자란 서울』, 대원사, 2003, pp.49~50.

35. 김광언, 앞의 책.

36. 박순애(가명, 1962년생, 서울 거주) 씨의 구술.

37. 냉장고를 소유한 가정은 1970년 2.1%, 1975년 6.5%였다. 이후 냉장고 보유율은 1980년 37.8%, 1985년 71.1%였다.

38. 「가정용 전기냉장고」, 『여원』 1966년 8월호, pp.382~385.

39. "식료품을 냉각, 보존하는 밀폐된 상자를 '아이스박스'라고 하는데 이것은 졸참나무, 편백나무 등으로 만든 상자와 안에 댄 함석판 사이에 열을 잘 전달해 주지 않는 코르크 알맹이나 톱밥 또는 규석면 등을 그 속에 충만시켜 둡니다. 그렇게 함으로써 여름철에 10도 이상을 유지하지 못하게 하나 … 아이스박스는 가정에서 널리 사용되고 있습니다." 『여원』 1963년 7월호.

40. 『여원』 1966년 8월호.

41. 「주부, 혼자 있는 시간을 더 많이」, 『여원』 1969년 9월호, pp.118~121.

42. 1975년에 가스를 취사에 사용하는 가구는 전국적으로 0.8%에 지나지 않았지만 1980

년 6.1%, 1990년 81 9%로 점차 늘어났다. 김성희, 앞의 책, p.186.

43. 「가스기기 명맥 잇는다」, 『매일경제』 2004년 1월 26일자 기사.

44. 『여성중앙』 1989년 10월호.

45. 김순희(가명, 1932년생, 서울 거주) 씨의 구술.

46. "일하기도 편할 뿐 아니라 보기에도 아름다워야 하므로 프로판가스 위의 벽면에 단 후 드는 다른 찬장과 같은 모양으로 보이지 않게 문을 해 달았다. 낭비된 공간이 없게 찬장, 서랍, 선반이 되어 있고 수도는 온수, 냉수를 사용할 수 있도록 보일러 장치를 하였다. 개수대는 먼저 집에서 사용했던 스테인리스로 했고, 모두 스테인리스로 하기에는 비용이 많이 들어 나머지 조리대는 알미늄판으로 했다." 「집 구경 산책─주월영 씨 댁」, 『여원』 1965년 7월호.

47. 『여성중앙』 1976년 5월호.

48. 서예례, 「한국 60~70년대 산업화 이후 제품에 대한 '근대적' 인식틀」, 서울대학교대학원 석사학위 청구논문, 1997, p.49.

49. 월수입이 301만 원 이상인 가구의 20%가 시스템키친을 설치하였다. 『라이프스타일과 소비행동』, 제일기획 마케팅연구소, 1997, p.125.

50. 「주방공간의 새로운 파트너 빌트인 가전제품」, 『현대주택』 2002년 7월호, p.149.

51. 1993년에는 절반 정도의 가정에서 300리터 미만의 냉장고를 갖고 있었는데, 1997년에는 300리터 미만의 냉장고를 갖고 있는 가정이 10가구 중 1가구 정도에 그치고 있다. 반면에 500리터 이상의 냉장고 보유율이 1990년대 초반에는 10가구 중 1가구도 안 되던 것이 1997년에는 3가구 중 1가구에 이르고 있어서 냉장고가 대형화되고 있음을 볼 수 있다. 『라이프스타일과 소비행동』, 제일기획 마케팅연구소, 1997, p.158.

52. 400리터 이상의 대형 냉장고 보급은 1985년 1.3%에 불과했지만 1991년에는 26.1%로 증가했다. 김성희, 앞의 책에서 재인용.

53. 1977년 제일기획 마케팅연구소에서 시행한 냉장고 용량의 선호도에 관한 조사에 따르면 냉장고 희망 용량으로 500리터 이상의 대형 냉장고를 선호하는 비율이 80%에 달하는 것으로 나타났다. 이러한 대형 냉장고에 대한 선호는 혼수를 준비하는 신부에게 "냉장고만은 큰 걸로 장만해야 살림하면서 편하다"는 결혼 선배들의 조언에서도 엿볼 수 있다. 실제로 1990년대 말에서 2000년대 초의 기간 동안 대학 수업 중 여학생들에게 혼수품 중 다른 무엇보다도 돈을 들여 좋은 것을 사고 싶은 품목이 무엇이냐고 물었더니, 가장 첫번째로 드는 것이 냉장고였다. 이렇듯 대형 냉장고에 대한 선호는 직접

살림을 하는 실소비자로부터 입에서 입으로 전해져 예비 주부들에게까지 영향을 끼치고 있음을 볼 수 있다.

54. 장보웅, 『동서고금의 화장실 문화 이야기』, 보진재, 2001, p.21.

55. 김광언, 『동아시아의 뒷간』, 민속원, 2002, p.38.

56. 장보웅, 앞의 책, p.13.

57. 무엇보다도 뒷간 가는 것을 두렵게 만드는 것은 거처에서 멀찌감치 떨어뜨려 둔 위치 때문일 것이다. 불도 없는 밤에 인적이 드문 뒷간에서 볼일을 보는 일이란 어지간한 심장으로는 어려운 일이다. 이렇게 뒷간을 집 뒤에 둔 것은 냄새나고 더러운 공간을 되도록 감추고 싶어 하는 심리 때문일 것이라고 해석하기도 한다. 게다가 측신의 신앙은 해 떨어진 후 뒷간에 가는 일을 더욱 어렵게 하였다. 육六의 날에는 측신이 뒷간에 있기 때문에 뒷간에 가지 않는 것이 좋다고 전해졌는데, 측신은 성품이 별나서 잘 받들지 않으면 화를 입히는 못된 귀신이라고 믿었다. 측신(또는 손각시)은 보지 못하므로 등불을 가지고 가라고 하여 화장실에서 발을 헛디디거나 오물이 흩어지는 것을 방지하려고 한 의도도 엿보인다. 뒷간 귀신의 음산한 분위기는 결국 휴대용 변기인 요강의 사용을 오래도록 유지하게 하였다. 김광언, 앞의 책.

58. 김광언, 앞의 책, p.199.

59. 표주박처럼 생긴 모양에 손잡이가 달려 있는 모양은 백제시대의 것으로 추정되며 그 후 요강으로 발전된 것 같다고 추정하고 있다. 이상정, 『호모 토일렛』, 진화기획, 1996, p.163.

60. 최형선, 「생활문화측면의 한국주택 내 생리위생공간의 변천과 전망」, 연세대학교대학원 석사학위 청구논문, 1987.

61. 김광언, 앞의 책, p.204.

62. "딸 다섯을 둔 아비가 있었다. 첫째부터 넷째는 시집을 가서 소박을 맞거나 과부가 되거나 일찍 죽었다. 막내딸의 액운을 면하게 할 방법을 찾던 중에 옹기장이가 찾아오자 아비는 신세한탄을 늘어놓았다. 그는 '음양이 맞지 않는 탓이니, 꽃과 나비의 문양이 든 요강을 주어 보내라' 하여, 그날부터 백일기도를 올린 끝에 스스로 꽃요강을 빚었다. 이로써 막내딸은 아들딸 잘 낳고 행복하게 살았다." 김광언, 앞의 책, pp.203~205.

63. "생리적 욕구를 손쉽게 해결해 줄 수 있었던 도구인 요강은 생활필수품이었던 만큼 살림 장만에 있어 꼭 필요한 품목이었다. 따라서 옛날에는 혼수 가운데 놋요강과 놋대야를 우선 품목으로 꼽았다. 사기요강에 화접문花蝶紋이나 모란꽃 따위를 그려 놓았던

까닭에 '꽃요강'이라는 별명이 붙은 요강도 있는데, 그 화려함에 깃든 여러 가지 민담도 전해 내려오고 있다." 김광언, 앞의 책, pp.203~205.

64. 아손 그렙스트, 김상열 역, 『스웨덴 기자 아손, 100년 전 한국을 걷다』, 책과함께, 2005, p.117, p.33.

65. I. B. 비숍, 신복룡 역주, 『조선과 그 이웃나라들』 한말 외국인기록 21, 집문당, 2000.

66. G. W. 길모어, 신복룡 역, 『서울풍물지』 한말 외국인 기록 17, 집문당, 1999, p.74.

67. 김순일, 「개화기의 주의식에 관한 연구」, 『대한건축학회지』 제26권 106호, 1982, p.29 에서 재인용.

68. 『별건곤』 1929년 1월호; 김진송, 『서울에 딴스홀을 許하라』, 현실문화연구, 2003, p.272에서 재인용.

69. H. B. 드레이크, 신복룡·장우영 역, 『일제 시대의 조선생활상』 한말 외국인기록 23, 집문당, 2000, p.111.

70. H. B. 드레이크, 위의 책, p.57.

71. 손창섭, 『생활적』, 가람기획, 2005, p.100.

72. 최형선, 앞의 글.

73. 수세식 변소가 정착해 가는 과정에서 한국 특유의 반수세식 변기가 개발되었다. 1965 년에 건설된 일부 외인주택과 화곡단지 내 국민주택의 변소는 상수도에서 직접 버려 지는 오수를 저수 탱크에 모아 두었다가 배변 후 변소 내에 설치된 페달이나 핸들을 작동시켜 그 물을 분뇨 세척용수로 사용하였다. 정경숙·신경주, 「우리나라 변소의 역사적 변천과 그 현황」, 『한국주거학회학술발표대회집』 제4권, 1993, p.31.

74. 성춘식, 『이부자리 피이 놓고 암만 바래도 안 와』 민중자서전 8–영남 반가 며느리 성춘식의 한평생, 뿌리깊은나무, 1990, p.104.

75. 수세식 변소의 도입은 1960년대부터이지만 전체 가정의 보급률은 1990년대까지도 높지 않았는데, 1981년 12%, 1990년 50% 정도에 머물렀다. 정경숙·신경주, 앞의 글, pp.28~32.

76. 김영호, 「위생설비 발전사」, 『설비저널』 제34권 제6호, 2005, p.24, p.31.

77. 「우리네 생활에 맞는 집합주거 설계―서민아파트의 현장으로부터 본다」, 『건축사』 1991년 10월호.

78. 임창복, 「근대화와 주거문화의 변동」, 『공간』 1989년 6월호, pp.110~117.

79. 전완길 외, 『한국생활문화 100년』, 장원, 1995, p.321.

80. 김문규, 「우리의 주택」, 『건축사』 1983년 6월호, pp.10~11.

81. G. W. 길모어, 신복룡 역, 앞의 책, p.115.

82. 위의 책, p.116.

83. "서울에는 대체로 매우 일을 잘하는 일본인 세탁업자가 있었다. 동양에서는 보통의 세탁비가 크건 작건 하나당 3센트이고 긴 양말이나 커프스cuffs와 같은 한 벌로 된 것도 하나로 계산한다. 여러 점에서 불편한 일이 많아 어느 주부가 세탁 일을 시키기 위해 조선인 남자를 고용해서 가르치기도 했다." 위의 책, p.210.

84. 김성희·이기영, 「조선시대 가사노동의 성별분업―풍속화 분석을 중심으로」, 『한국가족자원경영학회지』 제11권 제3호, 2007, pp.14~15.

85. 김소현·염혜정, 「서울의 의생활 변천」, 『서울 20세기 생활문화변천사』, 서울시정개발연구원, 2001, pp.279~307.

86. 『조선일보』 1969년 4월 20일자.

87. 「지난 10년 달라진 생활패턴」, 『여성동아』 1977년 11월호, pp.131~138.

88. 위의 글.

89. 『여성중앙』 1979년 12월호.

90. 함한희, 『부엌의 문화사』, 살림, 2005, p.66.

91. 「2030년 미래주택을 전망한다」, 『현대주택』 1998년 12월호, pp.100~113.

참고문헌

단행본

강영환, 『집의 사회사』, 웅진출판, 1992.

권희영, 『한국사의 근대성 연구』, 백산서당, 2001.

그리피스, 신복룡 역, 『은자의 나라 한국』 한말 외국인 기록 3, 집문당, 1999.

길모어, 신복룡 역주, 『서울풍물지』 한말 외국인 기록 17, 집문당, 1999.

김경순, 『여성과 아파트 주거환경』, 건설기술원구원, 2003.

김경일, 『여성의 근대, 근대의 여성』, 푸른역사, 2004.

김광언, 『동아시아의 뒷간』, 민속원, 2002.

_____, 『우리 생활 100년, 집』, 현암사, 2000.

_____, 『한국의 집지킴이』, 다락방, 2000.

김두규, 『우리 풍수 이야기』, 북하우스, 2003.

김성희, 『한국여성의 가사노동과 경제활동의 역사』, 신정, 2002.

김영자 편역, 『서울, 제2의 고향―유럽인의 눈에 비친 100년 전 서울』, 서울시립대학교 부
    설 서울학연구소, 1994.

김진균·정근식 외, 『근대주체와 식민지 규율권력』, 문화과학사, 1997.

김진송, 『서울에 딴스홀을 許하라』, 현실문화연구, 1999.

김홍식, 『민족건축론』, 한길사, 1988.

노형석, 『모던의 유혹, 모던의 눈물』, 생각의 나무, 2004.

드레이크, 신복룡 역, 『일제 시대의 조선 생활상』 한말 외국인 기록 23, 집문당, 2000.

마페졸리·르페브르 외 저, 박재환 외 편, 『일상생활의 사회학』, 한울, 2008.

문옥표 외, 『신여성』, 청년사, 2003.

박경란 외, 『현대가족학』, 신정, 2001.

박명희 외, 『한국의 생활문화』, 교문사, 2003.

박영순 외, 『우리 옛집 이야기』, 열화당, 1998.

박재간, 『고령화 사회의 위기와 도전』, 나남출판, 1995.

백지혜, 『스위트 홈의 기원』, 살림, 2005.

보건복지부 편, 『고령화 관련 국제행동계획과 노인을 위한 유엔원칙』, 보건복지부, 2000.

비숍, 신복룡 역주, 『조선과 그 이웃나라들』 한말 외국인기록 21, 집문당, 2000.

새비지-랜도어, 신복룡·장우영 역주, 『고요한 아침의 나라 조선』 한말 외국인 기록 19, 집
    문당, 1999.

서울특별시사편찬위원회, 『서울 600년사』, 서울특별시, 1978~1983.

서유구 지음, 안대회 엮어옮김, 『산수간에 집을 짓고』, 돌베개, 2005.

서윤영, 『세상에서 가장 아름다운 집』, 궁리, 2003.

신명직, 『모던뽀이, 京城을 거닐다』, 현실문화연구, 2003.

신석호 외, 『신생활 100년』 제7권 한국현대사(1863~1945), 신구문화사, 1971.

신영훈, 『한국의 살림집 1』 미술선서 37, 열화당, 1983.

아손 그렙스트, 김상열 역, 『스웨덴 기자 아손, 100년 전 한국을 걷다』, 책과함께, 2005.

언더우드, 신복룡·최수근 역주, 『상투의 나라』 한말 외국인 기록 15, 1999

와그너, 신복룡 역주, 『한국의 아동생활』 한말 외국인 기록 14, 집문당, 1999.

위르겐 슐룸봄 편, 백승종 외 역, 『미시사와 거시사』, 궁리, 2002.

유봉철, 『일제하의 민족생활사』, 현음사, 1982.

유영주 외, 『새로운 가족학』, 신정, 2004.

윤주현 편, 『한국의 주택』, 통계청, 2002.

이광규, 『한국가족의 사회인류학』, 집문당, 1998.

이동원, 『변화하는 사회, 다양한 가족』, 양서원, 2001.

장보웅, 『동서고금의 화장실 문화 이야기』, 보진재, 2001.

전완길 외, 『한국생활문화 100년』, 장원, 1995.

조혜정 외, 『성, 가족, 그리고 문화: 인류학적 접근』, 집문당, 1997.

주거학연구회, 『안팎에서 본 주거문화』, 교문사, 2004.

주남철, 『한국의 전통민가』 대우학술총서 425, 아르케, 1999.

최태호, 『근대한국경제사 연구』, 국민대학교출판부, 1996.

한국역사연구회, 『우리는 지난 100년 동안 어떻게 살았을까?』, 역사비평사, 1998.

한옥공간연구회, 『한옥의 공간문화』, 교문사, 2004.

함한희, 『부엌의 문화사』, 살림, 2005.

홍형옥, 『한국주거사』, 민음사, 1992.

논문

강병근, 「고령화 사회에 대응한 노인주거 유형」, 『대한건축학회논문집』 제15권 제10호, 1999.

강수택, 「근대적 일상생활의 구조 변화」, 『한국사회학』 제32권 제3호, 1998.

곽차섭, 「미시사―줌렌즈로 당겨본 역사」, 『역사비평』 제1권 제1호, 1999.

김순일, 「조선후기의 주의식에 관한 연구」, 『대한건축학회지』 제25권 제98호, 1981.

문소정, 「일제하 한국농민가족에 관한 연구: 1920~1930년대 빈농층을 중심으로」, 서울대
　　학교대학원 박사학위 청구논문, 1990.

박철수, 「대중소설에 나타난 아파트의 이미지 변화과정 연구」, 『대한건축학회논문집』 제21
　　권 제1호, 2005.

신양재, 「삼국사기·삼국유사에 나타난 아동기 고찰」, 『대한가정학회지』 제32권 제5호, 1994.

심우갑 외, 「일제강점기 아파트 건축에 관한 연구」, 『대한건축학회논문집』 제18권 제9호,
　　2002.

안성호, 「일제강점기 주택개량운동에 나타난 문화주택의 의미」, 『한국주거학회지』 제12권
　　제4호, 2001.

안호용·김홍주, 「한국 가족 변화의 사회적 의미」, 『한국사회』 제3권 제1호, 2000.

유계숙·유영주, 「서울시민의 가족개념 인식 및 가치관에 관한 연구」, 『대한가정학회지』 제
　　40권 제5호, 2002.

유점숙, 「士小節에 나타난 兒童訓育法 考察」, 『대한가정학회지』 제25권 제4호, 1987.

＿＿＿, 「朝鮮後期 童蒙敎材의 內容分析」, 경북대학교대학원 박사학위 청구논문, 1991.

은난순, 「근대화 시기 주거공간을 통해 본 아동관과 아동공간의 고찰―1920~1960년대
　　까지」, 『한국가정관리학회지』 제23권 제5호, 2005.

이민정 외, 「아파트 주호의 욕실 변화에 관한 연구」, 『대한건축학회논문집』 제20권 제2호,
　　2000.

이순희 외, 「주거용 연료의 전환에 의한 주생활 변화에 관한 연구―도시 주거의 근대화
　　과정에 관련하여」, 『대한건축학회논문집』 제13권 제7호, 1997.

이정덕·송순, 「小學에 나타난 童蒙期 禮節敎育에 關한 硏究」, 『대한가정학회지』 제31권
　　제4호, 1993.

이현옥, 「한국아파트 거주자들의 욕실공간에 관한 의식조사 연구―중산층을 중심으로」,
　　이화여자대학교 석사학위 청구논문, 1984.

이희봉, 「기술의 발전과 인간의 삶」, 『대한건축학회지』 제48권 제3호, 2004.

임창복, 「다세대 단독주택의 형태적 특성과 거주실태에 관한 연구」, 『대한건축학회지』 제 28권 제118호, 1984.

_____, 「서울지방 근대 한옥의 공간분석 연구」, 『성대논문집』 제51집 제2권, 2000.

전남일, 「여성의 지위와 주거공간」, 『성평등연구』 제7권, 가톨릭대학교 성평등연구소, 2005.

전미경, 「개화기 계몽담론에 나타난 '가족'에 대한 단상」, 『한국가정관리학회지』 제20권 제3호, 2002.

정경숙·신경주, 「우리나라 변소의 역사적 변천과 그 현황」, 『한국주거학회 학술발표대회 집』 제4권, 1993.

정대련, 「아동: 양성 평등한 가정의 미래를 위하여」, 『대한가정학회 춘계학술대회논문집』 2003.

최재필 외, 「국내아파트 단위주호 평면의 공간 분석」, 『대한건축학회논문집』 제20권 제6 호, 2004.

최효선, 「각 계층별로 본 아파트 아동주거공간에 관한 연구」, 숙명여자대학교대학원 석사 학위 청구논문, 1978.

홍형옥 외, 「근대 이후 노인의 생활과 생활공간 변화에 대한 일상사적 고찰」, 『대한가정학 회지』 제44권 제8호, 2006.

_____, 「근대 이후 한국 주거의 미시사를 보는 다양한 관점」, 『한국가정관리학회지』 제 23권 제5호, 2005.

_____, 「노인 공동생활 주택에 대한 태도와 선호」, 『한국가정관리학회지』 제19권 제5 호, 2001.

외국 문헌

Häussermann, H. & Siebel, W., *Soziologie des Wohnens*, München: Juventa Verlag, 2000.

Morris & Winter, *Housing, Family and Society*, John Wiley & Sons, 1978.

Müller, G., *Alltag und Identität*, Europäische Hochschulschriften, Peter Lang Verlags-gruppe, 1985.

찾아보기

_ **도판 제공**

김경언ⓒ p.276(오른쪽)

동아일보ⓒ p.77, p.83, p.134, p.149, p.162(왼쪽), p.172(오른쪽), p.191, p.194, p.195(아래),
    p.198, p.239, p.254, p.264, p.298, p.302

세계일보ⓒ p.79, p.153, p.162(오른쪽), p.178(왼쪽), p.179(오른쪽)

이수종ⓒ p.46, p.138, p.234(오른쪽)

정운경ⓒ p.299

조선일보ⓒ p.39, p.42, p.78, p.124, p.128, p.157, p.158(왼쪽), p.172(왼쪽), p.178(오른쪽),
    p.179(왼쪽), p.195(위), p.200(왼쪽), p.201, p.214, p.217, p.270(오른쪽), p.271(오른쪽),
    p.275, p.276(왼쪽), p.279(왼쪽), p.281, p.295(오른쪽), p.308, p.317, p.319, p.333

코리아니티ⓒ p.26, p.27, p.47, p.49, p.71, p.89~93, p.165, p.186, p.188, p.189(오른쪽),
    p.190, p.192, p.204, p.207, p.208, p.226, p.228, p.249, p.271(왼쪽), p.312, p.327, p.328

홍대형ⓒ p.28(아래), p.120

* 도판 게재를 허락해 주신 분들과 자료를 제공해 주신 분들께 감사드립니다.
* 이 책에 실린 도판 중 저작권자를 찾지 못해 허가를 받지 못한 것에 대해서는 저작권자가 확인되는 대로
  절차에 따라서 허가를 받고 적절한 저작권료를 지불하겠습니다.